장 르느와르

장 르느와르

앙드레 바쟁 지음

프랑수아 트뤼포 엮음 | 박지회 · 방혜진 옮김

한나래

장 르느와르

지은이 | 앙드레 바쟁
엮은이 | 프랑수아 트뤼포
옮긴이 | 박지회 · 방혜진
펴낸이 | 한기철
편집장 | 이리라 · 편집 및 제작 | 이여진, 김유진

2005년 12월 20일 1판 1쇄 박음
2005년 12월 30일 1판 1쇄 펴냄

펴낸 곳 | 도서 출판 한나래
등록 | 1991. 2. 25. 제22 - 80호
주소 | 서울시 송파구 신천동 11- 9, 한신오피스텔 1419호
전화 | 02) 419 - 5637 · 팩스 | 02) 419 - 4338 · e-mail | editor1@hannarae.net
www.hannarae.net

필름 출력 | DTP HOUSE · 인쇄 | 상지사 · 제책 | 성용제책
공급처 | 한국출판협동조합 [전화: 02) 716 - 5616, 팩스: 02) 716 - 2995]

Jean Renoir
by André Bazin

국립중앙도서관 출판시도서목록(CIP)

장 르느와르 / 앙드레 바쟁 지음; 프랑수아 트뤼포 엮음;
박지회; 방혜진 [공] 옮김.— 서울: 한나래, 2005
381 p. ; 23cm. — (한나래 시네마 시리즈: 27)

원서명: Jean Renoir
원저자명: Bazin, André
원저자명: Truffaut, François
ISBN 89 - 5566 - 044 - 8 94680
ISBN 89 - 85367 - 76 - 5(세트)

688.099 - KDC4
791.43092 - DDC21 CIP2005002585

차례

옮긴이의 말 7

머리말 — 프랑수아 트뤼포 11

앙드레 바쟁의 작은 메레모 — 장 르느와르 15

1. 무성 영화 21

2. 초기 유성 영화 29

3. 인민 전선 시기 43

4. 전쟁이 다가오다 63

5. 프랑스인 르느와르 89

6. 할리우드에서의 르느와르 111

7. 장 르느와르의 귀환 123

8. 순수한 걸작: 〈강〉 129

9. 장 르느와르와 연극 149

10. 장 르느와르 제3기 161

부록 1. 장 르느와르의 회고록 185

2. 〈랑주 씨의 범죄〉 첫 번째 시나리오 199

3. 〈위대한 환상〉의 초기 시나리오 215

4. 〈게임의 규칙〉에 앞서 231

5. 〈게임의 규칙〉 초기 시나리오(발췌본) 237

필모그래피 251

일러두기

· 한글 표기를 원칙으로 하되, 필요에 따라 외국어와 한자를 병기하였다.

· 한글 맞춤법은 '한글 맞춤법' 및 '표준어 규정'(1988), '표준어 모음'(1990)을 적용하였으나 혼란이 있는 경우는 출판사의 원칙을 따랐다.

· 외래어의 우리말 표기는 개정된 '외래어 표기법'(1986)을 원칙으로 하되, 그 중 일부는 현지 발음에 따랐다.

· 사용된 기호는 다음과 같다.

영화, 잡지 등: 〈 〉

책이름, 희곡 등: 《 》

옮긴이의 말

이 책은 영화 역사상 가장 위대한 감독의 하나인 장 르느와르와 가장 위대한 평론가의 하나인 앙드레 바쟁의 만남이라는 점에서 가슴 설레는 하나의 사건이 아닐 수 없다. 그러나 두 사람의 만남이 특별한 것은 단지 그들이 각자의 분야에서 누리는 최고의 명성 때문만은 아니다.

오늘날에 와서는 르느와르가 영화사에서 차지하는 확고부동한 위치에 대해 그 누구도 의문을 제기하지 않지만, 그가 작품을 발표하던 당시에는, 특히 미국으로 건너간 이후의 영화에 대해서는, 관객과 평론가로부터 숱한 비난이 쏟아졌었다. 르느와르는 관객들의 기대와 비평가들의 규정을 끊임없이 뒤로 남겨둔 채 매번 새로운 모습으로 등장했으며, 이런 그의 영화는 모든 고루하고 교조적인 비평 잣대를 무력화시켰다. '영화사상 가장 직관적인 감독'이라 일컬어지는 르느와르는 비극도 아니고 희극도 아닌 영화, 멜로드라마도 아니고 사회적 리얼리즘도 아닌 영화, 그러나 그 모든 것이 결합되어 있는 영화를 만들었다. 바로 이러한 점을 그 누구보다도 명민하게 파악해낸 사람이 앙드레 바쟁이었다.

우리는 이 책을 통해, 탁월한 통찰력을 지닌 바쟁이 당시 르느와르에 대한 세간의 편견과 아카데미즘적 평가를 털어버리고 오직 영화 자체에 직면하고자 고심하는 모습을 보게 된다. 그리하여 바쟁은 "현실 세계에 대한 더 그럴듯한 묘사는 그 현실 세계가 더 많은 것을 의미하도록 하기 위해서일 때만 비로소 의의를 갖는다. 영화에서의 진보는 바로 이러한 역설 속에 존재하며, 르느와르가 논의의 여지없는 가장 위대한 프랑스 감독인 것 또한 바로 이 역설에 의해서이다"라고 말하는 것이다. 바쟁은 영화가 르느와르와 더불어 예측할 수 없는 방식으로 전개될 것임을 깨달았다. 따라서 "리얼리즘이라는 헛된 기준을 버리고 르느와르와 더불어 영화를 꿈꾸겠다"는 그의 말은, 영화 비평에 대한 좌절감의 표현이 아니라, 한층 발전된 이론 정립을 향한 가슴 설렌 고백인 것이다. 자신에게 죽음이 임박했음을 깨달았을 때 바쟁이 온 힘을 기울여 했던 일은, 필생의 과업이던 르느와르에 대한 글쓰기였다.

르느와르와 바쟁의 관계는 단지 한쪽의 일방적인 구애로 그치지 않는다. 장 르느와르는 '앙드레 바쟁, 우리의 양심'이라는 글에서, 바쟁 오직 그만이 영화에 있어 프랑스 전통이라는 것이 있음을, 자신의 자리가 그 속에 있음을 가르쳐줬노라고 고백한다. 위대한 그 노대가는 이렇게 말한다. "그의 글들을 숙고한 후 나는 내가 갖고 있던 영화 계획을 바꿨습니다." 그러나 비단 이런 고백이 아니더라도 르느와르가, 나아가 영화계가 바쟁으로부터 얼마나 큰 영향을 받았을지는 쉬 짐작할 수 있는 일이다. 이 책은 르느와르에 대한 가장 뛰어난 연구이며, 나아가 '영화'에 관한 가장 뛰어난 비평서이다. 이 책은 르느와르라는 신비에 대한 접근을 가능케 할 뿐 아니라, 영화에 대한 우리의 숙고가 어떠할 수 있으며 어떠한 글쓰기가 가능한지를 보여 준다.

이처럼 이 책의 가치를 뼈저리게 깨달으며 깨달을수록, 이 책이 미완성으로 남겨진 데 대한 안타까움은 더더욱 클 수밖에 없다. 〈랑주 씨의 범죄〉나 〈강〉에 대해 바쟁이 남긴 그 훌륭한 리뷰들로 미루어 짐작컨대, 그가 유난히 깊은 애정을 품었던 〈게임의 규칙〉과 〈황금 마차〉에 대해서는 또 얼마나 탁월한 글을 썼을 것인가를 상상하는 일은 고통스럽기까지 한 궁금증을 불러일으킨다. 허나, 다행스럽게도, 이런 안타까움을 메우려는 트뤼포 등의 바지런한 손길은 상당한 위안을 준다. 이 책 후반부에 부록으로 실린 '필모그래피'는 단순히 크레딧과 영화 줄거리 정도를 소개해 놓은 부속물이 아니다. 그것은 고다르, 트뤼포, 로메르, 리베트 등 르느와르와 바쟁 두 사람을 사랑하고 그들로부터 영화를 배웠던 이들에 의해 쓰여진 또 한 편의 본문이라 해도 과언이 아니다. 가령 〈교차로의 밤〉을 '단 하나의 위대한 프랑스 탐정 영화,' '사실상 가장 뛰어난 모험물 영화'라고 (다소 주관적으로) 평하는 고다르의 목소리를 듣는 즐거움은 이 책의 가치를 이중으로 배가시킨다.

더구나, 어떤 의미로 보자면, 이처럼 연대감으로 집결된 사람들에 의한 공동 작업은 르느와르가, 또한 바쟁이, 생각한 이상적인 작업 방식이었다고 할 수 있다(르느와르가 촬영 현장에 친구들을 끌어들여 함께 일하길 즐겼다는 점을 상기해 보라). 그러므로 바쟁이 〈카이에 뒤 시네마〉의 젊은 비평가들의 든든한 후원자이자 정신적 아버지였음을 생각할 때, 또한 르느와르가 이 미래의 누벨 바그 감독들의 영화 스승이자 후견인(리베트의 영화 〈우리의 후견인 장 르느와르〉)이었음을 생각할 때, 이러한 (의도되지 않은) 공동 작업은 두 위대한 영화인이 꿈꾸던 이상으로부터 그리 동떨어져 있지 않을 것이다.

오랜 번역 작업을 끝내고 출간을 앞둔 이 시점에 다다르니 번역에 대한 아쉬움이 걷잡을 수 없이 밀려든다. 부디 부족한 부분이 있더라도 이 책을 통해서 보다 많은 사람들이 '르느와르와 더불어 영화를 꿈꾸게' 되기를 기대해 본다.

끝으로, 앞서 '공동 작업'에 대해 언급하기도 했지만, 이 책 역시, 드러나지 않는 곳에서 도움을 주신 많은 분들과의 공동 작업이라는 점을 밝히고 싶다. 그 중에서도 세심하게 원고를 살펴 봐주신 한나래 출판사의 이리라 편집장님과 편집부에 깊은 감사의 말씀을 전한다.

2005년 12월

옮긴이를 대표해 방혜진 씀

머리말

프랑수아 트뤼포

부디 내가 이 책을 조심스럽고 신중하며 절도 있게 소개할 거란 기대는 하지 않기 바란다. 내 인생에 있어 앙드레 바쟁과 장 르느와르는 너무도 중요한 사람들이기에 나는 그들에 대해 그저 담담하게 얘기할 도리가 없는 것이다. 그러므로 아주 당연하게도 내게 있어 이 **앙드레 바쟁이 쓴 《장 르느와르》**는 **최고의** 평론가가 **최고의** 감독에 대해 쓴 **최고의** 영화 서적이다.

앙드레 바쟁은 1958년 11월 11일 마흔 살의 나이로 죽었다. 단순한 '평론가' 이상으로 '영화 저술가*écrivain de cinéma*'였던 그는 영화를 평가하기보다는 기술하는 일에 더 큰 애착을 품었다. 브레송, 채플린, 로셀리니, 브뉘엘, 스트로하임, 펠리니 등에 관한 바쟁의 글은 오슨 웰스에 대한 그의 장엄한 소책자와 마찬가지로 전 세계에 널리 번역되었다. 바쟁의 프로젝트 중에서도 가장 흥미로운 것 두 가지가 그의 사망으로 중단되고 말았는데, 그 하나가 장 르느와르 작품에 관한 이 책이며 또 하나는 그가 로마네스크 양식 교회들에 관해 만들고 싶어했던 단편 영화다.

〈에크랑 프랑세*L'Ecran Français*〉, 〈에스프리*Esprit*〉, 〈르 파리지엥 리베레*Le Parisien Libéré*〉, 〈텔레라마*Télérama*〉(당시 〈라디오-시네마-텔레비지옹*Radio-Cinéma-Télévision*〉으로 불렸던), 〈옵세르바퇴르*L'Observateur*〉 등과 같은 잡지의 필자였던 바쟁은, 그를 중심으로 〈카이에 뒤 시네마*Cahier du Cinéma*〉에 집결해 있던 자들을 위시하여, 그가 십여 년의 투병 끝에 타계했을 무렵 데뷔작을 찍기 시작한 '누벨 바그' 시네아스트들에게 지대한 영향을 끼쳤다. 따라서 바쟁의 지휘하에 자크 도니올 발크로즈Jacques Doniol-Valcroze, 클로드 드 지브레Claude de Givray, 장 뤽 고다르Jean-Luc Godard, 자크 리베트Jacques Rivette, 에릭 로메르Eric Rohmer, 그리고 나 자신에 의해 1957년에 작성되고 클로드 베일리Claude Beylie, 장 두셰Jean Douchet, 미셸 들라예Michel Delahaye, 장 크레스Jean Kress, 루이 마르코렐Louis Marcorelles에 의해 1971년에 완성된 르느와르의 필모그라피를 이 책 끝부분에서 발견하게 되는 것은 결코 우연이 아닌 것이다.

앙드레 바쟁은 나날이 기력이 쇠약해지는 중에도 최후의 날까지 영화를 보고 논평하는 열의를 잃지 않았다. 죽기 전 날, 그는 침대에 누워 텔레비전으로 영화를 본 후 그의 가장 뛰어난 텍스트들 중 하나―〈랑주 씨의 범죄〉에 대한 상세한 분석―를 썼다.

사실 그 무엇보다도 바쟁이 열광했던 것이 바로 장 르느와르의 작품이었으며, 그렇기에 이 미완성의 유작이, 자닌 바쟁Janine Bazin의 도움을 받아 그의 친구들에 의해 복원되고 완성되어, 르느와르에게 바쳐지게 된 것이다.

나는 이 책을 최종적으로 구성하는 일과 자의적이나마 르느와르 작품의 연대기에 따라 10장으로 나누는 일을 담당하였다. 정말이지 만일 바쟁에게 그럴 시간만 있었다면 그는 틀림없이 이 모든 것을 전혀 다른 식으로 편집했을 것이다. 그였다면 한 장은 르느와르가 다룬 '테

마들'에 관한 글에, 또 한 장은 배우들과의 작업에, 또 한 장은 소설의 각색 문제에 할애하지 않았을까 생각된다.

바쟁은 내게 마지막으로 보냈던 편지 중 하나에서 이렇게 썼다. "나는 오귀스트[르느와르]의 삶과 졸라의 소설, 즉《인간 야수》와《나나》, 그리고 모파상 등을 읽으면서 르느와르 주변를 맴돌고 있습니다……. 결국엔 더 명확하게 접근하지 않으면 안 되겠지만, 지금으로선 지나치게 많이 알거나 혹은 충분히 알지 못하는 지점에 와 있습니다. 대략 만족해하면서 세세한 내용을 무시해 버리기에는 지나치며, 이 크로스워드 퍼즐의 빈 칸을 모두 채우기에는 충분치 못합니다"(1958년 7월 7일).

이 책에는 바쟁이 르느와르에 관해 쓴 거의 모든 글들이 담겨 있다. 이미 어딘가에 실렸던 글들은 많은 경우 바쟁 본인이 자신의 책에 포함시키고자 다시 손질하고 보강해 놓은 상태이고, 다른 것들은 이 책을 위해 직접 쓴 미간행 원고들이다. 끝으로 여기에 우리는 전혀 다듬어지지 않은 스케치들을 첨가하였는데, 이런 저런 영화들을 다루고 있는 그 글들을 우리는 매번 '앙드레 바쟁의 노트에서'라는 언급하에 수록해 놓았다.

나로 말하자면 장 르느와르의 영화가 결코 과오를 범하지 않는 시네아스트의 작품이라고 기꺼이 생각하는 사람이다. 좀더 자중하여 얘기하자면, 르느와르의 작업은 언제나 직업상의 비밀과 흡사한 어떤 것에 힘입어 표출되는 삶의 철학에 의해 인도되었는데, 그것이 바로 **친밀함**이었다. 영화사에 있어 가장 활기 넘치는 영화들, 만들어진 지 40년이 지난 오늘날에도 여전히 살아 숨쉬는 그 영화들을 르느와르가 찍을 수 있었던 것은 그 **친밀함** 덕분이었다.

그를 아는 모든 사람들에게 어진 성품과 유쾌한 지성이 넘쳐나는 비범한 인간으로 기억되는 앙드레 바쟁은 르느와르의 작품에 더할 나

위없는 친밀함을 느끼고 있었다. 르느와르의 작품, 말하자면 "알겠나, 이 세상에는 무시무시한 일이 하나 있는데, 그건 바로 모든 사람에게는 나름의 이유가 있다는 거네"라는 〈게임의 규칙〉의 저 유명한 구절(옥타브 역을 맡은 르느와르 자신에 의해 표명된)을 둘러싸고 만들어진 그 서른 편의 영화들에 대해 말이다.

만일 앙드레 바쟁의 이 뛰어난 저서가 미완성이라면, 즉 그것이 〈피크닉〉이 그렇듯 미완성으로 간주된다면, 나는 이렇게 말하고 싶다. 그것은 그 자체로서 족하며 그 모습 그대로 우리에게 장 르느와르에 대한 가장 빼어난 초상을 제공하고 있노라고.

앙드레 바쟁의 작은 베레모

장 르느와르

인생을 살아가면 갈수록 점점 더 나는 세상이 가면으로 넘쳐난다는 느낌을 받는다. 아무리 의복이 간소해졌다 해도 맨 얼굴을 그대로 드러내놓고 다니는 여자를 마주치기란 어려운 일이다. 우리 시대는 화장의 승리이다. 그리고 이는 비단 얼굴에만 해당되는 것이 아니라 특히 무엇보다도 정신에 해당되는 문제이다.

현대 사회는 상업을 토대로 건설되었다. 팔든가 아니면 죽든가이다. 그것은 시지프스의 바위이다. 우리는 "자연에서는 그 무엇도 창조되거나 소멸되지 않는다. 모든 것은 변형을 겪을 뿐이다"라는 앙트완 라브와지에Antoine Lavoisier의 진술을 망각해 버렸다. 우리는 우리 지상의 기계들이 영원성의 고리를 채우는 데 성공할 거라고 그저 쉽사리 믿어 버린다. 그리고 우리의 일용할 양식이 달려 있는 매상 수준을 유지하기 위해 우리는 우리의 활동 반경을 확장해야만 하는 상황에 처하는 것이다.

이러한 쟁취가 평화롭기를 우리는 갈구한다. 그러나 정세는 인간의 손에서 벗어난다. 우리는 폭력의 한복판에 살고 있으며 조만간 이보다 더 거대한 폭력이 도래할 것이다. 우리는 이러한 작업을 '조용히'

추진하기 위해, 설득에 의해 정복하기 위해, 무엇이든 한다. 거기서부터 우리 사회의 이 암적 존재가 생겨났으니, 그것이 바로 광고다.

혼란의 시대에는 때로 동시대인들로 하여금 현실 감각을 회복하도록 일조하는 데 자신을 내어바치는 남자들 — 혹은 여자들 — 이 홀연히 등장하기도 한다. 바쟁은 이런 사람들 중 하나였다.

내가 그를 사랑한 것은 그가 중세 시대에 속하는 인물이기 때문이다. 나는 중세에 대하여 진실된 열정을 품고 있다. 나는 르네상스를 불신한다. 이 운동은 결국 산업화로 나아갈 수밖에 없는 사회를 건설함으로써 원자 폭탄의 원인이 되고 말았다.

병으로 수척해진 바쟁의 호리호리한 용모는 파스칼의 생각하는 갈대의 화신이었다. 내게 있어 그는 또한 스테인드글라스로부터 빛나는 황홀경을 발하는 샤르트르Chartres 성당의 그 성인들 중 하나의 화신이었다.

그 샤르트르를 나는 바쟁과 방문하고 싶었다. 그 일은 결코 성사되지 못했으며 그것이 나는 못내 아쉽기만 하다. 이 영화 중독자는 샹젤리제 극장가의 스크린 앞에서만큼이나 로마네스크 양식의 성당 안에서 편안해 하였다.

옷은 그에게 입혀졌을 때 전혀 다른 모습을 띠었다. 그것은 거리의 행인들이 입고 있는 것과 똑같이 만들어진 옷이었지만, 일단 그의 몸에 걸쳐지면 현대적인 모습은 사라져 버렸다. 그의 옷차림에 존재하는 이러한 간극은 결코 비판도, 저항도, 특히나 예술적 입장 표명도 아니었다. 그것은 의도하지 않은 것이었으며, 분명 바쟁은 자신의 겉모습이, 그가 굳이 입을 열지 않더라도, 그를 귀족 계급에 위치시킨다는 사실을 깨닫지 못했을 것이다.

나는 그의 작은 베레모를 결코 잊지 못할 것이다. 그 작은 베레모

는 프랑스 영화 개혁자의 그 쇠약한 육체에 썩 잘 어울리는 모자였다.

바쟁은 이 책을 끝마칠 수 없었다. 그를 끈질기게 괴롭히던 질병이 그의 열의를 꺾고 만 것이다. 그가 죽은 후 프랑수아 트뤼포는, 우애의 표시로, 존경하던 인물의 죽음이 남긴 빈틈을 메우는 일에 착수하였다. 다른 친구들은 자료 수집을 도왔다. 내가 볼 때 그들의 이름은 영화사에서 진정으로 중요한 이름들이다. 내가 내 감사의 뜻을 소리 높여 고하지 않는다면 그건 거짓된 겸손을 보이는 꼴이 될 터이다. 내가 이러한 명예를 누릴 자격이 있는지는 모르겠으나, 나는 서둘러서, 조금의 자제함도 없이, 그것을 만끽하려 한다. 이 순간은 바쟁이 선사한 아름다운 선물인 것이다. 그것은 처음도 마지막도 아니다. 위대한 인물들은 죽지 않는다.

바쟁이 이 책을 내게 바쳤다는 것 그리고 그가 가장 아끼는 제자들이 이 책을 마무리 짓는 임무를 떠맡았다는 것을 생각할 때 나는 나 자신도 모르게 감미로운 긍지에 휩싸이게 된다. 지금 내 심정은, 평소 찬탄해마지 않던 인물과 이제 막 굳은 악수를 나눈 사람의 심정이다.

1971년 3월 18일

Jean Renoir

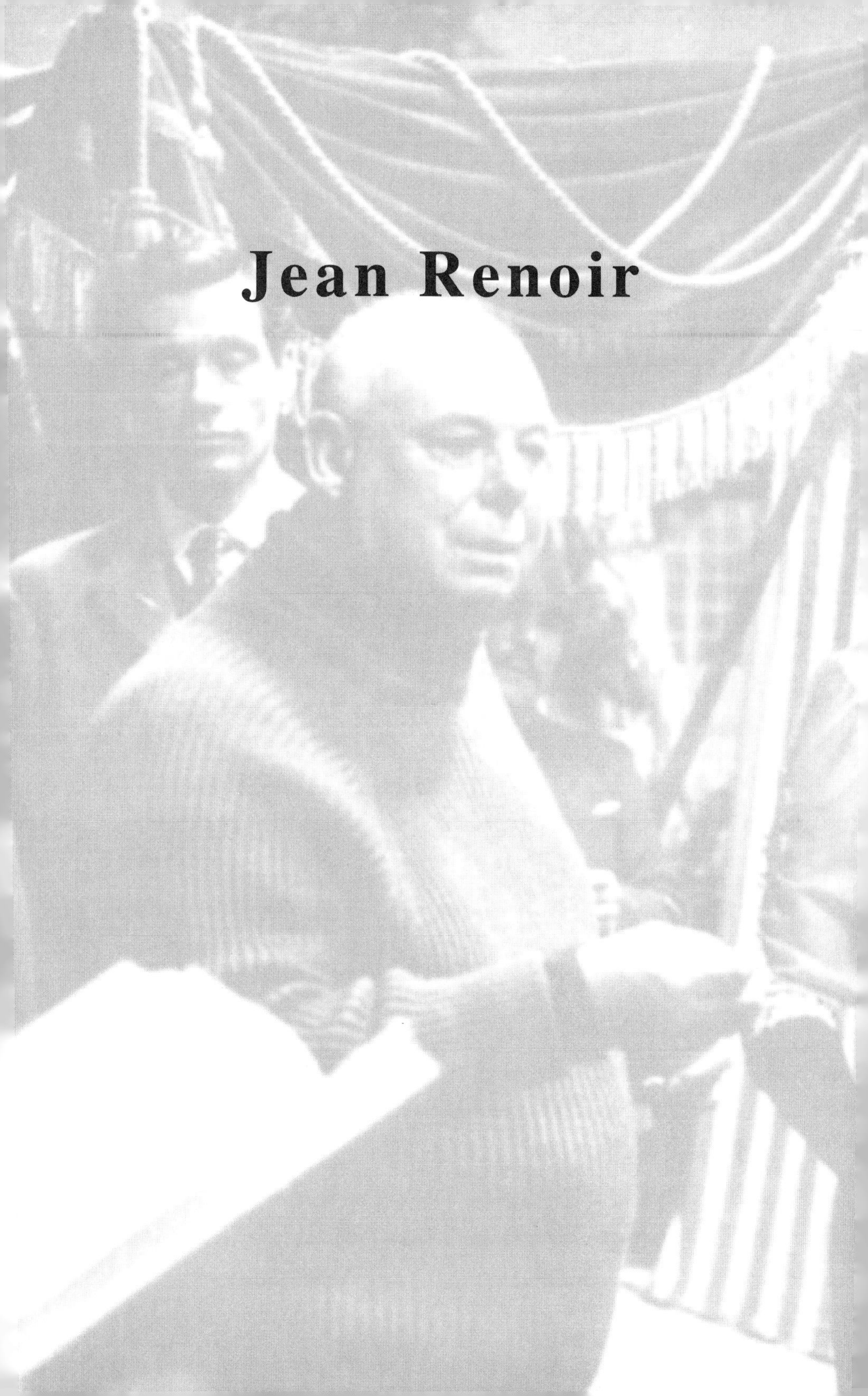

1 무성 영화

1938년 잡지 〈르 포엥*Le Point*〉에 실린 주목할 만한 글에서 장 르느와르는 10년을 거슬러 올라가 무성 영화 감독으로서의 자신을 성찰하고 있다.[1] 그는 1920년대의 미국 영화에 대한 찬사를 아끼지 않으면서도, 자신이 영화인으로서의 소명을 갖게 된 것은 〈불타는 열정*Le Brasier Ardent*〉(이반 모주킨Ivan Mosjoukine, 1923)을 보고 할리우드가 아닌 다른 곳에서도 뛰어난 영화가 만들어질 수 있음을 깨달은 날이었다고 말한다. 이러한 최초의 전향*conversion*은 마치 파스칼의 전향과도 같이 더욱 급진적이고 근본적인 두 번째 전향으로 이어졌는데, 그것이 바로 에리히 폰 스트로하임Erich von Stroheim의 〈어리석은 아내들*Foolish Wives*〉(1922)을 봤을 때였다. 르느와르는 이렇게 쓰고 있다. "그 영화는 나를 혼미케 했다. 그 영화를 적어도 열 번은 본 것 같다. 그동안 열광했던 것들을 불살라버리면서, 나는 지금껏 내가 잘못을 저질러왔음을 깨달았다. 이른바 대중의 몰이해에

1. 매우 빈번하게 언급되는 이 유명한 글은 이 책의 부록에 그 전문이 수록되어 있다. — 프랑수아 트뤼포

대해 어리석게 비난하는 대신, 진정성 있는 주제를 프랑스 리얼리즘 전통 속에 투영함으로써 그들을 감동시킬 수 있으리라는 것을 어렴풋이 나는 느꼈다."

르느와르가 그의 배우들을 지도하는 것으로부터 무엇보다도 이끌어내고자 애쓴 것이 바로 리얼리즘, 혹은 이를테면 미국의 대중적인 작품과 스트로하임이 그에게 계시한 진정성이었다. "나는 세탁부라든가 거울 앞에서 머리를 빗는 여인, 혹은 어느 과일 행상의 몸짓이 종종 비할 바 없는 조형적 가치를 지니고 있음을 깨닫기 시작했으며, 내 아버지의 그림을 통하여 일종의 프랑스적인 몸짓에 대한 연구를 다시 시작하였다."

르느와르의 무성 영화는 사실상 그의 주연 여배우 카트린 에슬링Catherine Hessling에 의해 지배된다. 그가 〈기쁨 없는 삶〉(알베르 디유도네Albert Dieudonné가 감독한[2])에 이어 〈물의 처녀〉, 〈나나〉, 〈찰스톤〉, 〈성냥팔이 소녀〉 등을 만들었던 것은 그녀의 특별한 개성을 보여 주기 위함이었다. 그의 아내이자 그가 총애하는 배우였던 그녀에 대한 장 르느와르의 찬사를 우리도 공유해야만 할까? 커다랗고 빛나는 눈 주위를 검게 칠한 인형 같은 도발적인 얼굴과, 인상주의 그림에 나올 법한 불완전하면서도 기이하게 분절된 신체를 가진 이 경이로운 여인에게는 과연 기계적인 것과 생생한 것, 동화 같은 것과 관능적인 것이 여성스러움의 기이한 구현 속에서 당혹스러울만치 뒤섞여 있는 것이 사실이다. 그러나 내가 보기에 르느와르는 그녀를 감독으로서보다는 화가로서 바라본 것 같다. 이러한 신체와 이러한 얼굴의 독창적인 우아함에 매료되고 사로잡힌 그는 그녀를 온갖 자세 속에서 감탄하며 바라보느라, 그 신*scène*의

2. 이 영화에서 르느와르는 시나리오와 제작을 담당하였다. — 옮긴이

〈성냥팔이 소녀〉

드라마 경제*économie dramatique* 및 인물과 관련하여 그녀의 연기를 지도하는 것에는 그다지 몰두하지 못하고 있다. 어느 정도는 의식적이라 할 이러한 의도는 〈찰스톤〉에서 명백하게 감지되는데, 이 영화의 볼품없고 제멋대로인 시나리오는 카트린 에슬링을 일관성은 없으나 아주 특별하게 과시하기 위한 구실에 지나지 않는 것이다. 그러한 결과로 이 여배우는 현재 장 르느와르 예술의 본질로 여겨지는 것을 그가 처음으로 발휘할 수 있도록 도와준 동시에, 배우들의 단순한 지도로부터 엄밀한 의미에서의 미장센*mise en scène*으로의 필연적인 이행을 지연시켰다고 할 수 있다.

어찌되었건 〈르 포엥〉에 실린 같은 글에서 르느와르가 자신의 무성 영화 작품 가운데 세 영화를 따로 구분해내고 있는 것은 정당한 일이며, 그 영화들이 〈나나〉, 〈성냥팔이 소녀〉, 〈게으름뱅이 병사〉이다.

일반적으로 〈성냥팔이 소녀〉는 동화 같은 영화로 간주되며 프랑

스 아방가르드 작품으로 분류된다. 만일 그 판단이 역사적으로 옳다면, 이는 미학적 관점에서 그런 것은 아니다. 더 정확히 말해 〈성냥팔이 소녀〉는 르느와르의 리얼리즘이 아방가르드의 주제 및 기법 속으로 침투해 들어간 영화이다. 이 작은 영화에서 변함없이 빛나는 그 매력의 원천은 오늘날에도 분명하게 드러난다. 즉, 이는 그 판타지의 리얼리즘에 기인하는 것이다. 특수 효과에 대한 르느와르의 경탄 어린 호기심, 이 동화 같은 이미지들의 참신함이 그에게 불러일으키는 거의 관능적인 기쁨이야말로 안데르센의 동화 이상으로 그 영화 고유한 시학의 원천이다. 대부분의 영화가 특수 효과를 은폐시키고 세트와 분장의 결함을 사진의 연조軟調 효과에 의해 흐릿하게 만드려고 애쓰는 반면, 르느와르는 오히려 클로즈업과 선명한 영상으로 나무 병정의 종이 가면 뒤에 있는 단역 배우나 도자기 인형을 연기하고 있는 배우를 드러내는 데 주저하지 않는다. 심지어 그는 사물들 간의 축척의 차이라든가 원근법적 착시 같은 것을 하나의 영상 질료로서, 손으로 만질 수 있는 어떤 공간 특질로서 다루는 일마저 감행한다.

드라마의 주인공들인 잘생긴 장교 카렌과 죽음의 경기병Hussard de la Mort으로 말할 것 같으면, 동화나 꿈 속의 인물들처럼 보이기는커녕 친숙한 명료함으로 우리의 정신에 각인되는데, 그러한 친숙함은 보편적인 호감에 힘입어 그들로부터 믿음직스런 성격이나 무시무시한 성격을 걷어낸다. 르느와르는 이 스칸디나비아 동화로부터 죽음마저도 우리의 친구가 되고 지인知人이 되는 부드럽고 관능적인, 달콤씁쓸한 시적 판타지를 만들어내었다.

일반적으로 〈게으름뱅이 병사〉는 〈성냥팔이 소녀〉와는 반대로, 장 르느와르가 몇 번이나 필름 업자들에게 즐겁게 양보해야만 했던 영화들의 전형으로 여겨진다. 그리하여 르네 잔René Jeanne과 샤를 포르Charles Ford

는 자신들의 《영화사*Histoire du Cinéma*》에서 이렇게 쓰고 있다. "더 끔찍한 것도 있으니, 이 쇠락하는 무성 영화 시기에 르느와르의 이름을 〈게으름뱅이 병사〉와 더불어 발견하게 된다는 점이다. 이 영화는 프랑스 영화사 전반에 걸쳐 산재해 있는 다른 보드빌 영화들*vaudevilles*보다 조금도 나을 것이 없다." 우리는 이 매력적인 영화, 다른 보드빌 영화들과는 완연히 다른 이 영화를 다시 보지 못한 그 역사가들이 그들의 기억으로부터 배신당한 것이라 생각하고 싶으며, 사실 르느와르가 그 영화에 대해 다음과 같이 쓰면서 애정을 담아 회상한 것은 당연하다고 할 수 있다. "나는 당시에도 이미 지금처럼 훌륭한 배우였던 미셸 시몽Michel Simon을 이 영화에 데뷔시키는 행운을 얻었다. 또한 얼마 있지 않아 죽음이 우리에게서 앗아가버린 무용수 조르주 포미에Georges Pomiès와의 공동 작업 역시 내 경력에 있어 즐거웠던 한때로 기억에 남아 있다. 어떤 부분으로는 비극적이고 또 어떤 부분으로는 환상적인 이 익살극 영화*film burlesque*를, 이 영화의 원작이 되는 희곡과는 별다른 관련 없이 찍는 것은 정말이지 내게 상당한 만족감을 주었다." 아주 적은 자금으로 매우 신속하게 만들어진 〈게으름뱅이 병사〉는 사실상 전통적인 병사 희극과는 단지 피상적인 유사함만을 가질 뿐이다. 조금만 더 주의와 감성을 기울여 보면 자신에게 부과된 장르를 넘어서고자 하는 장 르느와르의 명백한 기쁨을 우리도 공유하게 된다. 〈게으름뱅이 병사〉는 무에지 에옹Mouezy-Eon[3]보다는 맥 세네트Mack Sennet나 스트로하임에게 더 많이 빚지고 있는 영화이다. 오늘날 우리는 이 영화에서 희극과 비극, 판타지와 잔혹성의 혼합을, 요컨대 10년 후 〈게임의 규칙〉에서 완벽하게 성취될

3. 무에지 에옹은 주로 대중적인 희곡을 쓴 작가로서, 〈게으름뱅이 병사〉의 원작 역시 그의 작품이다. — 옮긴이

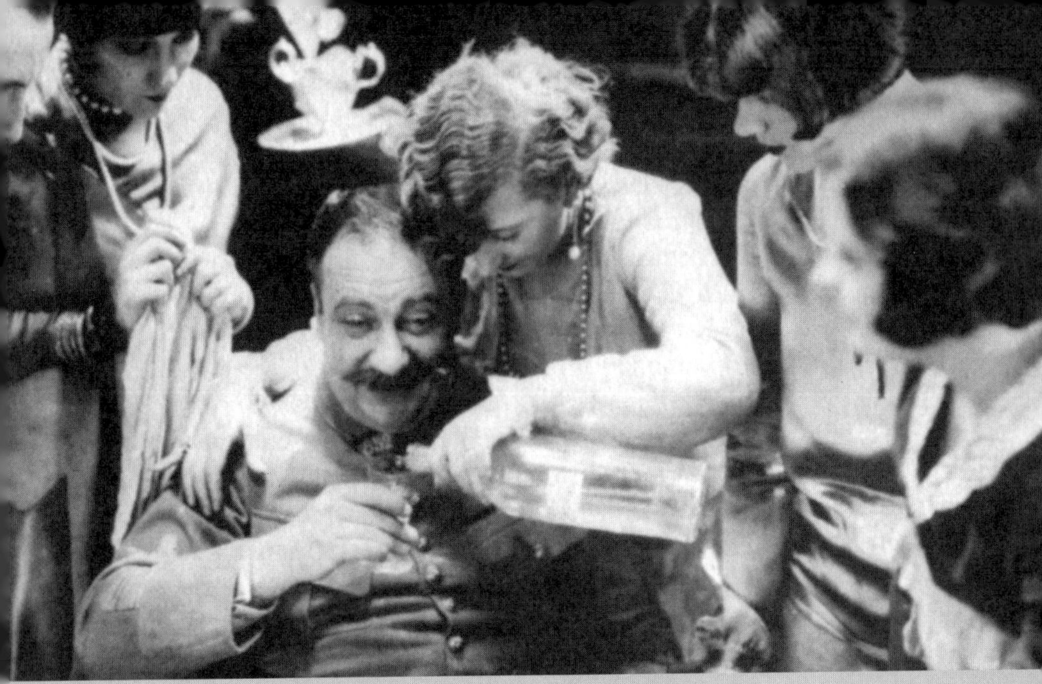

〈게으름뱅이 병사〉

'쾌활한 비극*drame gai*'에 대한 그의 추구를 볼 수 있는 것이다.

더구나 이는 르느와르의 무성 영화들에서 두드러지는 것으로서, 비단 〈나나〉, 〈성냥팔이 소녀〉, 〈게으름뱅이 병사〉 뿐 아니라 심지어 〈시골로 간 피에르〉처럼 철저히 상업적인 영화로 알려진 영화들에서도 마찬가지이다. 그 영화들에서 장 르느와르는 먼저 테크닉이라는 단순한 차원에서 영화 수련을 쌓아나갔다. 그가 촬영 스타일과 조명에 그리고 특히 렌즈의 선택에 부여한 중요성은 〈성냥팔이 소녀〉에서 명백하며, 아마도 〈시골로 간 피에르〉에서는 더더욱 그러할 것이다. 이 후자의 영화는 한마디로 끊임없는 기법상의 불합리함이라고 할 수 있다. 이를테면 르느와르는 매우 빈번하게 미장센을 심도 화면으로 구상하면서도 줄기차게 패스트 렌즈[*fast lens*] *objectifs lumineux*를 사용함으로써, 영상은

매우 부드럽지만 후경이 전혀 선명하지 않은 결과를 낳았다. 이러한 경험 때문에 그는 나중에 반대 방향으로 나아가기도 했는데, 즉 촬영 기사들에게 모든 숏을 동일한 딥 포커스 렌즈로 촬영하도록 시켰던 것이다. 르느와르가 이러한 기술상의 시행 착오를 간신히 벗어나게 되는 것은 〈익사에서 구조된 부뒤〉에 이르러서이다.

마찬가지로 우리는 감독이 아직 데쿠파주의 실마리를 찾아내지 못했다는 느낌을 받게 된다. 숏과 프레이밍*cadrage*은 드라마상의 엄밀함도 논리적인 엄밀함도 없이 이어진다. 르느와르가 온통 배우에만 정신이 팔려 있어서 아직은 연기를 영화 이야기 요건에 종속시킬 수 없었다고 말할 수 있을 것이다. 내가 알기로 〈나나〉나 〈시골로 간 피에르〉에는 단 하나의 팬[*pan*]*panoramique*도 없는 것 같은데, 반면 그의 유성 영화들에서는 이 카메라 움직임이 모든 미장센의 기초가 된다. 반대로, 르느와르가 초기 영화들에서 심도 있는 기나긴 돌리 숏[*dolly shot*]*travellings*을 실행하는 쾌거를 이룩한 반면, 〈게임의 규칙〉에서는 단지 그 흔적만이 희미하게 남아 있을 뿐이다. 훗날 르느와르의 근본적인 관심사는 사실상 렌즈에 의해 이미 심도가 생긴 화면 공간을 측면 리프레이밍*recadrage latéral*에 의해 확장시키는 것이 되며, 이러한 목적을 위해 팬과 측면 이동 촬영은 그의 두 가지 주된 카메라 움직임이 된다.

영화의 테마에 관해서도 마찬가지로 우리는 나중에 그가 유성 영화 작품에서 발전시키게 될 것들의 대부분을 이미 초기 무성 영화들에서 스케치나 습작 혹은 밑그림 상태로 찾아볼 수가 있다. 예를 들어, 〈성냥팔이 소녀〉의 기계식 장난감이라는 테마나 〈시골로 간 피에르〉의 사냥이라는 테마가 〈게임의 규칙〉에서 완벽하게 다뤄지는 것을 발견할 수 있는 것이다.

따라서 1930년 이전의 장 르느와르 영화들과 관련하여 우리는 아

마도 두 가지 편견과 싸워야 할 것이다. 그 편견은 우선, 〈나나〉와 어쩌면 〈성냥팔이 소녀〉까지 포함하여 그 두 영화를 제외하고는, 아직까지는 〈게임의 규칙〉의 작가가 날림으로 대충 해치운 시시한 영화들밖에 만들지 못했다는 것이다. 그러나 이 초기 영화들 가운데 가장 형편없는 영화조차도 그 작가의 천재성을 저버리지 않는 매력으로 가득 차 있다. 거기서 우리는 근본적으로 유동적이며 쉽게 수용할 줄 아는 어느 인재의 유쾌하고 야심적이며 호기심에 가득 찬 암중모색을 보게 되는데, 말하자면 그는 몇 년 후에 〈암캐〉에서 발견하게 되는 길을 찾고 있는 중인 것이다.

이를테면 사운드에 의한 발견 말이다! 사실 역으로 이렇게 말하지 않으면 안 되는데, 즉 르느와르의 무성 영화들 가운데 가장 뛰어난 작품도 그의 유성 영화들 가운데 가장 형편없는 작품과 비교가 되지 않는 것이다. 이미 1927년에 〈이탈리아 밀짚 모자*Le Chapeau de paille d'Italie*〉로 자신의 스타일을 완성시키고 〈소심한 두 사람*Les Deux Timides*〉(1929)에서 이를 공고히 한 르네 클레르René Clair와 달리, 르느와르는 단호하게 유성 영화 감독이다.

그의 무성 작품의 돌이킬 수 없는 특성은 미완성과 기다림, 즉 보이지 않는 족쇄로부터 이미지를 해방시켜 줄 사운드에 대한 기다림이다. 이제부터, 그러나 아직은 소극적인 방식으로, 르느와르는 미래의 인간, 그 어떤 기술 진보에 의해서도 당황하지 않는 인간으로서의 위상을 확고히 하게 된다. 기술의 진보는 그의 초기작의 실험들에서 아직은 반쯤만 의식적으로 추구해온 리얼리즘을 완성하는 데 필연적으로 기여하게 될 것이니 말이다.

2 초기 유성 영화

아기에게 약 먹이기 *On Purge Bébé* 1931

"나의 첫 번째 유성 영화는 일종의 평가 시험이었다. 사람들은 나를 신뢰하지 않았고, 나는 진가를 발휘하지 않으면 안 되었다. 나는 조르주 페이도Georges Feydeau의 《아기에게 약 먹이기》를 영화로 만드는 기회를 얻어냈다. 이 영화가 그리 대단한 것은 아니지만 어쨌든 나는 그것을 4일 만에[1] 찍었다. 그런데도 필름이 2000m가 넘는다.[2] 제작에 들어간 비용은 20만 프랑이 안 되었으며 100만 프랑 이상을 벌어들였다. 당시는 음향이 형편없던 시대였다. 소품과 세트는 믿겨지지 않을 만큼 순진한 방식으로 사운드를 위해 배치되었다. 이런 행태가 나는 몹시도 신경에 거슬렸다. 나는 내가 얼마나 불쾌한가를 드러내기 위해 화장실 물 내리는

---

1. 장 르느와르는 최근에 다시 질문을 받고는 6일이라고 말했는데, 그렇다고 크게 문제가 달라질 건 없다.

2. 그러나 현재 남아 있는 네거티브 필름은 5½릴을 넘지 않는다.

소리를 녹음하기로 결심했다."

르느와르의 첫 번째 유성 영화는 화장실의 물 내리는 소리와 페르낭델Fernandel의 출연으로 유명하다. 나는 이 영화를 단지 네거티브 필름과 무비올라로만 '봤기' 때문에, 할 수 있는 얘기라곤 그저 이 영화가 르느와르 영화 중에서 커팅이 가장 적다는 것 정도이다. 릴당 숏 몇 개와 전체적으로는 요강의 클로즈업을 포함한 총 대여섯 개의 클로즈업이 있는 것이다. 대부분의 장면은 연극적인 무대의 세 벽면 내에서 촬영되었다. 실상 그 영화는 시나리오 준비 작업 6일에 이어, 촬영하는 데 4일, 그리고 편집하는 데 6일 만에 신속하게 처리되었다. 그후 채 2주가 못 되어 오베르 팔라스Aubert-Palace에서 개봉되었으며, 이미 그 첫 주에 제작비 전부를 회수하였다.

암캐 *La Chienne* 1931

영화는 기뇰Guignol[3] 이 작품과 등장 인물을 소개하는 것으로 시작된다. 먼저 근위기병이 이렇게 고한다. "여러분들은 교훈극*drame moral*을 보게 되실 겁니다" 등등. 그러자 기뇰이 나타나 근위기병을 두들겨 패고는, 이제 보게 될 영화는 뭔가를 입증하려는 것이 아니며 누구에게든 어떤 교훈도 되지 않을 거라고 단언한다.

영화 초반 르그랑은 모범적인 사무원으로, 작은 편물 회사에서 회계원으로 일하고 있다. 그는 회사 직원들이 사장을 위해 마련한 작은

3. 기뇰은 손으로 놀리는 프랑스의 인형극으로, 그 인형극의 대표적인 캐릭터 이름이기도 하다. — 옮긴이

파티가 지겹기만 하다. 그는 동료들이 사창가에 가자는 것도 거절한다. 집으로 돌아가는 길에 그는 술 취한 남자(데데)가 애인을 때리고 있는 것을 보게 된다. 그는 거기에 개입하여 그 젊은 여성인 루루를 택시로 바래다 준다. 그녀는 그에게 편지를 쓰겠노라 약속한다.

집에 돌아온 그는 본의 아니게 소란을 피워 아내 아델을 깨우는데, 그녀는 그에게 욕설을 퍼붓고는 전 남편인 특무상사 고다르에 대한 황홀한 기억을 떠올린다. 르그랑 선생은 그녀의 분노가 가라앉기를 기다렸다가 자신의 그림들을 정돈한다. 르그랑 선생은 아마추어 화가이다.

르그랑 선생은 몽마르트의 어느 작은 아파트 7층에 루루를 정부로 들어앉힌다. 낮이면 그는 그녀를 보러 온다. 밤은 루루가 데데를 위해 남겨두었다. 그러나 데데는 점점 더 요구가 많아지고, 르그랑이 부유하다고 믿고 있는 루루와 데데는 그를 구두쇠로 여긴다. 어느 날 데데는 (르그랑이 아내의 성화를 피해 루루집에 가져다놓은) 캔버스 몇 개를 들고 나가 화랑가를 돌아다닌다. 발슈타인의 화랑에서 만난 랑즐라르라는 미술 평론가는 이 순진한 여성 화가를 선전할 방법이 있을 거라 생각 한다. 데데는 그 그림들이 클라라 우드라는 미국 여인의 작품이라고 말했던 것이다.

일이 성사되어 클라라 우드[루루]는 데뷔한다. 난교 파티의 분위기가 물씬 풍기는 발슈타인 집에서의 리셉션에서 랑즐라르는 순전히 전문가다운 무심함으로 클라라를 애무한다. 발슈타인은 클라라에게 이제 초상화에 착수해야 한다고 말한다. 그녀는 거절한다(당연한 일이다!). 하지만 데데는 그녀에게 고객을 속여서 돈을 뜯어내라고 설득한다. (고객인 뒤고데 씨는 장 제레Jean Gehret가 연기한다.)

한편 르그랑은 발슈타인 갤러리 앞을 지나다가 자신의 그림 하나가 진열된 것을 보고는, 루루가 그림을 팔아치웠음을 알게 된다. 이에

〈암캐〉

대해 그는 그녀에게 아무런 앙심도 품지 않는다. 시나리오상에는 이런 새로운 사실에 대한 후속 사건이 전혀 없다. 이는 아마도 각색의 문제점들 가운데 하나일 것이다.

돈에 대한 요구(그녀의 데데를 위한)가 날로 늘어만 가는 루루 -클라라를 '돕기' 위해 르그랑은 아내가 수건 더미 밑에 감춰둔 비상금을 훔친다. 그러던 어느 저녁 그는 길에서 아내의 전 남편, 고다르 특무상사를 만난다. 그는 죽지 않았을뿐더러 아내에게서 벗어나기 위해 전쟁 중에 죽은 사람과 신원을 맞바꿨던 것이다. 우선 고다르 특무상사는 자신이 다시 나타나 그를 집에서 쫓아내겠다고 협박하면서(!) 르그랑으로부터 돈을 갈취하려 하지만, 르그랑에게는 다른 생각이 있다. 르그랑은 고다르 특무상사에게 오늘 밤 11시에 그의 '과부'를 털러 오라고 제

안한다. 이것은 특무상사와 아델을 서로 대면시키려는 계략으로서, 르그랑으로 하여금 자유를 되찾게 해 줄 것이었다. 그 계략은 멋들어지게 작동하고, 르그랑은 혼란을 틈타 한밤중에 짐을 싸들고 루루네 집으로 도망친다. 그러나 그가 올 거라고는 전혀 예상하지 못한 루루는 바로 그곳에서 데데와 함께 자고 있었다. 르그랑은 그들을 맞닥뜨리고는 망연자실하여 물러난다. 데데와 루루 간의 폭력 장면. 사랑에 눈먼 그녀는 어떤 일에도 아랑곳하지 않으며, 그는 오로지 르그랑의 돈에만 관심이 있다.

다음날 아침 루루가 침대에 누워 책을 읽고 있을 때 르그랑이 기꺼이 용서할 각오를 하고 돌아온다. 그는 그녀가 그 나쁜 놈의 손아귀에 붙잡혀 있던 것 등등을 모두 이해한다고 말한다. 하지만 루루는 그에게 욕설을 퍼붓는다. 그녀의 데데, 그를 그녀는 사랑하며 르그랑, 그를 그녀는 속였던 것이다. "당신은 거울도 안 봐요?" 미칠듯한 괴로움으로 제정신을 잃은 르그랑은 페이퍼 나이프를 쥐고 루루를 찌른다. 그녀가 죽을 때까지 찌르고 또 찌른다.

밖에서는 거리의 악사가 노래부르고 있다. "상냥해 주오, 오! 알 수 없는 아름다운 여인이여……"

데데가 차를 타고 집으로 돌아온다. 그는 아파트로 들어가고, 관리인은 그가 인사도 하지 않는다고 투덜거린다. 잠시 후 데데가 창백하고 일그러진 얼굴로 다시 나오더니 모두가 보는 앞에서 자기 차에 올라탄다. 자연히 범죄 혐의는 그에게로 향한다. 얼마 되지 않아 그는 카페에서 체포된다.

예심 판사 사무실에 증인들이 기다리고 있다. 발슈타인은 이 상황을 이용해 루루가 혹 집에 남겨놓았을지 모르는 캔버스들을 그녀의 어머니로부터 얻어내려 애쓴다. 르그랑은 혐의에서 완전히 벗어난다.

부인하는 데 영 서툴고 참을 수 없을 만큼 우쭐대는 데데는 자연히 용의자로 기소된다.

르그랑은 다니던 편물 회사에서 쫓겨난다. 금고에 2500프랑이 부족하다는 사실이 발각된 것이다. 그 돈은 틀림없이 그가 루루에게 주기 위해 횡령했을 것이다.

이어서 재판. 증인들(수위, 데데의 병역 연대장). 변호가 진행되는 중에 데데가 끼어들더니 이런 건 다 쓸 데 없는 미사여구이며 자신은 루루를 죽이지 않았노라고 주장한다(변호사 왈, "그건 자살 행위요"). 데데는 사형 선고를 받는다.

에필로그: 부랑자가 된 르그랑이 마티뇽 거리의 화랑 앞에서 손님의 승용차 문을 열어 준다. 또 다른 부랑자가 그가 받을 동전을 가로챈다. 그는 다름 아닌 고다르 특무상사다. 그들은 함께 웃어대고, 그러는 사이 손님이 르그랑의 자화상을 차에 싣고 떠난다.

이미 〈암캐〉에서의 촬영은 〈익사에서 구조된 부뒤〉와 마찬가지로 심도 화면*profondeur de champ*이 두드러진 시도가 드러나 있으며, 무대 장치 또한 이를 돕기 위해 구상되어 있다. 좁은 안마당을 향해 나 있는 창문으로는 이웃 아파트의 창문들이 펼쳐져 있다(집안일하는 여자와 피아노 연습하는 꼬마가 보인다). 심지어 르그랑의 아파트 실내조차도 이 방에서 저 방으로의 심도 있는 이동에 따라 미장센이 조직된다.

르그랑이 자신의 불행을 간파하게 되는 그 훌륭한 장면의 경탄을 금할 수 없는 데쿠파주는 어느 정도 〈랑주 씨의 범죄〉의 결말 부분을 예고하고 있다. 카메라는 먼저 르그랑 뒤에 있다가 문 너머로 침대를 드러낸다. 그리고는 집의 외부로 건너뛰더니 커튼이 드리워진 창문 너머로 신을 이어나간다. 여기에는 숏 내부에 프레임을 숨기는 효과에 대

한 체계적인 탐구가 존재하는 것이다.

무대 장치는 그 리얼리즘적 묘사에 있어 언제나 감탄할 만하며, 그 중에서도 르그랑의 아파트, 특히 부엌은 루루의 아파트만큼이나 세밀하게 정확하다(골동품 도자기들). 마찬가지로 거리의 중요성도 눈에 띄는데, 우선은 야외 현장이라는 점이 두드러지며, 정확한 세부 사항들(비탈길)에 의해 또한 쇼윈도나 자동차 유리에 비친 그림자와 같은 교묘한 촬영술에 의해 상세하게 구체화되어 있는 것이다. 마지막으로 그리고 무엇보다도 현장에서 녹음된 음향이 있다.

〈암캐〉에서의 음향 질료는 현장에서의 녹음 덕택에 언제나 경탄을 불러 일으킨다. 주변 소음은 리얼리즘적이다 못해 환상적이기까지 하다. 예를 들어, 루루의 아파트 아래에서 르그랑과 루루가 나누는 사랑의 대화는 급류 소리처럼 격하게 흘러가는 도관의 물소리와 뒤섞이도록 구성되어 있다. 반대로, 스튜디오에서 녹음된 거리의 노래 음색은 매우 감도가 높다.

심지어 스튜디오에서 촬영되고 순전히 대화들로만 이루어진 신들에 있어서도 음향 질료는 리얼리즘적이다. 어떤 인물이 멀어져갈 때 우리는 그가 멀어지는 것을 느끼는데, 이는 사람이 조작하는 기계 효과가 아니다.

〈암캐〉에서 대사와 배우 지도는 정점에 달한다. 뭐라 정의하기 힘든 이 연기 스타일은 판타지의 극치와 리얼리즘의 극치를 동시에 결합한다. 각 배우들의 연기 방식에 맞춰 대사가 얼마쯤 즉흥적으로 처리되었음도 느껴진다.

이러한 리얼리즘 내부에 일종의 고정 기법, 부동태不動態 기법이 존재하고 있음에 주목하라. 예를 들어, 화상畵商 발슈타인이 예심 판사에게 심문받기 전에 대기실에서 루루의 어머니에게 혹 루루가 캔버스나

데생을 남기지 않았는지 몰어 볼 때, 늙은 여인은 완강하게 무표정한 얼굴로 입을 꾹 다물고 있다. 이것은 심리의 리얼리즘이 아닌 매너*moeurs*의 리얼리즘이다. 리얼리즘이 심리적일 때 그것은 매너의 리얼리즘이 아니며 결코 완전한 리얼리즘이 못된다. 리얼리즘은 미장센의 완전한 자유와 관련하여 **작동한다**.

교차로의 밤 *La Nuit du Carrefour* 1932

앙드레 바쟁은 이 영화와 관련된 어떤 글도 남기지 않았다. 필모그래피에 있는 장 뤽 고다르의 단평을 참조하라.

_ 프랑수아 트뤼포

익사에서 구조된 부뒤 *Boudu Sauv des Eaux* 1932

장 르느와르 작품 세계에서 역설적이게도 가장 매혹적인 측면 중 하나는 모든 것이 '빗나가' 있다는 점이다. 감히 이처럼 거침없이 영화를 다룰 수 있는 감독은 전 세계를 통틀어 그 하나뿐일 것이다. 막심 고리키를 마른Marne강가에서 촬영할 정도로 대담하기 위해서는, 혹은 하인들을 제외한 거의 모든 배우들이 평소 배역으로부터 경이로울만치 벗어나 있는 〈게임의 규칙〉과 같이 배역을 분배하기 위해서는, 르느와르라는 사람이 있어야 한다. 르느와르의 예술을 단 한 단어로 규정지어야 한다면 어긋남*décalage*의 미학이라고 할 수 있을 것이다. 〈익사에서 구조된 부뒤〉 역시 이 규칙에서 벗어나지 않는다. 이 영화에서 시나리오는

주제로부터 정성껏 **빛나가** 있으며, 배우들은 그들 역할로부터 **빛나가** 있고, 연기는 상황으로부터 **빛나가** 있다. 사실 말해서 여기서 적절한 것은 오직 데쿠파주*découpage*밖에 없는데, 그도 그럴 것이 악마와도 같은 능수능란함으로 이 모든 춤을 이끄는 것, 또한 이 모순적 미학의 세계를 하나의 스타일로 정돈시키는 것이 바로 데쿠파주인 까닭이다.

〈익사에서 구조된 부뒤〉에서 가장 멋진 순간은 모든 것이 가장 거짓인 순간이라고까지는 말하지 않겠다. 그러나 르느와르 작품의 정점이 흔히 어조의 리얼리즘과 정확함에 의해 찬미된다면, 때로 그 정점의 눈부신 광채는 세심하게 유지되고 있는 극적 부조리 덕분이기도 하다.

〈익사에서 구조된 부뒤〉의 가장 훌륭한 장면 중 하나인 퐁 데 자르pont des Arts 밑에서의 자살 기도 장면은 전적으로 신의 논리가 무시된 채 촬영되었다. 자발적 엑스트라들을 풍부하게 제공해 주고 있는, 다리와 제방 위에 밀집한 군중들은 분명 참사를 목격하고 있는 것이 아니다. 그들은 영화 찍는 것을 구경하기 위해 거기 모여든 것이고, 이 모든 이야기들로 즐거워하고 있으며, 그래서 우리는 르느와르가 그들에게 그 신이 사실적이기 위해 필요로 하는 감정을 느끼는 체하라고 요구하기는커녕 그들의 흥겨운 호기심을 부추키지 않았나 싶은 생각마저 드는 것이다. 이 영화의 편집은 우리로 하여금 저 군중들이 부뒤에게 관심이 있다는 것조차도 인정하게 만들지 못한다. 사람들은 마치 뉴스 필름에서처럼 카메라를 쳐다보고 있으며, 르느와르는 행여 연기의 허위성이 충분히 명백하게 드러나지 않을까 걱정이라도 하는 양, 군중의 등 뒤에서 부랴부랴 숏을 찍었으며, 이로써 그 숏들에 감정이 부재한다는 사실에는 의심의 여지가 없다.

이러한 역설은 르느와르가 영화적 리얼리즘의 거장들 중 한 명이며, 자연주의 소설의 전통 및 그것과 동시대의 인상주의 회화의 계승자

〈익사에서 구조된 부뒤〉

라는 사실에 의해 강화된다. 다른 감독이었다면 이러한 '오류들'의 아주 적은 일부만으로도 비난을 면치 못했을 것이다. 반대로 이런 오류들이 장 르느와르에게서는 그의 스타일의 일부를 형성하며, 그것도 적잖이 최상의 것이 되곤 한다. 르느와르에게 있어 중요한 것은 신의 드라마 가치가 아니다. 드라마라든가, 연극적 혹은 소설적 의미에서의 연기조차도, 그에게는 본질적인 것에 대한 구실에 지나지 않으며, 본질적인 것은 눈에 보이는 것 그 어디든, 영화의 질료가 되는 것 그 어디든 존재한다. 물론 드라마는 필요한 것이고 우리가 극장에 가는 것도 그 때문이지만, 이야기는 저 혼자서도 잘 풀려나갈 수 있다. 그저 관객이 이해의 기쁨을 누릴 정도로 지시해 주면 그걸로 충분한 것이다. 그 덕분에 진정한 영화는 아직 할 일이 남아 있게 되는데, 이를테면 인물들과 사물들과 빛이, 소묘 위의 색채처럼, 드라마에 직접적으로 종속됨 없이

드라마 위에 놓이는 것이다. 때로 그것은 소묘와 색채가 서로에게서 벗어나는 것에 대한 관심이 되기도 한다. 르느와르는 본인이 원한다면 얼마든지 감탄스러울 정도로 그것들을 결합시킬 줄 알기에 더더욱 미묘하게 그것들이 어긋나는 효과를 끌어낼 수 있는 것이다. 다시 〈익사에서 구조된 부뒤〉로 돌아오자. 부뒤는 이유도 모른 채 물에 뛰어든다. 너무 더웠기 때문일까? 개를 잃어버려서? 경찰의 낯짝이 맘에 들지 않아서? 아무러면 어떤가. 부뒤가 물에 뛰어든다는 것, 중요한 건 그것이며 그걸로 족한 것이다. 혹시 당신은 그가 **어떤 식으로** 물에 빠지는지 설명해 줄 미디엄 숏을 바라는가? 그건 가학적인 것이 될 것이다. 당신은 직접 물에 뛰어들고 싶지 않을 테고, 그러니 그가 그렇게 하도록 내버려두라. 알아서 하겠다지 않는가! 당신은 센Seine강변과, 군중들 무게에 휘어진 퐁 데 자르(성냥개비 조각들로 만들어진 것 같은)와, 저러다 물고기가 놀랠까 싶어 욕을 해대는 나란히 늘어선 낚시꾼들이나 지켜보는 편이 나을 것이다.

더구나 카메라가 당신에게 부과하는 산만함조차도 요컨대 연기에 대한 최상의 충실함이 아니겠는가. 만일 물에 뛰어든 것이 당신이었다면 부뒤가 했을 것처럼 그렇게 당신은 행동할 테니 말이다!

이처럼 '어긋남'은 르느와르 작품에 있어 그 아이러니의 가장 중심적인 표현 수단을 이룬다.

1. 〈익사에서 구조된 부뒤〉에서 음악의 기능. 그것은 본질적으로 에로틱한 신호이다. 그것이 예고하는 것이든(예를 들어, 거리의 무지막지한 오르간 소리), 신호를 보내는 것이든(안 마리가 흥얼거릴 때, 레스팅구아가 피아노로 "정원의 꽃……"을 둥당거릴 때), 승리에 찬 상징적인 것이든(벽에 걸린 그림 속의 알제리 보병의 나팔) 말이다. 어쨌든 〈익사에서 구조된 부뒤〉에서 음

악이 들리면 우리는 어떤 인물이 발기했음을 알게 되는 셈이다.

2. 〈익사에서 구조된 부뒤〉의 매력은 저속함의 예찬이다. 그것은 가장 노골적인 음란함에 대한 세련되고도 태평스러운 형상화이다. 〈익사에서 구조된 부뒤〉는 장엄하도록 외설적인 영화이다.

3. 한 배우가 한 영화에서 할 수 있는 모든 것을 미셸 시몽은 〈익사에서 구조된 부뒤〉에서 하고 있다. 모든 것, 심지어 비틀거리는 걸음마저도!

_ 앙드레 바쟁의 노트에서

쇼타르 상회 *Chotard et Cie* 1933

쇼타르는 남프랑스 어느 작은 도시의 부유한 식료품상이다. 그의 집안에서 모든 것은 그의 손가락 하나 눈짓 하나로 움직여야 한다. 그의 딸에게는 구혼자가 둘 있지만, 헌병대 중위와 시인인 그 둘 다 그의 마음에 차지 않는다. 어느날 시청에서 가면 무도회가 열리던 중 시인 줄리앙이 그녀를 끌고가 버린다. 쇼타르는 체념하고 예술가를 사위로 맞아들인다.

결과는 아아! 그가 우려했던 것보다 더 끔찍해서, 그 시인은 평온하고도 무분별하게 장인의 사업을 완전 뒤죽박죽으로 만들어놓는다. 격분한 쇼타르는 그를 내쫓아 버린다.

사위는 짐을 싸서 떠난다. 그가 역에서 기차를 기다리고 있는 동안 신문에서는 그가 '공쿠르 상'을 수상했음을 알린다. 사람들이 모두 쇼타르에게 축하를 하러 온다. 얼빠진 쇼타르는 아슬아슬하게 기차역에서 간신히 사위를 데려온다. 화해. 쇼타르는 감탄해마지 않지만 그럼

〈쇼타르 상회〉

에도 이 사건을 장사꾼의 눈으로 바라본다. 그는 문학이 통조림보다 훨씬 더 돈이 된다고 생각한다. 그는 사위를 탑에 가둬놓고 매일 20장씩, 매년 소설 10편씩 쓰도록 명령한다. 그 가엾은 젊은이는 미칠 지경이 되어 반란을 일으킨다.

쇼타르 상회가 망해가는 동안, 사람들은 소설과 시만 읽는다.

사위는 장인에게 설교를 늘어놓는다. 각자는 저마다에게 주어진 운명을 행하지 않으면 안 된다. 이제 쇼타르는 식료품 사업을 순조롭게 돌려놓을 것이며 시인은 영감이 떠오를 때만 쓸 것이다.

〈쇼타르 상회〉는 귀납적으로*a posteriori* 〈익사에서 구조된 부뒤〉를 위한 일종의 밑그림에 대해 생각하게 만든다. 어지간히 재밌는 이 영화는 그러나 어지간해도 초라한 애초의 연극 틀에 다른 영화들보다 훨씬 더 얽

매여 있다. 배우 지도에 있어서의 통일성, 특히 시인 역할의 포미에와 나머지 배우들 간의 통일성은 좀처럼 찾아볼 수 없다.

그럼에도 이 영화는 세부 묘사의 참신함과 르느와르가 로제 페르디낭Roger Ferdinand의 희곡에 덧붙여 독자적으로 만들어낸 그 모든 것들에 의해 매우 재미있다. 하지만 이렇게 하여 그 희곡은 실제 이상으로 훨씬 더 형편없어 보인다는 것도 언급해야겠다.

영화 전체는 매우 빠르게 촬영된 듯하다. 야외에서 촬영된 장면은 전혀 눈에 띄지 않지만, 나는 흥미로운 형식 탐구들이 좋았다. 즉, 쇼타르의 상점과 아파트를 소개하는 도입부의 기발하고 복잡한 돌리 숏과 끝부분에서 대칭을 이루는 유사한 숏 말이다. 대조적으로, 다른 많은 숏에서는 배우들이 마치 연극에서처럼 카메라를 정면으로 향한 채 연기하고 있는데, 이는 필시 매우 빡빡한 촬영 일정을 지키기 위해서였을 것이다.

보바리 부인 *Madame Bovary* 1934

우리가 알고 있기로 앙드레 바쟁은 5장 "프랑스인 르느와르" 부분에 나오는 약간의 고찰을 제외하고는 〈보바리 부인〉에 대해 전혀 쓴 것이 없다. 필모그래피에 있는 에릭 로메르의 단평을 참조하라.

__프랑수아 트뤼포

3 인민 전선 시기

토니 *Toni* 1934

나는 〈토니〉를 전쟁 이래로 시네 클럽에서 두세 번 소개한 바 있기 때문에 내 자신이 이 영화를 꽤 잘 안다고 생각해왔다. 하지만 최근 들어 이 영화를 다시 보고는 놀라고 말았다. 이는 본질적으로 영화의 발달이 가속됨에 따라 영화 분야에서의 가치 판단 역시 유난히 빠른 속도로 변하는 탓이다. 영화사에서의 5년은 문학에서의 한 세대에 넉넉히 상응한다. 그러니 기억을 과신하지 말고 자신의 감상을 주기적으로 점검할 필요가 있는 것이다. 내 생각에 이러한 평가가 특히 장 르느와르 작품에서 열쇠가 되는 핵심 영화들의 하나인 〈토니〉에 해당되는 것 같다. 나는 '열쇠가 되는 핵심 영화들*film-clefs*'이라고 복수로 썼는데, 이는 그것이 정말로 열쇠 꾸러미를 이루는 까닭이다.

분명 〈토니〉는 전쟁 이전 르느와르 영화들 중 최고도 아니고 가장 완벽한 영화도 아니다. 솔직히 말하자면 유난히 결점이 많기까지 하다. 그렇지만 이 영화는 아마도 〈게임의 규칙〉과 더불어 가장 흥미로운

〈토니〉

영화라 할 수 있으며, 어쨌든 르느와르가 그 자신과 관련해서 또한 영화와 관련해서 몇몇 탐구들을 가장 멀리까지 밀고 나간 영화인 것이다.

그 자신과 관련해서라는 것은 〈토니〉의 윤리적 의미가 〈게임의 규칙〉과 나아가 르느와르의 후기 영화들의 윤리적 의미를 잠재적으로, 심지어는 이미 상당히 명확하게, 내포하고 있기 때문이다. 적어도 '남자와 여자 간의 저 유명한 관계'(라고 마르셀 달리오Marcel Dalio는 〈게임의 규칙〉에서 말한다)에 관한 한 말이다. 더구나 만일 〈토니〉가 〈게임의 규칙〉을 예고한다면, 〈게임의 규칙〉은 〈토니〉를 회상한다. 두 영화 모두 달리오와 롤랑 투탱Roland Toutain이 우악스럽게 서로 멱살을 잡은 후에 했던 그 유명한 대화의 정수를 제시한다. "신문을 보면 이탈리아 노동자가 폴란드 인부의 아내와 도망쳤다느니, 결국 그 모든 게 칼부림으로 끝났다느니 하는 얘기가 심심찮게 있지 않나. 난 그런 건 말도 안 되는 얘기라고 생각했는데, 아 그런데, 이보게, 그런 일들이 실제로 있군 그래……."

그러나 〈토니〉의 중요성이 더더욱 찬란해 보이는 것은 아마도 영화의 리얼리즘에 있어서의 이후 발전과 관련해서일 것이다. 장 르느와르는 영화 재상영에 맞춰 특별히 작성한 어느 글에서 〈토니〉의 미학적 전제들과 전후前後 이탈리아 네오리얼리즘의 그것들 간의 유사성을 정확하게 지적하고 있다. 마찬가지로 그는 이 영화를 구상하는 데 있어 주도적 역할을 한 자신의 결의와 1934년에 지배적이던 영화 양식 간의 대조를 강조하고 있다. 반항 정신에 의해 르느와르는 10년 후 네오리얼리즘이 될 것의 토대 혹은 적어도 그 포석을 이때부터 마련한 것이다. 최초의 주요한 네오리얼리즘 작품이 르느와르의 조감독 출신으로 그를 열렬히 숭배한 루키노 비스콘티Luchino Visconti의 〈강박 관념*Ossessione*〉(1942)이라는 점만으로도, 현재 이탈리아 유파의 기원에 있어 르느와르의 역할은 좀처럼 논쟁의 여지가 없을 것이다. 그러나 이미 8년 앞서 〈토니〉는 오늘날의 네오리얼리즘을 진정으로 예언하고 있다.

하지만 그 예언은 어쩌면 르느와르 본인에 의해서조차 제대로 인정받지 못하고 잊혀졌다고 할 수 있는데, 사실상 프랑스의 리얼리즘은 전혀 다른 방식으로, 즉 자연주의적 낭만주의로부터 출발하여서, 또한 1936~9년 프랑스 유파에 그 통일성을 부여하게 될 고도로 스타일화된 사회적 신화에 따라서 발전되었던 것이다.

그러나 〈토니〉는, 마르셀 카르네Marcel Carné와 자크 프레베르Jacques Prévert에 의해 '검은 리얼리즘*réalisme noir*'이 확립되기 앞서, 영화가 선택해야만 할 것들 간의 모순들을 입증하였다. 이러한 모순들은 그 영화의 결함을 만들어내지만 또한 그것의 흥미로움과 매력을 만들어내기도 한다.

르느와르는 당시 영화의 문학적이며 연극적인 관행에 반발하여 신문에 실린 범죄 사건으로부터 시나리오를 끌어내고 남프랑스 경찰서장의 서류에서 그 세부 사항들을 찾아냈다. 바로 거기서 우리는 오늘날

네오리얼리즘 특유의 기법을 알아볼 수 있는데, 그는 이 이야기를 마르티그Martigues 근처의 실제 장소로 설정하고, 일부 배역을 그 지역 주민들, 특히 이탈리아 노동자들에게 맡겨 현장에서 촬영한 것이다. 그러나 이처럼 자연적, 사회적 배경을 이례적일 만큼 리얼리즘적으로 묘사하면서도, 동시에 르느와르는 오로지 본질적인 것에만, 다시 말해 개인적 관계들의 윤리에만 명백히 몰두하였으며, 그 결과 사회면 기사를 참조하는 것은 그에게 그 어떤 심리적 리얼리즘도 면할 수 있는 구실이자 보증이 되어 주었다. 만일 오늘날 사회면 기사에 기반하여 시나리오를 구축한다면, 우리는 심리적 핍진성*vraisemblance*에 각별히 신경 쓸 것이며 인물과 사건의 추정 논리에 따라 현실을 내부에서 재편성할 것이다. 1934년에 대중들은 덜 까다로웠으며 시네아스트들은 더 자유로웠다. 아마도 당시 르느와르 본인은 '사실대로 만든다'고 생각했겠지만, 사실 그는 코르네이유가 로마 역사를 가지고 자신의 비극을 정당화시킨 것처럼 그렇게 자의적으로 시사 문제에 의거했던 것이다. 하지만 오늘날 거리를 두고 봤을 때 확연히 드러나는 것은, 심리적 핍진성을 근심하지 않고 있는 그대로의 다큐멘터리적 리얼리티와 더 이상 심리에 의거하지 않는 도덕적 진실 사이의 의도하지 않은 변증법이다. 그 영화는, 단지 사회적이며 윤리적인 리얼리티만을 가질 뿐 성격 묘사 관점에서는 전혀 있을 법하지 않은 인물들을 가로질러, 이편에서 저편으로 끊임없이 진동한다. 그렇지만 오늘날의 프랑스 영화들(오랑쉬와 보스트를 참조하라)[1]에서는 대단히 중요시되는 심리를 이처럼 생략하거나 경시하는 것이 대다수 관객들에게는, 부당하게도, 낡음의 표시, 서투름의 결과로

1. 장 오랑쉬Jean Aurenche와 피에르 보스트Pierre Bost는 〈육체의 악마*Le Diable au Corps*〉를 비롯하여 클로드 오탕 라라Claude Autant-Lara의 여러 영화들에서 시나리오를 썼다. — 옮긴이

보일 것이다. 반대로 나는 거기서 비옥한 모순들, 특히 리얼리즘과 진실 사이에 존재할 수 있는 모순들이 아직 억눌리거나 은폐되지 않은 영감의 신선함과 강렬함을 본다.

후에 르느와르는 2차 대전 이전의 프랑스 현실에 대한 사회 증언을 보다 능숙하게 수행하게 되며 도덕적 메시지와 사회 증언을 결합시켜 그 둘을 서로 더 빛나게 만드는 것을 완벽하게 해내는데, 그러나 이러한 메시지가 〈토니〉의 이탈리아 석탄공들, 〈랑주 씨의 범죄〉의 식자공들, 〈위대한 환영〉의 군인들, 〈피크닉〉의 소시민들, 〈게임의 규칙〉의 대자본가들이나 귀족들에게서 똑같이 타당하게 남아 있다면, 이는 르느와르가 그의 모든 사회적 분신들을 통하여 오로지 동일한 도덕적 진실들에만 관심을 기울이기 때문이며, 그에게 있어 사회적 리얼리즘이란 단지 영구불변하는 인간과 인간의 문제들을 시험하고 입증하는 하나의 방식에 불과하기 때문이다. 르느와르는 모럴리스트*moraliste*이다.

랑주 씨의 범죄 *Le Crime de Monsieur Lange* 1935

대중적인 간행물 출판사의 직원 아메데 랑주는 이 위태로운 회사의 부패한 사장, 비열한 바탈라에게 나머지 고용인들처럼 착취당하고 있다. 그러나 랑주는 이 매력적인 사장의 악행을 전혀 눈치 채지 못하는데, 이는 우선 그의 순진한 이상주의 때문이며 또한 그의 마음이 다른 곳에 팔려 있기 때문이다. 그는 '아리조나 짐,' 곧 그가 꿈꾸는 서부 영웅에 대한 쓸데없는 상상의 이야기를 쓰느라 밤을 지새우는 것이다. 마찬가지로 그는 건물 1층 세탁소의 상냥한 주인 발랑틴이 자신에게 연정을 품고 있는 것도 전혀 알아채지 못한다. 어느 날 바탈라는 수위 아들의

순진무구한 약혼녀 에스텔을 농락하고는, 파산으로 궁지에 몰려 도주한다. 그러나 그가 탄 기차가 탈선하면서 바탈라는 참사 중 사망한 것으로 알려진다. 사실 그는 그와 함께 여행하던 어느 신부의 옷을 훔쳐 입고 그의 신분을 사칭하고 있는데 말이다. 사장이 사망하자 빚투성이의 사업은 제1 채권자에게 넘어간다. 더 이상 잃을 것이 없는 그는 직원들의 제안을 받아들이고, 이에 회사는 협동 조합 형태로 재개된다. 합리적으로 경영된 새로운 출판사는 〈아리조나 짐〉 덕분에 눈부신 성공을 맛보게 된다. 모두가 만족스럽다. 채권자, 직원들, 에스텔을 용서한 수위의 아들, 자신의 상상력을 마음껏 펼칠 수 있게 되었을 뿐 아니라 발랑틴의 매력을 깨닫게 된 랑주, 그 모두가. 바로 이때 가증스런 바탈라가 돌아와 축제를 뒤엎고 이제 겨우 소생된 회사에 대한 소유권을 행사하려 든다. 랑주는 망연자실해진다. 모두의 우정과 연대로 공정하게 쟁취된 이 작은 사회 낙원이 바탈라에 의해 파멸될 지경인 것이다. 그러나 이 모든 것을 가능케 했던 건 바탈라의 거짓 죽음이었으니 이제 정말로 그를 죽여야 한다. 기계적으로, 그리고 고지식하게도, 랑주는 그의 옛 사장을 총으로 쏜다.

이 이야기는 범죄 후 도주하여 벨기에 국경의 한 여관에 피신 중인 발랑틴과 랑주를 보여 주는 짧은 도입부에 이어서, 플래시백의 형태로 우리에게 전해진다. 그러나 그들의 인상 착의가 배포되고 손님 하나가 랑주를 알아본다. 랑주가 휴식을 취하고 있는 동안 발랑틴은 그를 고발할 수도 있는 이 사람들에게 용기를 내어 그의 사건을 얘기한다. 즉석에서 꾸려진 이 민중 배심원단은 그들의 운명을 결정지을 것이다. 이 사람들은 무죄 석방이라는 결론에 도달할 것이며 그 커플이 국경을 넘도록 도와 줄 것으로 짐작된다.

〈랑주 씨의 범죄〉는 상당히 각별한 역사적, 정치적 분위기 속에서 촬영되었으며 이것이 이 영화의 전반적인 정신을 부분적으로 설명해 준다. 사실상 그 영화가 만들어진 것은 인민 전선Front Populaire의 선거 직전인 1935년 10월로 거슬러 올라가며, 영화 촬영 과정뿐 아니라 구상 단계에서부터 함께했던 팀원들은 어떻게 보자면 이야기 속 인물들과 똑같은 사회적 이상주의에 고무되었다고 할 수 있다. 이런 의미에서 〈랑주 씨의 범죄〉는 어느 정도 이슈 영화*film à thèse*라 할 수 있는데, 예컨대 악질 소유주, 착취하는 자본가들에 **반대**하고, 노동자들의 연대와 조합제의 미덕을 **지지**하는 것이다. 이러한 사회적 주장을 넘어 프레베르와 르느와르는 치유할 수 없을 만큼 사악한 한 인간을 지상으로부터 제거한 랑주, 사회의 법률이 제대로 보호해 주지 못하는 그 랑주의 범죄를 기꺼이 용서하기에 이른다.

맨 처음 시나리오는 장 카스타니에Jean Castanier(스페인 화가이자 무대 제작자)의 아이디어로부터 출발하였다. 영화 제목은 "안마당을 굽어보며 *Sur la Cour*"라고 하기로 되어 있었는데, 이러한 제목은 대중적인 면은 덜할지 몰라도 작품의 정신이 훨씬 제대로 표현되어 있다는 것을 알 수 있을 것이다. 그리고 나서, 르느와르가 실제 버전과는 상당히 다른 첫 데쿠파주를 쓴 후에, 제작자는 그 이름만으로도 배급업자들에게 신뢰를 안겨 줄 자크 프레베르와의 공동 작업을 제안하였다. 따라서 이 이야기는 《머리들의 저녁 식사*Dîner de têtes*》의 작가가 손질하고 대사를 쓴 것이다. 르느와르가 이 공동 작업에서 얼마만큼의 몫을 담당하고 있는지를 가늠하기란 분명 불가능할 테지만, 그럼에도 나중에 보게 될 것처럼 각자의 자취는 확고하게 남아 있다.[2]

〈랑주 씨의 범죄〉는 한정된 스태프들과 당시로선 상대적으로 저렴한 비용(100만 프랑)으로 신속하게(한 달) 만들어졌다. 이러한 조건들은

분명 몇몇 기술적 결함들을 해명해 주지만 또한 그 영화의 장점 가운데 몇 가지와도 무관하지 않을 것이다.

이 영화는 1936년 1월 말에 개봉되어 비평가들로부터 그리 나쁘지 않은 평가를 받았다. 그들 대부분은 소재의 참신함과, 특히 당시 프랑스 영화와는 사뭇 대조되는 지성과 야심에 찬 그 기획의 기풍을 어느 정도 명확하게 인지하였다(비록 그 모든 중요성을 낱낱이 지적하지는 않았다 해도). 〈에스프리〉에 실린 로제 레엔하르트Roger Leenhardt의 글을 인용해 보자. "〈랑주 씨의 범죄〉의 흥미로움은, 기술이나 그 자체로서의 영화 너머에, 즉 그 영화의 심원한 의미와 작가들의 메시지에 존재한다. 더더욱 주목할 만한 현상은 이 작품의 영적인 스타일이 감독(르느와르)과 시나리오 편집자*découpeur* 혹은 각색자 겸 대사 작가(프레베르)의 조화에 기인한다는 것이다. 여기서 빈번하게 강조되는 두 이름, 완강하리만치 독창적인 그 두 기질 (……) 요컨대 프레베르는 그의 쾌활함과 신랄함을 르느와르에게 가져다 줬으며, 르느와르는 그의 진정성 어린 낭만주의의 울림을, 작가라기보다는 개그맨에 가까운 프레베르의 상상력이 지닌 조금은 간결하고 무미건조한 무언가에 제공한 것이다. 그 합주는 굉장한 장관을 만들어 낸다. 즉, 고르지 못하고 감동적이며 지독하리만큼 비순응적인*non conformiste* 장관 (……) 그 연출은 천재성이 엿보이지만 르느와르가 통상 범하는 혼란 상태 역시 포함하고 있다. 아, 그 갈짓자꼴의 팬 촬영이라니! 실수 혹은 돈이 부족해서? 그러나 또한 즉흥성에 대한, 촬영장에서의 영감에 대한 괴벽."

1936년 초 당시의 신출내기 비평가들이 알고 있는 르느와르의 경

2. 자크 프레베르가 합류하기 전에 작성된 〈랑주 씨의 범죄〉의 원 시나리오는 이 책의 부록에서 볼 수 있다. — 프랑수아 트뤼포

〈랑주 씨의 범죄〉

력은 고작해야 단 한 편의 유성 영화뿐이었으며(그나마 〈익사에서 구조된 부뒤〉는 '진지한' 작품으로 간주되지 않았다), 프레베르는 〈문제는 가방 안에 있다 *L'Affaire est dans le Sac*〉(피에르 프레베르, 1932) 하나밖에 없었다는 것을 상기할 필요가 있다. 그러나 당시는 무정부주의 – 공산주의에 동조하는 시인들이 되 마고Deux-Magots 카페를 점령하던 시기였다(카페 드 플로르Café de Flore는 훨씬 나중에서야 그 지위를 탈환하게 된다). 〈랑주 씨의 범죄〉는 이렇듯 어느 정도는 전쟁 이전 우안*rive droite*의 영화, 즉 샹젤리제의 영화와 대비되는 좌안*rive gauche*의 영화계 지식인들이라는 이 작은 세계 안에서 구상된 것이다. 아마도 르느와르의 다른 모든 영화들 이상으로 이 영화는 친구들끼리 만든 그리고…… 친구들을 위해 만든 친구들의 영화일 것이다.

'불완전한' 영화 〈랑주 씨의 범죄〉는 그럼에도 가장 아름다운 르느와르 영화 중 하나이자, 어쨌든 그의 천재성과 재능이 가장 잘 드러

나는 영화 중 하나이다. 나로 말하자면 이 영화를 〈게임의 규칙〉으로부터 그리 멀지 않은 곳에 위치시킬 것인데, 사실 이 영화는 〈게임의 규칙〉에 대한 이미 상당히 정교한 스케치라고 할 수 있는 것이다. 어쨌든 이 영화는 아마도 (숭고한 〈피크닉〉과 더불어) 극도의 '매력'이 발산되는 영화일 것이다.

로제 레엔하르트가 앞서 주장한 바와 같이 이 '매력' 가운데 조금은 역설적인 공동 작업의 몫을, 즉 자크 프레베르의 몫을 고려할 필요가 있다. 전쟁 이전 프랑스 영화 중 가장 뛰어난 대사는 아닐지라도 가장 뛰어난 대사들 중 하나가 나온 것이 바로 이 공동 작업으로부터인데, 여기서 프레베르의 모든 특질들은, 그의 결점이라 할 과도함 없이, 배우들로 하여금 그 인물의 기질상 했을 법하지 않은 말은 전혀 하지 않게 만들려는 르느와르의 확고한 신념에 의해, 완화되고 누그러져 있는 것이다. 우리는 작가가 미리 완성시켜 놓은 언어 창작물[대사]이 언제든 형편에 따라, 또한 필요하다면 촬영 중에도, 수정되었다는 느낌을 받는다. 확실히 〈랑주 씨의 범죄〉의 대사는 르느와르의 다른 모든 영화들보다 훨씬 더 두드러진다. 종종 그 대사는 대사 자체를 위해 말해지기도 한다. 그러나 이러한 방침이 반드시 비난받을 만한 것은 아니다. 특히 그것이 우리에게 이와 같은 기쁨을 안겨 준다면 말이다.

프레베르를 정당하게 평가하고 나면 르느와르의 독창적이고 확고부동한 역할이 무엇인지 더 잘 파악할 수 있게 된다.

당시 대부분의 비평가들이 (그리고 레엔하르트까지도) 르느와르의 카메라 움직임이 복잡한 데다 엉성하다면서, 그 엄밀함과 필연성을 파악하지 못한 채 그를 많건 적건 비난했음을 확인하게 되는 것은 이상한 일이다. 물론 그후로 (특히, 그 영화에 관해 작성된 여러 카탈로그에서) 사람들은

심도 화면의 사용을 강조하였다. 그리고 이 심도 화면은, 전쟁 이전 르느와르의 모든 유성 영화 작품에서 그렇듯, 중요하다(특히 택시 장면과 광고판으로 막아놓았던 수위실 창문이 열리는 장면의 그 감탄스러운 두 경우에서). 그러나 여기서 심도 화면은 보다 전반적인 데쿠파주 구상에 종속되어 있으며, 카메라 움직임을 이해하려면 이 데쿠파주를 규명할 필요가 있다. 이를 위해서는 세트로부터 출발해야 한다. (다음 페이지의 도표를 보라).

원 시나리오의 제목이 "안마당을 굽어보며"였다는 것을 상기해 보자. 그 영화의 전체적인 착상은 이 안마당 주위로 일단의 인물들과 활동들을 집결시키는 것, 요컨대 도시라는 지형으로부터 자발적으로 탄생한 이 파리의 소小공동체들 중 하나를 이를테면 위나니미즘의 *unanimiste*[3] 정신 속에서 그려내는 것이었다. 거기에는 '안마당을 굽어보며' 살고 일하는 사람들, 즉 수위 가족과 세탁소 주인과 랑주가 있으며, 또한 그곳에 일만 하러 오는 사람들, 즉 식자공들과 발랑틴의 직원들 등이 있다. 하지만 우리가 이 작은 세계를 알 수 있는 것은 (몇 개의 '야외 신'을 제외하고는) 오직 그 **안마당**과의 지속적인 혹은 우연적인 관계들 및 그 안마당이 중심이 되는 활동들에 의해서뿐이다.

그런데 이러한 드라마상의 리얼리티는 사실상 하나의 세트에 의해, 즉 스튜디오의 여러 무대들로 분산된 것이 아니라 실제로 비양쿠르의 스튜디오 안마당에 통째로 세워진 세트에 의해 구체화되어 있다. 이 거대한 복합 단지 속에서 세트의 각 주요 부분들(수위실, 세탁소, 중앙 계단, 조판실, 바탈라의 사무실……)은 안마당 주변에서 실제 위치를 점하고 있으

3. 위나니미즘*unanimisme* 혹은 일체주의一體主義는 20세기 초 프랑스의 젊은 시인들을 중심으로 일어난 문학 운동으로서, 공동체 생활과 형제애를 실천하였으며 개인을 초월한 집단 고유의 정신과 영혼을 추구하였다. — 옮긴이

며, 안마당의 중앙은 모든 행동의 기하학적 장소가 된다. 여기서 의미심장한 세부 사항 한 가지에 주목하라. 문제의 그 안마당에 깔린 포석이 동심원을 그리고 있는 것이다.

그러므로 어떤 행위가 세트의 외곽 영역에서 발생할 때는 사실상 심도 화면이 언제나 논리적인 촬영 양식이라면, 어떤 행위가 안마당으로부터 포착될 때는 이 전반적인 배치에 의해 특징적으로 부과되는 카메라 움직임이 팬이라는 것을 알 수 있다.

이상의 것으로부터 미장센의 궁극적인 천재의 필치, 화려한 피날레, 영화의 모든 공간 구조를 결집시켜 줄 완벽한 조화가 생겨난다. 즉, 360° 회전에 반대 방향으로 움직이는 팬이 우선 바탈라의 사무실에 있는 랑주를 포착하고 우리로 하여금 작업장과 계단을 가로질러 그를 따라가게 만들면 결국 현관 앞 층계에 다다른다. 하지만 그러면 카메라는 그에게서 벗어나, 그의 발걸음을 따라가는 대신 안마당을 휩쓸면서 반대 방향으로 회전한 후, 바탈라를 죽이기 위해 이제 막 합류한 그 배우를 반대편 구석에서 다시 포착하는 것이다. 그 어떤 논리도 거스르는 이 놀라운 카메라 움직임은 아마도 심리적인 혹은 드라마적인 부차적 정당화를 가질 테지만(그것은 현기증과 광기의 느낌을 주며 어떤 서스펜스를 창출한다), 그 존재 이유는 보다 더 본질적이다. 즉, 그것은 모든 미장센의 순수한 공간 표현인 것이다.

즉각적으로 정당화되지 않는 이 팬 촬영은 자의적으로 보이거나 공연히 멋부린 냄새가 날 수 있는 게 사실이다. 그렇기 때문에 르느와르는 술에 취한 수위가 안마당을 빙 돌아서 쓰레기통을 끌고 가는 장면을 통해 우리에게 그것을 받아들일 채비를 무의식적으로 시킨 것이다. 원을 그리는 그 움직임은 이처럼 우리 눈에 새겨지게 되며, 그것이 우리 머릿속에서 지속되는 것이야말로 아마도 뒤에 이어질 팬의 추상성

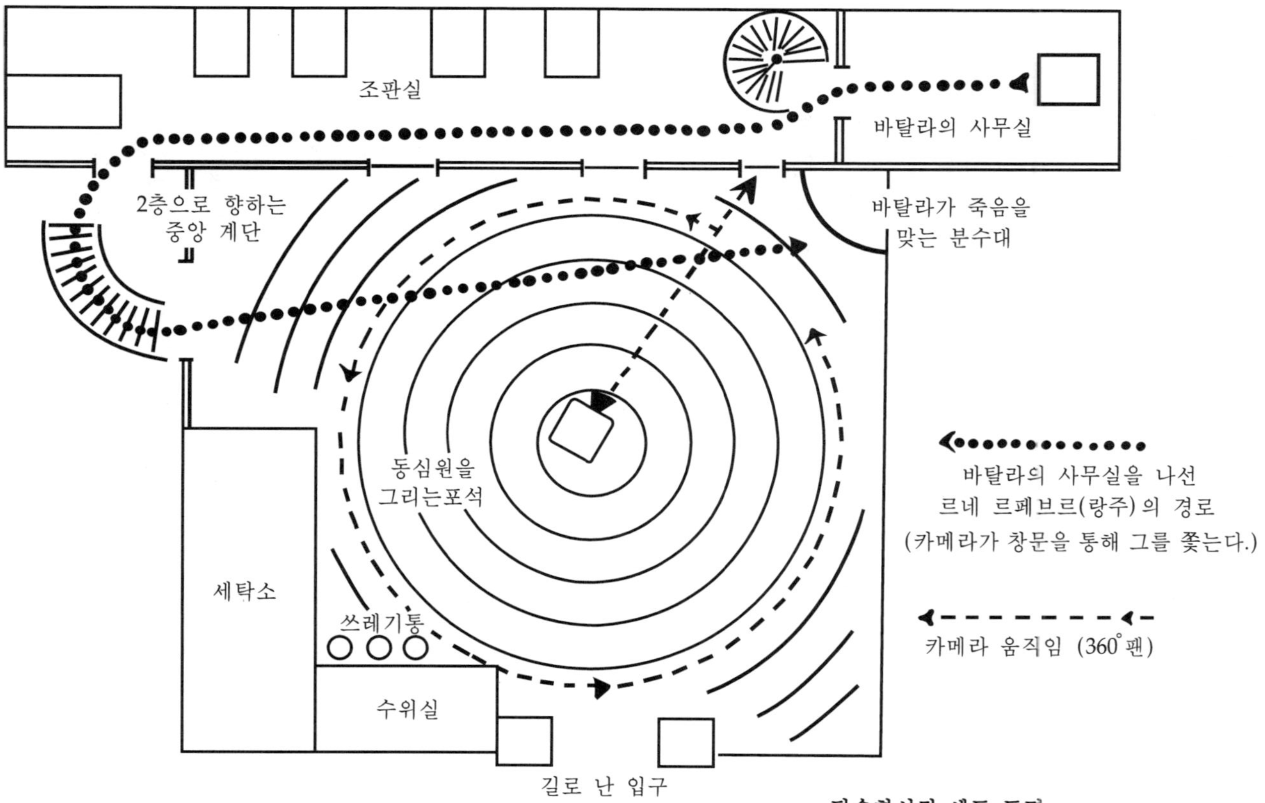
조판실
바탈라의 사무실
2층으로 향하는
중앙 계단
바탈라가 죽음을
맞는 분수대
동심원을
그리는포석
세탁소
쓰레기통
수위실
길로 난 입구
바탈라의 사무실을 나선
르네 르페브르(랑주)의 경로
(카메라가 창문을 통해 그를 좇는다.)
카메라 움직임 (360°팬)

단순화시킨 세트 도면

을 받아들이도록 만드는 데 적지 않은 기여를 할 것이다.

르느와르가 이러한 기법을 완벽하게 다듬어서 한층 더 엄정하고 세심하게 활용함으로써, 이처럼 구심적이며 심도 화면으로 이루어진 미장센 원리를 그 모든 면에 있어 두루 발전시켜 계승한 영화는 단 하나, 〈게임의 규칙〉 뿐이다.

우리는 〈랑주 씨의 범죄〉에서의 연기를 이 영화의 스타일로부터 분리할 수 없는데, 이는 여기서 연기가 미장센 못지않게 영화 스타일의 창출에 기여하고 있는 까닭이다. 우리는 출연진을 세 종류의 연기자로 구분할 수 있다. 전문 배우가 아닌 르느와르의 친구들로 마르셀 뒤아멜Marcel Duhamel, 폴 그리모Paul Grimault, 자크 브뤼뉘스Jacques Brunius…… 이미 검증된 배우들이지만 르느와르와의 친분이라든가 그들 연기의 수수함에 의해 이런 동지애 넘치는 분위기에 동화될 수 있었던 배우들로 플로렐Florelle, 르네 르페브르René Lefèvre, 나디아 시비르스카이아Nadia Sibirskaïa, 모리스 바케Maurice Baquet, 장 다스테Jean Dasté…… 마지막으로 나머지 팀원들과의 대비가 르느와르의 의도와 영화의 의미에 이중으로 기여한, 걸출한 인물이자 대배우 쥘 베리Jules Berry. 르느와르는 다른 영화에서도 결코 나올 것이 없는 이처럼 기막히게 서투른 유형의 배우들을 열렬히 좋아 했다. 그는 그들을 지도할 수 있는 동시에 그들을 더할나위 없이 편안하게 해 줄 수 있었다. 여기서 베리의 비열함 창조는 탄복할 만하지만 그럼에도 우리로 하여금 그를 완전히 증오하게 만들지는 못하는데, 그만큼 워낙 증오라는 것이 르느와르 작품 세계에서는 생소한 것이다.

그러나 그 영화의 연기 방식에 있어 무엇보다 눈길을 끄는 것은, 그 영화가 어떤 의미로는 관중을 위해서만큼이나 그것을 만드는 이들을 위하여, 명백한 공모 속에서 만들어졌다는 점이다. 마치 뒤집은 면

이 겉면만큼이나 예뻐서 이쪽으로 입어야 할지 아니면 저쪽으로 입어야 할지 망설여지는 옷처럼 말이다. 〈랑주 씨의 범죄〉는 무엇보다도 감독으로부터 무대 담당에 이르기까지 모두의 기쁨을 위해 그리고 특히 배우들을 위해 만들어졌다. 이러한 성향은 르느와르 전작품에서 많건 적건 어느 정도 적용되는 바이지만 이 영화에서처럼 분명하게 드러나는 경우는 좀처럼 없었다.

인생은 우리의 것 *La Vie Est à Nous* 1936

영화는 낙관적인 그림들을 보여 주면서 프랑스의 풍족함에 대해 가르치고 있는 어느 교실의 수업 시간으로 시작된다. 학교가 파한 후 아이들은 그들 부모의 빈곤함에 대해 이야기하고, 이것은 방금 보았던 그림이, 아니 정확히 말해 그것이 제시된 관점이 거짓임을 보여 준다.

두 번째 몽타주 시퀀스는 1934년의 거국적 봉기, '200대 가문,'[4] 히틀러의 위협을 보여 준다.

다음, 우리는 〈위마니테*l'Humanité*〉의 편집장 마르셀 카셍Marcel Cachin의 사무실에 와있다. 그가 자신의 우편물을 열고, 특히 그 중에서도 세 통의 편지가 노동자 보호라는 공산당의 역할을 설명해 주는 세 편의 옴니버스 형태로 소개된다.

첫 번째 이야기: 공장. 과도한 작업량을 부과하는 속도계*chronomètre*와 나이 많은 노동자에 대한 독단적 해고에 맞서기 위해 집단 행동이

4. 당시 프랑스 경제를 휘어잡던 부유한 집안들을 말한다. 1936년 총선 당시 모리스 토레즈는 라디오 연설을 통해 "파시즘 뒤에는 금융계와 산업계를 좌지우지하는 200대 가문이 있다. 200대 가문을 타도하라!"고 외친 바 있다. — 옮긴이

〈인생은 우리의 것〉

조직된다. 경고성 파업 이후 경영진은 한걸음 물러나고, 그 노동자는 복직되며, 작업 속도는 늦춰지고, 임금은 삭감되지 않게 된다.

두 번째 이야기: 농촌에서. 한 농부의 유일한 수입원을 앗아가버릴 경매가 공산당원들에 의해 사보타주된다. 동지들은 높은 가격을 부르지 못하게 가로막고, 그 농부는 가축과 장비를 헐값에 도로 사들여서 일을 계속할 수 있게 된다.

세 번째 이야기: 찢어지게 가난한 어느 학생 부부(나디아 시비르스카이아와 줄리앙 베르토Julien Berteau). 고등전기학교Ecole Supérieure d' Electricité를 졸업한 청년은 일자리를 찾다가, 자동차 정비소 주인에게 고용되어 착취만 당하고, 다시 가난에 빠지고, 어느 투사에게 이끌려 한 집회에 가게 되고, 거기서 용기를 얻고 식사를 제공받는다. 일종의 축제가 계획되는데, 거기서 조명을 담당할 사람은 바로 그가 될 것이다.

여기에 마르셀 카셍, 자크 뒤클로Jacques Duclos, 모리스 토레즈Maurice Thorez[5]의 일련의 연설과 러시아 영화의 몽타주에서 영감 받은 피날레가 덧붙여진다.

그 총체는 터무니없이 고지식한 변증법을 입증한다. 시나리오는 지독하게 논증적이지만 그 결과로서의 영화는 의도의 진실됨과 배우들의 뛰어난 연기에 의해 대단히 훌륭하니까 말이다. 이와 관련하여, 르느와르는 실제 투사들*militans*과 자신에게 동조적인 친구들을 뒤섞어 놓음으로써 기이한 효과를 끌어내고 있다.

주목할 두 장면. 먼저 경매 장면(레오 라리브Léo Larive — 〈밑바닥 인생〉에서 루이 주베Louis Jouvet의 하인이었고 〈게임의 규칙〉의 요리사였던 — 가 경매에 올라온 말을 검사한다). 이 영화의 다른 부분보다 더 많이 분할되어 있는 이 장면은 어쩌면 르느와르보다는 자크 베케르Jacques Becker[6]에게 더 크게 빚진 것일 수 있다.

두 번째로는, 발코니에 있는 나디아 시비르스카이아로부터 출발하여 지붕을 따라 이어지고 안마당으로 내려왔다가 다시 올라가서 파리 시내를 전체적으로 조망하는 감탄스러운 팬.

〈인생은 우리의 것〉은 계속해서 논의될 것이나, 시간이 흐름에 따라 1936년의 정신에 관한 점점 더 귀한 자료가 될 것이다.

이런 것을 생각할 때 이 영화는 〈랑주 씨의 범죄〉와 마땅히 한 쌍을 이룬다.

— 앙드레 바쟁의 노트에서

5. 모리스 토레즈는 프랑스 공산당의 서기장을 지낸 인물이며, 자크 뒤클로 역시 당 중앙위원회 간부로서 공산당 계열 신문인 〈위마니테〉의 간행을 도운 바 있다. — 옮긴이

6. 자크 베케르는 이 영화에 조감독으로 참여하였다. — 옮긴이

"파리에서 철물점을 하는 뒤푸르 씨는 1860년 여름의 어느 일요일, 이웃 우유 가게에서 마차를 빌려다 장모와 아내와 딸 그리고 장차 사위이자 후계자가 될 점원 아나톨을 대동하고서 자연과 마주하기 위해 길을 나섰다." 그들은 풀랭 영감[7]의 음식점, 풀밭 위의 점심 식사를 하기에 맞춤한 한적한 곳을 고른다. 휴가 중인 두 '보트 젓는 사람'이 그들이 도착하는 걸 보고는 유쾌한 기분이 발동하여 이 여인들에게 은밀한 접근을 꾀한다. 피크닉이 끝난 후 뒤푸르 씨가 그 두 공모자로부터 낚시대를 빌려서 아나톨과 잉어 낚시를 하러 가버리자, 다른 사람들은 보트를 타러 가기로 한다. 중년의 나이에도 여전히 매력적인 어머니가 덤불숲에서 그녀의 대담한 파트너가 이끄는 대로 내버려두는 동안, 딸은 보다 섬세하고 수줍은 그녀의 파트너와 짧지만 섬광처럼 빛나는 포옹을 경험한다. 비가 내려 그 목가적 사랑을 끝맺는다.

"월요일처럼 우울한 일요일과 함께 몇 년이 흘렀다. 아나톨은 앙리에트와 결혼했다……." 그 젊은 부부는 브종에서 일요일을 보내기 위해 돌아온다. 새로운 생활의 단조로움으로 지친 기색이 역력한 앙리에트는 옛날의 그 덧없는 연인을 그들이 포옹했던 바로 그 장소에서 마주친다. 그들이 간직해온 결코 지울 수 없는 기억에 대해 서로가 미처 말할 틈도 없이 이미 그녀의 남편은 낮잠에서 깨어나고, 이제 이별은 돌이킬 수 없게 된다.

7. 풀랭 영감 역할은 장 르느와르가 연기하였다. — 프랑수아 트뤼포

〈피크닉〉

〈피크닉〉의 각색은 모파상의 소설에 곧이곧대로 충실할 뿐 아니라 그 소설의 정신에 따라 그것을 발전시키고 있다. 매우 짧막한 이 소설은 원래 쓰인 것 자체가 마치 시놉시스와도 같아서, 몇몇 대목들(입맞춤)이 영화보다 더 전개되기는 하지만 다른 대목들은 마치 지문처럼 확연히 도식적이다. 이 부분들은 늘 그렇듯 놀랍도록 훌륭하게 또한 전적으로 합당하게 영화 속에서 전개된다.

보트 젓는 사람들인 앙리와 로돌프, 두 인물은 영화에서 심리적으로 또한 극적으로 보다 뚜렷해진다. 어머니 역을 맡게 되는 인물(자크 브뤼뉘스)은 우스꽝스럽게 그려지며, 또 다른 인물(조르주 다르누Georges Darnoux)은 연애 사건 특유의 감상적이고 극적인 성격을 예비해 놓는다……. 영화 속에 추가된 모든 것은 물질적으로 또한 심리적으로 합당하며, 심지어 우리는 이런 것이 소설에서는 아쉽다고 말할 수 있을

정도다.

섬에서의 러브신은 세계 영화사상 가장 잔인하고도 아름다운 순간들 중 하나이다. 그것의 섬광처럼 빛나는 효력은 약간의 몸짓들로부터, 또한 애절한 정감적 리얼리즘을 지니는 실비아 바타이유Sylvia Bataille의 시선으로부터 비롯된다. 거기서 표현되는 것은 사랑 행위 후의 불현듯 깨어남, 아니 차라리 비장한 슬픔이다. 그럼에도 그것을 영화에 시각적으로 옮겨놓는 것은 감탄스럽기 그지없는 폭풍우 시퀀스이다.

촬영되지 않은 부분, 즉 주로 뒤푸르 씨의 상점(마르티르가Rue des Martyrs)에서 펼쳐질 부분은 소설에서 그다지 중요하지 않으며, 따라서 〈피크닉〉은 완벽하게 완결된 영화라고 할 수 있다.

_ 앙드레 바쟁의 노트에서

4 전쟁이 다가오다

밑바닥 인생 *Les Bas-Fonds* 1936

루이 주베는 도박과 여자로 파산한 남작이다. 어느 날 밤 그의 아파트에 페펠이라는 직업 도둑(장 가뱅)이 든다. 어차피 아침이면 집달리가 압류하러 올 것이기에, 남작은 그 도둑과 단숨에 의기투합하여 밤새 카드 놀이를 하는 페펠이 살고 있는 곳인 강변에 있는 일종의 부랑자 숙박소에 들어가기로 결심한다.

그 숙박소는 탐욕스런 늙은이(블라디미르 소쿠로프Vladimir Sokoloff)에 의해 운영되고 있으며 그의 젊은 아내(수지 프랭Suzy Prim)는 페펠의 정부이다. 그녀와 남편은 그들의 안녕을 얻고자 그녀의 여동생(주니 아스토르Junie Astor)을 경찰 서장(가브리엘로Gabriello)과 결혼시키려고 한다.

그 처녀가 결혼을 거부하자 늙은 주인과 그의 아내는 그녀를 때리는데, 그 처녀를 사랑하는 페펠이 나타나서 그 탐욕스런 인간을 죽이게 된다. 경찰이 수사하러 오자 그 숙박소의 입주자들 모두가 페펠과 공동 책임을 지고 나선다. "죽인 건 그가 아니라 지하방 사람들[밑바닥

〈밑바닥 인생〉

인생들]입니다."

그러는 동안 한 노인은 병으로 죽고, 신비주의 성향의 어느 술주정뱅이 배우(로베르 르 비강Robert Le Vigan)는 목을 매며, 남작은 어느 몽상적인 매춘부(야니 홀트Jany Holt)와 가벼운 연애를 벌인다.

이야기의 결말에서 페펠과 처녀는 길을 떠난다. 헌병과 마주치자 그들은 조금 주춤하지만 궁지에서 벗어날 것이다.

〈밑바닥 인생〉(1936)은 아마도 〈강〉의 작가가 프랑스 시절에 만든 최고의 영화는 아닐 것이다. 그것은 〈위대한 환상〉의 조화로움에도, 〈랑주 씨의 범죄〉의 진실됨에도, 〈피크닉〉의 시정詩情에도, 혹은 〈게임의 규칙〉에서의 이 모든 특질들의 정점에도, 이르지 못한다. 그러나 그럼에도 그것은, 〈게임의 규칙〉을 제외한다면, 르느와르의 프랑스 작품 중 어쩌면 가장 흥미롭고 맛깔스러우며 이 감독의 내면 깊숙한 성향을

가장 잘 드러내는 영화일지 모른다.

고리키의 소설로부터 이끌어낸 이 영화에는 다양한 스타일들과 장르들이 기이하게 뒤섞여 있다. 암울하고 리얼리즘적이며 극적인 이야기로부터 르느와르는 코믹하다시피 한 영화를 만들어냈는데, 적어도 분위기를 바꾸는 것을 포기하지 않았으니, 요컨대 영화 끝에서 장 가뱅이 죽지 않는 것이다![1] 불결한 집단 숙소, 부랑자들을 위한 주거용 여인숙에서 엮이고 얽힌 너댓 명의 개별적인 사건들은 우리가 러시아 소설에서 숱하게 보아온 것들이지만 그것들이 르느와르에 의해 옮겨지자 기묘하게도 프랑스-러시아적인 것이 된다. 주베가 러시아 황제의 고위 관료라는 것을 또한 가뱅의 파리식 빈정거림이 '러시아 영혼의 불안' 같은 것임을, 어떻게 받아들이겠는가? 차라리 우리로 하여금 마른강변을 볼가강변으로 착각하게 만드는 편이 나을 것이다. 그런데 바로 이것을 배짱 좋게도 르느와르는 했던 것이다!

보드빌과 비극, 리얼리즘과 패러디, 고리키와 르느와르 간의 이러한 믿겨지지 않는 숨바꼭질은 그럼에도 단지 매혹적이라는 표현만으로는 충분치 않은 작품을 우리에게 선사한다. 오직 〈게임의 규칙〉의 작가만이 감히 그처럼 거침없이, 우스꽝스러움을 스쳐지나가는 가운데 우리의 감정을 자아낼 수 있을 것이다.

---

1. "무엇보다 가뱅의 거의 모든 영화가, 적어도 〈인간 야수〉로부터 〈창살 너머*Au-dela des grilles*〉에 이르기까지, 비극적으로 끝나는 것을 고려해 보라. 그 영화들은 대개 주인공의 극단적인 죽음으로 끝난다(더구나 직접적이든 간접적이든 간에 자살의 형태를 취하고 있다). 그토록 많은 제작자들로 하여금 '슬픈' 영화에 몰리에르 희극식의 억지 결말을 갖다 붙이게 만드는 '해피 엔딩'의 상업 법칙이, 정작 가장 대중적이며 호감가는 배우의 한 사람, 그래서 우리가 매번 행복해지고 결혼해서 아이도 많이 낳기를 바라마지 않게 되는 그 배우에 대해서는 좀처럼 적용되지 않았다는 게 신기하지 않은가?" (앙드레 바쟁, "장 가뱅과 그의 운명*Jean Gabin et son destin*")
— 프랑수아 트뤼포

주베, 가뱅, 야니 홀트, 르 비강, 수지 프랭, 주니 아스토르, 블라디미르 소쿠로프 등 이 모두가 완벽한 지도하에 조화를 이루고 있는 것을 볼 수 있다는 점도 이 영화의 무시 못 할 미덕이다.

위대한 환상 *La Grande Illusion* 1937

직업 장교인 드 브왈디유 대위(피에르 프레스네Pierre Fresnay)와 정비공 출신으로 중위에 진급한 마레샬(장 가뱅)은 1914~8년 전쟁 중에 비행기를 타고 가다 독일 전선 너머에서 격추된다. 그들은 폰 라우펜슈타인(에리히 폰 스트로하임)이 통솔하는 어느 포로 수용소에 감금된다. 브왈디유와 라우펜슈타인은 같은 사회 계급, 즉 귀족이자 직업 군인의 신분이다. 마레샬은 수차례의 탈출 시도 끝에 또 다른 포로인 로젠탈(달리오)과 함께 탈주하는 데 성공하는데, 이는 라우펜슈타인으로 하여금 브왈디유를 쏠 수밖에 없게 만든 브왈디유의 희생 덕분이다. 굶주리고 지친 마레샬과 로젠탈은 어느 독일 농가에 숨어들고, 거기서 마레샬과 농민인 엘사(디타 팔로Dita Parlo) 사이에 순정적인 사랑이 맺어진다. 마침내 두 포로는 스위스 국경을 넘는다.

1914~8년 전쟁 중 독일에 있는 장교 전용 포로 수용소에서 펼쳐지는 이 이야기는 뚜렷하게 구분되는 세 부분으로 나뉜다. 그렇지만 이에 앞서 이야기는 프랑스 전선의 어느 전투 비행 중대 술집에서의 프롤로그로 시작된다. 거기서 정비공 출신에서 하사관으로, 다시 장교로 진급한 마레샬 중위는 그의 직책과 전쟁의 우발성으로 인해, 독일 전선 상공의 정찰 임무를 띤 도도하고 경쾌한, 외눈 안경의 브왈디유 대위를 안내하

라는 명령을 받게 된다.

그러나 비행기는 폰 라우펜슈타인 사령관에 의해 격추당하고, 그 사령관은 두 포로가 훨씬 덜 우호적인 하사관에게 인도되기 앞서 그 두 프랑스인을 매우 정중하게 점심 식사에 초대한다.

수용소에 들어온 마레샬과 드 브왈디유는, 감금이 주는 최초의 모욕이 지나고 나자, 다른 한편으로는 그들의 처지를 그다지 불평할 이유가 없게 된다. 같은 방 동료들은 곧 그들을 받아들인다. 그 중에는 재치 있는 말장난을 즐기는 배우, 조금은 순진한 교수, 토지 측량 기사가 있으며, 특히 모두의 구세주인 로젠탈이 있는데, 부유한 은행가의 아들인 그는 집에서 보내 주는 호화로운 소포물을 너그럽게 분배하여 수용소의 통상적인 양배추 식단보다 훨씬 만족스러운 음식을 동료들에게 제공해 주는 것이다. 결코 사회적 출신과 관련 없지 않은 기질과 취향의 차이에도 불구하고 그들은 단단히 의기투합하게 된다. 심지어 귀족인 브왈디유까지도 어떤 경쾌한 우아함으로 이러한 우호적인 잡거雜居 생활에 적응한다. 요컨대 그들이 몇 달째 파고 있는 굴, 머지않아 그 패거리가 탈출할 수 있게 해 줄 그 굴이 그에게도 중대한 밤 일과가 된 것이다.

그러면서도 그들은 수용소 당국의 관대하고도 즐기는 감시의 시선하에 대규모 연극 축제를 열에 들떠 준비하고 있다. 로젠탈은 이를 위해 궤짝 가득히 담긴 의상을 가져오게 만든다. 한 사람이 처음으로 여자 옷을 입어보자, 그때껏 왁자지껄하게 떠들어대던 모든 남자들이 이 초라한 가짜 여자 앞에서 자신들도 모르게 마음이 동요하여 갑자기 농담을 멈추는 그 유명한 장면이 초래된다. 축제는 마레샬이 오케스트라를 중단시키고 무대에 올라 두오몽 탈환을 공표했을 때 최고조에 이른다. 모든 포로들이 "라 마르세예즈"를 노래하기 시작하는 반면 독일 장교들은 분노로 창백해져 자리를 뜬다. 이러한 대담함 때문에 마레샬

은 장기간의 독방 형벌을 받는다. 그가 돌아오자 사람들은 완성된 굴을 보여 주면서 그를 격려한다. 내일이면 탈출한다……. 그러나 명령이 떨어진다. 모든 장교들은 수용소를 바꿔야 하는 것이다. 굴은 아무 소용 없게 된다. 그 자리를 차지하게 된 영국인 장교들에게도 상황은 마찬가지다. 마레샬이 지령을 전달해 보려 했으나 프랑스어를 할 줄 아는 사람을 찾아내지 못한다.

1, 2년 새 우리의 주인공들이 독일 전역의 수용소를 전전했음을 알려 주는 빠른 디졸브 후에, 우리는 상습 탈옥자 전용의 징벌 수용소에서 마레샬과 드 브왈디유를 발견하게 된다. 이 새 수용소는 도무지 탈출이란 것이 불가능하게만 보이는 중세 시대의 성채이다.

우리의 두 프랑스인은 거기서 뜻밖에도 예전의 그 폰 라우펜슈타인의 환대를 받게 된다. 척추에 심각한 부상을 입고 철과 가죽으로 된 보정복으로 턱까지 졸라맨 과거의 비행사는 계속하여 그의 조국에 봉사할 수 있게 해 줄 이 성과 없는 임무를 받아들였으며, 자기 계급의 규칙이라 할 무익하고도 준엄한 고상함의 변함없는 의례에 의해, 변함없는 귀족적 거만함에 의해 그 임무를 이행하고 있었다. 브왈디유를 다시 만난 것이 몹시도 기쁜 그는 곧바로 브왈디유를 자신의 절친한 벗처럼 대우하는데, 그도 그럴 것이 브왈디유 역시 자신처럼 귀족이자 직업군인이지 않은가 말이다. 반면 그에게 있어 마레샬은 프랑스 혁명의 유감스런 유산에 지나지 않아 보인다. 이 점에 관해 드 브왈디유는 동의하지 않는다. 그가 그 자신도 잃어버리지 않으려고 애쓰는 자신의 계급 양식에 대해 라우펜슈타인보다 덜 집착하고 있다면, 그건 자신의 계급이 소멸해가고 있음을 알고 있기 때문이며 또한 마레샬이 가진 서민 신분의 사회적 지위 향상을 회한悔恨없이 바라보기 때문이다. 게다가 이는 훨씬 더 국제적이고 산업적인 로젠탈의 신분에 대해서도 마찬가지

〈위대한 환상〉

인데, 최근 귀화한 그의 부모는 오늘날 브왈디유 집안이 유지할 수 없었던 역사적인 성들을 소유하고 있는 것이다.

정말이지 우리의 두 주인공은 같은 성채에 들어온 그들의 너그러운 친구[로젠탈]를 다시 만나는 기쁨을 누린다. 그들 세 명은 여러 난관에도 불구하고 다시금 탈옥을 준비한다. 천을 꼬아 만든 긴 밧줄은 필요한 경우 그들이 벽 아래로 내려갈 수 있게 해 줄 테지만 누벽을 도는 경비대가 너무나 대규모여서 들키지 않고 빠져나가기란 불가능해 보인다. 이때 러시아 포로들이 일으킨 한 사건 덕분에 브왈디유는 어떤 계략을 착상하게 된다. 상자 가득한 피리와 다른 포로들의 공모에 의해 그는 일종의 음악 폭동을 조직하는데, 이것은 최소 몇 분간은 성채의 모든 경비대원들을 동원할 것이고 그 몇 분을 틈타 마레샬과 로젠탈은 도주할 수

있을 것이다. 예상대로 사태가 진행되어 제복을 차려입고 흰 장갑을 낀 드 브왈디유는 누벽에서 거만하게 연주하고, 이에 당황한 폰 라우펜슈타인은 결국 어쩔 수 없이 그를 향해 총을 발사하고 만다. 복부에 심한 상처를 입은 드 브왈디유는 독일 사령관의 팔에 안겨 숨을 거둔다.

우리는 굶주리고 지친 마레샬과 로젠탈을 스위스로 향하는 길에서 다시 보게 된다. 그러나 로젠탈이 발목을 삐고 여기에 피로까지 가세해 둘 사이에 불화가 생긴다. 마침 그들이 휴식을 취하고 기력을 회복할 수 있는 피난처, 곧 어느 한적한 농가의 축사가 모습을 드러낸다. 그러나 알고 보니 그 농가에는 전쟁 과부인 젊은 여인과 그녀의 딸이 살고 있었다. 그녀는 그들을 고발할 수도 있지만 그러지 않는다. 그녀는 로젠탈의 발목이 낫고 그들이 체력을 회복할 때까지 그들을 보살핀다. 차츰 마레샬과 금발의 엘사 사이에 순정적인 사랑이 피어난다. 전쟁의 부조리함보다 더 강력한 사랑이. 그러나 그럼에도 그들은 떠나야만 하며 이 평화, 그 역시 환상이라 할 이 평화로부터 빠져 나와야 한다.

그들은 또 다시 걷는다. 이제 마레샬과 로젠탈은 까마득히 눈으로 뒤덮인 산 어딘가에 있다. 독일 정찰병이 그들을 발견하고 병사 하나가 총을 겨눈다. 그러나 동료가 그의 팔을 내린다. "놔둬, 저긴 스위스야."

1958년에 선보인 〈위대한 환상〉의 프린트는 독일인들에게 압수당했다가 뮌헨에서 미국인들에 의해 발견된 네가티브 필름을 장 르느와르와 샤를 스파크Charles Spaak [공동 시나리오 작가]가 정성껏 복원한 완전판이다. 그때까지 유통되던 여러 포지티브들은 국제 배급의 와중에 하나같이 어느 정도 훼손된 것들이다.

가장 주된 삭제는 1946년 당시 약간의 논쟁을 불러일으켰던 재개

봉 때 행해졌다. 사람들(특히, 조르주 알망Georges Altmann)은 이 영화가 독일 인물들에게 너무 많은 몫을 할당하고 있으며 어떤 반유태주의의 냄새를 풍긴다고 비난하였다. 오직 프랑스 해방 직후의 감성만이 영화의 정신과 상반되는 이러한 평가들을 설명해 줄 수 있을 것이다. 그렇지만 로젠탈의 민족과 관련된 몇몇 대사라든가 마레샬과 엘사 간의 러브신 일부는 이미 잘린 상태였다. 어찌되었든 1946년에 〈위대한 환상〉의 메시지는 아직 제대로 이해되지 (혹은 다시 이해되지) 못했다. 그러니 오늘날 [1958년] 재개봉에서 거둔 대성공이 더더욱 의미심장한 것이다.

그러나 영화가 만들어진 1937년 당시에는 열광적인 비평이 전반적이었다. 대체로 안 좋은 평가를 받거나 기껏해야 의견이 분분한 것이 고작이던 르느와르 작품 중에서 거의 유일하다시피 말이다.

더구나 이 영화의 호평은 프랑스에서뿐 아니라 해외에서도 매우 빠른 속도로 입증되었다. 어쨌든 '무솔리니 대상Coupe Mussolini'을 민주주의적이며 평화주의적인 영화에 수여한다는 것이 불가능하지만 않았더라면 틀림없이 이 영화는 1937년도 베니스 영화제 대상을 (〈무도회의 수첩 *Carnet de Bal*〉[줄리앙 뒤비비에] 대신에) 거머쥐었을 것이다. 그래서 심사위원들의 양심을 충족시키고자 특별히 그 영화를 위해 '최우수 예술 집단 상'을 만들어냈던 것이다. 그러나 이러한 공식적인 보상에도 불구하고 이 영화는 이탈리아에서 (아울러 당연히 독일에서) 금지되었다. 반대로 미국에서는 눈부신 성공을 거두었으며(뉴욕의 대규모 상영관에서 15주간 독점 상영 및 지방의 주요 도시들에 배급), 루스벨트는 "민주주의를 믿는 사람이라면 누구나 이 영화를 봐야 한다"고 말하기도 했다.

장 르느와르는 (1958년의 재판본을 위해 제작된 예고편에서) 그 영화가 어떻게 탄생되었는지 직접 설명한 바 있다. "〈위대한 환상〉의 이야기는 엄밀

히 사실이며 제가 제 전우 여럿한테서 직접 들은 것입니다. (……) 특히 팽사르한테 말이죠. 팽사르는 전투기를 탔었고 저는 정찰 중대에 있었습니다. 한번은 제가 독일 전선을 촬영하러 가야 하는 일이 생겼습니다. 그는 독일 전투기들이 집요하게 따라붙을 때마다 몇 번이고 제 목숨을 구해 주었습니다. 그 자신은 일곱 번이나 추락해서 일곱 번 붙잡혔다가 일곱 번 탈옥했지요. 그의 탈옥이 〈위대한 환상〉의 기초를 이루고 있는 겁니다 (……)."

"하지만 (……) 아무리 흥미진진하다 해도 탈옥 이야기만으로는 영화를 만들 수 없는 법입니다. 그것으로 시나리오를 만들어야 하는 것이지요. 이를 위해 샤를 스파크가 협력해 주었습니다. 이러한 공동 작업은 수월했고 별다른 문제도 없었습니다. 우리의 우정 관계에 덧붙여 우리의 공동 신념, 인간의 평등과 박애에 대한 우리의 깊은 신념이 강화되었습니다."

사실 〈위대한 환상〉의 시나리오는 스파크의 첫 트리트먼트로부터 숱한 변형을 겪어야 했다.[2] 이는 우선 르느와르가 그의 모든 영화들에서 그랬듯이 영화의 일부를 즉흥에 맡겨두었기 때문이지만, 특별히 예상치 못했던 사건이 알사스 지방에서의 촬영 시작부터 그 영화의 모든 균형을 뒤흔들어 놓았기 때문이기도 했다. 요컨대 마지막 순간에 제작자들이 사령관의 역할로 (할리우드에서 추방된) 에리히 폰 스트로하임을 투입하는 데 성공한 것이다. 그런데 그 배척당한 감독으로부터 자신의 작품 세계에 지대한 영향을 받았을 뿐 아니라 그에 대한 존경을 늘상 주장해왔던 르느와르로서는 이와 같은 새 멤버를 고작 초기 시나리오가

2. 에리히 폰 스트로하임과 디타 팔로의 캐스팅 계약에 앞서 쓰여진 〈위대한 환상〉의 첫 트리트먼트는 이 책의 부록에 실려 있다. — 프랑수아 트뤼포

부여하는 극도로 제한된 역할 정도에 써버릴 수가 없었다. 그리하여 그날 그날 스트로하임과 르느와르 사이에 풍요로운 협력이 시작되었으며, 그것으로부터 현재의 폰 라우펜슈타인이라는 비범한 형상이 나왔을 뿐 아니라 그 영화의 가장 빼어나게 독창적인 발상 중 하나도 나왔던 것이다. 그것은 프랑스 대위와 독일 사령관 간에 귀족이라는 테마를 양분하는 것, 다시 말해 마레샬과 드 브왈디유 간의 단순한 대조보다 훨씬 더 미묘하게 귀족에 대한 성찰과 대사를 가능케 하는 양분이었다.

그렇지만 샤를 스파크가 르느와르에게 가져다 준 것을 등한시한다면 부당할 것인데, 그는 분명 〈위대한 환상〉의 이례적인 호평과 무관하지 않은 것이다. 그 장점들은 무엇보다 극의 구조와 인물 묘사에서의 명료성으로서, 말하자면 르느와르가 다른 영화들의 경우에서는 그 자신이 훨씬 본질적으로 여기는 목표들과 그다지 양립시킬 수 없었던 것들이다.

〈위대한 환상〉은 이제 스물한 살이 되었다. 그 영화는 어떻게 성년의 시련을 견디는가? 단순히 버텨냈다고 말하는 것으로는 확실히 너무나 부족할 것이다. 아마도 정말 몇 안 될 부차적인 세부 묘사를 제외하고는 시간이 그처럼 흘렀음을 느낄 수 없을 뿐만 아니라, 나아가 그 새로움과 대담함 혹은 좀더 정확하게 말해서 이러한 연출력의 모더니즘이 오늘날에도 더더욱 눈부신 광채를 발하고 있으니 말이다.

〈위대한 환상〉이 르느와르 영화들 가운데 가장 리얼리즘적인지는 확신할 수 없지만, 만일 그 효력이 손상되지 않은 채 흠없이 남아 있다면 이는 무엇보다도 그 리얼리즘 요소 덕택이라는 것만큼은 확실하다. 그 징후는 많겠으나 그 중에서도 가장 눈에 띄는 것은 언어의 다양성이다. 프랑스 해방 직후 〈마지막 기회*La Dernière Chance*〉(레오폴트 린트버그, 1945)와 특히 〈전화의 저편*Paisà*〉(로베르토 로셀리니, 1946) 같은 영화들은 출신 배

경이 각양각색인 주인공들로 하여금 한결같이 셰익스피어나 단테 혹은 몰리에르의 언어로 말하도록 만드는 과거의 드라마 관습을 다행히도 일소해냈다. 그러나 아아! 이는 잠시뿐이었으니, 이미 오늘날 예를 들어 리얼리즘적이라 평판 높은 영국 영화조차도, 파리를 배경으로 펼쳐지는 레지스탕스 영화 중에 수위들이 영어로 말하는 모습을 보여 주는 것이다. 그러니까 네오리얼리즘에 훨씬 앞서서 르느와르는 언어를 통한 인간 묘사의 진정성을 토대로 영화를 만들었던 것이다. 이를 G. W. 파브스트G. W. Pabst가 이미 〈동지애*Kameradschaft*〉(1931)에서 했던 것은 사실이지만 그 방식은 훨씬 덜 섬세했다. 여기서 독창적인 발상에 인간적 풍미를 더하고 있는 천재의 특질, 이는 제3의 언어, 곧 폰 라우펜슈타인과 드 브왈디유 간의 영어 사용이다. 그것은 더 이상 국가의 언어가 아닌 **계급**의 언어로서 그 두 귀족을 나머지 평민 집단으로부터 격리시켜 준다.

또 한편으로 이러한 제3항의 고안은 시나리오에 있어서뿐 아니라 미장센에 있어서도 〈위대한 환상〉의 가장 탁월한 구성 요소 중 하나인 것에서 드러난다. 앞서 우리는 귀족이라는 주제가 프레스네와 스트로하임 간에 양분되는 것을 보았는데, 애초에는 로젠탈이란 존재가 없었다는 것 역시 알아두는 게 좋겠다. 계급 개념에 더하여 민족 개념을 덧붙이는 이 인물은 영화의 의미를 근본적으로 심화시켰으며, 마찬가지로 프레스네-가뱅 대조의 도식적 성격으로부터 벗어날 수 있도록 일조하기도 하였다.

인간 관계들에서도 리얼리즘 혹은 말하자면 사실성*vérité* 혹은 더 잘 표현하자면 **진실성***véracité*이 존재한다. 그런데 이러한 진실성은, 상징이 되어버리는 법도 없고 언제나 기이할 정도로 흥미진진한 생생함을 간직하면서도 어쩔 수 없이 시나리오의 극적 요구의 흔적이 엿보이

는 주요 인물들 간의 관계에서보다는, 주인공이라는 전경前景과 단역 배우라는 모든 후경後景 사이에 르느와르가 창조해냈던 관계에서 더 잘 드러나고 있다. 독일 보초들과 사병들과 하사관들과 장교들이, 이른바 단순한 사실성, 즉 각각의 체험에 관련된 것이 아닌, 당혹스런 진실성에 의해 그려지고 있는 것이다. 이러한 리얼리즘은, 복제의 리얼리즘이 아니라, 모든 관습에서 벗어나 다큐멘터리적인 동시에 풍부한 의미를 지니는 세부 묘사를 만들어낼 줄 아는 정확함의 재창조이다. 아르튀르 같은 인물이라든가 그가 포로들과 유지하는 미묘한 암묵적 동조 같은 창안은 숭고함에 이르는 창조이다. 줄리앙 카레트Julien Carette가 쇼 도중에 장교들 머리 너머로 그에게 "어때, 아르튀르?"라고 내지를 때 그의 연기는 순수 영화*cinéma pur*의 빛나는 순간이다. 영국 장교들을 보여 주는 짧은 숏들에 대해서도 똑같이 말할 수 있는데, 곧 한 문화 전체가 단 몇 초 만에 연상되면서도 그 어떤 세부 묘사도 '전형적'이라거나 흔히 예상되는 식으로 부여되지 않는 것이다.

여기서 논해야 할 것은 실상 단순한 다큐멘터리적 복제가 아닌 **창안***invention*이다. 르느와르 작품에 있어 정확한 세부 묘사는 현실에 대한 관찰의 사실인 만큼이나 상상력의 사실인데, 그는 언제나 현실로부터 의미심장하면서도 관습적이지 않은 사실을 뽑아낼 줄 알았던 것이다. 이러한 관점에서 가장 본보기가 되는 시퀀스는 아마도 축제 중에 두오몽 탈환을 알리는 그 유명한 장면일 것이다. 유능한 감독이라면 이처럼 번뜩이는 아이디어가 주어졌을 때 어떤 식으로든 놓치지 않고 볼만한 대목을 만들어냈을 것이다. 그러나 르느와르는 여기에 갖가지 절묘한 착상들을 덧붙임으로써 단순히 잘 만든 대목 이상으로 정말 중요한 무언가를 만들어내고 있다. 그 한 예를 들자면 "라 마르세예즈"를 프랑스인이 아닌 여장한 영국 장교가 선창하게 하는 식이다.

〈위대한 환상〉의 내용물을 견고하게 만드는 것은, 또한 오늘날에도 그 영화에 변함없는 광채를 유지시켜 주는 것은, 바로 이처럼 풍부한 **리얼리즘적 창안들**이다.

또한 촬영의 리얼리즘 혹은 더 정확하게 말해 '데쿠파주 기법'의 리얼리즘이 존재한다. 만일 르느와르가 모든 야외 촬영(과 심지어 일부 실내 촬영)을 현장에서 촬영하지 않았다면 분명 〈위대한 환상〉의 사실성은 지금과 같지 않았을 것이다. 그는 독일에서 영화를 찍을 수 없게 되자 가능한 한 국경에서 제일 가까운 곳인 알사스를 택했다. 요컨대 — 비록 르느와르가 이 기법을 다른 영화들에서 더 멀리까지 밀고 나가긴 했으나 — 촬영 때문에 극적 흥미의 핵심이 그것이 삽입된 전반적인 틀(물리적이며 인간적인)로부터 분리되는 일 같은 건 절대로 없게 하려는 끊임없는 배려를 볼 수 있는 것이다. 이러한 의지는 다양한 방식으로 표현되어 있다.

심도 화면은 당연히 그 중 하나이지만 특히 숏 전환을 대신하는 리프레이밍을 지적할 수 있는데, 즉 신을 조각으로 나누는 것이 아니라 실제적으로 하나의 전체 속에서 처리하고 있는 것이다. 가령 이런 식이다. 스튜디오에서 찍을 수 있는 몇몇 내무반 신들에 있어 르느와르는 배우들을 '실내에' 위치시키는 동시에 창문 너머로 수용소의 움직임(어린 신병들의 훈련 장면)을 드러낼 수 있게 해 줄 이동식 반半무대 장치를 병영 안마당에 설치하도록 하였다. 이처럼 인간들과 그들이 던져진 세계 간의 관계를 사실적으로 그리려는 추구가 미장센 기법의 차원에서 존재하는 것이다.

하나의 제목에 부합하는 것 이상의 과도한 중요성을 부여하지 않더라도 우리는 우선 이것에 관해 질문할 수 있을 것이다. 즉, 위대한 환상 말이

다! 역사상으로 그것은 첫 번째 시나리오 버전의 결말로 설명된다. 그 두 생존자는 평화를 맞은 후 첫 번째 크리스마스 이브 때 막심 카페에서 만나기로 약속하는데, 그러나 1918년의 그 성탄절 날, 오래 전부터 미리 예약되어 있던 그들의 테이블은 비어 있다. 우리는 르느와르가 우애라는 거대한 환상에 관한 이러한 비관적 교훈 대신에 훨씬 더 낙관적인 메시지로 대체했음을 알 수 있다. 물론 환상이라는 주제는 영화 속 다양한 에피소드들 속에 말하자면 분산되어 있다는 것 또한 얼마든지 파악할 수 있지만 (여자 분장에 의한 성 정체성에 대한 환상, 심지어 미래가 불투명한 순정적 사랑에 대한 환상, 평화가 곧 도래하리라는 환상, 실패한 탈주들에서의 자유에 대한 환상), 그럼에도 환상은 인간들이 고난을 극복할 수 있게 해 주며 그들에게 버텨낼 용기를 준다는 점에서 해롭다기보다는 유익하다.

그렇지만 아마도 우리는 그 개념을 더 멀리까지 끌고나가서 '환상'이라는 단어에 단호하게 실증적이며 심지어 전투적이기까지 한 의미를 부여하지 않으면 안 될 것이다. 거대한 환상들, 한편으로 그것은 설사 낙화술烙畫術이나 핀다로스Pindare 번역과 같은 편집증에 불과할지언정 우리가 살아가는 데 힘이 되어 주는 꿈들일 것이지만, 그러나 특히 그것은 실제로는 그 무엇에 의해서도 분리될 수 없는 인간을 임의로 갈라놓는 증오의 거대한 환상, 즉 경계들과 거기서 비롯되는 전쟁, 인종, 사회 계급의 거대한 환상인 것이다. 따라서 이 영화의 메시지는 인간의 박애와 평등에 관한 대립 추론*a contrario* 논증인 것이다. 증오와 분열의 결실인 전쟁은 의식 내면에 있는 모든 도덕적 경계들의 허위를 역설적으로 폭로한다.

그럼에도 경계들이 무너질 수 있는 것은 그것들이 존재하기 때문이다. 여기서, 르느와르가 인터뷰를 통해 종종 밝힌 바 있듯 그에게 있어 소중한 또 하나의 주제가 도출되는데, 인간은 민족주의라는 수직적

장벽 이상으로 문화, 인종, 계급, 직업 등의 수평적 분화에 의해 더더욱 갈라진다는 것이다.

이러한 수평적 분열들 중에서 〈위대한 환상〉이 특권적 지위를 부여하고 있는 것 중 하나는 민중-귀족 신분의 대립이다. 전쟁 이전이나 이후의 전 작품에서 르느와르는 귀족에 대하여 끊임없이 경의를 표한다. 그러나 그것은 작위가 있고 없음을 떠난 참된 귀족, 이러한 정신의 귀족 계급 혹은 감수성의 귀족 계급 그리고 무엇보다 이 영화에서 브왈디유와 마레샬을 대등하게 만들어 주는 기술 혹은 그저 직무의 귀족 계급에 대한 경의이다. 브왈디유는 라우펜슈타인과는 달리 그것을 알고 받아들인다. 그는 자신의 귀족 계급의 외적 표상들이 시대착오적이며 죽음을 면할 수 없다는 것 또한 알고 있다. 바로 이것이 그가 자신의 귀족 신분을 확언하는 최후의 방법으로 마레샬을 위해 스스로를 희생시킨 이유이다.

이 에피소드와 몇몇 다른 에피소드들에 의해 우리는 〈위대한 환상〉을 참여 영화로 간주할 수 있는데(1937년에 르느와르는 인민 전선에 대한 공감을 숨기지 않았으며, 노동총동맹Confédération Générale du Travail [C.G.T.]을 위해 〈라 마르세예즈〉를 찍게 된다), 그리고 나면 이 '참여' 영화가 얼마나 당파적이지 않은가 감탄을 금할 수 없게 될 것이다. 르느와르의 천재성, 그것은 그가 어떤 특정한 도덕적 혹은 사회적 진실을 옹호할 때조차도, 과오를 구현하고 있는 인물을 희생시켜 그렇게 하는 법이 절대 없을 뿐 아니라, 심지어 그들의 이상을 희생시켜 그렇게 하는 법도 결코 없다는 사실에 있다. 그는 인간에게 그렇듯 이상에도 모든 기회를 부여한다. 이처럼 예술적으로 풍요롭기 그지없는 태도는 특별히 그가 〈라 마르세예즈〉에서 망명 귀족들과 베르사이유 궁정을 제시하는 방식을 통해 뚜렷이 드러날 것이다.

라 마르세예즈 *La Marseillaise* 1937

무엇보다 먼저 말투와 연기에 있어 궁정과 민중 간의 대조에 주목하라. 민중 인물들은 큰 소리로 거리낌없이 말한다. 반대로 궁정에서 사람들은 결코 목소리를 높이지 않으며, 가장 심각한 이야기나 가장 하찮은 이야기를 어쨌든 거의 나지막한 목소리로 항상 한결같게 말한다.

영화는 마르세유에서 시작되는데, 거기서 우리는 500명의 의용군 대대가 구성되는 것을 본다. 그들은 1792년 7월 2일 그들 고장을 출발하여 파리를 향해 진군해서(또는 올라가서) 브룬스비히 선언이 공표되기 직전인 30일 파리에 도착한다. 영화는 8월 10일 조금 지나 발미 전투 바로 전에 끝난다.

귀족들은 놀랍도록 개성이 드러나 있다. 르느와르는 각각의 인물에게 기품 있는 태도 속에 하나의 개성, 하나의 적확하고 섬세한 존재 방식을 부여하고 있어서 그것이 우리를 단숨에 사로잡는다. 이러한 관점에서 가장 정교하게 그려진 인물은 틀림없이 루이 16세(피에르 르느와르Pierre Renoir)일 것이다. 영화의 핵심적 의도, 영화의 전체적 스타일을 지배하는 그 의도는 역사적 인물을 통해 성격 묘사와 개인에 있어 인간적이며 일상적인 리얼리티를 찾아내는 것이다.

우선 확실히 역사적 리얼리티(구체적인 세부 묘사들, 일상 생활, 특히 요리와 관련된 역사적 정확함의 추구)가 존재하지만 특히 성격 묘사의 리얼리티 역시 존재한다.

르느와르는 이처럼 영웅적 행위에 그 구체적 관점, 그 심리적 입체감을 부여하고 있다. 그는 역사를 인간에게 되돌려 놓음으로써 그것을 탈신화화한다. 그렇다고 해서 '야사*petite histoire*'는 아니며 인간 차원에서의 역사인 것이다. 이는 이미 〈기마 시합〉에서 어렴풋이 드러난

바 있다.

이러한 관점에서, 파리를 향한 의용군들의 기나긴 행군 장면을 주목해야 한다. 그것은 발에 관한, 발을 보호하고 돌보는 갖가지 방법들에 관한 탁월한 대사들로 점철되어 있다. 민중의 대표자 중 한 사람은 "라 마르세예즈"를 처음 듣게 되었을 때 가차없는 비판을 가한다. "이 노래는 거칠고 과장된 데가 있어서 영 맘에 안 든단 말야."

감탄스러운 세부 묘사 하나. 튈르리궁에서 부대를 사열閱兵할 때 루이 16세는 비스듬히 쓰여진 가발 때문에 불편을 겪는다.

— 앙드레 바쟁의 노트에서

인간 야수 *La Bête Humaine* 1938

에밀 졸라의 소설은 결점이 없지 않다.[3] 먼저 그 소설의 글쓰기는 고약할 정도로 기복이 심하다. 훌륭하게 다듬어진 장면들 — 예를 들어 도입부 — 옆에는 허술하거나 몹시도 관습적인 페이지들이 얼마든지 있다. 이야기의 구성 자체도 좀처럼 인물들의 심리에 의해 유발되지 않는 까닭에(특별히 다른 것에 의해 유발되지도 않으면서) 자의적이라는 인상을 준다. 사건들은, 소설가의 상상에 의해서든 선입견에 따라서든, 돌발적으로 벌어진다는 느낌이 든다. 우리는 하나의 상황을 하나의 환경 속에서 기술하려는 단호한 결의를 느낀다. 역설적이게도, 스펙터클을

3. 이처럼 바쟁의 여러 미완성 원고들(〈피크닉〉, 〈인간 야수〉)은 특히 원작인 문학 작품을 각색하는 문제와 관련된다는 것이 눈에 띌 것이다. 그 글들은 르느와르에 의해 영화화된 소설들(가령 《어느 하녀의 일기》)을 하나같이 꼼꼼하게 읽은 후에 작성된 것들이다. — 프랑수아 트뤼포

강조하는 미국 영화처럼 '상투적 장면'을 포함하는 것으로 보이는 쪽은 영화보다 오히려 소설이다. 이 소설에서 '묘사,' 즉 수사적인 대목은 영화에서 장관이 펼쳐지는 대목과 같은 역할을 담당한다. 가령 허둥지둥 열의 없게 터무니없이 비현실적으로 그려진 기차의 탈선(랑티에와 페쾨의 생존)을 예로 들 수 있을 것이다. 결말(미친 듯이 달리는 기차) 역시 마찬가지로 수사적인 대목이다. 그것은 르느와르가 계승하지 않은 졸라의 '영화적' 시각의 한 예이다.

글쓰기에 있어 가장 대표적인 허술함의 사례는 리종이라는 기관차와 관련된 그리고 플로르(호전적인 처녀, 여장부 등등)와 관련된 은유들 혹은 이미지들에 있다.

그 이야기의 또 다른 비현실성은 그 이야기가 6명이나 되는 인물들, 책에 나오는 거의 모든 이들을 실제적 혹은 잠재적인 살인자로 집결시키고 있다는 사실이다. 즉, 랑티에, 루보, 세브린(그녀가 남편을 제거하기 원할 때), 미자르, 플로르, 그리고 심지어 마지막에는 페쾨까지도 말이다. 이러한 범죄의 축적은 심농4의 소설에서는 도무지 있을 법하지 않은 것이다.

간혹 세브린을 제외하고는 인물의 심리가 취약하다는 것에, 혹은 그 피상적인 성격 묘사에, 다시 한 번 주목하라. 유일하게 일관성 있는 인물들은 사회학적 유형들*silhouettes sociologiques*이다(이웃 사람들, 필로멘). 자크 랑티에 역시 가장 설득력 있는 인물이 아니어서, 동굴의 남자에 의해 상당히 조잡하게 설명될 뿐 아니라 이와는 별도로 심리가 결여되어 있다(세브린을 죽인 후 그의 냉담함).

4. 조르주 심농Georges Simenon은 《사나이의 목*La tete d'un homme*》과 같이 메그레 경감이 등장하는 추리 소설로 유명한 프랑스의 작가이다. — 옮긴이

〈인간 야수〉

전체적으로 우리는 르느와르가 그 소설을 거의 모든 면에서 개선시켰다고 말할 수 있다. 영화에서의 주변 환경 묘사력은 책의 그것에 뒤떨어지지 않으며 상당히 빈번하게 그것을 능가하기까지 하고, 인물들의 정당화는 훨씬 더 뛰어나다. 이는 르느와르가 인물의 정당화를 심리가 아닌 배우의 형이상학에 입각하고 있기 때문이다. 우리가 화면에서 보게 되는 것은 랑티에의 살의 섞인 분노가 아닌 가뱅의 그것이다. 심지어 배우 선택이 책 속의 인물에 육체적으로나 정신적으로 부합하지 않을 때조차도 이러한 캐스팅의 '오류'는 부정적인 측면보다는 이로운 점을 더 제공하는데, 이는 배우의 존재, 연상을 불러일으키는 그 힘이 우리가 소설에서 읽게 되는 것보다 확실히 더 뛰어난 까닭이다(가령 페르낭 르두Fernand Ledoux가 연기한 루보, 카레트가 연기한 페퀴, 심지어 블랑셰트 브뤼누아Blanchette Brunoy가 연기한 플로르조차도).

통찰력 넘치는 각색에도 주목하라. 예를 들어 영화에 나오는 철도

직원들의 무도회는 참으로 에밀 졸라의 정신에 입각한 사회적 대목이라 할 수 있으며, 책에는 나오지 않지만 만일 졸라가 그 부분을 썼더라도 이보다 더 뛰어나지 못했을 것이 분명하다. ("니농의 작은 사랑*Le p' tit cœur de Ninon*" 등등.)

전체적으로 르느와르는 영화 규범에 맞추어 이야기를 적절히 간소화시키고 극적으로 만들었으며, 그 결과물은 소설보다 뛰어나다. 시나리오에서 찾아볼 수 있는 유일한 오점은 책의 찌꺼기라고 말할 수 있을 정도이다. 즉, 플로르 역과 세브린 애인 역, 그리고 르느와르가 〈게임의 규칙〉의 옥타브를 연기하기에 앞서 일종의 '테스트 필름'으로서 스스로에게 할당하기라도 한 양 직접 연기하고 있는 카뷔슈 역 말이다.

마지막으로 몇몇 신들의 경우 책에서 그대로 가져온 대사가 사용되고 있음에 주목하라. 이로부터 르느와르는 조금은 짐짓 문학인 체하는 효과를 끌어내고 있는데, 그것이 전혀 불쾌하지 않다.

_ 앙드레 바쟁의 노트에서

게임의 규칙 *La Règle du Jeu*[5] 1939

저는 르느와르의 중요성이 점점 더 커져만 갈 거라고 믿어 의심치 않습니다. 전쟁 이전에 만들어진 그의 영화들은 이미 너무나도 상당하기 때문에 그 영화들을 바라볼 때 우리는 그가 아직 한창 활동 중인 작가이며 숨막힐 정도의 아름다움과 독창성과 젊음을 간직한 영화들로 계속하여 작품 세계를 채워나가고 있는 작가라는 것에 놀라게 됩니다. 그 풍요로움과 다양함을 어떻게 단 몇 분 만에 요약하겠습니까?

〈나나〉에서 〈프렌치 캉캉〉으로, 〈암캐〉에서 〈황금 마차〉로, 〈랑주 씨의 범죄〉에서 〈강〉으로, 〈위대한 환상〉에서 〈남부인〉으로, 〈어느 하녀의 일기〉에서 〈엘레나와 남자들〉로, 장 르느와르는 자기 자신에게 본질적인 어떤 충실함 속에서 계속하여 모색하고 새로운 경지를 열어 나가기를 그치지 않았습니다.

다른 많은 위대한 감독들은 그들 자신의 성공을 넘어설 줄 몰랐으며, 그 성공의 비결이란 것이 실상 주제와 스타일과 한 시대에 특정한 기대감 사이의 잠정적인 일치 속에 존재하는 데도 불구하고 오로지 그들에게 영광을 안겨 준 영화 형식에만 매달리는 오류를 범했습니다. 예술가의 메시지와 그 동시대인들의 기대 사이의 이러한 신비로운 조화가 사라지고 나면, 새롭게 변모하지 않는 영감은 뒤틀려지고 맙니다. 이러한 실패는 장 르느와르에게는 있을 수 없는데, 인간에 대한 그의 감수성은 그로 하여금 문화의 차이에 대하여 그렇듯 우리 역사의 근심에 대해서도 적응하도록 만든 것입니다. 어떤 사람들은 장 르느와르가

5. 이 텍스트는 그가 시네클럽 회원들에게 〈게임의 규칙〉의 발췌 장면을 해설한 내용을 옮겨 적은 것으로 보인다. 우리는 이 해설이 언제 어디서 이루어진 것인지 알아내지 못했지만 그럼에도 이 텍스트를 발간하는데, 이는 바쟁이 〈엘레나와 남자들〉이 개봉된 뒤 1957년에 이 글을 다시 읽어 보고 손질했다는 확신이 들기 때문이다.

이상하게도 이 글은 바쟁이 가장 좋아한 르느와르 영화인 〈게임의 규칙〉에 대한 (우리가 알기로) 현존하는 유일한 텍스트이다. 내 생각에는 아무래도 그가 장 가보리Jean Gaborit와 자크 마레샬Jacques Maréchal이 복원하고 있었던 〈게임의 규칙〉의 완전판을 본 후에 쓰려고 기다렸던 것 같다. 실제로 여기 바쟁이 1958년 7월 내게 보낸 편지의 일부를 보라. "당신이 〈게임의 규칙〉의 종결부에 관해 내게 말해 준 것은 굉장합니다. 꼭 꿈만 같군요. 8월이면 그것을 볼 수 있을까요?" 1958년 11월 11일 바쟁은 그 다음 해 수정되어 1959년 베니스 영화제에 선보인 〈게임의 규칙〉의 완전판을 보지 못한 채 죽었다.

이제 독자들은 바쟁이 르느와르의 어떤 영화를 말할 때는 거의 〈게임의 규칙〉과 비교한다는 것을 알아차렸는지 모르겠는데, 이처럼 이 영화는 이 책 처음부터 끝까지 간접적으로 논평되어 있는 것이다. — 프랑수아 트뤼포

그 자신과 영화에 있어 타락한 게 아닌가 생각하기도 했습니다. 말하자면 1940년에 그는 캘리포니아 햇살을 위해 일 드 프랑스Ile-de-France 하늘의 잿빛 풍경을, 미국 먹거리를 위해 적포도주와 카망베르 치즈를 저버렸다는 것이죠. 이것은 르느와르라는 사람과 그의 재능의 천성을 전적으로 오해한 것입니다.

사실상 장 르느와르 같은 사람에게 이주는 인간에 대한 시각을 넓히고 자신의 감수성을 동시대의 근심에 부합하도록 적응시키는 하나의 기회가 되었을 겁니다. 장 르느와르는 영화 속 모든 사건이 전적으로 인도에서 벌어지는 〈강〉에 관해 이렇게 썼습니다. "나는 나의 이웃, 막연하게나마 내 자신 오늘날 전 세계의 이웃이라고 여기는 그들을 접하고 알고 싶은 욕망이 내 안에서 솟구치는 것을 느꼈다. 악한 세력이 정세의 흐름을 돌려놓을지 모르지만, 그럼에도 나는 인간들의 가슴 속에 있는 하나의 욕망을 느낀다. 나는 형제애를 말하려는 것이 아니라 그저 단순히 탐구를 말하는 것이다. 이러한 호기심은 아직 표면에 머물고 있다. 하지만 아예 없는 것보다는 낫다."

나아가 그는 이렇게 말했습니다. "남들보다 앞서서 느끼는 작가들이 있는가 하면 나중에 느끼는 이들도 있다. 대다수의 사람들과 동시에 느끼는 작가들이 분명 가장 성공을 거둘 것이다. 하지만 정말로 위대한 작가들은 앞서서 생각하며, 이는 그들이 항상 상업적으로 옳을 수는 없음을 뜻한다." 르느와르처럼 가식없는 사람이 이런 견해를 통해 자기 자신을 뽐낼 궁리를 했을 리는 만무하지만, 어쨌든 적어도 그는, 영화가 동시대인들에게 그들 자신과 그들 시대와 그들 근심에 대해 가져다 줄 수 있는 의식을 크건 작건 성공적으로 솜씨 좋게 동시대에 전하고자 하는 이들의 하나로서 자신을 의식하고 있었습니다.

전쟁이라는 격변의 시대에 프랑스로부터 멀리 떨어져 자신의 영

감의 핵심 요소들을 되찾기 위해 겪어야 했던 어려움들을, 〈게임의 규칙〉을 찍던 1938년의 활기 넘치는 확신과 비교하면서, 르느와르는 이렇게 우리에게 말합니다. "〈게임의 규칙〉을 만들던 당시 나는 어디로 가야 하는지 알고 있었다. 나는 내 동시대인들을 갉아먹는 악을 인식하고 있었다. 나의 본능이 나를 인도하였고, 위험에 대한 자각이 내게 영화의 상황과 대사를 제공해 주었다. 그리고 나의 동료들은 나와 같았다. 우리는 얼마나 근심했던가! 나는 그 영화가 괜찮은 영화라고 생각한다. 하지만 근심의 나침반이 참된 방향을 가리키고 있을 때 잘하는 것은 그다지 어려운 일이 아니다."

아아! 우리는 이 방향이 어떤 것인지 알고 있습니다. 이제 막 뮌헨 협정이 조인된 겁니다. 조르주 사둘Georges Sadoul은 세계 대전 이전 시기에 대하여 〈게임의 규칙〉은 1789년 혁명에 대한 《피가로의 결혼*Le Mariage de Figaro*》과 같다고 대단히 정확하게 지적한 바 있습니다. 역사와 인물들을 통해, 세련되고 무분별하며 퇴폐적인 한 문화를 표현했다는 것이지요. 르느와르는 실제로 보마르셰로부터 착상을 얻어 셰뤼뱅의 대사 한 구절을 자신의 영화 첫머리에 인용하고 있으며, 마찬가지로 《마리안의 변덕*Caprices de Marianne*》의 기본적인 극 상황을 〈게임의 규칙〉에서 차용하고 있습니다.[6] 요컨대 한 여인이 여러 남자들 사이에서 갈팡질팡하는데, 단 한 사람 예외인 남자는 그녀를 홀로 사랑하다가 그녀가

6. 〈게임의 규칙〉의 첫머리를 장식하는 인용문은 피에르 오귀스탱 카롱 드 보마르셰Pierre-Augustin Caron de Beaumarchais의 희곡 《피가로의 결혼》 4막 10장에 나오는 백작의 시동侍童 셰뤼뱅의 다음과 같은 대사이다. "가벼운 사랑을 비난하는 / 예민한 마음이여, 충실한 심장이여 / 너의 잔인한 탄식을 멈추어라 / 변하는 것이 죄악인가? / 사랑의 신에게 날개가 있는 것은 / 이리저리 옮겨다니기 위함이 아니겠는가?"

《마리안의 변덕》은 '프랑스의 바이런'이라 불리는 루이 샤를 알프레 드 뮈세Louis-Charles-Alfred de Musset의 심리극이다. — 옮긴이

〈게임의 규칙〉

기다리던 사람 대신에 죽게 되는 겁니다.

1939년에 관중과 대부분의 비평가들은 〈게임의 규칙〉에서 이제 소멸해가는 한 시대에 대한 대범하며 명석하기 그지없는 표현을 알아보지 못했습니다. 하지만 이것이 그 영화의 주된 실패 요인은 아니었을 겁니다. 사랑 이야기는 다른 것들만큼이나 얼마든지 효력이 있기 때문에, 만일 시나리오가 영화의 게임의 규칙을 준수하기만 했다면 그 기획은 충분히 성공할 수 있었을 테니까요. 그러나 르느와르는 그만의 표현 방식으로 쾌활한 비극을 만들기 원했으며 이러한 기이한 혼합이 관객들을 당혹시켰습니다. 다른 한편, 놀랍도록 생기 넘치는 그의 미장센, 프레이밍과 카메라 움직임의 미묘한 반어법, 그리고 그 유명한 심도 화면을 전체적으로 예고하고 있는 촬영, 다시 말해 〈시민 케인*Citizen Kane*〉(오슨 웰스, 1941)과 〈우리 생애 최고의 해*The Best Years of Our Lives*〉(윌리엄 와일러, 1946)를 거쳐 미국으로부터 우리에게 되돌아온 그 촬영 양식 등은, 당

시, 흥미롭긴 하지만 미심쩍은 독창성으로 보였습니다.

오늘날 〈게임의 규칙〉은 시네클럽의 고전입니다. 사람들은 그 영화에서 단지 르느와르를 대표자로 삼는 전쟁 이전 프랑스 리얼리즘 유파의 가장 완성된 표현만을 찬미하는 것이 아니라, 이와 동시에, 이후 15년간의 영화 진보에 있어 가장 독창적인 요소들이 예시되어 있음을 더더욱 찬미합니다. 이러한 심미적 메시지는 오늘날에도 여전히 고갈되지 않고 있습니다.

이제 여러분들이 보게 될 시퀀스는 성에서의 축제 시퀀스입니다. 성의 주인이 손님들의 무료함을 달래기 위해 즉흥적으로 마련한 가장 행렬을 둘러싸고 경이롭기 그지없는 사랑의 엇갈림이 펼쳐집니다. 사랑에 빠져 질투심에 불타는 롤랑 투탱[앙드레 쥐리오]은 또 다른 손님의 찬사를 듣느라 정신없는 노라 그레고르Nora Grégor[크리스틴]를 쫓아다닙니다. 남편인 달리오로 말하자면, 그는 손님 접대와 사교계 품위의 흐름을 놓치지 않은 채 모든 사람들을 쫓아다닙니다. 이와 유사한 희비극이 하인들 사이에서도 펼쳐지는데, 카레트[마르소]가 침모 폴레트 뒤보스트Paulette Dubost[리제트]를 추근덕거리고, 성의 밀렵 감시인이자 폴레트 뒤보스트의 남편인 가스통 모도Gaston Modot[슈마허]는 그녀를 쫓아다닙니다. 쾌활한 비극을 만들고자 했던 르느와르의 의도가 성취되었다면 그것은 정말이지 애호가들이 주목해마지 않을 이 감탄스러운 시퀀스 속에서이며 다른 한편으로는 카메라의 쉼 없는 회전과 모든 심도 화면에서의 선명한 영상 덕분이라고 할 수 있습니다.

그럼 이제 성의 축제를 보시죠…….

5 프랑스인 르노와르

르느와르의 스타일에 있어 가장 즉각적으로 감지되는 역설, 거의 언제나 일반 대중에 봉착하게 되는 그 역설은 바로 관객이 기본적인 것으로 여기는 것, 즉 시나리오와 연기에 관해 그것이 입증하고 있는 명백한 무심함이다. 세부 묘사의 비현실성이, 캐스팅의 '오류'와 마찬가지로, 이 '리얼리스트'의 작품에 득실거리는 것이다.

아마도 사람들은 내게 반박하기를, 〈피크닉〉의 실비아 바타이유와 잔 마르캉, 〈위대한 환상〉의 피에르 프레스네와 스트로하임, 〈인간 야수〉의 가뱅과 시몬 시뭉은 오히려, 그 등장 인물에 딱 맞는 배우의 완벽한 전형들이라고 말할 것이다. 그것은 사실이다. 하지만 분명 이것은 〈피크닉〉의 브뤼뉘스와 르느와르 본인의 경우에는 전혀 해당되지 않는 얘기이다. 〈게임의 규칙〉의 주요 배우들 가운데 (가스통 모도와 폴레트 뒤보스트를 제외하면) 적역을 맡은 배우가 어디 하나라도 있던가? 〈밑바닥 인생〉의 배우들로 말하자면, 그들이 고리키의 책에서 나왔다고 믿을 사람이 어디 있겠는가? 러시아 소설의 주인공으로서의 장 가뱅은 도박이나 다름없는 무모한 시도이다. 보바리 부인 역으로 발랑틴 테시

〈보바리 부인〉

에Valentine Tessier가 나오는 것보다 더 깜짝 놀랄 만한, 상식에 어긋나는 캐스팅을 생각해낼 수 있을까? 여주인공이 일생에 걸쳐 변화해 나가려면 서서히 늙어가는 모습을 보여 줘야 하므로, 당연히 젊으면서도 상당히 노련한 여배우가 필요한 법이다. 발랑틴 테시에는 그 소설의 결말 부분에 어울리는 인물이었다. 그녀의 나이와 모습은 우리로 하여금 그녀의 처녀성이라든가 어쨌든 엠마가 굉장히 젊다는 것을 믿을 수 없게 만든다. 르느와르 영화에서 그 인물은 육체적으로 조금도 늙지 않는다. 르느와르가 대부분 만족스러워 하는 것으로 보이는 캐스팅에 있어서의 이러한 도발을 열거하자면 좀처럼 끝이 없을 것이다. 르느와르는, 명백한 사실에도 불구하고, 자기 마음에 드는 배우를 단념하느니 차라리 자신의 선택을 정당화하기 위해 기꺼이 시나리오를 수정할 수 있는 것으로 보인다.

캐스팅의 '오류' 이상으로 이처럼 도발적이다시피한 무심함의 인

상을 주는 것이 바로 배우에 대한 지시이다. 캐스팅이 배역에서 빗나가 있다면, 그 못지않게 연기 자체도 빈번하게 대사나 극의 상황에서 빗나가곤 한다. 좀더 자세히 말하자면, 찍어야 할 어떤 장면이 주어졌을 때 많은 경우 르느와르는 그것을 순전히 본인 관점에서 흥미로운 연기의 한 대목을 펼쳐보일 무대 정도로 취급하는 것 같다. 〈게임의 규칙〉의 파티 장면이 어디 별개의 문제던가? 매우 계시적인 익살극 〈게으름뱅이 병사〉에서 시나리오에 대한 르느와르의 무관심은 시종 일관되는데, 각각의 장면은 무에지 에옹의 희곡을 단지 출발점으로만 취하여, 어떤 몸짓의 반복으로부터 순수한 무용술로 미묘하게 옮겨가는 채플린의 방식이 연상되는 일종의 코메디아 델라르테로 재빨리 용해되어 버린다. 시나리오를 무시한 채 장면을 연출하는 그의 방식을 보여 줄 또 다른 사례를 원하는가? 부뒤가 퐁 데 자르에서 처음으로 자살을 기도하는 장면에서 르느와르는 이 작은 소동에 이끌려 센 강변에 운집한 자발적인 엑스트라들을 활용하고 있다. 그런데 그 구경꾼들이 쳐다보고 있는 것은 물에 빠진 사람이 아니라 영화 촬영 자체이다. 그들이 그다지 걱정하지 않고 있음은 명백하며, 그들 중 몇몇은, 아직 사람들이 카메라를 신기해하던 시절의 아주 오래된 뉴스 필름에서처럼, 그들 뒤편에서 역숏*contre-champ*을 잡고 있는 촬영 기사를 호기심 어린 시선으로 돌아보기까지 한다. 만일 이러한 방식이 정확하게 그 신의 목적에 가장 적합한 것이라면 그 이유는 오로지 세상을 조롱하려는 것밖에는 없으며, 그래서 다른 식으로는 처리할 수 없었노라고 말할 수 있을 것이다. 그런가 하면 〈밑바닥 인생〉이 마른강 기슭에서 촬영되었다는 것, 파리 사람인 러시아 농민들의 가짜 수염과 가발이 제대로 붙어 있지 않다는 것(실제로 그렇지 않다면 적어도 비유적인 의미에서 말이다)도 상기할 필요가 있다. 요컨대, 르느와르는 배우들이 연기하는 신보다는 그 배우들을, 또한 시

나리오보다는 신을 더 사랑하는 양, 그렇게 배우들을 이끌고 있다. 그렇기 때문에 배우의 연기와 극의 목적 간에 어긋남이 발생하는 것이며, 사실상 연기는 우리의 주의를 극의 목적으로부터 돌려놓는 것이다. 배우의 연기는 마치 색채가 밑그림으로부터 삐어져 나오는 것처럼 극의 목적에 부분적으로만 일치하는 듯하다. 그렇기 때문에 또한 르느와르가 감독한 대부분의 장면들을 진정으로 만끽하기 위해서는 어떤 암묵적 동조가 요구된다. 감독들이 통상적으로 연기의 심리적 진실만큼이나 물질적 리얼리티를 관객들에게 즉각적으로 납득시키고자 목표 삼는 반면, 또한 미장센과 배우의 연기를 이러한 핍진성의 정언적 명령 *impératif catégorique*에 종속시키는 반면, 르느와르, 그는 때때로 관중의 존재를 망각하는 것만 같다. 그의 배우들은 객석을 향해서가 아니라 그들 자신을 향해, 마치 본인들의 즐거움을 위해서인 양 연기한다. 우리는 그들이 자신들만의 방청객이 되었음을 느낀다. 이러한 '사적인 농담 *private joke*'의 성향은 〈게임의 규칙〉은 물론, 〈피크닉〉에서도 명백하게 드러날 뿐 아니라(브뤼뉘스의 목신의 춤), 마르셀 뒤아멜과 폴 그리모가 실제 배역에 의도적으로 뒤얽혀 있는 단짝들임을 알 만한 사람은 다 알 수 있는 〈랑주 씨의 범죄〉에서도 매우 빈번하게 드러난다. 뿐만 아니라 르느와르 영화의 크레딧만 훑어보더라도 우리는 전문 분야의 각종 조합원증들*cartes syndicales*이 슬쩍 뒤섞여 있음을 알 수 있다. 예컨대, 〈나나〉와 〈마르키타〉의 시나리오 작가인 피에르 레스트랭게즈Pierre Lestringuez는 그 두 영화에서 연기도 하고 있다. 또한 앙드레 세르프André Cerf는 피에르 프레베르Pierre Prévert와 더불어 〈빨간 두건 소녀〉(알베르토 카발칸티Alberto Cavalcanti, 1929)[1]에서 조감독이자 배우이다. 우리가 아는 바와 같이 르느

1. 〈빨간 두건 소녀〉에서 르느와르는 제작 및 공동 시나리오 작가를 담당하였다. — 옮긴이

와르 자신도 이러한 가면 쓰기에 합류하는 기회를 놓치지 않는다. 〈게임의 규칙〉의 성에서의 파티는 르느와르의 모든 프랑스 시절 작품의 상징으로서, 그것은 영화를 만드는 이들에게 제공된 그리고 무엇보다 그들의 즐거움을 위한 사방팔방 놀이인 것이다.

더구나 이것은 르느와르 영화의 상업적인 실패 요인들 중, 가장 주된 요인은 아닐지라도, 십중팔구 그 하나라고 할 수 있다. 르느와르 영화를 음미하기 위해서는 '내통하고' 있어야 하며, 배우들이 서로에게 하는 눈짓이라든가 카메라 너머로 주고받는 다 안다는 신호를 포착하지 않으면 안 된다. 춤판에 끼어들라는 초대를 알아채지 못하는 수동적인 관객은 자신의 좌석에 파묻힌 채 구경만 할 뿐이다. 그렇기 때문에 르느와르 영화 가운데 대중적인 성공을 거둔 작품은 이러한 내부의 공모가 가장 덜 두드러지는 영화들, 관객에게 가장 직접적으로 말을 거는 영화들, 예컨대 〈인간 야수〉와 〈위대한 환상〉인 것이다. 이 두 작품들에서 대스타의 존재는 캐스팅의 어긋남을 보완적으로 보상해 주었으며, 특히나 덜 알려진 배우들이 영화 곳곳에서 벌이는 '사적인 농담'의 성향 같은 건 생각조차 할 수 없게 만들었다. 반대로 관객의 공모를 요구하는 전형적인 영화의 사례는 당연히 〈게임의 규칙〉으로서, 다양한 접근이 가능한 그 제목은 이 영화의 속성을 완벽하게 말해 주고 있다.

이러한 지적들은 하나의 유보 사항으로 간주될 수 있다. 그렇지만 어쨌든 영화는 영화를 만드는 이들을 위해 만들어지는 게 아니다. 그렇게 본다면 영화에 있어 르느와르 작품은 연극에서의 살롱 희극 *comédie de salon*, 즉 본래부터 관객이 한정되어 있는 소小형식에 해당될 것이다. 이는 르느와르의 '리얼리즘'을 부정하는 것인 동시에, 그의 작품에서 가장 찬란한 명백함들, 즉 힘, 풍부함, 다양성, 창조적 관대함, 그의 깊이 있는 삶과 국제적인 영향력까지도 부정하는 것이 될 터이다.

이러한 특징들은 오로지 친구들을 즐겁게 해 주는 데서 누리는 기쁨과는 좀처럼 양립할 수 없는 것들이다.

그러나 주어진 신과 실제로 찍고 있는 신 사이에서 르느와르가 의도적으로 머뭇거리고 있는 그 게임의 경계, 일종의 중심에서 벗어나기*décadrage*는 그의 리얼리즘의 어떤 변증법적 순간일 따름이다. 성에서의 파티는 하나의 게임일 뿐이지만, 그럼에도 그것은 사랑 때문에 죽음을 맞게 되는 부조리한 규칙의 게임이다. 사냥용 엽총을 정통으로 맞은 롤랑 투탱은, 방금 전 우리가 상류 사회 사람들이 아무런 위험없이 살생殺生을 즐기는 매복 장소 바로 앞에서 작은 토끼가 죽어가는 것을 봤던 것처럼, 그렇게 쓰러져 나뒹군다. 만일 르느와르가 자신의 배우들을 패러디의 경계로 몰고 감으로써 스스로를 또한 우리를 즐겁게 하고 있다면, 만일 그가 명백히 부차적인 매혹들로 지체하고 있다면, 그것은 우리가 더 이상 기대하지 않는 순간 느닷없이 진실을 드러냄으로써 우리를 더 확실하게 사로잡기 위함이다. 르느와르의 모든 작품 중에서 또한 전체 영화사에 있어 가장 빼어난 장면의 하나는 〈피크닉〉에서 실비아 바타이유가 조르주 다르누의 입맞춤에 몸을 맡기는 바로 그 순간이다. 냉소적이고 우스꽝스러우며 희화화되다시피 한 분위기로 시작된 그 목가牧歌가 계속 이어지자면 으레 외설적인 것으로 나아가기 마련이고, 그래서 우리는 그것을 웃어 줄 준비를 하는데, 불현듯 그 웃음은 부숴지고, 실비아 바타이유의 시선과 함께 세상은 빙빙 돌아가며, 비명과도 같은 사랑이 솟구치는 것이다. 우리의 입술에 채 미소가 지워지기도 전에 눈가에는 눈물이 맺힌다. 내가 알기로, 르느와르처럼, 하나의 표정과 하나의 눈길로부터 불현듯 애절한 진실을 끌어낼 수 있는 감독은, 아마도 채플린을 제외하고는, 전 세계 어디에도 없다. 당신은 〈랑주 씨의 범죄〉에서 르네 르페브르(랑주)가 벤치에 앉아 나디아 시비르

스카이아(에스텔)에게 서투른 구애를 했을 때 그녀의 표정을 기억하는가. 혹은 〈게임의 규칙〉에서 손님들에게 자신의 풍금을 공개하는 달리오의 얼굴에서 빛을 발하던 그 우스꽝스럽고 어처구니없는 환희의 싱글거림을 기억하는가. 르느와르는 희극의 감각과 취향을 인간 비극에 대한 심원한 인식으로부터 길어올린다. 패러디에의 유혹이라든가 그가 배우들과 나누는 이러한 결탁은 게임과 규칙의, 기쁨과 사랑의, 사랑과 죽음의 변증법에 필수불가결한 어떤 예비적 신중함에 불과하다. 조금 아까 나는 색채가 밑그림에 일치하지 않듯이 종종 연기가 신으로부터 '빗나간다' 고 말했다. 하지만 이러한 어긋남은 일치라는 번뜩이는 계시를 준비해 놓는다. 흔히 배우는 그가 등장 인물로 변모하기 전까지는 결국 그 인물이 아니라고 일컬어진다. 그런데 르느와르는 이러한 예비적 불일치로부터 비할 바 없는 인간적 조화를 끌어내는 것이다. 연기자와 극중 인물을 동일시하는 필연성은 피상적인 외관 너머에서 도래한다. 얼굴을 환히 밝히는 진실은 어떤 계시에 대한 명백한 증거이다.

전체적으로 영화 일반은, 실상 화가의 임무란 것이 어떤 여인이든 그녀만의 유일무이한 아름다움을 드러내는 것임에도 불구하고 모델의 아름다움과 회화의 아름다움을 혼동하는, 저속한 채색 그림*chromos* 애호가들의 저 초보적인 이해에 여전히 묶여 있다. 르느와르는, 연극에서 하듯이 배역에 부합하는가로 배우를 택하는 것이 아니라, 마치 화가처럼 그 사람으로부터 우리들에게 무엇을 보여 줄 수 있는가로 배우를 택한다. 바로 그런 까닭에 그의 영화에서 연기가 가장 뛰어난 순간들은 외설적이다시피한 아름다움을 지니는 것이며, 기억 속에 남겨지는 그 흔적은 거의 그것들의 찬란함의 기억, 시선을 떨구게 만드는 눈부심의 기억에 다름 아닌 것이다. 거기서 배우는 자기 자신 너머로 떠밀리며, 극적인 표현과는 아무런 상관없는 존재의 벌거벗음 상태에, 아마도 모

든 예술들 중 회화와 더불어 오로지 영화만이 인간의 육체에 던질 수 있는 가장 결정적인 빛 속에, 붙들리게 된다.

여담: 방금 내가 한 말에 의해 우리는 르느와르가 자신에게 결정적인 영향을 끼친 스트로하임으로부터 무엇을 빚지고 있는지 알 수 있다. 그러나 만일 스트로하임이 그 나름대로 연기에 있어 일종의 음란함에 도달했다면, 이는 당연히 매우 상이한 경로를 통해서이다. 르느와르가 배우들과 함께 노는 척하는 가운데 그들을 몰고 가서 사로잡는다면, 스트로하임은 가차없는 집요함에 의해, 또한 연기를 그 극단까지 밀어붙이는 강박 관념자의 끈기에 의해 전진한다. 스트로하임의 직접적인 영향은 그럼에도 르느와르의 마지막 무성 영화들에서 또한 자연히 〈암캐〉에서까지 기이할 정도로 감지된다. 그 둘의 만남이 가장 의외로 다가오는 곳은 〈게으름뱅이 병사〉인데, 여기에는 스트로하임의 경이로운 일면이 포함되어 있다. 즉, 중위가 포로의 약혼녀에게 줄 장미꽃을 따는 동안 그 포로는 천창天窓의 창살 틈으로 이를 지켜보려고 애쓰는 장면, 그가 이중적으로 희생자가 되는 그 장면 말이다.

배우 지도와 시나리오 처리를 구별할 수 있게 해 주는 것은 당연히 비평적 기교에 불과하다. 배우의 연기 속에 파고든 코메디아 델라르테의 경계라든가 연기와 역할 간의 어긋남은 이야기와 더불어 포착되는 자유의 한 측면이다. 아마도 바로 여기서 우리는 르느와르와 대중 간에 존재하는 오해의 한 원인을 찾을 수 있을 것이다. 관객은 배우가 구현하고 있는 이야기를 믿듯이 배우를 믿고 싶어한다. 심리적 혹은 물질적 비현실성은 그들에게 있어 특정 드라마 논리에 대한 존중이나 이야기 관습이라는 형식의 핍진성에 대한 존중보다 중요하지 않다. 그런데 바로 이것이야말로 르느와르가 제대로 하지 못하는 것이다. 그에게 무엇

보다 중요한 것은 핍진성이 아니라 세부 묘사의 정확함이며, 그것에 도달하기 위해 그는 보다 간결한 드라마 경로를 취하곤 한다. 그처럼 〈인간 야수〉의 도입부에서 유력한 기업가의 귀여운 강아지라는 구실은 그다지 현실감이 느껴지지 않으며, 더구나 희극적인 막간극으로 다뤄지고 있기에 더더욱 그러하다. 르느와르가 필요로 한 것은 르두가 아내의 대부代父 쪽으로 발걸음을 옮기게 되는 것에 대한 정당화였으며, 그는 그저 맨 처음 떠오른 구실을 움켜잡았을 뿐이다. 그렇더라도 그것이 그럴듯하도록 만들려고 노력할 수는 있었을 텐데, 하지만 그는 기차역 플랫폼에서의 이 작은 촌극이 재밌었고, 그래서 그의 주인공이 그 장면에서는 용감하며 호의적으로 행동하지만 다음 시퀀스에서는 그렇지 않다는 것쯤은 중요하지 않게 여겼다. 더구나 우리는 르느와르가 어떤 식으로 작업하는지, 그에게 있어 카메라 앞에서의 즉흥이 얼마나 중요한 것인지 알고 있다. 또한 우리는 그가 사전에 몇 번이나 시나리오를 손질하고 만지작거려 놓고도 결국 촬영장에서 최종적으로 시나리오를 변경한다는 것도 알고 있다. 이는 결코 논리적인 전개나 드라마의 핍진성에 적합한 방식들이 아니다.

그러나 르느와르 영화에서 그러한 방식들을 통해 순수한 영화적 영감이 피어날 때, 그것은 또 얼마나 풍요로운가. 사실 르느와르가 무대에 올리는 것은 이야기가 아니라 테마들이며, 그것들에 대해 시나리오는, 결국, 세트의 카메라 설치대와 같은 물리적 매체에 지나지 않는다. 그 테마들은 시각적이며 조형적이다. 예컨대 〈물의 처녀〉로부터, 〈익사에서 구조된 부뒤〉와 〈피크닉〉의 마른강, 〈게임의 규칙〉의 솔론뉴 습지, 〈늪지대〉의 루이지애나 늪지와 〈남부인〉의 홍수를 거쳐 〈강〉에 이르기까지, 그의 작품 전체를 가로질러 발견하게 되는 물의 테마라든가, 혹은 〈게임의 규칙〉의 사냥이라는 테마처럼 극적이며 도덕적인

〈늪지대〉

테마 같은 식으로 말이다(르네 클레르와 르느와르 중에 진정한 모럴리스트는 후자이다. 클레르의 인물들은 서로 뒤쫓기는 해도 서로를 몰아넣지는 않으니까 말이다). 이와 마찬가지로 〈인간 야수〉는 본질적으로 인간과 기계 간의 은유에 기반하여 구성되어 있다. 이러한 은유는, 기관차 '리종'을 쓰다듬는 가뱅의 조심스런 어루만짐, 이 다정다감하면서도 성적인 몸짓이 그러하듯, 결코 추상적인 것이 아닌 관능적이며 육체적인 것이다. 만일 우리가 이 영화에서 단지 치정癡情 사건과 철도에 관한 다큐멘터리, 곧 리얼리즘적 이야기를 위한 사실적인 무대 외에는 파악하지 못한다면, 우리는 그 영화에서 아무것도 이해하지 못하는 것이며, 그 영화는 구성이 엉성하고 상당 부분 연기조차 형편없는 것으로 보일 것이다. 그런 점에 관해서라면 샤를 스파크와 뒤비비에가 훨씬 잘 해낸다. 마찬가지로 〈게임의 규칙〉의 미묘한 구성을 포착하기 위해서는 일반적인 것에서 특수한 것으로, 행위에서 플롯으로, 그리고 플롯에서 신으로 나아갈 수 있어야

한다. 그 영화를 파악하기 위해서는, 뮤직 박스라든가 옥타브가 입고 발버둥치던 곰 가죽, 작은 토끼의 단말마斷末魔, 성 복도에서의 숨바꼭질 등이 모두 핵심적인 현실들이어야 하며, 그것들을 둘러싸고 그 신의 드라마가 나선을 그리며 펼쳐져야 하는 것이다. 바로 그것으로부터 시나리오와 관련해 각 신의 어느 정도의 통일성과 독립성이 생기게 되며, 뿐만 아니라 그것으로부터 그 독특한 특질, 진주의 무지개빛 광택 역시 생기게 된다. 거기서 영화란, 조개 속의 미세한 불순물을 둘러싸고 진주가 자라나듯이, 구심적인 층으로 켜켜이 쌓이는 것이니까 말이다.

〈게임의 규칙〉을 르느와르의 걸작으로 만드는 것 역시 바로 이러한 관점이다. 그는 그 영화에서 드라마 구조가 전혀 필요하지 않는 상태에 이르렀다. 그 영화는 환기들과 암시들과 상응들의 뒤얽힘, 테마들의 곡예장이라 할 수 있는데, 거기에서 현실과 도덕 관념은 의미와 리듬, 음색과 멜로디를 손상시키지 않은 채 서로 화답하는 것이다. 하지만 그 영화는 그럼에도 완벽하게 구성되어 있어서 그 어떤 장면도 쓸데없거나 제자리가 아닌 곳에 놓여 있지 않다. 이 영화는, 우리가 교향곡을 되풀이하여 듣듯이, 또한 우리가 회화 작품 앞에서 생각에 잠김으로써 그때마다 그 그림의 내적 조화를 더 잘 인지할 수 있게 되듯이, 그렇게 되풀이하여 봐야 하는 작품이다. 이 작품이 그처럼 오랫동안 진가를 인정받지 못했음은, 단지 주제의 독창성과 관객의 정신적 나태함으로 전부 설명될 수 있는 것이 아니라, 아무리 주의 깊은 관객들에게라 하더라도 아주 조금씩밖에는 드러나지 않는 그 구성에 의해서도 분명 설명되는 것이다. 마찬가지로 우리가 과거를 돌이켜볼 때, 〈시민 케인〉이 개봉되었을 당시 그 영화의 '난해함'으로 인해 비평가들이 십중팔구 그 영화 줄거리를 정확하게 말할 수 없었다는 것은 놀랍기 그지없는 일이다(〈전투*Combat*〉에서 드니 마리옹Denis Marion이 행했던 텍스트들의 몽타주를 참조하

라). 만일 오늘날 우리더러 간결하고 구조가 완벽하며 모호할지는 몰라도 결코 난해하지 않은 영화를 꼽으라고 한다면 그것이야말로 바로 〈시민 케인〉일 것이다. 드라마 관점이나 심지어 소설적인 관점에서 봤을 때 〈게임의 규칙〉에서 온실로 달려가던 투탱의 죽음은 용납하기 힘든 우연의 일치이다. 오인은 너무도 안일하게 일어나고 있으며, 이런 식이라면 우리는 그 누구에게라도 그 무슨 일이든 일어나게 할 수 있을 것이다. 그러나 르느와르는 그 장면을, 사냥이라는 은유와, 《피가로의 결혼》의 밀회에서의 오인에 대한 은연중의 암시와, 《마리안의 변덕》의 비극적 결말에 대한 환기에 의하여, 없어서는 안 될, 경이로울 정도로 적절한 것으로 만들어냈다. 실제로 주인공의 죽음을 보증하고 그것의 자의성을 필연성으로 만드는 것은 우리가 앞서 얼핏 보았던 '쓰러져 나뒹구는' 토끼의 모습 그리고 보마르셰와 뮈세에 대한 회상이다.
달리 표현해 보자면, 르느와르는 자신의 영화를 상황들이나 드라마 전개에 기반하여 세워나가는 것이 아니라, 사람과 사물과 사실에 기반하여 세워나간다. 배우를 지도하고 시나리오를 다루는 데 있어서의 그의 방식을 설명해 주는 이러한 확증은 또한 우리에게 그의 미장센에 대한 실마리를 제공해 준다. 배우가 시나리오에서 단지 하나의 에피소드에 불과할 한 신을 '연기'하는 것이 아니듯, 마찬가지로 카메라는, 먼저 드라마의 관계들을 끌어낸 후 사건을 다듬어서 그것으로부터 주요 부분이 부각되게 만들고자 거기 존재하는 것이 아니라, 반대로 그것의 대체할 수 없는 유일성에 관심을 기울이고자 거기 존재하는 것이다. 장 르느와르는 오귀스트 르느와르의 아들이다. 하지만 그의 아버지로부터 물려받은 유산을 영상의 이러한 형상적 조형성*plastique formelle*에서 찾아서는 안 되는데, 사실 이것이야말로 회화가 영화에 끼친 악영향인 것이다. 장 르느와르 작품의 눈부신 회화성은 결코 그의 카메라 구성 — 프레이

밍이나 색가色價 — 으로부터 생겨나는 것이 아니라, 그의 시선의 독창성과 외관에 대한 단호한 태도로부터 생겨나는 것이다. 더구나, 만일 〈피크닉〉이 인상주의 회화의 소재와 빛을 기꺼이 연상시키고 있다면, 이는 예외적인 애교에 의한 것으로서 다만 규칙을 공고히 할 뿐이다. 장 르느와르는 그가 〈게임의 규칙〉에서 보마르셰와 뮈세에 대해 그랬듯이 이 영화에서는 재미삼아 르느와르(오귀스트)가 되어 보는 것이다. 이처럼 장난스럽고 은밀한 오마주의 진정한 중요성은, 이러한 의식적 모방에 존재하는 것이 아니라, 장 르느와르의 영화들과 오귀스트 르느와르의 회화가 입증하고 있는 공통된 사랑, 공통된 감수성에 존재한다. 르느와르는 만일 그의 아버지가 붓을 버리고 카메라를 잡았더라면 만들었으리라 짐작되는 그런 이상적인 영화를 만들었다. 이러한 근본적인 회화성은 무엇보다도 대상들 및 그것들의 결합의 유일무이한 가치에 대한 관심에 의해서이다. 르느와르는 숲을 위해 나무를 희생시키지 않는다. 그의 진정한 리얼리즘이 거하는 곳은 자연주의적 제재에 대한 그의 기호 이상으로 이 지점이며, 바로 이것이 영화적 리얼리즘인 것이다.

스크린상의 어떤 스타일을 규정하기 위해서는 언제나 현실과 추상의, 구체적인 것과 관념의 변증법으로 돌아오지 않으면 안 된다. 결국 시네아스트의 스타일 원리와, 감히 말하건대, 그 서열이 자리하는 곳은 그가 현실에 의미를 부여하는 특수한 방식인 것이다. 이른바 그 어떤 것보다도 구체적이라 일컬어지는 이 예술이 실은 가장 쉽사리 추상화된다는 점을 명심하라. 나쁜 영화를 면밀히 살펴보면 그것이 오직 상징들과 기호들과 관습들과 극적, 도덕적, 정의情意적*affectifs* 상형 문자들로만 구성되어 있음을 알 수 있다. 그런데 '리얼리즘'을 우수함의 기준으로 만드는 것은 보편적인 비평에 어떤 정당성을 부여하는 바로 이런 것들이다. 흔히 우리가 '리얼리즘'이라 칭하는 것은 그렇게 절대적

이거나 명확한 의미를 갖지 않으며, 오히려 현실에 대한 충실한 묘사를 향한 어떤 움직임, 어떤 경향을 가리킨다. 마찬가지로 사실상 '리얼리즘'에 대한 옹호는 그 자체로선 엄밀히 말해 아무것도 의미하지 않는데(부정적으로 혹은 대립에 의해서가 아니라면), 그 이유는 현실 세계*le réel*를 향해 나아가는 방법이란 수도 없이 많으며, 이러한 움직임은, 그것이 창출하는 것, 다시 말해 의미의 추가와, 결과적으로 그것으로부터 비롯되는 추상화에 따라서만 가치를 갖기 때문이다. 좋은 영화는 이런 식으로든 저런 식으로든 간에 필연적으로 나쁜 영화보다 더 리얼리즘적이기 마련이다. 그러나 그 조건은 결코 충분하지 않다. 말하자면 현실 세계에 대한 더 그럴듯한 묘사는 그 현실 세계가 더 많은 것을 의미하도록 하기 위해서일 때에만 비로소 의의를 갖는다. 영화에서의 진보는 바로 이러한 역설 속에 존재하며, 르느와르가 논의의 여지없는 가장 위대한 프랑스 감독인 것 또한 바로 이 역설에 의해서이다.

이 모럴리스트는 가장 '리얼리즘적인' 시네아스트이기도 하다. 현실을 자신의 이야기 취지에 따라 되도록 최소한으로 희생시키는 모럴리스트. 〈익사에서 구조된 부뒤〉의 마지막 신들은 르느와르의 프랑스 작품 전체에 대한 일종의 제사題辭로 쓰일 수 있을 것이다. 이제 막 새신랑이 된 부뒤는 물에 뛰어든다. 드라마의 논리와 심리적 논리는 그처럼 심각한 행위에는 뭔가 뚜렷한 의미가 있기를 요구할 것이다. 절망으로 인한 자살? 분명 그건 아닐 테지만 적어도 도피이긴 할 것이다. 부뒤는 결혼이라는 부르주아적 속박으로부터 도망친다. 여전히 모호하기만 한 이러한 의미는 그럼에도 하나의 의미일 수 있다. 부뒤의 추락은 하나의 **행위***acte*에 머물 것이다. 그러나 매우 빠른 속도로 르느와르는, 그의 등장 인물처럼, **사실***fait*을 위해 그 행위를 망각해버리며, 그 장면의 진정한 대상은 점차, 더 이상 부뒤의 의도가 아니라, 그의 기쁨

의 광경, 다시 말해 주인공의 기쁨으로부터 르느와르가 누리는 기쁨의 광경이 되어간다. 강물은 이제 더 이상 '강물'이 아니라, 정확히, 누렇고 청록빛을 띤 8월의 마른Marne 강물이 된다. 미셸 시몽은 그 물 위에 드러눕고 몸을 뒤집으며 바다표범처럼 물을 내뿜는데, 그가 이처럼 강물을 즐기는 동안 우리는 차츰 강물의 성질과 깊이, 심지어는 그 미적지근함까지도 느끼게 된다. 부뒤가 둑으로 올라오면 360도 천천히 회전하는 놀라운 팬이 우리를 대신하여 풍경을 둘러본다. 본래가 진부하리만큼 묘사적인 이러한 효과는 아마도 다음을 뜻할 것이다. 그 공간과 되찾은 자유는 비할 바 없는 한편의 시라는 것. 실상 우리를 감동시키고 사로잡는 것은, 결코 이 풍경이 부뒤의 영역이 되었다는 점이 아니라, 이 마른강 기슭에 내재하는 아름다움, 결코 피할 길 없는 그 세부묘사의 풍요로움이니까 말이다. 카메라는 팬이 끝날 무렵 강가의 풀 한 포기를 포착하고, 우리는 바람과 열기로 인해 희끄므레한 먼지가 길가에 피어오르는 것을 똑똑히 보게 된다. 우리는 그 먼지를 손가락 사이로 느낄 수 있을 정도인데, 부뒤는 자꾸만 발로 먼지를 일으킨다. 만일 내가 죽는 날까지 〈익사에서 구조된 부뒤〉를 다시 보는 기쁨을 누릴 수 없다면, 나는 이 풀과 그 먼지를, 그리고 그것이 한 부랑자의 자유와 맺고 있는 관계를 결코 잊지 않으련다. 자, 지금까지, 아무런 일도 벌어지지 않는 장면에 관하여 길고도 상당히 서정적으로 상기해 보았다. 물론 다른 장면들도 얼마든지 고를 수 있는데, 그것들은 모두 사물의 외관에 대한 르느와르의 애호를, 혹은 차라리 그가 자신의 극작법 *dramaturgie*에 있어 사물의 외관에 부여하고 있는 우선권을, 두드러지도록 만든다. 우리는 그의 작품에서 물에 대한 각별한 애호를 어렵지 않게 발견하게 된다. 방금 나는 그 한 예를 들었다. 물은, 이제는 스크린에서 고전적인 것이 되어버린 미장센의 한 테마를 불러일으킨다. 즉 앵글

의 변화, 카메라의 후진後進이나 기타 카메라 이동, 음향 녹음 등과 같은 복잡한 기술적 문제를 유발하는 보트 신 말이다. 그렇기 때문에 대개의 경우는, 야외에서 전체 숏을 촬영한 후 그것을 '투명 스크린 *transparence*' 앞에서 찍은 클로즈업으로 편집하는 걸로 만족하기 마련이다. 이런 기법은 르느와르 영화에서는 상상조차 할 수 없다. 이는 인물들과 그들 환경의 분리를 함축하는 것이며, 그들의 연기와 대사가 그들 얼굴에 반사된 진짜 물의 그림자라든가 그들 머리칼에 나부끼는 바람 혹은 저 멀리 나뭇가지의 흔들림보다 훨씬 더 중요한 일임을 전제하는 것이기 때문이다. 그러므로 르느와르 영화에서 보트 신은 전적으로 야외에서 촬영된다. 그 때문에 데쿠파주를 희생시키는 한이 있더라도 말이다. 그 신들의 특질은 바로 이러한 사실로부터 직접적으로 비롯된다. 대상과 그 환경의 물질적이며 촉각적인 리얼리티에 대한 이처럼 경이로운 감수성을 설명해 줄 사례는 얼마든지 있다. 르느와르의 영화는 사물들의 살갗으로 만들어진다. 그렇기 때문에 그의 미장센은 그토록 빈번하게 일종의 어루만짐인 것이며, 어쨌든 언제나 바라봄인 것이다. 그의 데쿠파주는, 미리 설정된 드라마 서열에 따라 신의 공간과 시간을 분리하는 통상적인 해부로부터 비롯되는 것이 아니라, 사려 깊으면서도 분주히 움직이는(비록 의도적으로 산만해지거나 게을러지기도 하지만) 눈의 데쿠파주이다. 〈게임의 규칙〉의 결말 부분을 통틀어 카메라는, 응접실과 복도를 돌아다니며 호기심 어린 눈으로 바라보는, 보이지 않는 손님인 양 움직인다. 보이지 않는 그러나 보이지 않는다는 점 외에는 아무런 특권도 없는 손님. 카메라의 이동성은 인간의 그것을 능가하지 않아 보인다(사람들이 성 안에서 마구 뛰어다니는 것을 감안한다면 말이다). 카메라는 심지어 구석에 몰리는 식이 되기도 하며, 주인공들을 방해하지만 않는다면 눈에 띄지 않을 어떤 사람인 양 고정된 지점에서 모든 것을 응시하기도

한다. 바로 그러한 점으로부터 이 롱 시퀀스의 비범한 특질이 비롯되는데, 이는 결코 시나리오와 연기의 특질이 아니라, 목격자가 되기를 즐기는 동시에 마음을 졸이는 이러한 카메라 방식의 결과인 것이다.

그 누구도 르느와르보다 스크린의 참된 본성을 더 잘 포착하지 못했으며, 영화를 회화 및 연극과의 애매한 유비로부터 벗어나게 해 주지 못했다. 아주 흔히 스크린은 조형적으로 그림이라는 틀과 동류시되며, 드라마적으로는 무대라는 틀과 동류시된다. 이 두 준거들에 따라 감독들은 화가나 연극 연출가가 하듯이 영상이라는 질료를 직사각형의 네 변과 관련하여 배치한다. 그러나 반대로 르느와르는 스크린이란 단지 카메라 접안 렌즈의 상사相似 변환에 의한*homothétique* 표면일 뿐임을, 즉 프레임의 역逆임을 완벽하게 알고 있었다. 말하자면 스크린은 현실을 우리의 시선에 드러내는 것 못지않게 감추는 기능을 가진 일종의 가리개*cache*인 것이다. 카메라가 보여 주는 것의 가치는 그것이 감추는 것으로부터 나오며, 영화의 보이지 않는 목격자는 눈가리개를 갖고 있어서, 그 이상적 편재성*ubiquité idéale*은, 때로 폭정이 암살에 의해 누그러지곤 하듯이, 프레이밍에 의해 누그러진다. 내가 제사題辭로 쓰고 싶은 또 다른 장면은 〈게임의 규칙〉에서 연못가에서 사냥을 한 다음 숏이다. 거기서 노라 그레고르는 자그마한 망원경으로 장난스레 주위를 둘러보다가 우연히 자신의 '시야' 안에서 남편이 정부와 키스하는 것을 발견하게 된다. 마찬가지로, 대물 렌즈에 의한 장면의 발견에는 언제나 우연의 요소가 존재하는데, 이처럼 눈의 경각심과 통찰력에, 대립 추론에 따른 중요성을 부여하는 것이 바로 우연의 요소이다. 카메라의 시점은 전지전능한 소설가의 추상적 3인칭 시점이 아니다. 그렇다고 해서 어리석은 주관적 카메라 시점도 아니라, 모든 우연성에 자유로우면서도 시선의 속박과 시선의 구체적 특성, 시간에서의 연속성과 공간에서의 단

일 소실점을 보존하는 그러한 바라보기 방식이다. 즉 본래 뜻으로서의 신神의 눈이라 할 수 있을 것인데, 단, 신이 하나의 눈으로 만족할 수 있다면 말이다. 이처럼, 랑주 씨가 살인을 결심할 때 카메라는 쥘 베리가 있는 안마당에 머물면서, 르네 르페브르가 마치 자신의 결심에 의해 끌려가기라도 하듯이 점점 더 빠른 속도로 계단을 내려오는 것을 계단 창문을 통해 지켜본다. 이제 그는 현관에 다다른다. 그러자 카메라는 베리에게 등을 돌린 채 두 주인공 사이에 있게 되는데, 하지만, 오른쪽으로 패닝하여 랑주를 따라가는 대신, 단호하게 왼쪽으로 180도 회전하면서 비어 있는 무대를 휩쓸고 지나가 다시 베리를 프레임 안에 담으며, 이제 곧 희생자가 될 사람 곁에서 우리가 미리 기다리고 있노라면 그제서야 시야로 들어서는 르네 르페브르를 포착하는 것이다.[2] 그와 같은 카메라 움직임의 명석함은 그것의 대담함 이상으로 더더욱 찬탄할 만하다. 그것의 효력은 한편으로는, 그 장면 시작부터 끝까지 연속적인 시점, 물리적으로 또한 명확하게 세트에 위치해 있는 그 시점으로부터 비롯되고 있으며, 다른 한편으로는, 지름길을 가로지르기 위해 배우의 연기에 등을 돌리는 카메라의 의인화로부터 비롯된다. 인물로부터 또한 드라마의 기하학으로부터 그처럼 자유로운 카메라 움직임의 사례를 찾아볼 수 있는 곳은 F. W. 무르나우F. W. Murnau의 영화 외에는 없다.

기술적으로 이러한 화면 구상은 내가 측면 심도 화면이라고 부르

2. 내 의도를 더 잘 납득시키려면 이 장면에 대한 고전적 데쿠파주가 어떠할지 명확하게 밝혀야 할 것 같다. 두 가지 가정을 들 수 있다. 1° 팬이나 이동 촬영의 연속적 데쿠파주: 현관으로부터 베리가 있는 분수대까지 안마당을 가로질러 르네 르페브르를 따라간다.

2° 불연속적(일 뿐 아니라 더 나은) 데쿠파주: 르네 르페브르가 안마당으로 나와 카메라 쪽으로 향한다. 쥘 베리에 대한 역숏을 보여 주고, 르네 르페브르가 다시 시야로 들어온다.

이 두 경우에서 데쿠파주는 동작 과정과 배우의 위치에 의해 직접적으로 결정되는, 순전히 묘사적인 수준에 머문다.

려는 것과 몽타주의 거의 총체적인 소멸을 상정하고 있다. 우리에게 감춰지는 것은 우리에게 보여지는 것만큼 가치 있을 뿐 아니라, 또한 우리에게 보인 것이 갖는 언제든 위태로울 수 있는 불확실한 특권적 가치는 우리에게 감춰진 것 덕분인 까닭에, 미장센은 우리가 스크린에서 보는 것에만 한정될 수 없으며, 그 신의 나머지 부분은 효과적으로 은폐됨으로써 계속하여 존재하기를 그치지 말아야 한다. 연기는 스크린이라는 틀 안에 갇혀지는 것이 아니라 그것을 가로지르며, 카메라 시야 안으로 들어오는 인물은 상상적인 백스테이지에서 나오는 것이 아니다. 마찬가지로, 카메라는 현실의 시간적 공백과 빈틈을 적발해내지 않고도 원을 그리는 눈짓이 되어 불쑥 돌아설 수 있어야 한다. 사실 이것이 의미하는 바는, 어떤 신의 연기는 그것의 현실적 드라마 지대 전체에서, 또한 카메라와는 무관하게, 이루어져야 한다는 것이며, 자기 망원경[뷰파인더]으로 그 광경을 이리저리 둘러보는 것은 촬영 기사의 몫이라는 얘기다. 따라서 가능한 한 리프레이밍이 '숏 전환'을 대체하게 되는데, 후자는 우리 눈의 본성과는 전혀 상이한 불연속적 공간을 도입할 뿐 아니라, 특히나 '숏'의 리얼리티, 다시 말해 장소와 행동의 단위로서의 숏, 다른 원자들과 결합하여 신과 시퀀스를 형성하는 미장센의 원자로서의 숏의 리얼리티를 신성한 것으로 만든다. 또한 각각의 숏마다 조명과 연기가 따로따로 이루어지는 촬영에서도 사실상 사정은 마찬가지다. 이제 스크린은 아무것도 감추지 않는데, 그도 그럴 것이 주변에 감출 것이라곤 아무것도 없는 것이다. 아무리 교묘하게 장면들을 연결한다 해도 주의 깊은 눈을 피해갈 수는 없다. 대사가 시작될 때 배우가 무기력해 있는 그 경미한 시간, 고정된 카메라에서 또한 특히 더 이상 그 무엇도 우연에 남겨두지 않는 프레이밍에서 그 어떤 특성이 '숏'의 존재를 드러내는 것인지 나는 모르겠다. 반대로 우리는 이러한

느낌을 결코 〈게임의 규칙〉에서는 받지 않는다. 여기서 연기는 카메라 및 세트와 더불어 숨바꼭질 놀이를 하면서 조리실에서 2층으로, 응접실에서 끽연실로, 식기실에서 복도로 이동하고, 이때 현실이라는 이 경이로운 복합체는 그 가장 하찮은 세부까지도, 비단 잠재적이나마 계속하여 존재할 뿐 아니라, 또한 우리로부터 멀리 떨어져서도 마치 우리 눈 앞에 있는 양 자신만의 리듬으로 계속하여 살아간다.

끝으로, 설령 참고 사항에 불과할지라도 다음의 것을 보여 주지 않으면 안 되는데, 요컨대 화면의 내용물을 넘어섬으로써 미장센의 구조 자체를 끌어들이려는 이러한 리얼리즘의 결의가 어째서 그리고 어떻게 오슨 웰스보다 10년 앞서 르느와르를 심도 화면으로 이끌었느냐 하는 것이다. 그는 브리 치즈와 적포도주에 관해 그토록 자주 인용되곤 하는, 〈르 포엥〉에 실린 저 유명한 글에서 다음과 같이 자신의 견해를 밝히고 있다. "내 직업을 계속 해나가면 할수록 더더욱 나는 스크린과 관련하여 심도 있는 미장센을 만들도록 이끌린다. 일이 잘 되어가면 갈수록 더더욱 나는 사진관에서 하듯이 카메라 앞에 두 배우를 얌전히 배치해 놓고 서로 대치시키는 일은 관두게 된다. 나로선 인물들이 저마다 카메라로부터 다른 거리상에 자유롭게 위치하여 움직이고 있는 편이 수월하다. 이것을 위해 나는 심도 화면이 필요한 것이다……." 이처럼 조촐한 기법 설명은 분명 우리가 규명하고자 애썼던 스타일 추구에 대한 직접적이며 실천적인 결과일 따름이다. 요컨대 심도 화면은 르느와르가 필요로 하는 이러한 '측면*latérale*' 자유의 또 다른 차원에 불과한 것이다. 단지 우리의 설명은 스크린에서 출발한 반면, 르느와르의 설명은 창작의 또 다른 끝에서 우선 배우들에 대해 생각했을 뿐이다.

그러나 심도 있는 영상의 기능은 단지 배우들에게 더 많은 측면 자유를 허용하는 것만이 아니다. 그것은 배우와 무대와의 통일성, 그리

고 인간으로부터 광물에 이르는 모든 현실 세계의 총체적 상호 의존성을 확고히 한다. 세계에 대한 항상적인 감성을 전제하는 이러한 리얼리즘, 그러나 또한 유비의 세계, 은유의 세계, 혹은 (보들레르의 표현을 또 다른 의미에서, 그러나 시적으로는 부족함없이 빌어 쓰자면) 교감*correspondances*의 세계를 향해 열린 이러한 리얼리즘의 양태는 공간의 재현에 있어 필연적이다.

가장 시각적이며 가장 관능적인 시네아스트는 또한 우리를 그의 인물들의 가장 내밀한 곳으로 안내하는데, 그것은 그가 우선 그들의 겉모습을 사랑하며 그리고는 그 겉모습을 통해 그들의 영혼을 사랑하기 때문이다.

르느와르에게 있어 인식은 사랑을 경유하며 사랑은 세계의 표피를 경유한다. 그의 미장센의 유연성과 운동성과 생기 넘치는 지형은 자기 자신의 즐거움을 위해 또한 우리의 기쁨을 위해 현실이라는 솔기 없는 옷을 두르려는 그의 근심인 것이다.

6 할리우드에서의 르노와르

남부인 *The Southerner*[1] 1945

목화 재배농인 샘 터커(재커리 스콧)는 삼촌이 죽자 수 년 간 버려 두었던 땅을 개간하기로 결심한다. 아내인 노나(베티 필드), 두 아이들 그리고 할머니(뷜라 본디)를 낡아빠진 차에 태우고, 그는 새로운 토지로 향한다.

버려진 농장, 개간되지 않은 황무지, 겨울, 질투심 많은 이웃, 영양 결핍으로 병에 걸린 아이 등은 극복할 수 없는 문제처럼 보인다. 억수 같은 비로 홍수가 나면서, 몇 달 동안 땀흘린 그들의 수고는 물거품이 된다. 그럼에도 여자들의 용기 있는 모습에, 결국 샘은 도시에서의 일 제의를 거절한다. 그는 이 황폐한 토지에 남아 개간을 다시 시작할 것이다.

1. 르노와르가 할리우드에서 만든 첫 두 작품인 〈늪지대〉(1941)와 〈이 땅은 나의 것〉(1943)에 대해서는, '필모그래피'에 수록되어 있는 장 뤽 고다르와 프랑수아 트뤼포의 설명을 참조하라. — 프랑수아 트뤼포

〈남부인〉

나는 몇 가지 점이 걸려 영화에 몰입할 수 없었다. 우선 이 불행한 등장 인물들의 삶의 조건을 자세한 설명 없이는 받아들이기 힘들었다(가령 어린 소녀는 어디에 있는 학교에 다니는가? 그들은 정말 하루에 반 쿼트(약 450 밀리리터)의 우유도 살 수 없을 정도로 가난하가? 농장에 부속된 다른 건물들, 즉 가축의 우리나 헛간은 어디에 있는가?). 하지만 이러한 인상은 나의 무지에서 비롯된 것일지도 모른다. 우리 프랑스인들이 〈토니〉를 보면서 사실적이지 않은 것들에 전혀 신경 쓰지 않듯이, 우리가 미국인이었다면 〈남부인〉에서 비현실적인 면들을 보지 못했을지도 모른다.

배우들도 마찬가지다. 재커리 스콧의 연기는 훌륭하나 베티 필드는 비현실적이다. 그녀와 같은 삶을 살면서 그러한 우아함을 유지할 수는 없다. 반면 할머니는 반대 방향에서 비혈실적이다.

프랑스 영화의 배역도 늘 납득할 만한 것은 아니지만 그것은 어디까지나 프랑스적이며, 리얼리즘과 판타지의 경계가 비교적 쉽게 지각

된다. 그런데 이 영화에서는 그 경계가 뒤섞여 비중을 파악하기 어렵다. 여기에 더해진 배우들의 연극성은 사실적 배경과 전혀 어울리지 않는다(사운드트랙 — 음악과 음향 — 은 〈늪지대〉에서 보다 훨씬 더 세심하게 구축되어 있다). 〈남부인〉은 연극적 전원 드라마를 어스킨 컬드웰Erskine Caldwell[2]의 세계에 옮겨 놓은 듯한 인상을 준다.

하지만 이런 반응은 분명 매우 부당할 것이다. 무엇보다 이 영화는 미국 정신을 표방하고 있는데, 이는 프랑스 영화들에서 가능한 관객으로서의 공감을 배제시키며, 특히 르느와르의 영화에서 공범 의식을 가지지 못할 때 그 결과는 부정적일 수밖에 없다.

(우리는 〈어느 하녀의 일기〉에서 다시 이 공감을 되찾게 된다). 우리는 우리의 눈을 가리는 리얼리즘의 껍질을 뚫고 나아가, 감미롭고, 잔인하고, 풍자적이며, 쾌활하고, 거의 꿈 속과도 같은 르느와르의 세계에 도달해 야 한다. 사실 〈남부인〉이 우리의 기억 속에 남긴 이미지들은 극적이라기보다는 몽환적이다.

— 앙드레 바쟁의 노트에서

어느 하녀의 일기 *The Diary of Chambermaid* 1946

나는 대외적으로는 르느와르가 미국에서 찍은 영화들도 훌륭하다고 말해왔으나, 실은 프랑스에서 찍은 것만 훨씬 못하다고 생각하고 있었다.

2. 어스킨 컬드웰(1903~87)은 미국의 소설가다. 그의 주인공들은 미국 남부의 가난한 농부들로, 작품은 진실하고 꾸밈없으며 폭력과 성을 혼합시킨 기묘한 희비극이다. 주요 작품으로는 《토바코 로드*Tobacco Road*》(1932), 《신의 작은 땅*God's Little Acre*》(1933), 《7월의 소란*Trouble in July*》(1940) 등이 있다. — 옮긴이

가능하면 이 영화들을 다시 보지 않으려고 했던 것도, 처음 극장에서 보았을 때 했던 판단을 재고하게 되리라는 생각에서보다는, 그것을 확신하게 될 것 같아 진심으로 두려웠기 때문이다. 다시 보지 않으면, 적어도 당시의 내 판단이 어쩌면 너무 가혹한 것이었을지도 모른다고 생각할 수 있는 여지를 남겨 놓게 되는 것이다. 나는 내가 이 영화에 대해 1948년 6월 15일자 〈에크랑 프랑세*Ecran Français*〉에 기고했던 글을 다시금 읽어 보고 싶은 약간 병적인 호기심이 생겼다. 다음은 그 일부를 발췌한 것이다.

> 정신 착란이나 자기 비판 정신의 결여로 혹은 패러독스에의 위험한 취향으로 인해, 르느와르는 자신에게는 너무나 소중하지만 프랑스 밖에서는 거의 다루어진 적이 없는 주제를, 다른 장소도 아닌 바로 미국에서 찍길 원했다. [……] 하인의 신분과 야망에 의한 비극은 하인들의 사회 문제가 존재하지 않는(흑인 문제라는 특별한 양상으로서 외에는) 미국에서는 어떤 식으로든 그 흔적를 찾아볼 수 없다. [……] 르느와르는 그의 인물들이 살고 죽는 공간에 프랑스적인 세계를 창조하고자 엄청난 노력을 기울였다. 하지만 우리는 버지스 메러디스(모제 장군)의 장미 나무들 위로 강력 조명이 설치된 것을 느낄 수 있으며, 영화는 처음부터 끝까지 할리우드 스튜디오의 특성을 이루는 수족관의 빛으로 출렁이고, 배우를 포함한 모든 것은 납작한 화병에 꽂혀 있는 일본 꽃들처럼 보인다. 그런데 우리는 르느와르가 제대로 만들지 못한 영화에서조차 그의 존재를 발견하는 고통스러운 쾌락을 느끼게 된다. 그는 영화 내내 시나리오 때문에 골치를 앓고, 배우들이 작품의 분위기를 연출해내지 못하는 것에 괴로워하면서, 소인국 난쟁이들의 포승 아래 몸을 뒤척이며 꿈틀거린다. 그의

> 미국 영화들은 프랑스 영화들에서 보인 '르느와르적인 것'을 여전히 갖고 있지만, 그것은 자신도 모르는 사이에 되풀이되는 실착 행위*actes manqués*[3]와 같은 것이다

오늘날 돌이켜 보건대 당시 난 르느와르의 '리얼리즘'이라는 편견에 눈멀어 있었다. 그래서 그 기준을 〈어느 하녀의 일기〉에 투영했던 것이며, 이 영화의 자연주의적 색채로 말미암아 그 판단은 이중으로 정당해 보였다. (베르트 모리소Berthe Morisot[4]의 것을 본 딴) 의상, (으젠 루리에Eugène Lourié[5]가 맡은) 세트와 가구에 가해진 노력들을 볼 때, 르느와르가 이 영화에서 무엇보다 주의를 기울인 것은 리얼리티인 것처럼 보였다.

그러나 이러한 세부 묘사의 리얼리즘은 야외 장면을 스튜디오에서 촬영했다는 점과, 특히 미국 배우들이 연기했다는 점으로 인해 파괴되어 버렸다. 이 영화가 일반적으로 프랑스를 재현하는 다른 미국 영화들에 비해서는 상대적으로 덜 부정확한 것이 사실이나, 그럼에도 이러한 재구성은 단지 표면적 차원에 머물러 있었다.

최근에 나는 〈랑주 씨의 범죄〉를 다시 보게 되었는데, 처음 보았을 때보다 열 배는 더 훌륭한 듯했고, 그 결과 내 편견이 옳았다는 것을 확인할 수 있었다. 〈랑주 씨의 범죄〉에 대한 찬사가 쏟아지고 나서 〈어느 하녀의 일기〉가 연속적으로 상영될 예정이었는데, 난 이 영화에

3. 정신 분석학 용어로서, 의식적 의도에는 반反하지만 무의식적 욕망을 드러내는 행위를 말한다. — 옮긴이

4. 베르트 모리소(1841~95)는 여성 화가로는 처음으로 프랑스 인상주의 화가 그룹에 참여했다. 그녀는 카미유 코로Camille Corot 밑에서 가르침을 받았고, 에두아르 마네Edouard Manet와 오랜 우정을 나누었다. — 옮긴이

5. 으젠 루리에는 〈남부인〉, 〈어느 하녀의 일기〉, 〈강〉 등의 영화에서 세트를 담당하였다. — 옮긴이

〈어느 하녀의 일기〉

서 주제와 스타일에 대한 르느와르의 실수를 재발견하고 그때 느낀 '고통스러운 쾌락'을 다시금 체험하게 되리라 짐작하고 있었다.

마침내 〈어느 하녀의 일기〉의 영사가 시작되었고, 실제로 처음 몇 분 동안은 정말 괴로웠다. 그런데 결국 나는 그것이 내 판단 착오였다는 것과, 르느와르의 작품 중 가장 상상적이고 (의도적으로) 몽환적인 영화에서 리얼리즘의 부재를 보려고 한 것이 얼마나 어리석은 것이었는지를 깨닫게 되었다. 섬세하고 정확한 재구성의 목표는 종합적 재현이 불가능한 프랑스가 아니라, 악몽에 대한 영상적 표현이었다. 처음 이 영화를 봤을 때 충격을 주었던 '수족관의 빛'은 두 번째 관람에서도 여전히 눈에 띄었으나, 그것은 내면적인 지옥의 빛으로, 지구의 중심을 여행하는 인물들을 비추기 위해 쥘 베른이 상상했던 것과 같은, 일종의 지하 야광으로 보였다. 의상의 디테일들이 보여 주는 놀라운 사실성을

포함하며 영화의 모든 것들이, 연극 세계와도 같은 전환된 잔인한 환상 속에 통합되어 있었다. 르느와르의 세계에서 점점 더 부각되는 연극에의 강박적 이끌림은 어쩌면 여기서 시작된 건지도 모른다. 지금까지 〈익사에서 구조된 부뒤〉의 감독에게 연극적 레퍼토리는 영화화할 수 있는 하나의 미끼에 지나지 않았다. 하지만 이제 우리는 처음으로 르느와르의 작품에서 연극이 아닌 순수한 상태의 연극성을 발견하게 된다.

이 영화를 계기로 나는 리얼리즘이라는 헛된 기준을 버리게 되었으며, 그러고 나니 르느와르의 몽환적인 영화들을 맘껏 즐길 수 있게 되었다. 영화 구축이나 스타일은 여전히 엄격했고, 배우들에 대한 연기 지도는 자유로우면서 대담했다. 그런 특성이 이 영화만큼이나 뚜렷하게 나타나는 작품은 〈엘레나와 남자들〉 정도뿐이다. 르느와르 영화 가운데 비극적인 것과 희극적인 것의 결합이 〈어느 하녀의 일기〉에서 만큼 멀리까지 추구된 경우는 없었다. 르느와르가 미국에서 만든 이 마지막 영화의 톤이 전쟁 이전에 프랑스에서 만든 마지막 영화(〈게임의 규칙〉)와 유사한 것은 리얼리즘 때문이 아니다. 그것은 〈게임의 규칙〉이 '쾌활한 비극*drame gai*' 이고 〈어느 하녀의 일기〉가 '비극적 희극*farce tragique*' 이라는 점에서 그러하다. 르느와르는 이 영화에서 극단적으로 다른 두 색채, 즉 〈암캐〉의 그것과 〈익사에서 구조된 부뒤〉나 〈게으름뱅이 병사〉의 그것이, 하나의 화폭 위에서 조화를 이루도록 하였다. 비록 〈게으름뱅이 병사〉에서는 이미 표면적인 익살스러움 아래 잔인함이 넘쳐 흐르고 있지만 말이다. 〈어느 하녀의 일기〉에서 이러한 두 극단의 결합은 영화의 근본 원리를 이룬다. 즉, 이 영화의 '해피 엔딩'은 잔인함과 환희의 결합으로부터, 절망과 행복의 결합으로부터 보장되는 것이다.

할리우드로 망명한 이 연출가에게서 소인국 난쟁이들에게 결박당한 거인의 이미지를 보려고 하는 것은, 적어도 이 영화의 경우, 어리석

은 생각이다. 르느와르의 작품 가운데 그 어떤 것도 이보다 더 창조와 문체의 자유로움을 보여 주는 영화는 없다.

〈어느 하녀의 일기〉의 각색에 대해

옥타브 미르보Octave Mirbeau[6]의 소설을 각색한 르느와르는 우선 일기의 수많은 삽화들 중 일부를 발췌해 현재적 서사(셀레스틴의 프리외레에서의 체류)로 재구축하려 했다. 예를 들면, 셀레스틴이 사랑에 빠지는 결핵에 걸린 남자의 이야기는 완전히 별개의 두 이야기, 즉 셀레스틴이 일했던 두 '장소'에서 일어난 사건을 조합한 것이다.

원작에서 프리외레는 그녀가 연애를 경험하는 장소라기보다는 그것을 글로 쓰는 장소다. 셀레스틴의 전기에서 프리외레는 하인 조세프와의 결혼이라는 관점에서 보자면 중요하지만, 그 외 대부분의 사건은 이 장소와 거의 무관하다.

드라마적 측면에서, 르느와르 각색의 원칙은 타당하고 재치 있어 보인다. 사실 원작의 분할과 배분은 영화의 구축 단위와는 양립할 수 없는 것이었다. 또한 이 영화의 성공이 사건과 분위기가 아닌 스타일에 있다는 점을 고려하면, 그것은 더욱 정당해 보인다. 이 영화에서 사건과 분위기는 창조된 세계, 마을 그 자체에 있다.

〈어느 하녀의 일기〉는 잔인하고 끔찍하지만, 냉혹하고 신랄한 영화는 아니다. 악한 사람은 결국 벌을 받는다. 이 영화를 지배하는 것은 판타지인데, 이는 미르보의 소설에서는 만끽할 수 없는 즐거움이다.

6. 옥타브 미르보(1850~1917)는 프랑스의 소설가이자 극작가로 당시의 성직자와 사회상을 가차없이 풍자했다. 소설로는 부르주아 계급의 위선과 인간의 추악함을 폭로한 《십자가의 언덕 *Le calvaire*》(1886), 《쥘 신부*L'abbé Jules*》(1888), 《하녀의 일기》(1900) 등이 있다. — 옮긴이

대위와 '주인나리'는 원작에서는 냉혈한으로 나온다. 대위는 사랑이라고는 눈꼽만큼도 없는 편집증 환자이고, 주인은 용기 없고 비열한 늙은이다. 반면 하인 조세프는 미르보의 소설에서는 모호한 인물로 나오지만, 르느와르의 영화에서는 일종의 괴물로 변모된다. 정확하게 말하면, 영화에서는 바로 이 괴물성 때문에 셀레스틴이 그를 거부하는 반면, 원작에서는 그 점으로 인해 셀레스틴의 호감을 사게 된다.

우리가 셀레스틴이라는 인물에 주목을 하게 되는 것도 이 점에서다. 개인적 취향에 의해서든, 서사적 필요에 의해서든(이 점에 대해서는 차후 확인해 보아야 할 것이다), 르느와르는 이 인물을 새롭게 해석한다. 그렇다고 그것이 원작과 반드시 모순되는 건 아니다. 영화에서 보인 그녀의 성격 중 일부는 원작과 동일하다. 하지만 이는 긍정적인 부분에서만 그러하다. 영화에서는 원작과 달리 셀레스틴의 통제할 수 없는 속물 근성과 성적 욕망을 찾아보기 힘들다. 미르보의 소설에서 셀레스틴에 대한 호감은 그녀의 행동과 감정이 다른 사람들보다 훌륭해서라기보다는, 다른 인물들이 위선적인 반면 셀레스틴은 솔직한 데서 기인한다. 그러나 영화상에서는 원작에서의 그녀의 행위가 십분의 일밖에 그려지지 않으며, 특히 그녀가 조세프와 사랑에 빠진다는 점에서, 그녀의 매력이 충분히 드러나지 않는다.

한편, 우리는 르느와르의 전 작품에서 발견되는 일기의 중요성에 관해 지적할 필요가 있다. 그것은 분명 르느와르의 소중한 주제인 '하녀성'에서 비롯하는 것이기도 하지만(《어느 하녀의 일기》에 나오는 수많은 부엌 장면들), 뜻밖의 사실이 일기에 적힌 디테일들로 인해 발견된다는 점과도 관련된다. 특히, 〈오르베〉는 〈마르키타〉와 〈나나〉처럼 일기에 적힌 추억들로 가득하다.

하지만, 우리는 이것이 르느와르의 상상력에서 단지 하나의 출발점

에 지나지 않음을 잘 알고 있다. 그는 한편으로는 자연주의를 도덕적 세계에 통합시키기 위해(〈어느 하녀의 일기〉), 다른 한편으로는 그 '리얼리즘'을 동시대 현실로 전환시키기 위해(〈인간 야수〉, 〈게임의 규칙〉), 자연주의를 자유자재로 그리고 지능적으로 이용한다. 예를 들어, 부엌 장면들에 대한 그의 선호는 분명 〈어느 하녀의 일기〉에서 유래하는 것이지만, 〈게임의 규칙〉의 하인들의 모습은 1939년의 것이지 1900년의 표절이 아니다(〈인간 야수〉의 철도원들처럼).

_ 앙드레 바쟁의 노트에서

해변의 여인 *The Woman on the Beach* 1946

해안 경비대원인 버네트(로버트 라이언)는 그가 배속된 지역의 한 선주의 딸 이브 게디스(낸 레슬리)와 약혼한 상태다. 그는 제대하면 곧 그녀와 결혼할 예정이다. 그러던 중 그는 해변에서 토드 버틀러라는 화가(찰스 빅포드)의 부인, 페기 버틀러(조안 베넷)를 알게 된다. 이 화가는 장님으로서, 은퇴하여 아내와 단 둘이 외딴 집에 살고 있다.

버네트는 페기의 아름다움에 매혹되고 그녀가 불행하다고 믿는다. 그녀는 그에게 남편이 자신을 감금하고 학대한다는 사실을 은근히 내비친다. 게다가 버네트는 버틀러가 부인을 자기 곁에 묶어두기 위해 일부러 장애를 가장하고 있다고 의심한다. 그는 버틀러가 진짜 맹인인지 아닌지를 판별하기 위해, 해안 절벽을 함께 산책하다가 버틀러가 낭떠러지로 향하도록 내버려둔다. 버틀러는 추락하지만 기적적으로 살아난다.

이제 버네트는 버틀러가 앞을 보지 못한다는 걸 확신한다. 하지만

〈해변의 여인〉

그는 페기에 대한 정열에서 헤어나오지 못하고, 자신의 약혼녀를 홀대한다. 마침내 두 남자 간에 진지한 대화가 이루어지고, 버네트는 페기와 그녀의 남편이 늘 다투면서도 서로를 깊이 사랑하고 있다는 걸 알게 된다. 그는 그녀와 헤어지기로 결심하고 약혼녀에게 돌아간다.

하지만 그 날 밤 그는 페기로부터 전화를 받는다. 그녀의 목소리는 다급하고 얼이 빠진 듯하다. 미쳐버릴 정도로 화가 난 버틀러가 그녀와 격렬히 싸우던 중 어마어마한 시가의 그림들을 모두 부수어 버린 것이다. 버네트가 달려 온다. 실제로 그림들은 산산조각 나 있고, 버틀러의 집은 그림들과 함께 불타고 있다. 그렇지만 페기는 화염에 휩

싸인 집에서 남편을 구출해내고 그가 새 삶을 시작할 수 있도록 돕기 위해 그와 함께 떠난다.

이 영화는 이상하고, 고집스럽고, 진실하고, 은밀하면서, 모호하다. 르느와르는 순수한 성적 매혹을 그리고 싶었다고 말하지만, 도대체 그 매혹의 주체와 대상은 누구인가? 분명 이 영화에는 관능성이 존재한다. 하지만 그것은 마치 작은 불씨처럼 한 사람에게서 다른 사람에게로 옮겨간다. 우리는 그것이 정확하게 어디서 기인한 것인지 모른다.

악몽은 기이하게 재현되어 있다. 할리우드식 악몽의 상징 체계와 르느와르에 의해 구축된 이미지들은 쉽게 구분할 수 없을 정도로 뒤섞여 있다. 하지만 이 구분은 이 영화의 전체적인 톤이 바로 악몽에 의해 주어진다는 점에서 반드시 행해져야 할 중요한 것임에 틀림없다. 주인공인 스콧(로버트 라이언)은 페기 버틀러와의 연애를 진짜 악몽을 꾸듯 경험한다. 영화의 결말은 그 거친 급변으로 인해 기이하다.

내 생각에는 무엇보다 르느와르와 스튜디오 간의 갈등이 있은 후 행해진 최종 편집이 이 영화를 망치고 모호하게 만든 것 같다. 그럼에도 불구하고 이 영화는 르느와르의 가장 진실하면서도 복합적인 면을 담고 있는 영화 중 하나로 지적될 수 있다.

〈해변의 여인〉은 애초에 범죄 필름 느와르를 염두에 두고 만들어진 게 아닐까? 원칙적으로 느와르 장르의 틀에서 출발하고 있으나 다른 소재와 섞이는 바람에 비관습적이고 개인적인 색채를 띠는 영화가 된 것이 아닐까? 이 영화의 기묘함은 적어도 부분적으로는 사실적 소재와 그 틀 간의 대조에서 기인하는 것으로 보인다.

_ 앙드레 바쟁의 노트에서

7 장 르느와르의 귀환

1939년 제작된 〈게임의 규칙〉은 장 르느와르가 프랑스에서 찍은 마지막 영화다. 그는 전쟁이 나고 며칠 뒤 프랑스를 떠났으며, 미국에 거주한 지 벌써 12년이 흘렀다. 여기서 앙드레 바쟁이 언급하고 있는 르느와르와의 인터뷰는 인도에서 찍은 최근작 〈강〉이 미국에서 개봉된 직후[1] 그가 프랑스에 잠시 들렀을 때 유일하게 바쟁에게만 허락돼 이루어진 것이다.

장 르느와르가 '거대한 호인'이란 게 믿기지 않는다면, 단 며칠만이라도 그와 지내 보라. 그러면 자연스럽게 그 의심이 사라지게 될 것이다. '거대한'이라고 한 것은 우선 신체적으로 그렇다. 그는 거구다. 약간 절뚝거리면서 만면에 웃음을 띠고 걸어올 때면, 흡사 익살스런 곰이나

1. 이 텍스트는 1951년 6월 3일 〈라디오 - 시네마 - 텔레비전〉에 실린 것을 그대로 옮긴 것인데, 우리에게는 이것이 단순한 인터뷰 이상의 중요한 의미를 지니고 있는 것으로 보였기 때문이다. 파리 앵발리드 도심 공항 터미널과 르와이얄 몽소 호텔에서 이루어진 이 만남은 사실상 장 느르와르와 앙드레 바쟁의 첫 번째 만남인 것이다. 따라서 우리는 이를 통해 두 사람의 우정이 탄생하는 순간을 지켜보게 되는 것이다. — 프랑수아 트뤼포

발목을 삔 코끼리 같다. 〈게임의 규칙〉에서 그는 이미 익살스런 곰의 이미지를 보여 주었다. 어쩌면 그는 최근 인도를 여행하면서 코끼리를 좋아하게 되었을지도 모른다. 그러나 여기에 솔로뉴 성에서 매복한 인간들에게 죽임을 당하는 작은 토끼라든가 손풍금 위에서 북연주를 하는 토끼의 이미지가 더해져서는 안 된다. 만일 그가 벤자민 라비에르 Benjamin Rabier[2]의 동물을 닮았다면, 그건 순전히 우리 인간들을 기쁘게 하기 위해서이다.

르느와르의 매력은 친절함과 강한 힘이 묘하게 결합하는 데서 생긴다. 아마도 오슨 웰스를 제외하면(그럼에도 르느와르보다는 피상적인), 그는 이 세상 어떤 감독보다도 친절하다. 예를 들어 보자. 호텔에서 우리가 대화를 나누는 동안 전화벨이 울렸다. 그 옆에 있던 내 아내가 수화기를 들어 그에게 넘겨 주었다. 세 번째인가 네 번째 전화가 왔을 때, 그녀는 그에게 "누구에게서 온 건지 물어볼까요?"라고 물어보았다. 그러자 르느와르는 화들짝 놀라며 "그럴 필요 없어요. 전 언제나 전화를 받거든요"라고 말했다.

상냥하고 친절한 르느와르 씨, 복받을지어다!

그는 말한다. "프랑스 사람들은 면도를 할 때, 정성들여 날을 닦고 콩쿠르 레핀표 도구로 다시 한 번 그걸 갈지 않습니까? 그런데 미국에서는 면도날이 너무 싸서 한 번 쓰고는 버리더군요. 근데 난 절대 그렇게 할 수가 없었습니다. 아직도 쓸 만한 날을 버린다는 건 비인간적이지 않습니까."

2. 벤자민 라비에르(1864~1939)는 프랑스 초기 만화계의 거장이며 애니메이션 분야의 선구자로서, 특히 동물 그림으로 유명하다. — 옮긴이

르느와르를 알고 사랑했던 사람들은 미국이 그를 삼켜 버리지 않은 걸 보고 안도한다. 미국은 기껏해야 그의 프랑스적 미덕을 증류시켜 불순물을 제거하고 핵심만을 남겨 놓았을 뿐이다. (하지만 이게 어디 불행이겠는가?)

그의 라블레적인 풍자적 이교도성은 이제 성 프란시스와 같은 차분함으로 인해 약화되었다. 보편적인 것, 역사와 지리의 상대적 감각이 그의 프랑스 소속을 드러내고 확인시켜 준다. 그는 말한다. "난 우리가 새로운 중세로 들어가고 있다고 생각합니다. 그걸 불평해서는 안 됩니다. 중세는 위대한 세기였으니까요."

장 르느와르는 이제 프랑스에서 일하길 바란다. 그간 그는 개인적인 문제들(지금은 해결된)로 인해, 또한 그의 아들 알랭을 비롯하여 미국에 남겨진 가족으로 인해, 프랑스에서 일할 수 있는 상태가 아니었다. 하지만 무엇보다도 그는 대서양 너머에서 확실한 성공을 거두기 전에는 프랑스로 돌아오고 싶지 않았다. "할리우드에서 좋은 시절도 있었고 나쁜 시절도 있었습니다. 하지만 어쨌든 상업적으로 절반의 실패를 안고 그곳을 떠났더라면 약간 비겁한 기분이 들었을 겁니다. 다행히도 얼마 전 〈강〉이 뉴욕의 배급사들에게 호평을 받아 얼마나 기분이 좋은지 모르겠습니다. 이제 저는 프랑스에서 건넨 제안들을 검토할 만큼, 정신적으로 한결 홀가분해진 상태입니다. 현재 정해진 건 아무것도 없습니다. 하지만 이런 상황이 계속 가진 않을 겁니다. 〈성체 마차*Le Carrosse du Saint-Sacrement*〉를 준비하기 위해 로마로 떠날 건데, 다녀와서 꼼꼼히 생각해 보려 합니다."

다시 전화 벨이 울린다: "오! 안녕, 피에르. 반가워……." "이전의 친구들을 다시 만날 수 있다는 게 놀라워요. 게다가 그들이 날 기억해 주고 있다는 것도요. 모든 게 어제 일 같군요……." "스튜디오가 아

〈나나〉

닌 현장에서, 테크니컬러Technicolor로, 카메라맨이었던 조카 클로드와 함께 찍은 영화 〈강〉은 사실상 〈토니〉의 이야기에요. 배경을 인도로 옮겨놓은 〈토니〉라고 할 수 있습니다. 나는 이 영화에 〈게임의 규칙〉에 들였던 노력에 버금가는 정성을 쏟아 부었습니다." 르느와르는 그가 프랑스에서 만든 작품을 부정하지 않는다. 그는 그것과 어떻게 다시 관계를 맺을 것인가?

〈암캐〉, 〈나나〉, 〈랑주 씨의 범죄〉, 〈보바리 부인〉, 〈위대한 환상〉, 〈인간 야수〉, 〈피크닉〉, 〈밑바닥 인생〉, 〈게임의 규칙〉 등을 만든 이 감독은 분명 가장 훌륭한 프랑스 감독이다. 적어도 유성 영화 감독들 중에서는 말이다. 화가인 오귀스트 르느와르의 아들인 그는 유전과 교육에 의해 그 스스로가 어떤 "프랑스적 몸짓에 대한 감각"이라고 부른 것을 갖고 있다. 이것은 드가의 다림질하는 여자나 차축을 만져 보는 기관사의 몸짓과 같은 것이다. 좀더 일반적으로 말하자면, 그것은

한 시대의 문학적이고 회화적인 감성, 즉 리얼리즘의 감성에서 비롯된, 어떤 심오하고, 관능적이며, 리얼리티를 사랑하는 감각이다. 우선, 그의 재능은 그의 어린 시절 위대한 작가와 화가들의 가치를 단순히 영화로 옮겨놓는 것이 아니라 영화 속에서 다시 찾아냈다는 데 있다. 그는 자신에게 영감을 준 위대한 문학 작품들에 버금갈 만할 훌륭한 영화들을 만들어낸 두세 감독 중 하나다. 아마도 예술의 역사는 장 르느와르의 〈피크닉〉을 모파상의 원작보다 더 뛰어난 작품으로 간주하게 될 것이다.

프랑스에서 찍은 마지막 영화인 〈게임의 규칙〉을 기점으로, 르느와르는 그의 대다수 작품들을 지배하고 있던 회화적이고 문학적인 근원으로부터 빠져 나오게 된다. 이미 〈위대한 환상〉이나 〈랑주 씨의 범죄〉는 오리지널 시나리오에 의한 것이었지만, 〈게임의 규칙〉은 르느와르의 모든 이전 영화들을 뛰어넘고 극복하며 종합한 것이라 할 수 있다. 우리는 이 작품을 시나리오 미학이나 미장센에 있어서 프랑스 유성영화 가운데 가장 발전적이고 풍부한 가르침을 담은 작품으로 간주해야 하며 간주할 수 있다. 여담삼아 이야기하면, 이 영화는 애석하게도 배급사에 의해 편집된 프린트밖에 없고, 네거티브 필름은 전쟁 중에 불타 버렸다. 르느와르는 지금 이 영화의 잘리지 않은 원판을 애타게 찾고 있다. 예술 작품을 보호하는 데는 중세의 필경사들*copistes*이 영화 배급자들보다 훨씬 더 믿을 만하다.

르느와르가 할리우드에서 찍은 영화들은 분명 그의 프랑스 팬들을 실망시켰다. 하지만 〈늪지대〉나 〈해변의 여인〉에 대해 가해진 최초의 평가들은 재고해 볼 여지가 있다. 르느와르가 그 실력을 발휘하는 것은 오로지 그가 어떤 규칙에도 구속되지 않고 온전히 독립적으로 영화를 찍으며 촬영 현장의 사물들과 존재들에서 즉각적인 영감을 얻을

때 뿐이다. 그런 점에서 〈남부인〉은 물, 대지, 풍경의 중요성을 감안할 때, 미국에서 찍은 가장 인간적이고 아름다운 영화라고 할 수 있다.

우리의 간절한 바람대로 르느와르가 곧 다시 프랑스에서 영화를 찍을 수 있게 된다 하더라도, 그가 미국으로 떠나기 전과 같을 거라고 기대해서는 안 될 것이다. 그의 작품은 어쩌면 이전에 비해 소박하고 비극적이면서 차분해질지 모른다. 미국에서의 체류 경험과 지난 10년간의 세계사가 분명 그의 영화에 영향을 주게 될 것이다. 그리고 이는 그의 스타일의 고전주의로 드러나게 될지 모른다. 그렇다고 해도 그 고전주의가 아카데미즘이라 불리는 것에 해당되지 않으리라는 점은 확신할 수 있다.

8 순수한 걸작 : 〈강〉

르느와르는 현존하는 가장 훌륭한 프랑스 감독이다. 하지만 이런 확신을 가지기에 앞서, 우리는 또 하나의 위대한 감독으로 인정되는 르네 클레르René Claire와 장 르느와르 사이에서 머뭇거리게 된다. 그러나 개인적 선호도를 뒤로하고 객관적이라 판단되는 기준들을 따른다고 해도, 나는 장 르느와르를 프랑스 최고의 감독으로 꼽을 수밖에 없다. 반면, 르네 클레르는 무성 영화 시대 최고의 감독이다. 물론 그가 〈거금*Le Million*〉이라는 걸작을 만들 정도로 유성 영화 시스템에 적응했다는 것은 그의 유연한 재능과 지성을 입증하기에 충분하다. 하지만 그는 결국 어쩔 수 없이 새로운 시스템에 적응한 것으로 보인다. 그의 사운드는 선험적으로 침묵의 우월함을 전제로 한다. 반대로, 르느와르에게서 음향과 대사는 그가 너무나 자연스럽게 그리고 즉각적으로 자신의 것으로 소화해낸 표현의 보완물이다. 그리고 이제 〈강〉은 컬러가 더 이상 르느와르에게 문제가 되지 않는다는 것을 입증해 준다. 르느와르에게 영화는 조형적이면서 유성적인 리얼리즘적 이미지의 극한을 의미한다.

앙드레 말로André Malraux의 《희망》과 더불어 〈게임의 규칙〉은 2차 대

전 발발 직후 제작된 영화들 중 유일하게 나이를 먹지 않은, 오히려 미래를 담지한 영화였다. 〈새벽*Le jour se lève*〉(〈게임의 규칙〉과 같은 1939년에 제작)은 시적 리얼리즘*réalisme poétique*의 완성을 보여 주었지만 동시에 너무나 완벽한 성공을 거두고 있어서 시적 리얼리즘이 앞으로 더 발전할 수 있는 길을 막아버렸으며, 감독인 마르셀 카르네Marcel Carné도 이후 그 미궁으로부터 빠져 나오지 못했다. 〈게임의 규칙〉은 르느와르가 이전에 추구한 모든 시도들의 소산이면서, 동시에 새로운 길을 열어 주었다. 우리는 이 영화로 인해 무성 영화가 완전히 사라지게 되었다고 말할 수 있다. 유성 영화가 출현하기 5년 전 에리히 폰 스트로하임에 의해 시작된 리얼리즘 혁명은 이제 15년 뒤 몽타주 기교를 전면으로 거부하고 리얼리티에 천착하는, 모든 조형적 상징성이 배제된 영화 예술에 이르게 된 것이다. '영화'는 더 이상, 리얼리티에 그 의미를 부여하게끔 고안된 프리즘과 필터의 방식으로, 관객과 대상 사이에 끼어들지 않게 되었다. 르느와르와 더불어 표현주의는 끝났다. 여기서 표현주의란 독일 표현주의와 그 영향을 가리키는 것일 뿐만 아니라, 영화 질료들의 특정한 기여를 상정하는 모든 것을 포괄한다. 이 지적은 모순적이며 명료하지 않으므로, 보다 명확하게 설명할 필요가 있다.

스크린에서 사랑의 대화를 나누는 장면이 있다고 치자. 감독이 우리에게 전달하는 인상은 본질적으로 상이한 다음 두 요소에서 기인한다.

(1) 그 신*scène*의 대상 자체, 즉 등장 인물들, 그들의 행위와 대사, 다시 말해 객관적 시·공간을 지닌 리얼리티

(2) 사건의 자연스런 의미를 강화하기 위해, 즉 사건이 앞, 뒤의 사건들과 조화를 이루면서 미묘한 차이를 내도록 하기 위해, 감독이 사용하는 모든 기법들

로맨틱한 장면과, 반대로 격렬하게 관능적인 느낌을 연출하는 장면은, 세트는 물론 조명과 촬영에서도 동일하지 않을 것이다. 신의 리듬 또한 마찬가지다. 관능성을 강조할 경우 몽타주가 개입할 것이고, 숏의 수가 많아지면서 근접 숏이 빈번하게 사용될 것이다. 반대로, 로맨틱한 장면 구성에서는 처음에 주로 롱 숏이 사용되다가 결국 지속 시간이 긴 클로즈업이 등장할 것이다. 요컨대, 우리가 상상할 수 있는 모든 숏을 보게 된다.

시네마토그라피 기술 — 말하자면 일반적으로 '시네마'라고 할 때 의미하는 것 — 그 자체를, 그 기술이 적용되는 현실보다 더 신뢰하는 모든 미학을 나는 표현주의적이라 부르고자 한다.

물론 내가 '시네마' 없는 영화(그렇다면 이 경우 예술과 현실의 차이는 어디에 있는 걸까?)라고 할 때는 이와는 또 다른 개념의 영화 형식을 말하는 것으로서, 여기서는 좀 전에 행한 내용과 표현의 구분이 사라지게 되며, 바로 이런 경향을 나는 거칠게나마 '리얼리즘적'이라 명명하고자 한다. 이런 종류의 '리얼리즘'은 절대 형식의 포기를 의미하는 게 아니다. 그것은 단지 영화에서 표현이란 현실[리얼리티]에 대한 변증법적 부속물이 되어야 하는 것이지, 기술에 대한 부속물이 되어서는 안 된다는 것을 전제로 한다. 프랑스 감독들 가운데 가장 추상적이고 지적인 감독인 로베르 브레송의 〈시골 사제의 일기*Le Journal d'un Curé de Campagne*〉는 이런 의미에서 분명 리얼리즘적 작품이다.

르느와르는 시나리오를 직접 쓰는 감독군에 속한다. 비록 르느와르가 각색을 담당하는 경우는 거의 없지만 그는 촬영 전과 심지어는 촬영 도중에도 워낙 그 각본을 많이 수정하기 때문에, 그 시나리오가 다른 사람의 것이라는 생각은 거의 들지 않는다. 이러한 수정의 목적은 늘 같은데, 그것은 이야기를 시각적으로 민감한 몇몇 주제들에 보다 긴

밀하게 종속되도록 하기 위해서다. 어떤 극작가는 자신의 작품을 극적 구조 위에서 구축한다. 여기서 행위는 사건들에 내재하는 일종의 완벽한 움직임이며, 줄거리의 영혼이다. 이와 반대로, 르느와르는 둘 혹은 여러 물질적 리얼리티로부터 출발해, 그 사이에서 관계들을 창조해낸다. 행위는 마치 물 속에 던져진 돌 주위에 생기는 동심원들처럼, 그것으로부터 파생된다. 그래서 〈인간 야수〉에서 장 가뱅이 맡은 등장 인물의 도덕적 펩진성은 그의 알코올 중독 유전에 있는 것이 아니라 — 알코올 중독은 르느와르가 에밀 졸라의 소설에서 차용한 것으로, 사건 발생의 단초에 지나지 않는다 — 인간과 기계 간의 미장센에 의해 창조되는 주제적 관계에 있다. 르느와르의 영화는 비극이다. 하지만, 주인공을 파괴하는 운명이 소설 줄거리에서처럼 루공-마카르의 타락한 피와 혈통의 운명이라는 것은 단지 부차적인 얘기일 뿐이다. 사실 미학적으로 그 운명은 기관차의 은유라 할 수 있다. 주인공의 죽음을 그럴듯한 것으로 그리고 필연적인 것으로 만드는 것은 기관차이다. 그것은 르느와르가 기계라는 것을, 모든 걸 부숴 버리는 맹목적이고 강력한 힘의 '상징'으로 만들었기 때문이 아니다. 르느와르가 사물들과 갖는 친화성, 즉 사물에 대한 친근하고, 사랑스럽고, 관능적인 그의 태도는 상징주의와 아무런 관계가 없다. 반대로 르느와르는 대상의 특이성을 드러냄으로써, 인물과 그 대상의 동일시를 부과한다.

〈게임의 규칙〉은 물 표면에 이는 물결의 이중 움직임처럼, 본질적으로 서로 겹치고 충돌하는 두 총체적 주제 위에서 구축된다. 그것은 사냥과 성에서의 축제다. 그런데 사냥은 이미 그 자체로 축제에 대한 일종의 패러디적 반복이다. 희극적이고 익살스런 상황들의 아이러니에도 불구하고, 복도에서의 경주, 주인과 하인의 전도된 지위, 슈마허의 권총 난

사 등은 결국 '사고*accident*'(이중의 오해로 밀렵 감시인에 의해 죽음을 당하는 앙드레)로 끝남으로써 사냥의 진정한 면모를 보여 준다. 등장 인물들은 그들의 '성격'을 감안한 심리적 개연성에 따라 행동하는 것이 아니라, 달리오의 음악 인형들처럼 유사성의 동심원 위에서 감정의 역학에 따라 움직인다. 앙드레(롤랑 투탱)는 사냥용 탄환을 복부 한가운데 맞고서, 우리가 조금 전에 보았던 끔찍한 고통의 경련을 일으키며 죽어간 작은 토끼처럼 쓰러져 죽는다. 내 입장을 변호하기 위해 상황을 약간 단순화시키긴 했지만, 유사성의 예가 단지 이것 — 분명 가장 의미심장한 예이긴 하지만 — 만은 아니다. 영화는 상이한 톤과 스타일들로 변조되는 모티브들처럼, 서로 호응하는 암시들, 패러디들, 인용의 장면들로 기이하게 얽혀 있다. 하지만 과연 내가 제대로 설명한 걸까? 이러한 자유로운 구축, 극적 · 심리적 개연성의 무시는 리얼리즘의 극치를 보여 주는데, 그것은 르느와르가 — 영화적 사유로부터 의사적 리얼리티로 가는 일반적 경로를 따르는 대신 — 실재하는 것으로부터 출발해 그의 사유를 구축한다는 의미에서 그러하다. 우리로 하여금 도덕적 자명성을 받아들일 수밖에 없게 만드는 것은 바로 사물과 동물과 인간에 대한 그의 사랑, 감수성, 친밀함이다. 르느와르의 영화들에서는 하나를 보면 열을 알 수 있다.

미장센은 시나리오에 대한 그의 이러한 전복된 관계로부터 기인한다. 르느와르는 스크린의 진정한 본성은, 이미지를 사각틀에 가두는 것도, 이미지의 주변을 감추는 것도 아니라는 것을 알고 있었다. 이러한 원칙으로부터, 〈게임의 규칙〉에서 행해진 것과 같은 데쿠파주의 혁명이 발생하는 것이다. 르느와르는 회화와 연극의 영향을 동시에 받은 일화적이고 연극적인 영화의 가장 일반적인 이미지 구조를, 즉 '숏'이라는 조형적이며 드라마적인 단위를, 이상적이면서 구체적인 그의 카

메라 시선으로 대체한다. 그 결과, 스크린은 리얼리티에 어떤 의미를 부여하는 것이 아니라, 암호화된 문서에 갖다댄 격자판처럼 그 의미를 우리에게 **넘겨 준다**.

여담 삼아 말하자면, 이 혁명은 회화에서 인상주의가 야기한 혁명과 유사성을 갖고 있다. 인상주의가 출현하기 전, 회화의 '구성'은 연극적이거나 장식적이었으며, 프레임*cadre*의 형식에 근거했다(라파엘의 〈의자의 성모*La Vierge à la Chaise*〉를 참조하라). 마네 이후로, 특히 드가와 르느와르에 와서 프레임은 더 이상 무대와 비율을 의미하지 않게 된다. 프레임이 아직도 회화의 구성에서 어떤 역할을 하고 있다면, 그것은 부정적인 의미에서다. 즉 리얼리티의 연속성을 깨뜨림으로써, 프레임은 그 틀 밖에 무엇이 놓여 있는지를 암시하는 것이다(보나르 참조). 우리는 이러한 현상이 어떤 점에서 인상파 화가들의 리얼리즘 의지를 반영하는지 잘 알고 있다.

이러한 미장센의 원리를 르느와르는 그의 프랑스 작품 전반에 걸쳐, 대략 리얼리즘적이라 규정될 수 있을 만한 주제를 위해 원칙을 도입하였다. 그가 선택한 주제들과 그것을 다룬 방식을 시각적으로 지배하는 영향력은 자연주의 시대와 유사하다. 좀 전에 우리는 회화에서 유래한 영향들을 살펴보았다. 그러나 장 르느와르에게서 보다 명백하고 명시적으로 드러나는 것은, 졸라(〈나나〉와 〈인간 야수〉)나 모파상(〈피크닉〉)과 같은 동시대 문학에 대한 그의 선호보다 일반적으로는 〈암캐〉(라 푸샤르디에르), 〈랑주 씨의 범죄〉, 〈토니〉(신문의 사회면 기사에서 영감을 받은) 등에서 볼 수 있는 '리얼리즘'(문학적 의미에서)에 대한 그의 선호이다. 하지만 이같은 명백한 관련성은 심층적인 전환에 있어 단지 출발점에 지나지 않는다. 자연주의 주제들 그리고 그 도덕적 · 철학적 배경은 장 르느와르 개인의 비전이 담긴 감수성이나 기질이 가장 쉬이 접목될 수 있

는 굳건한 그루터기일 뿐이다. 그렇다면 굳이 그것을 정의할 필요가 있을까? 르느와르의 영화를 보면 언제나 관능성, 행복감이 느껴지는데, 이것은 또한 회의주의와 아이러니를 동반한다. 하지만 이때의 회의주의는 얼굴을 찌푸리게 하는 것이 아니라 오히려 미소짓게 하는 것이며, 아이러니에서도 뾰족한 가시 같은 것은 찾아볼 수 없다.

때로 냉혹하지만 애정이 묻어 있는 그의 잔인함은 객관적 산물이다. 즉 그것은 단지 행복을 방해하는 운명들에 대한 인정이면서, 환상이 없는 무제한적인 사랑의 척도다. 그의 연민은 늘 희생자에게로 향한다. 그러나 르느와르는 비극적 감각을 갖고 있기는 하지만, 비극성에 오래 머물지는 않는다. 그것은 그가 비극적인 것을 과소 평가해서라기보다는, 운명을 극복하는 유일한 방법은 어쨌든 행복을 믿는 거라 생각하기 때문이다. 이 점을 가장 잘 반영하는 영화가 〈밑바닥 인생〉이다. 비극적 주제의 이 영화는 다른 어떤 영화보다 비관적인 내용을 담고 있지만, 그것은 코믹한 요소로 포장되어 있다. 늘 도덕적인, 이런 미묘한 대위법적 유희는, 이 영화에, 감미로우면서도 풍자적인 시적 영감, 호인인 것 같으면서 영악한 분위기, 냉소적인 순진함, 환희와 절망을 믿는 가벼운 태도, 프랑스의 모럴리스트 소설가들의 위대한 전통에 비견될 만한 이중적 톤을 부여한다.

하지만 〈게임의 규칙〉이 일종의 파랑돌 춤*farandole*,[1] — 성의 복도에서 격렬한 리듬에 맞춰 추지만 결국 부조리하게도 시체 위에서 끝나버리는 — 어떤 광적인 혼돈 같으면, 〈강〉은 코믹하면서도 음산한 이러한 동요와 정반대에 위치한 작품, 시간의 끝에서 극단적으로 정화된 작품이다. 인물에게 일어나는 것은 거의 지각 불가능한, 잠재적 영원성의

1. 프랑스 프로방스 지방에서 추는 춤. — 옮긴이

전조다. 솔로뉴의 늙은 주말 초대객들의 악한 그림자를 반영하고 있었다. 반면, 성스러운 강물은 아무것도 비추지 않는다. 잔잔하고 장엄한 강물은 인간의 더러운 얼룩을 씻어 주고, 그의 재를 자신의 진흙과 섞으면서 변함없이 유유히 흐른다.

그러나 조금만 유심히 살펴 보면 〈게임의 규칙〉과 〈강〉의 연관성은 쉽사리 드러난다. 대조적인 주제들과 톤을 넘어서, 두 영화 모두 드라마적인 구축에 무심하고, 인물들의 배열이 카드릴*quadrille*[2] 형식으로 구성되어 있다. 또한 '시나리오'는 이 인물들의 태도를 철저히 고찰하는 것으로 만족한다. 어떤 연극적 필연성도 우리가 그들의 존재에 기울이는 순수한 관심을 방해하지 않는다. 영화는 단지 그들과 공생하는, 내밀하면서도 공개적인 한 방식에 불과하다. 〈게임의 규칙〉에서 보듯, 인물들에게 일어나는 모든 일은 단지 우발성에 의해서 일어날 뿐이다. 한편에는 사랑의 오해들로부터 기인하는 아이러니컬한 불합리함, 데카당하지만 적어도 어떻게 소멸해야 하는지 알고 있는 한 사회의 유쾌하면서도 헛된 소동이 있다. 그리고 다른 한편에는 심층적 의미에서의 우연적인 사소한 사건들이 있다. 이 사건들은 안정된 본질의 우발적 증상이자, 그와 반대로 세계와 영혼들의 근본적 영속성에 대한 지각 가능한 기호다. 바보 같은 밀렵 감시인이 실수로 죽이게 되는 앙드레의 죽음에, 방금 전 태어난 아기의 울음소리가 화답한다. 르느와르는 르느와르에게 충실하다. 하지만 이 이교도는 신비주의자가 되었고, 그의 관능적 범신론은 종교가 되었다.

그렇다면 르느와르의 미국 영화들에서 보이는 차이를, 사회적 · 경제적 조건과 같은 돌발 변수보다는 그의 모럴의 근원적 변화 탓으로 돌려

2. 카드릴은 방형꼴로 네 사람씩 짝지워 추는 춤이다. — 옮긴이

야 하지 않을까? 다시 말해, 할리우드의 원칙에 따른 것이라기보다는 자기 자신의 변화에 적응한 것으로, 즉 새롭게 생각하고 느끼고 표현할 수단을 찾은 것으로 보아야 하지 않을까? 우리는 〈게임의 규칙〉이 1939년의 아방가르드한 유성 영화를 대표한다는 구실하에, 또한 그의 영화적 가르침이 전혀 고갈되지 않는다는 구실하에, 특히나 르느와르가 프랑스를 떠나면서 남긴 이 대가다운 작품이 그가 프랑스에서 만든 모든 영화를 완성하고 압축한다는 믿음하에, 그리고 그가 다음 작품들에서도 이와 동일한 성공을 하기를 바라는 은밀한 바람 속에서, 르느와르를 우리 자신의 찬미 속에 포로처럼 가두어 버렸다. 그럼으로써 우리는 늘 아방가르드했던 한 인간의 과거에 대한 오도된 충성심으로 현재의 그에 대해 부정적 평가를 하게 되었으며, 우리도 모르는 사이 우리보다 앞서 나간 그의 업적에 눈을 뜨지 못하고 있었던 것이다. 이런 상태에서 등장한 〈강〉은 그 완벽함으로 인해(이것은 너무나 자명해 오해의 소지가 없다) 우리를 깜짝 놀라게 하였으며, 작가가 도달한 지점을 향해 우리의 시선을 돌리도록 만들었다. 〈강〉은 르느와르 제2기의 〈게임의 규칙〉이다.

르느와르는 최근에 이렇게 쓴 바 있다. "나는 지난 10년을 프랑스가 아닌 다른 나라에서 보냈다. 그후 처음 파리로 돌아와 오랜 친구들을 만나 정다운 얘기를 나누었는데, 우리는 10년 전 멈추어 버린 그 지점에서 대화를 나눈 게 아니라, 그동안 계속 만났을 경우 주고받았을 만한 화제들로 이야기를 나누었다."

나는 르느와르의 이러한 확신이 객관적 사실이라기보다는 그의 소망일 거라고 추측한다. 어찌됐든 간에 우리는 거기에 내포되어 있는 전진 개념에 주목할 필요가 있다. 르느와르는 계속해서 이렇게 쓰고 있다. "정글을 헤치며 나아갈 때는, 보이지 않는 위험을 제거할 수 있도록 막대기를 휘둘러서 앞을 가로막는 것들을 내려치는 게 좋다. 때로

막대기는 아주 단단한 나뭇가지에 걸려 당신의 손 안에서 부러지기도 하고, 또 때로는 부러지지는 않으나 팔의 감각이 무뎌질 정도로 휘청거리기도 한다. 지난 몇 년간 내가 겪은 일이 바로 그와 같았다. 나는 제자리에 머물고 싶지 않았지만, 내가 갖고 있던 나침반 바늘은 빙글빙글 돌아가고 있었고, 나는 방향을 찾기 어려웠다. 하지만 다른 한편으로 나는 이 방황을 무척 자랑스럽게 생각한다. 그것은 여전히 내가 우리의 불안정한 세계와의 접촉을 유지하고 있음을 증명하는 것이다. [……] 나는 〈강〉으로 인해 이와 유사한 확신을 되찾게 되었다. 나는 내가 막연하게나마 오늘날 전 세계의 이웃이라고 믿어온 사람들과 접촉하고 그들을 알고자 하는 욕망이 내 안에서 솟구치는 것을 느꼈다."

내가 이 글(진정한 예술가의 권위와 확신을 조금도 훼손하지 않는 정직하고 겸손한 어조로 쓰여진)에서 특별히 주목하는 것은 자신의 시대와 그 영화적 표현에 대한 르느와르의 깊은 관심이다. 이것은 미래를 지향하는 한 인간, 신랄한 예술로서 최전방에 서고자 하는 한 인간, 자신의 시대를 완벽하게 이해함으로써 새로운 형식을 창조하고자 하는 한 인간의 언어이다.

지금부터는 〈강〉이 어떤 점에서 그리고 어떻게 〈게임의 규칙〉을 역동적으로 충실히 따랐는지 살펴보도록 하자.

하지만 먼저 두 영화가 내용 차원에서는 본질적으로 대립된다는 것을 지적해야 한다. 〈게임의 규칙〉에 내재하는 사회적 풍자, 온화하면서 조소적인 회의주의가 〈강〉에서는 어떻게 나타나고 있는가? 〈강〉은 벵골에 사는 두 영국인 가정의 삶을 그리고 있다. 이들은 부유하고 물질적으로 아무런 걱정이 없다. 르느와르는 이 부르주아 식민자들을 묘사하는 데 있어, 반감은커녕 아이러니가 내포된 아주 작은 비판조차 주고 있지 않다. 물론 〈게임의 규칙〉에서도 르느와르는 주인공들을 호감

〈강〉

있게 그리고 있지만, 그들의 다정함에는 가혹하리만큼 냉철한 명민함도 포함되어 있었다. 그렇다면, 〈강〉의 주인공들은 그들의 운명에 대해 상대적으로 덜 회의적인 것일까? 그들의 운명은 분명하게 드러나 있다. 르느와르가 그들에게 보이는 사랑과 관심은 세계에 대한 그의 묘사에서도 찾아볼 수 있는데, 이 세계는 약간 우스꽝스러운 우아함으로 종말을 맞이하며 시대 착오적 비전과 허영심을 즐기는 자신의 의식에서 오히려 일종의 고귀함을 느끼는 그런 세계다.

이런 관점에서 보면, 루머 고든Rumer Godden의 원작 소설은 혁명적인 어떤 요소도 담고 있지 않다. 영화에서 르느와르가 소녀 해리어트의 시점을 취한 것은 아주 적절한 선택으로 보인다. 사건들은 혈기 왕성하지만 아직은 순진하기 그지없는 영국 소녀의 감수성과 기억들을 통해 묘사되어 있으며, 이 소녀에게 사회적 문제들은 별반 중요하지 않다. 그녀는 자기의 정원, 친구, 부모를 볼 때와 마찬가지로, 인도를 볼 때

도 가족의 안정성이란 관점을 통해 보는데, 이는 자신이 속해 있는 계급의 사회적, 경제적 안정성 등은 결코 문제삼지 않는다. 그녀를 통한 르느와르의 관점은 전적으로 도덕적이다. 이처럼 덧없는 사랑 이야기 때문에 인도의 가난에 대한 묘사와 식민주의에 대한 비난을 다루지 않았다고 그를 비판하는 것은 완전히 다른 주제를 선택하지 않았다고 비난하는 것과 같다. 나는 르느와르가 인도에서 돈 많은 제작자를 운좋게 만나기 훨씬 이전부터 할리우드에서 이 영화를 찍으려 했다는 것을 그로부터 직접 들었다. 만일 그랬다면 틀림없이 〈강〉의 상당 부분은 소실되었겠지만, 세 청춘 남녀의 사랑의 발견이라는 본질적인 주제만큼은 그대로 남아 있었을 것이다.

하지만 이런 나의 변호가 전적으로 내 맘을 대변하고 있는 것은 아니다. 내 생각에는 주제에 대한 그의 충실성이, 인도 내 영국 사회에 대한 시각을, 완전히 틀렸다고는 할 수 없지만 조금은 피상적이고 과도하게 낙관적이며 은연중 제국주의적이도록 만든 것 같다. 하지만 르느와르는 프랑스에서 만든 영화들에서도 역시 역사로부터 자유로워지는데 조금도 주저하지 않았었다. 실제로 이런 관점의 선택은 제국주의 — 〈강〉에 대해 형편없이 편협한 비평가들만이 주장하듯 — 가 아니라, 사회학에 우선하는 윤리학적 입장을 입증한다. 사회학과 윤리학은 〈게임의 규칙〉에서는 분리되지 않지만, 〈강〉에서는 구분된다. 만일 이 영화가 할리우드에서 인도 배경을 재구성해 만들어졌다면 지금과는 아주 다른 톤을 지니게 되었을 것이다. 지리적이고 인간적인 리얼리티가 이 영화에 부여하는 것은 사회적 조명이 아니라, 종교적이고 신비주의적인 의미 작용이다. 동서양의 대립 문제는 정치적이고 경제적인 발전의 영역이나 역사의 영역에서 제기되는 게 아니라, 오로지 종교적 영성의 관점에서 제기된다. 이 영화에서 인도는 단지 배경에 불과하지만, 그것

은 지리적이라기보다는 정신적인 배경이다. 등장 인물들이 그저 일상적이고 무관심한 시선을 던질 뿐인 그 말없는 존재는 나침반 바늘을 움직이는 자기장처럼 그들의 정신을 비밀스럽게 굴절시킨다.

이런 사실들을 감안하면, 인도 기근에 대한 다큐멘터리적 영상들이 부재한다는 이유로 르느와르를 비난하는 것이 어처구니가 없는 일이듯, 종교적 문제들을 제대로 다루지 않았다고 그를 비난하는 것 또한 마찬가지로 불합리한 일이라 할 수도 있다. 〈강〉을 촬영하면서 르느와르는 이슬람주의자들과 힌두교도들 간의 피비린내 나는 싸움을 직접 목격하였다. 하지만 영화에는 이에 관한 어떤 장면도 담겨 있지 않은데,이는 르느와르가 관심을 가졌던 것은 인도의 종교적 현실이 아니라, 그것이 서양 정신에 끼치는 은근한 매료였기 때문이다.[3]

인도에서 고작 3개월밖에 체류하지 않은 르느와르가 10년간 거주한 주인공들보다 인도를 더 잘 이해했을 리는 만무하다. 하지만 그는 제국주의적이며 기독교적인 이 부르주아 가정의 눈멂 속에서도, (중요한 점은 바로 이것인데) 어렴풋하고 확산적이며 고갈되지 않는 강의 빛을 표현할 수 있었다.

〈강〉에는 죽음에 이르는 동양의 신비주의적 유혹을 구현하고 실현하는 인물이 적어도 한 명 있으며, 그는 바로 어린 보기Boguy이다. 그와, 불교의 스님처럼 불가사의하고도 과묵한 그의 원주민 친구와의 놀이를 기억하기 바란다. 보기의 죽음을 유일하게 목도한 이 친구만이 유

3. 이 글을 쓰고난 후, 우리는 〈강〉에서 르느와르와 함께 일했던 젊은 감독들이 만든 인도 영화 〈파테르 판찰리*Pather Panchali*〉를 보았다. 그런데 유명한 벵골 지방의 소설을 토대로하여, 인도에서, 인도인에 의해 만들어진, 전형적으로 인도적인 이 작품은 〈강〉과 동일한 영적 분위기를 갖고 있다. 1955년 개봉된 이 영화는 인도에 대한 르느와르의 시각이 순진하지도, 피상적이지도 않았으며, 오히려 그 핵심에 닿아 있었다는 것을 확인시켜 준다.

일하게 장례식장에서 전혀 슬픈 기색을 내비치지 않는데, 그는 장례 때 흘리는 눈물의 부질없음과, 서양인들의 사랑 뒤에 감추어진 무지 — '두건 쓴 미지인'이 보기를 영원의 세계로 인도했다는 심오한 비밀에 대한 무지 — 를 잘 알고 있던 것이다.

사실 르느와르는 프로스페르 메리메Prosper Mérimée의 희곡이나 그에게 영감을 주었던 다른 작품들을 각색했을 때처럼, 〈강〉의 원작 소설에 대해서도 일정한 거리를 유지하였다. 하지만 〈강〉에서 보이는 원작으로부터의 자유로움은 1930~8년까지의 자유로움과는 전혀 방향이 다르다. 그것은 일종의 영적 가치들로의 전향에 관한 징후, 이를테면 신에 대한 믿음은 아니라 하더라도 최소한 인간과 인간을 넘어서는 부분에 대한 믿음에의 어떤 징후다.

나는 피에르 라로슈Pierre Laroche가 이 점을 불평할 것임을 잘 알고 있다. 그 외에도 이런 '반동적' 진보를 비웃거나, 이제는 르느와르도 회복할 수 없을 정도로 늙어 버렸다고 말하는 사람들도 더러 있을 것이다. 사실 이런 유형의 정신적 모험은 앙리 장송Henri Jeanson[4]의 관심을 끌지 못했을 것이다. 〈강〉은 그들을 적시지 않고도 그들을 통과할 수 있다. 나는 이런 류의 비난에 맞서 〈강〉을 변호함으로써 이 영화의 명예를 더럽히지 않겠다. 우리는 르느와르의 아이러니를 좋아했고 그의 유머는 우리를 즐겁게 해 주었다. 그러나 또다른 미의 기준들이란 것이 존재하며, 〈강〉의 이미지 하나하나가 (〈남부인〉에 이어, 또한 그 이상으로), 눈부신 경의를 표하고 있는 것이 바로 이러한 숭고함의 의미, 장엄한 규모, 보편적 가치 등이다.

---

4. 피에르 라로슈와 앙리 장송은 둘 다 신랄한 비평을 쓴 평론가들이며 시나리오 작가로도 활동했다. 라로슈의 작품으로는 〈여름빛*Lumière d'Eté*〉, 〈지지*Gigi*〉 등이 있으며, 장송은 〈무도회의 수첩〉, 〈카르멘*Carmen*〉 등의 시나리오를 썼다. — 옮긴이

1952년 르느와르 작품을 1938년 르느와르 작품과 영화와 비교하여 헛되이 변호하느니, 차라리 그의 개인적 변화를 통해 영화 전반적인 진전의 특징적 징후를 찾는 편이 훨씬 더 흥미로울 것이다. 거의 5년 전부터 세계 영화는 중요한 변화를 보여 주고 있는데, 그것은 영화가 사회 비판이나 도덕적 비관주의에 대립되는 유심론적 영감이나 낙관주의적 휴머니즘을, 보다 일반적으로 말해서, 윤리에 대한 재평가를 새롭게 부각시키고 있다는 것이다. 영화의 이런 움직임이 문학의 움직임과 전혀 부합하지 않는다는 사실도 이러한 변화의 주목에 정당성을 부여한다. '느와르 시리즈'가 성공을 거두기 10년 전, 이미 필름 느와르가 황금 시대(1935~9)를 이루었다. 장 들라느와Jean Delannoy의 〈이미 일은 벌어졌다*Les Jeux sont faits*〉는 흥행에 실패했지만, 〈신은 인간을 필요로 한다*Dieu a besoin des Hommes*〉는 성공을 거두었다. 최근 영화 역사에서 주목할 만한 가장 뚜렷한 새로운 점은 종교적 주제를 다룬 영화들의 출현이다. 브레송의 〈시골 사제의 일기〉는 이러한 모순적 아방가르드의 의미심장한 측면을 가장 잘 드러낸다. 또한 스타일과 주제에 있어 브레송 영화와 다르긴 하지만, 비토리오 데 시카Vittorio De Sica의 〈밀라노의 기적*Miracle à Milan*〉도 그 한 예로 볼 수 있다. 물론 이 지적은 앞으로 더 면밀히 살펴보아야 할 여지가 있지만, 바로 이러한 관점을 통해서만이 우리는 최근 소련 영화들과 서구에서 제작된 가장 뛰어난 영화들 간에 어떤 영감의 동질성을 발견할 수 있는 것이다. 적어도 향후 몇 년간은 분명 이처럼 고결하고 위대한 감정들을 부각시키는 영화들이 지속적으로 제작될 것이다. 하지만 이렇게 다양한 스타일에, 각기 다른 국적을 지닌 영화들의 공통된 성향을, 기껏해야 국가적 차원에서 규합할 수 있을 뿐인 방식으로 설명한다는 것은 불가능하다. 그보다는 훨씬 더 심층적인 분석들, 이 시대의 요구에 부합하는 이유들이 필요하다. 르느와르가 '진

정 위대한 자들'이라고 명명한 사람들은, 동시대인들이 어렴풋이 기대하는, 또한 분명 영화만이 전달할 수 있는, 사랑과 신뢰의 메시지를 표현하기 위해 서로 협의해야 할 필요가 없었다.

어떤 비평가들은 〈강〉의 주제가 보잘것없음에 놀라워하며, 또 어떤 비평가들은 젊은 주인공들의 사랑 묘사에서 할리우드식 심리주의나 감상적 도덕주의의 여파가 보인다고 지적하면서 그 델리Delly적 측면을 조소하기도 한다. 나는 그들이 모든 위계 질서를 변질시키는 원전의 문학적 틀에 눈이 먼 사람들이라고 생각한다. 그들은 영화로부터 끌어낼 수 있는 어떤 소설에 근거하여 영화를 판단하고 있다. 나는 이 소설이 루머 고든의 소설보다 열등하다는 것을 얼마든지 받아들일 수 있다. 이런 의미에서 보면, 영화는 소설보다 훌륭하지 않을지도 모른다. 아마도 흥미롭긴 하지만 그리 대단할 것 없는 작품에 지나지 않을 이 소설보다 말이다. 하지만 오히려 난 너무나 관습적 측면이 있는, 그래서 별로 읽고 싶은 생각이 들지 않는 이처럼 '얄팍한' 주제가 영화사에서 가장 순수하고 풍요로우며 감동적인 한 작품, 내 영혼을 온통 눈물로 적신 이 작품을 낳았다는 것에 놀라지 않을 수 없다. 이 영화에 감명을 받은 자와 그렇지 않은 자 가운데 옳은 쪽은 분명 전자일 것이다. 전자도 후자처럼 장밋빛 문학을 혐오하며, 관습적 도덕주의나 안이한 낙관주의에 분개한다. 따라서 〈강〉을 좋아하는 사람은 이 공통 분모 위에 후자와는 다른 분자를 올려 놓아야 한다. 그가 바보가 아니고서야 무엇 때문에 다른 데서는 혐오했던 것을 여기서는 좋아하겠는가? 그보다는 어떤 문학적 문화의 반사 작용이 〈강〉의 비난자들의 영화적 쾌감을 흐려놓았을 가능성이 훨씬 더 크다. 그들은 문학 작품에 대해서는 스타일에 의한 주제의 전환을 아무런 거부감없이 인정하며, 프란시스크 사르세Francisque Sarcey가 《아탈리*Athalie*》나 《페드르*Phèdre*》의 낭독을 마치 신문 사

회면에 실린 부르주아 사건을 대하듯 듣는 것에 대해서도 거리낌없이 받아들이지만, 르느와르가 행한 스타일에 의한 주제의 고양, 말하자면 예술 그 자체에 대해서는 장님처럼 보지 못한다. '채플린의 비열한 마음'이라는 말을 한 것은 앙드레 쉬아레André Suarès 같은 문학인이었다. 그는 그런 것을 영화에서 읽었다고 생각했던 것이다.

게다가 델리의 스타일은 콜레트Colette의 스타일과는 전혀 다르다. 작가는 그의 글쓰기로 판단된다. 영화를 클레베 헤덴스Kléber Haedens 같은 식으로 좋아하다 보면, 〈강〉은 "느리고, 긴, 상당히 지루한 [……] 다큐멘터리"로 취급하기 마련이며, "테크니컬러"[5]의 부단한 발전을 입증하는 한낱 관습적 르포르타주 속에서 르느와르의 독창적 요소는 전혀 찾을 수 없게 된다. 하지만 진실은 오히려 이제껏 그 어떤 영화도 이처럼 완벽하게 통제된 글쓰기를 보여 주지 못했다는 것이다. 영화사에 남을 만한 훌륭한 영화들에도 여전히 신의 몫이, 불행인지 다행인지 모를 어떤 우연이 존재한다. 그것은 작가보다는 작품에, 즉 기계의 불확실하고 비의도적인 시적 장면 포착에 더 관련된다. 그에 비해 〈강〉은 단 한 순간도 이런 느낌을 주지 않는다. 영상은 정확하게 작가가 원한 것만을 의미화하고 있다. 이런 관점에서 〈강〉의 가장 뛰어난 두 장면은 장례식과 젊은 남자의 뒤를 쫓는 처녀들의 사랑스러운 술래잡기다. 여기서 수줍음은 극에 달하고 있으며, 어떤 고전 예술이나 세련된 작품도 이만큼 수치심을 잘 표현한 적이 없었다. 이 순간들은 영화보다 훨씬 더 오래되고 정제된 예술과 비교해도 전혀 뒤떨어지지 않는다. 아무리 뛰어난 화가나 소설가 혹은 시인이라 해도 선장 존과 발레리의 키스에 어떤 수정을 가할 수 있을 거라고는 생각되지 않는다.

5. 〈프랑스 디망쉬*France Dimanche*〉, 282호.

내용과 형식이 정확하게 부합하는 〈강〉은 〈게임의 규칙〉을 넘어서며, 적어도 그보다 못한 영화라고는 할 수 없다. 그러나 〈강〉의 데쿠파주는 1939년까지 제작된 르느와르의 다른 작품들의 데쿠파주 특성과 상반된다. 카메라의 유동성, '측면 심도 화면,' 연속적인 재프레임화 대신, 〈강〉에서는 주로 화면 구도를 안정되게 가져가는 숏들이 사용되고 있다. 이 영화에는 팬이나 이동 촬영이 전혀 없다. 르느와르는 렌즈의 망원경으로, 자신이 원하는 바를 명민하고 장난기 어린 주의에 따라 드러내거나 감추면서 리얼리티[현실] 위를 거닌다. 여기에는 사물을 있는 그대로 정확하게 보여 주고자 하는 것 외 다른 목적이 없다. 그는 숏의 수를 늘림으로써 상징적 표현주의나 전통적 몽타주로 돌아가지 않는다. 서사의 관습성으로 인해 낮잠 시퀀스처럼 독특하게 몽타주 기법을 쓸 때도, 순간의 구체적인 리얼리티는 전혀 파괴되지 않는다.

더구나 〈강〉에서의 고전적 데쿠파주는 실재적이라기보다는 표면적이다. 그것은 〈게임의 규칙〉이 파괴하고 넘어선 전통적 형식으로의 회귀를 의미하지는 않는다. 반대로 그것은 〈강〉이 내포한 혁명의 연장선상에 있다. 르느와르는 전통적 '숏'의 장식적이거나 표현주의적인 '프레임'과 불연속적인 몽타주 기법을, 스크린의 마스크와 재프레임화의 생생한 연속성으로 대체했다. 그로써 영화는 보다 풍부한 표현과 리얼리즘을 부여받게 되었으며, 한층 풍부해진 리얼리티로 인해 그만큼 많은 것을 의미화할 수 있게 되었다.

하지만 이러한 영화 규범들의 부정, 즉 서사 단위로서의 '숏' 개념과 공간 단위로서의 스크린 개념의 파괴 속에서도 여전히 표현 수단으로서의 '영화'에 대한 인식은 암묵적으로 존재하였다. 스크린이 마스크로서 기능할 때도 스크린은 스크린으로 남아 있었다. 르느와르는 그의 기능을 전복하면서도, 그것을 파괴하지 않았다. 이 마지막 단계는

극복해야 할 것으로 남아 있었던 것이다. 이제 〈강〉에서 스크린은 더 이상 존재하지 않는다. 다시 말해, 리얼리티 외에는 그 무엇도 존재하지 않는 것이다. 회화적이지도, 연극적이지도, 반표현주의적이지도 않은 스크린은 그것이 드러내는 것을 위해 마침내 온전히 사라진다.

따라서 이러한 고전적 데쿠파주에 속아서는 안 된다. 그것은 〈게임의 규칙〉을 넘어서, 그 리얼리즘을 완성한다. 〈시골 사제의 일기〉나 〈자전거 도둑*Ladri di Biciclette*〉처럼, 그리고 오늘날 영화에서 진정 중요한 비중을 차지하는 모든 것들과 영화의 투명성에 기여하는 모든 것들과 마찬가지로, 이러한 고전주의는 영화의 아방가르드에 속한다. 연극이나 소설을 각색한 것이든, 오리지널 시나리오에 의한 것이든, 점점 더 영화는 묘사 대상이 스스로 자신을 표현하도록 하기 위해 가급적 영화 기법을 사용하지 않는다. 더 이상 리얼리티의 예술이기를 자처하지 않고 단지 예술로서의 리얼리티[현실]가 될 때, 영화는 완성될 것이다.

9 장 르느와르와 연극

줄리어스 시저 *Jules César* 1954

나는 영화와 마찬가지로 연극을 사랑하는 마음에서, 아를의 고대 경기장을 찾았다.[1] 마침 나는 미디 지방에 머무르고 있었기 때문에 사실 그곳에 간 것이 그리 자랑할 거리는 못 된다. 나는 경기장에서 몇몇 젊은 친구들을 만났다. 그들은 마치 약속이나 한 듯이 한 자리에 모인 것이다. 시네마테크에 자주 가는 사람들이라면 누구나 그 얼굴을 알아볼 수 있을 그들 중 한 친구는 바덴바덴의 군부대에서 여기까지 모르는 사람의 차를 얻어타고 왔다고 하였다. 그는 〈게으름뱅이 병사〉의 감독 르느와르의 연극 무대 데뷔작을 보기 위해 3일간의 휴가를 얻었다는 것이다. 그 외 다른 사람들은 무려 8시간 47분이나 기차를 타고 이곳에 도착했다! 이 친구들은 500프랑에서 많게는 2000프랑의 관람료를 지불하

1. 바쟁은 자신이 너무나도 좋아했던 〈황금 마차〉에 관해 어떤 글도 남기지 않았다. 이 영화에 대해서는 필모그래피에 프랑수아 트뤼포와 에릭 로메르가 쓴 비평을 참조하기 바란다. — 프랑수아 트뤼포

고 볼 만큼 주머니 사정이 넉넉하지 않은 데다 비평가들을 위해서도 겨우 12좌석밖에 마련하지 않은 (게다가 이 좌석들마저도 공연 시작 15분 전에 지역의 주민들이 다 차지해 버렸다) 아를의 공연 기획자들이 그들의 순수한 열망을 이해하지 못했기 때문에, 이들은 막판에 그 연극의 엑스트라로 고용되었다. 미디에서는 안 되는 일이 없다!

내가 하등 중요하지 않은 이런 세세한 것들을 언급하는 이유는 그것이 이 공연의 약간 특별한 의미를 밝혀 줄 수 있다고 생각하기 때문이다. 그것은 우선 셰익스피어의 작품이라는 점에서 그러하며, 다른 한편으로는, 물론, 장 르느와르의 첫 번째 연극 연출이라는 점에서 그러하다. 즉, 〈게임의 규칙〉과 〈강〉을 만든 작가의 재능이 완전히 새로운 조건들 아래서 시험받게 되는 것이다. 시네아스트 르느와르에 대해, 사람들은 늘 배우에게서 최고의 즉흥 연기를 끌어낼 줄 아는 연출가라고 말해 왔다. 아를의 모험은 예순 살 먹은 백발의 이 육중한 노인이 표현 수단의 변화에 성공할 수 있는지 없는지를 판가름하는 하나의 기회로 인식되었다. 우리는 기대와 불안감, 애정 어린 마음으로 르느와르의 이런 획기적인 시도를 기다리고 있었다.

약 만 명의 관객 — 평소에는 투우와 코믹 오페라를 즐겨보는 — 은 오후의 강렬했던 태양 탓에 아직 열기가 남아 있는 객석에 빼곡히 둘러앉아 있었는데, 그들은 셰익스피어의 〈줄리어스 시저〉에 대해 우리와 현격하게 다른 기대를 가지고 있었다. 이 두 기대는 너무나 상이해서 끔찍한 오해를 불러일으킬 수 있을 정도였다. 물론 어찌 보면 아를의 시민들에게 〈줄리어스 시저〉는 하나의 사건이다. 어쨌든 이 연극 제목이 이 호텔 프론트와 길가 간판들, 심지어는 소시지의 라벨에까지 도시 곳곳에 나붙어 있었던 것이다. 하지만 그것의 역사적이고 연극적인 정의는, 경기장의 한 친절한 부인이 남편에게 들려주는 설명에서 드러나듯이,

개략적으로밖에 알려져 있지 않다. "이 연극에는 시저는 나오는데, 보르지아는 없어요." 연극이 끝나고 경기장을 빠져나올 때 내 뒤에 있던 한 여인은 공연에 만족하면서도 이렇게 결론지었다. "잘하긴 했지만, 마르셀 파놀의 작품을 택했더라면 훨씬 더 잘할 수 있었을 텐데." 영국 문학과 고대 역사를 별로 좋아하지 않는 이 여인들의 지적과 이 연극의 경이로운 대사 사이에는 연극의 기적이 자리하고 있다. 우리는 그것을 아를의 경기장에서 체험하였다. 그 공연이 어떤 조건 속에서 강행되었는지를 아는 자에게는 이중의 기적이라고 할 수 있다.

극단은 공연이 시작되기 불과 열흘 전 르느와르와 그의 극단이 아를에 도착했을 때, 그들은 단지 파리에서 리허설을 해봤을 뿐이었다. 여러 이유로(그 중엔 투우도 포함된다) 무대 장치는 공연 전날에야 완성되었다. 르느와르는 몇몇 단역에 그 지역 사람들을 기용했는데, 그들과 연습을 맞춘 건 지난 이틀간 단 몇 시간뿐이었다. 사실 모든 배우들이 참여한 총 리허설은 단 한 번도 해 보지 못한 상태였다. 모든 연습은 기술적 가능성이 허락하는 범위 안에서 불연속적으로 부분부분 진행되었다. 공연 직전까지, 르느와르는 현장에서 즉흥적으로 무대 효과들을 만들어냈다. 결국 〈줄리어스 시저〉의 문학적 명성과 아를의 명소인 고대 경기장에 혹하여 찾아 온 만여 명의 시민들 앞에서 행해진 토요일 저녁의 첫 공연이자 마지막 공연은 거의 총 리허설에 가까웠다. 관객은 물론이거니와 르느와르 자신조차도 공연에 임해서야 전체적인 조명과 무대 장치들을 볼 수 있었다.

공연이 시작되고 처음 몇 분간은 끔찍하였다. 플라비우스와 메살라의 대화 장면을 보여 주기 위해 첫 번째 스포트라이트가 어둠을 뚫고 그들을 비추었을 때 이상한 소음이 진동하였다. 곧이어 시저와 그의 시종이 들어오자 행렬에 포함된 자기 친구를 알아본 관객들이 키득키득

장난기 어린 웃음으로 박수 갈채를 보냈다. 그리고 나서 카스카의 대사가 이어졌다! 갑자기 뭐라 형용하기 힘든 신비스런 우아함이 넓은 경기장을 순식간에 휘감았고, 관객들은 경외감과 황홀함 속에 귀를 기울였다. 무대를 이리저리 오가며 코믹한 인물을 연기하던 파레데스는 그의 망토를 세 번인가 네 번 떨어뜨림으로써 청중들의 눈길을 사로잡았다. 이들의 웃음은 넓은 경기장에 울려퍼져 만 명의 집단적인 희열로 변모하였다. 계략, 야망, 용기가 운명의 축과도 같은 시저의 추억 주위에 그들의 찬탄할만한 비극적 나선을 쌓아올렸다.

하지만 최소한 수십 명의 관객에게는 연극 공연의 경이로움이 또 다른 경이로 인해 배가되었다. 시저의 기억의 비극은 장 르느와르 현존의 승리이기도 했다. 우리는 그가 경기장의 어둠 속에서 죽어가지 않을까 생각했지만, 그는 우리가 리허설에서 보았던 그대로 경기장 한가운데에 육체가 아닌 정신으로 자리하고 있었다.

우리는 장 르느와르라는 인간과 그의 천재적 즉흥성 없이는 가능하지 않았을 공연의 기적뿐 아니라, 만 명의 아를 시민들을 엘리자베스 시대의 관객으로 둔갑시킨 연극의 기적을 볼 수 있었다. 공연이 끝난 뒤 관객들의 열렬한 환호에 답하기 위해 르느와르가 나와서는 〈게임의 규칙〉에서 성의 축제 때 곰가죽 옷을 입고 쩔쩔 매던 옥타브의 그 잊을 수 없는 제스처로 관객에게 인사하던 모습 또한 즐거운 구경거리였다. 나는 관객에게 감사의 마음을 전하는 그의 울먹이는 목소리에서 라셰네[〈게임의 규칙〉의 성 주인]의 감격을 발견할 수 있었다. 〈줄리어스 시저〉가 아이러니컬하면서도 요란한 살롱 연극의 형식이 아닌 지방 소도시의 전 주민이 모인 가운데 야외 극장에서 상연되었다는 사실은 원전에 대한 충실성을 반영할 뿐 아니라 우리의 위대한 영화인 장 르느와르의 정신적이고 예술적인 여정을 보여 준다.

오르베 *Orvet* 1955

르느와르가 미국으로 떠나고 나서 처음 프랑스를 방문했을 때, 나는 그와 여러 번 만나 그의 작품[2]에 대해 비교적 길게 대화를 나누는 영광을 누릴 수 있었다. 마지막 리허설이 있기 3일 전부터 나는 아를의 경기장에서 행해진 〈줄리어스 시저〉의 연습을 쭉 지켜보았다. 그가 스튜디오에서 일하는 모습은 본 적이 있지만, 자신의 예술 세계를 체계적으로 설명하거나 그의 연출 기법에 대해 정의하는 것을 들어본 적은 없다. 그것은 그가 일반 개념을 싫어해서가 아니라, 그야말로 이런 종류의 얘기는 개론적인 성격에 속해서 사람들마다 다양하게 받아들일 수 있기 때문이다. 우리의 대담 중 언급된 일반 개념들은 미학에 속한다기보다는 예술가의 모럴을 드러내는 것으로 보아야 할 것이다.

"오늘날 자신이 어디로 가고 있는지 안다고 단언할 수 있는 자는 거의 없다. 개인이든, 집단이든, 국가든 간에 그들을 이끄는 열쇠는 우연이다. 정확한 목표를 향해 나아가는 사람들도 그들의 지성보다는 본능에 도움받는 경우가 많다 [……] 사람들은 전쟁, 궁핍, 두려움과 회의로 몹시 지쳐 있다. 우리는 아직 높은 도약의 시기에 이르지 못했지만, 온정의 시대로 접어들고는 있다. 나와 동료들은 인도에서 힌두교도와 이슬람교도 간의 분쟁을 목도하면서도 그걸 느꼈다. 불타는 집들에서 피어오르는 연기

2. 〈오르베〉는 영화가 아닌 3막 연극으로서, 장 르느와르가 직접 대본을 쓰고 파리에서의 연출을 맡았다. 첫 번째 상연은 1955년 3월 12일 르네상스 극장에서 이루어졌다. 〈오르베〉 텍스트는 갈리마르 출판사에서 간행되었다(아를르캥 망토 총서Collection Le Manteau d' Arlequin). — 프랑수아 트뤼포

도 우리의 신뢰를 무너뜨리진 못했다. 우린 이 사람들이 단지 시대를 뒤늦게 쫓아가서 그럴 뿐이라고 생각했다.

모든 것이 너무나 모호하다. 이건 뭐라 규정하기 힘든 느낌이다. 거기서 호의를 보았다고 쓸 경우 많은 위험 부담이 따른 것이다. 만일 내가 착각한 거라면 사람들은 나를 비웃을 것이다. 하지만 이런 위험을 감수해도 좋다는 확신이 든다."

장 르느와르가 〈강〉을 만든 뒤 1952년에 쓴 한 텍스트에서 인용해 온 이 글은 그의 창작물에 일반 요소와 경험 요소가 공존하고 있음을 매우 명백하게 보여 준다. 회화든 영화든 연극이든 간에 예술 작품은 이 시대를 살아가는 사람들에게 그들이 필요로 하는 — 그게 비록 무의식적이라 해도 — 정신적 양식을 주어야 하는데, 이러한 의무에 대한 의식과 그로부터 야기되는 불안이 르느와르의 유일한 내면적 강령들을 이룬다. 작품 저마다의 고유한 미학적 해결책은 매번 예술가의 이러한 도덕적 욕망과 그가 사용하는 인적, 기술적 재료체들 간의 긴장을 통해 예기치 않게 탄생한다. 르느와르는 마틸드 여왕이 바이외Bayeux의 태피스트리[3]를 만들면서 그곳으로 기사를 보낸 건 단지 거기에 연두색 혹은 푸른색 양털 더미가 있는 것 외 다른 이유는 없었다고 말하길 좋아한다.

연출 스타일에 대해 질문받을 때마다 르느와르가 늘 명확하게 주장하는 것이 배우의 중요성인데, 이는 〈암캐〉와 〈오르베〉의 경우에 딱 들어맞는다. 이는 촬영장에서 배우를 다른 스태프들에 비해 우월하게 대접해줘야 한다거나 혹은 정확한 리듬에 따라 외부에서 행위를 조종해

3. 11세기 노르망디공 윌리엄의 영국 정복을 묘사한 두루마리형 태피스트리로, 프랑스 바이외 대성당에서 발견되었다. — 옮긴이

야 하는 마리오네트 인형으로서의 배우의 역할을 말하는 게 아니다. 그것은 고유한 성격과 육체적이고 심리적인 특성들을 지닌 개개의 배우가 연출의 흐름에 영향을 줄 수 있고, 이러한 연출을 통해 작품 자체를 변화시킬 수도 있다는 의미에서 이해되어야 한다. 르느와르는 할리우드의 찰스 보이어Charles Boyer 집에서 만났던 레슬리 캐론Leslie Caron을 위해 〈오르베〉를 썼다. 당시 르느와르는 연극을 실험적으로 다루어보고 싶다는 생각을 하고 있었는데, 이 작품은 이러한 욕구 및 어린 시절의 추억(어린 르느와르가 퐁텐블로의 숲에서 알게 된 11세 소녀) 그리고 레슬리와의 만남의 종합적 산물이다. 또한 이 연극은 우리에게 간접적으로 몇몇 정신적 진리들을 전달하려는, 그리고 관객과 그것을 논하고 싶은 르느와르 자신의 욕구에서도 비롯한다. 하지만 아무튼 오늘날의 〈오르베〉를 태어나게 한 것은 레슬리다. 르느와르는 내게 다른 여배우를 위해 이 연극을 만들었다면 무척 달랐을 것이라고 말한 바 있다. 그녀가 그를 가장 매혹시켰던 것은 그녀의 목소리, 정확하게 말하면, '우' 발음을 하기 위해 입을 동그랗게 모아 앞으로 쭉 내밀면서 "레 부아*Les booa*"를 소리내던 그녀의 발음 방식이다. 르느와르는 다음과 같이 말했다. "요즘 드라마 예술 강의에서 만나게 되는 어린 배우들을 보면 소리내기가 매우 어려운 발음도 곧잘 합니다. 그것은 어쩌면 그렇게 발음하도록 가르친 탓인지도 모르지만 그보다는 학교를 다니면서 자연스럽게 익힌 것 같아요. 요즘 젊은 여자 아이들은 거의 모두가 날카로우면서도 어딘가 꾸민 듯한 목소리를 갖고 있어요. 그리고 이건 참 흥미로운 사실인데, 출신 사회 계급이 낮을수록 더욱 그렇죠. 때때로 감미로우면서도 자연스러운 목소리를 듣게 될 때가 있는데, 이런 목소리의 주인공은 대개 부르주아 출신입니다. 할리우드에서 〈늪지대〉를 찍을 때 제작부장이 린다 다넬Linda Darnell을 주연 배우로 추천했는데, 그 이유는 그녀가 시골에 익숙한 농촌 가정

출신이라는 거였죠. 그녀는 좋은 배우이긴 하지만, 그녀의 목소리는 전혀 농민의 것과 닮지 않았습니다. 그래서 저는 당시에 별로 알려져 있지 않던 앤 박스터Ann Baxter를 기용하자고 우겼죠. 그녀는 완벽한 도시 부르주아 출신이지만 농촌 소녀처럼 말할 수 있었습니다." 그래서 르느와르가 할리우드에서 만난 젊은 프랑스 무용수가 "레 부아"를 발음하는 것을 듣고 그에게 매료당해 〈오르베〉를 썼다고 말하는 것은 전혀 과장된 게 아니다. 내가 보기에도 과연 그녀는 예술 학교에서 배운 것 같은 인상을 주지 않으면서도, 완벽하고 때로는 숭고하였다. 르느와르는 이 여배우의 표현력 풍부한 육체와 감미로운 목소리에서 놀랄 만큼 훌륭한 연기를 끌어냈다. 르느와르의 지도, 무용수로서의 테크닉, 그리고 스펙터클에 대한 그녀의 통찰은 레슬리 캐론으로 하여금 실재에서 연유한 허구적 인물을 정확하게 표현할 수 있도록 해 주었으며, 연기 또한 마치 춤을 추는 것처럼 양식화할 수 있게 해 주었다. 발레에서 '연기'로의 자연스런 이행은 오직 레슬리 같은 전문 무용수만이 할 수 있는 것이었다.

비평가들은 세계에서 가장 훌륭한 영화 감독들 가운데 한 사람이 연극을 다루는 것인 만큼, 연극 연출을 전복시키는 영화의 힘을 보여 주기를 다소 노골적으로 기대했다. 하지만 그들은 르느와르가 영화를 만들기 위해서 연극으로 간 게 아니라는 사실을 잊은 것 같다. 르느와르는 무엇보다 계속해서 공연을 하기 위해, 그리고 스크린에서 가능한 대화보다 한층 내밀하고 개인적인 대화를 관객과 나누기 위해 연극으로 갔을 뿐이다. 연극 연출을 시도하게 된 이유와 관련된 끈질긴 내 질문에 르느와르는 얼핏 듣기엔 의미없는 듯한 답변을 했는데, 사실 여기에는 그 어떤 선언서보다 교육적 내용이 풍부한 찬탄할 만한 겸손함이 숨겨져 있었다. 르느와르는 연극에 대한 자신의 관심에서 관객과의 대

화를 쇄신하고자 하는 욕망 이외에 테크닉의 저항을 다시금 느껴 보고 싶은 욕구를 발견한다. 그가 기계에 의해 대량 생산되는 도자기 일을 포기하고 영화에 뛰어든 시기부터 대략 1940년대까지, 영화는 자신의 언어를 창조하고 그 테크닉을 발전시키고 있었다. 그래서 고유한 자기만의 스타일을 만들어내는 연출가는 기술적 저항에 부딪히고 이를 극복하는 과정에서 자신의 예술을 탄생시키곤 하였다. 르느와르가 보기에 오늘날의 영화는 더 이상 어떤 표현의 장애도 갖지 않으며, 스크린의 변화들조차 영화에 어떤 미학적 영향도 미치지 못한다. 이제 영화는 제재만이 중요한 완벽한 인쇄기와 같게 된 것이다. 그는 전쟁 전에는 연극을 무시하였으나 결국 그 쪽으로 돌아섬으로써, 물질적인 테크닉, 그 불안정성과 그 불확실성마저도 영감의 원천이 되는 진정한 공연으로 되돌아간 듯한 느낌을 갖게 된다.

우리는 그의 영화 이력에서 그의 연극관을 유추해 볼 수 있다.

> "나는 연극 관계자들이 한 편의 연극에서 기대하는 것은 우선 기계적으로 잘 구축된 드라마라는 걸 알게 되었다. 그리고 실제로 훌륭한 작품들이 모두 이 원칙에 충실한 것을 보면, 아마도 그들이 옳을 것이다. 하지만 나는 영화도 그렇지만 연극도 하나의 구축물이라는 생각에서 출발하지 않았다. 나는 나의 특별한 관심을 끄는 상황과 이 상황에 놓인 배우들로부터 연극 작품을 구상하게 된다. 다른 관점에서 보자면, 연극은 내게 관객과 나눌 수 있는 대화의 한 형식이며, 내게 정말 중요한 것들을 그들에게 전달할 수 있는(그것도 그들을 지루하게 하지 않게 하면서), 그래서 그 진실함이 관객들을 감동시킬 수 있는 방식이다. 이것은 내가 잘 알고 있으며 존경해 마지 않는 장 지로두Jean Giraudoux 의 말이기도 하다."

하지만 지로두가 희곡은 쓰되 연출에는 별 관심을 두지 않았던 반면, 르느와르의 작품에서는 드라마적이라기보다는 무대적 효율성이 느껴진다. 르느와르가 〈오르베〉의 리허설에서 발견했던 것도 전통적인 연극 연출이 배우들의 표현보다는 그들의 위치와 동작에 더 많은 주의를 기울인다는 것이었다. 반대로 르느와르는 배우들의 이동은 그들의 표현에 종속되어야 하며, 그로부터 자연스럽게 흘러 나와야 한다고 믿는다. 그는 통상적인 연극 연출자들이 하는 것처럼 객석에서 〈오르베〉를 감독한 게 아니라, 영화 스튜디오에서 한 것처럼 무대 위 배우들 가까이에서 지도했다.

만일 연극이 배우를 통한 작가와 관객의 대화라면, 그리고 연출이 이 대화를 효율적으로 만드는 기술이라면, 즉 그것을 가슴으로 가져가 우정과 내적 설득으로 변모하게 만드는 것이라면, 르느와르는 이에 완벽하게 성공한 것으로 보인다.

〈오르베〉의 리허설은 그다지 열의가 있어 보이지 않았다. 하지만 그저께 유료 관객이 빼곡히 들어찬 극장에서 보니, 확실히 〈오르베〉의 열정은 살아 있었다. 간간이 공연을 방해할 정도의 박수소리가 터져 나왔고, 공연이 끝난 뒤 배우들이 무대 위로 여섯 차례나 불려 나오기도 했다. 르느와르가 의도했던 대화에 관객들이 열렬히 호응한 셈이다. 그들은 무용수가 3년의 연수 과정도 거치지 않고 곧바로 무대에서 코믹 연기를 할 권리가 있는지 전혀 묻고 싶어하지 않았다. 레슬리의 연기는 그들에게 완벽하게 보였고, 눈물을 흘리게 할 만큼 감동적이었다. 또한 그들은 〈오르베〉가 영화로 각색될 가능성이 있는지, 이 연극이 아방가르드의 규칙에 따라 쓰여졌는지, 영화 감독이 피란델로와 지로두의 기법을 알 권리가 있는지 등에 관해 자문해보려 하지 않았다. 그들은 〈오르베〉가 리얼리즘과 꿈 가운데 어느 하나를 선택하지 않았다고 비난하

지 않았으며, 존재와 단어들의 이러한 음악에 매료되어 귀를 기울이고 있었다. 그들은 주제들의 복잡한 얽힘에, 스타일의 통일성과 톤의 단절이 빚어내는 조화에 감탄하고 있었다. 간단히 말해, 그들은 이것이 훌륭한 연극이라고 생각하는 듯했다.

10 장 르느와르 제3기

프렌치 캉캉 *French Cancan* 1954

〈프렌치 캉캉〉은 그 주제뿐 아니라, 허위 의식 없이 가볍고 유쾌한 영화로 만들려는 르느와르의 태도 덕분에, 우리에게 훌륭한 취향의 오락영화라는 명성으로 다가왔다. 그것은 실패로 끝날 수도 있었고, 하찮은 주제에 기껏해야 볼 거리만 있는 그저 그런 오락물로 그칠 수도 있었다. 이 영화는 렌 블랑쉬 카바레가 있던 자리에 '물랭 루즈'를 만든 지들러Zidler(당글라르)의 삶과 관련된 몇 가지 일화에 바탕을 두고 있다. 각본이 이러하다 보니, 우리는 당연히 '황금 시대'(1880~1905) 당시의 몽마르트르 분위기가 멋지게 재현될 것이라고 기대하게 된다. 실제로 〈프렌치 캉캉〉은 그러한 작품으로 간주될 수 있을지도 모른다. 하지만 오귀스트 르느와르의 〈물랭 드 라 갈레트의 무도회*Bal du Moulin de la Galette*〉를 사회적 오락거리에 영감받은 심심풀이 회화에 지나지 않는다고 말할 수 있을까? 내가 화가에 대한 얘기를 꺼내는 것은 회화와 영화가 조형성으로 인해 일반적으로 비교의 대상이 되고 있어서가 아니라, 르느와

르의 영화야말로 그에게 영감을 준 회화들을 만족스러울 만큼 완벽하게 모방하고 있는 것처럼 보이기 때문이다. 또한 그것은 뛰어난 모든 그림들에서 공통적으로 찾아볼 수 있는 시각적 세계의 내적 밀도와 외적 필연성에 도달하고 있다.

이 말을 오해하지 않길 바란다. 내가 말하고자 하는 것은 만일 장 르느와르가 어떤 시대의 회화를 스크린에서 시각적으로 지각할 수 있을 정도로 분명하게 환기하고 있다면, 그것은 그 회화의 형식 요소들을 외적으로 단순 복제해서가 아니라, 자신을 이끄는 영감에 충실하기 때문에 가능하다는 것이다. 이 영감 덕분으로 그의 미장센은 그가 모방하고자 하는 회화의 스타일에 따라 자연스럽게 그리고 자동적으로 구축된다.

우리는 그 예를 이미 〈피크닉〉과 〈랑주 씨의 범죄〉와 같은 영화들의 장면에서 찾아볼 수 있었다. 하지만 이 초기 작품들은 흑백으로 만들어져 독창성이 자체적으로 보장되어 있었다. 반면 컬러는 회화를 그대로 베끼게 되는 끔찍한 위험성을 지닌다. 존 휴스턴의 〈물랭 루즈〉는 이러한 함정에 빠진 좋은 예이다. 이 영화는 그 원천인 그림에 대한 장식적이고 극적인 재탕에 불과하다.

르느와르가 이런 유혹에 굴복하지 않은 것은 놀라운 일이 아니다. 우리는 그에게서 당연히 그 정도는 기대한다. 아마도 단지 기술 문제만이 그를 배신할 수 있을 것이다. 그리고 사실 어떤 점에서는 실제로 그랬다. 나는 아직 완벽하게 다듬어지지 않은 〈프렌치 캉캉〉의 초기 버전을 보았는데, 몇몇 필름들에 녹색 색조가 입혀져 있는 것을 발견했다. 하지만 워낙 장면들의 내적 균형이 뛰어난 터라 이러한 불완전함조차도 그 조화를 전혀 파괴하지 못하였다. 마치 시간이 흐르면서 색깔이 변했음에도 불구하고 아름다움을 유지하고 있는 인상주의 그림들처럼

말이다. 예를 들어, 〈물랭 드 라 갈레트의 무도회〉의 분홍 색조는 시간이 흐르면서 푸르스름하게 변했지만, 그림의 우아함과 조화는 변함없이 남아 있다. 그것은 모든 위대한 그림이 기본적으로 영혼을 자양분으로 삼는 영혼의 구축물이기 때문이다. 그것은 단지 매개물에 불과한 조형적 기호들을 넘어서 존재한다. 이 기호들 가운데 하나가 없어지거나 변하면 자발적으로 비밀스런 보완이 일어난다. 마치 인간의 신체 기관 중 어느 하나가 망가지거나 부상 당하면 생명의 평형을 유지하기 위해 보정 작업이 일어나는 것처럼 말이다.

하지만 내가 보기에 〈프렌치 캉캉〉은 단지 정적인 회화 양식을 영화와 성공적으로 결합시킨 것 이상이다. 그것은 공간이 시간 속에서 어떻게 전개될 수 있는지를 보여 준다. 나는 감히 이 영화가 르느와르의 그림만큼 아름답다고 말하고자 하는데, 그것은 지속으로서의 시간, 내재적인 생성을 갖는 그림과 같다. 이 주장은 당장 해결해야 할 몇 가지 모순을 야기한다. 만일 진정한 그림이 본질적으로 일화적이지 않다면(특히, 오귀스트 르느와르의 그림들은 분명 그렇지 않다), 그 그림의 시간적인 전개 또한 극적인 것이 될 수 없다. 〈프렌치 캉캉〉의 더없이 중요한 점은, 이미 〈황금 마차〉에서 강력하게 드러난 진전을 완성함으로써 그것을 새로운 빛으로 비추고 회고적으로 그 의미를 해명하는 이러한 독창성과 관련된다. 과거에도 분명 우리는 극적인 영역들을 제거한 영화들에 찬사를 보냈을 테지만 그것은 다만 그들의 소설적인 영감을 확인하기 위해서였다. 그러나 이번 경우에는 전적으로 다른 미학적 접근이 문제된다. 실제로 회화는 단지 객관적인 의미에서만 비시간적이다. 사실 그림을 관조하는 사람에게 있어, 그것은 발견하고 탐사해야 할 우주이다. 그래서 시간의 차원은 회화에 잠재적으로 내포된다. 만일 이 그림이 살아 움직이고 지속하기 시작한다면, 그리고 주제뿐 아니라 조형적

평형에 영향을 미침으로써 변화들을 겪게 된다면, 이러한 객관적인 시간은 관람자가 경험하는 주관적인 시간으로 대체되는 것이 아니라 오히려 그에 수반될 것이다. 바로 이것이 우리가 〈프렌치 캉캉〉을 보고서 갖게 되는 인상인데, 즉, 이 영화는 사건들의 객관적인 시간과 그것을 바라보는 자의 주관적인 시간, 이렇게 두 가지 모드의 지속 시간에 따라 존재한다는 인상을 받게 되는 것이다.

두 가지 예를 통해 내가 의미한 바를 명확하게 이해하도록 해 보자. 첫 번째는 기초적인 것이다. 영화에서 박공창을 통해 바깥에서 찍은 몇몇 장면들은 한 젊은 여자가 집안 일을 하며 돌아다니는 것을 보여 준다. 장식, 색깔, 주제, 여배우, 모든 것이 자유롭게 오귀스트 르느와르를, 혹은 (어쩌면) 차라리 드가를, 상기하게 해 준다. 한 하녀가 어슴프레한 방을 분주히 돌아다니다가 돌아서더니 창문 밖으로 몸을 기울여 청소용 수건을 털어 낸다. 그 수건은 밝은 노란색이다. 그것은 잠시 동안 펄럭거리다 사라진다. 근본적으로 회화적인 이 장면은 분명 이 노란색 흔적의 '순간적 출현'에 따라 고안되고 실행된 것이다. 이 사건에는 극적인 중요성과 일화적인 중요성 둘 다 없다는 것 또한 명백하다. 노란색의 번쩍임은 순전히 회화적인 것으로 남아 있다. 그것은 순식간에 모습을 감추는 코로의 붉은 점이다.

그런데 그림에 시간적인 차원을 부여한다는 것은 움직이는 회화를 만드는 것과는 다르다는 점을 지적해야겠다. 이 후자의 것이 어떤 것인지는 노먼 맥라렌Norman MacLaren, 오스카 피싱어Oscar Fishinger, 렌 라이Len Lye 등의 애니메이션 영화들이 잘 보여 준다. 동적인 그림은 단지 추상적이거나 혹은 그에 매우 가까울 수밖에 없다는 것, 즉 본질적으로 움직이는 형식적 체계들이라는 것은 아마 틀림이 없을 듯하다. 또한 르느와르는 모네가 회전 숫돌이나 일련의 성당들을 통해 추구하려 했던

〈프렌치 캉캉〉

것과 같은 것을 이루려 했던 것도 아니다. 인상주의는 주제를 빛에 용해시킴으로써 모네를 거의 추상으로 이끌었다.

르느와르의 작업은 이와는 상당히 다른 것이다. 그것은 특정한 사회적 우주를 재창조하지만, 그 재창조는 르느와르, 로트렉, 드가 등 우주에 대한 이전 시대의 가장 훌륭한 역사적 묘사들에 의해 매개된다. 르느와르는 그들이 현실에 대해 창조해 놓은 시각으로 시작하여 변화와 시간이라는 차원을 복구시켰다. 다시 말해, 이들 화가들은 자기 시대의 어떤 단면을 취해 거기에 그림을 통한 영원성을 부여했다. 르느와르는 이 두 번째, 즉 예술적 현실을 취해 거기에 생명을 불어 넣었다. 역사가의 객관적이고 현실적인 생명이 아니라, 화가의 정적인 매개체 속에 갇혀 있던 잠재적이고 예술적인 생명을 말이다.

이런 류의 미학적인 재창조는 형식에 대한 단순한 충실성보다 훨씬 더 많은 것을 필요로 한다. 영화를 만드는 자는 화가의 기교가 아니

라 그의 비전이나 시각을 따라가야 한다. 〈프렌치 캉캉〉의 데쿠파주는 르느와르가 어떻게 그 점에서 성공했는지를 보여 주는 예들로 가득하다. 두 번째 예로 내가 선택한 것은 노란색 청소용 수건에 대한 일화보다 훨씬 더 복잡하다. 다음에 나오는 것은, 당글라르가 최근 발굴해서 장차 프렌치 캉캉의 스타로 만들고자 하는 니니를 마더 기볼의 무용 스튜디오에서 선보이는 장면에 대한 최종 데쿠파주이다.

— 롱 숏*plan général*: 과거 부르주아가 살던 집의 거실. 앞마당 쪽으로 나 있는 창문 두 개. 그 중 하나는 열려 있다. 피아노. 접이식 침대 두 개, 그 위에 두 학생이 앉아서 성모 마리아의 수태에 대한 강의를 구경하고 있다.

— 조명은 피아노 위의 램프에서 나온다. 침실과 욕실이 창문을 통해 보인다. 현재 벌어지고 있는 일에 완전히 무관심한 한 여자가 목욕을 하고 있다.

— 접이식 침대에 앉아서 머리를 말던 한 여자가 당글라르와 니니가 들어오자 돌아 앉는다. 다른 한 명은 계속해서 소설을 읽는다. 그녀는 한 페이지를 읽을 때마다 그것을 찢어서 친구에게 건네 주고, 친구는 그것을 말아서 머리 마는 종이를 만든다.

— 니니는 적대 부족을 방문하는 인디언처럼 약간 경계하면서 다른 사람들과 떨어져 서 있다.

— 당글라르: "잘 있었소, 기볼…… 바빠요?"

세트와 조명, 인물 움직임에 대한 이 지시 사항들은 그 자체로 '무용 강습' 혹은 '마더 기볼의 스튜디오'라는 제목을 붙여 줘야 할 하나

의 훌륭한 저술이지 않은가? 이 글에는 특별히 언급할 가치가 있는 세부 요소가 포함되어 있는데, 그것은 욕조 안의 여자다. 그녀는 반쯤 열린 문을 통한 배경 속에서 보여지는데, 나중에 무관심하다는 듯 수줍게 그 문을 닫는다. 이 장면은 오귀스트 르느와르나 드가에게 있어 소중했던 소재를 연상시킨다. 하지만 그 화가들에 대한 진정한 호감은 이 특정 대상에 있지 않다. 그것은 훨씬 더 놀라운 현상 속에 있는데, 즉, 영화 사상 처음으로 누드가 에로틱하지 않고 아름답다는 사실이다. 누드가 여기서는 장면 속 다른 사물들과 정확히 동일한 차원으로 제시된다. 마치 그것은 그림에서 누드가 생기없는 자연이나 초상화와 나란히 있는 사물들의 또 다른 유형일 뿐인 것과 마찬가지로 말이다. 마네의 〈풀밭 위의 점심 식사*déjeuner sur l'herbe*〉[1]의 뛰어난 객관성은 신화적인 핑계 아래 그들의 음란한 의도를 숨기는 아카데믹한 화가들의 노년적 음탕함을 암묵적으로 비난하는 것이었는데, 르느와르는 마네의 이러한 회화적인 혁명성을 영화 속에서 동일하게 실천한다. 이 영화에서 누드는 유혹이 아직 죄가 아니었던 낙원에서의 순수함을 되찾지는 못했지만, 모든 주제를 동등하게 해 주는 예술적인 고요함을 회복한다.

나는 〈프렌치 캉캉〉을 단 한 번 보았고, 솔직히 무용 학교 장면이 단일 숏으로 다루어져 있는지 기억이 잘 나지 않는다. 하지만 그것은 별로 중요하지 않다. 그런 장면들은 종종 작은 조각들로 잘려져서 전체의 유연한 균형을 망가뜨리거나 무시하게 된다. 하지만 르느와르의 회화성은 결코 형식적이거나 외부로부터 재구성된 것이 아니다. 그것은 미장센의 존재 방식을 설명하고 그 본질을 이룬다. 카메라는 (물랭 루즈

1. 1955년 이 글을 썼을 당시, 바쟁은 4년 후 르느와르가 동일한 제목의 영화를 만들게 된다는 걸 전혀 알지 못했다. — 프랑스와 트뤼포

에서 그랬듯이) 솜씨 좋게 재구성된 그림을 찍지 않는다. 그것은 숏 안에서 편안하고 자연스럽게 움직인다. 설령 이 장면이 근접 숏들로 데쿠파주되어 있다고 하더라도 그들 중 어느 것도 그 장면의 영감이 된 그림을 반드시 떠오르게 하지는 않으며, 그러면서도 그 장면은 그 원천이 되는 그림으로부터 직접 파생되고 있다. 그리하여 그 부분들의 상상적 총합은 원래 회화의 가장 정확한 등가물이 되는 것이다.

나는 우리가 일본 영화를 심지어 최악의 작품일지라도 찬미할 수밖에 없는 이유는 그것이 항상 정제되고 강력한 문화에 충실하기 때문이라는 글을 쓴 적이 있다. 19세기 이후 예술과 사회가 분리된 문화 속에서 제작된 서양 영화들은 이러한 문화적 통일성이라는 자원의 혜택을 받지 못하였다. 그러나 르느와르는 이 법칙에서 예외다. 그는 문화와 예술의 훌륭한 결합을 상징한다. 그는 개인적인 영화에 대한 천재성과 문화의 확실성, 또는 적어도 서양 문화의 가장 뛰어난 측면의 하나인 회화를 한데 모은다. 르느와르는 영화에 의해 배가된 인상주의다.

〈프렌치 캉캉〉과 인상주의 회화

자크 리베트는 나에게, 일반적인 사람들에게 있어 회화로부터 영감 받는다는 것은 회화를 모방하는 숏을 만든 후 그것에 생명을 불어넣는 것인 반면, 르느와르는 비회화적인 배열로 시작해서 어떤 장면의 프레이밍이 마침내 회화를 연상시키게 되면 이내 잘라내 버린다는 점을 지적해 주었다. 가령, 프랑수아즈 아르눌이 세트 전체를 가로질러 카메라 바로 앞에 있는 기둥 밑에 앉는 감탄할 만한 장면을 보자. 불현듯 그 장면은 드가의 그림이 되지만, 이미 우리는 다음 장면을 보고 있다. 르느와르는 결코 회화에서 출발하지 않는다. 그는 단지 거기에 도달한다.

인상주의. 르느와르는 정력적인 카바레 지휘자에 의한 물랭 루즈

의 탄생을 둘러싸고 다양한 인물들의 사랑 이야기를 엮었다 풀었다 한다. 이 사랑 이야기들은 파리 사회의 여러 측면을 비추는데, 그 속에서 우리는 적어도 세기말 회화들에 잔재하는 영원성의 그림자를 발견하게 된다. 이쯤되면 인상주의 회화가 어떤 점에서 장 르느와르의 모럴과 공통점을 지니는지 명백하게 알 수 있다. 그것은 극과 극은 서로 만나며, 저속함은 단지 형식적으로만 존재할 뿐, 주제의 문제는 아니라는 것을 확인시켜 준다. 툴루즈 로트렉 백작은 극단적인 자의식에 의해 자기 자신을 밑바닥으로 던져버리는 귀족주의의 완벽한 화신인데, 그가 그렇게 하는 이유는 자기 자신을 부정하거나 스스로에게서 도망치기 위해서가 아니라, 반대로 귀족에게서 넘쳐 나는 본질적인 위엄성을 사회적이고 정신적으로 가장 낮은 밑바닥 계층에서 찾고자 했기 때문이다. 회화는 그러한 고결함의 상징이자 보증이 되었다. 라 굴뤼La Goulue는 모나리자나 밀로의 비너스에 버금가는 것이 되었다! 마찬가지로, 르느와르는 공연 예술에 위계적 질서란 없으며, 오직 자기 예술에 대한 사랑과 전문성만이 거리의 가수들과 오페라 테너 간의 차이를 가져온다고 공언한다. 유일한 계급 관계는 재능과 열정에 의해 정해지는 것이다.

우리는 이 예술가의 눈에는 인상주의 회화가 — 동시대 자연주의 소설보다도 더욱 — 이러한 서민적 존엄성에 대한 최상의 표현이었음을 보았다. 이제 우리는 장 르느와르가 자신의 하녀를 가장 즐겨 모델로 썼던 오귀스트 르느와르 아들이라는 것을 다시 한 번 상기할 필요가 있다. 그 도덕적, 사회적 가르침은 예술 교육과 합쳐진다. 〈프렌치 캉캉〉은 인상주의 회화에 대해 누구보다 잘 아는 사람의 영화이다. 그는 내부로부터 이러한 조류를 알았고, 단순히 그 작품들의 숭배자가 아니라 그것을 만든 사람들의 친밀한 친구였다. 그는 분명 아이였을 때부터 당시의 예술 풍조에 영향 받았을 것이다. 그리고 이제 장 르느와르는

성숙한 분별력에 의해 그 근원으로 회귀하고픈 나이에 도달했다. 〈프렌치 캉캉〉은 그러한 회귀를 상징한다. 나는 오귀스트 르느와르에 대한 이보다 더 완벽한 경의를 상상할 수 없다.

엘레나와 남자들 *Eléna et les Hommes* 1956

장 르느와르는 새 영화마다 놀라울 정도의 독창성을 보여 주면서도 전작들에 생명을 불어넣었던 영감에 극히 충실하다는 점에서, 전 세계 위대한 감독들 중에서도 흔치 않은 존재이다. 아마도 오직 채플린만이 이런 식으로 우리의 흥미를 자아내고 놀라게 할 것이다. 〈엘레나와 남자들〉은 다시 한 번 그의 거장다운 재능을 확인시켜 주지만, 그와 더불어 아슬아슬한 대담성과 청년적인 모험 감수의 흔적도 발견할 수 있다. 정말이지 르느와르 영화들이 거둔 성공에는 아무런 이의가 없어 보이며, 15년이나 20년 전에 비해 오늘날엔 더욱 그러한 것처럼 보인다.

화려한 경력의 감독들이 대개, 스스로를 모방하는 것은 아니더라도, 자신에게 성공을 가져다 준 주제와 형식을 보다 완벽하고 깊게 하려고 애쓰는 반면, 르느와르는 오직 자신의 가장 확실한 성취에 물음을 던지는 데만 관심이 있는 듯 보인다. 그것은 형식적 쇄신을 향한 '선험적' 의지 때문도 아니고, 단지 사람들을 놀라게 하려는 선동적 욕구에서 비롯되는 것도 아니다. 이와는 반대로 그의 작업들은 그의 약점이 (만일 이게 약점이라면) 여러 제안들에 대해 — 심지어 제작자들의 제안에 대해서도 — 다른 사람들보다 더 개방적인 데 있다는 것을 보여 준다. 르느와르는 필요한 경우 변화무쌍한 작업 환경에 적응해 왔으며 앞으로도 그럴 것이다. 말하자면, 그는 새로움을 예술적 창조의 핵심으로

간주하며, 새로움에 대한 그의 열정이 그의 영감의 가장 근원에 자리잡고 있고, 이러한 열정은 광범위한 영역의 실질적 우발 사항들을 수용하기에 충분할 만큼 강렬하다는 것이다. 하지만 그 결과는 관객들에게 혼란스럽게 느껴질 수 있으며, 특히 관객들이 이미 알고 있던 세부 사항들을 완벽하게 새로운 지형 속에서 파악하게 됨에 따라 더욱 그러하다. 또한 여느 위대한 예술가와 마찬가지로, 르느와르는 형식이나 내용의 구분 없이 일관되게 나타나는 어떤 주제에 사로잡혀 있다. 그래서 우리는 〈엘레나와 남자들〉에서 '성에서의 파티'라는, 명백히 〈게임의 규칙〉으로부터 재생되었으나 새로운 분위기 속에 옮겨진, 중요한 주제를 발견하게 된다. 이러한 인식은 우리에게 지적인 평정보다는 당혹스러움을 안겨 준다.

〈엘레나와 남자들〉이 찬사만큼이나 수많은 논란을 야기한 것은 의심할 여지없이 바로 이러한 이유 때문이다. 이보다 비평가들을 더 다양한 입장에 서도록 한 영화는 별로 없었다. 더 나쁜 것은, 혹은 오히려 더 좋은 것일 수도 있지만, 이 영화를 찬미하는 그 어느 두 사람도 동일한 이유로 좋아하지 않으며, 나조차도 그것을 세 번째 보게 되면, 처음 두 번 보았을 때에 비해, 영화 속 여러 가지 것들에 대해 좋아하지 않게 될지 아니면 싫어하지 않게 될지 잘 모르겠다는 것이다.

이것은, 다른 것들과 더불어, 르느와르가 다른 어느 시네아스트보다도 더욱 예술적이라는 것을 말해 준다. 내 얘기는, 형식을 결정하는 데 있어서 지적 원리나 미학적인 체계가 그에게는 상대적으로 덜 영향을 미친다는 뜻이다. 그것은 르느와르가 예술과 도덕에 대한 생각을 형성하기를 주저해서도 아니고, 그의 작품을 그가 일생 동안 추구해 온 지속적인 윤리적 고찰의 표현으로 볼 수 없기 때문도 아니다. 그것은 그의 생각들이 명백히 엄격한 예술적 영감의 연속이기 때문이다. 이 영

화가 속해 있는 창조적 수준에서 보면, 발명은 결국 암시적인 모럴에서 기인할 수밖에 없다. 하지만 이러한 모럴은 오직 미학적인 형식으로만 구체화될 수 있다. 이 영화가 형성하는 생각들은 예술적인 구조물을 받쳐주기 위한 불안정하고 임시적인 버팀목에 지나지 않는다.

르느와르는 자기 모순에 대해 결코 위축되지 않는다고 알려져 왔는데, 〈엘레나와 남자들〉에서도 몇 가지 모순이 보인다. 그러나 상대적으로 임기응변적인 생각들이 사용되는 것을 지켜보는 수준을 뛰어넘어 질서가 수립되고 부조화가 사라지는 저 멀리 수렴의 단계를 보기 위해서, 반드시 르느와르의 전 작품에 대해 대단히 잘 알고 있어야 할 필요는 없다. 이것이 르느와르가 그의 심오하고 새로운 생각들에 대해서만 그 공로를 인정받고, 다른 모든 것들은 기각되어야 하는 이유이다. 예를 들어, 〈엘레나와 남자들〉을 보면, 내가 두 번째 본 후에도 여전히 너무나 취약하다고 느껴졌던, 장광설을 늘어놓는 장면이 있다. 그것은 바로 앙리가 사랑이 너무나도 중요한 나라(프랑스)에서는 정치적 위험성, 특히 개인적인 권력의 위험성은 결코 아주 중요해질 수 없다고 공주에게 이야기하는 장면이다. 하지만 낭만적 사랑의 화신으로 알려진 이탈리아 사람들도 실제로는 사랑에 별 관심이 없다는 것을 우리는 알고 있다! 차라리 이 서투른 대사를 없애버리고, 이 장면의 감탄할 만한 연출 스스로 이야기하도록 했더라면 훨씬 더 나았을 것이다. 다행스럽게도, 르느와르의 관능적 서정미의 참된 의미는 이런 종류의 순진한 선동적 선언을 훨씬 뛰어넘는 것이다.

〈엘레나와 남자들〉에서 르느와르는 진지한 주제를 가볍게 다루는 모험을 택했다. 불랑제 장군 지지 운동*Boulangisme*[2]은 그 스스로의 모순에 의해 이러한 아이러니를 초래할 수 있다. 이러한 정치적 매개는 오페레타보다 비극에 더 맞는 것일 수도 있겠으나, 결정적인 사실은 마지막에

이 무력을 과시하는 장군이 권력보다는 자신의 여인에 더 관심이 있었다는 것이다. 그럼에도 불구하고, 만일 〈엘레나와 남자들〉이 역사적, 정치적, 또는 사회적인 영화였다면, 르느와르의 위치는 앞서 언급한 유감스러운 대사와 마찬가지로, 지켜질 수 없거나 심지어는 혐오스럽기까지 했을 것이다. 그러나 이 영화는 르느와르가 〈게임의 규칙〉 이래로 이루어온 전진을 확증하고 있다. 즉, 이 영화는 오로지 모럴에만, 가장 넓은 의미에서의 모럴에만 관심 갖는 것이다. 그것은 하나의 이야기를 통해 그 이야기의 리듬과 인물을 가지고서 삶의 문제에 대한 어떤 태도를 보여 주는 것에 대한 관심이다. 르느와르는 〈엘레나와 남자들〉에 대해 말하길 그 주제는 곧 비너스라고 했는데, 이런 측면에서 이 영화는 여신의 절대적인 힘과 그 과오 양자를 모두 보여 준다고 할 수 있다. 일생을 통해 롤랑 장군은 명예와 사랑 사이에서 방황한다. 그를 잘 아는 친구들은 그 두 가지 항을 한데 모으는 것만이 유일한 대안임을 알고 아름다운 폴란드 공주를 설득하여 그의 정치적 조언자가 되게 한다. 군대 행진에서 만난 롤랑의 매력적인 친구를 진심으로 사랑하는 엘레나는 그녀의 '임무'에 너무나 들뜬 나머지 자신의 진정한 사랑을 위태롭게 만든다. 대단원 — 이 장면이 매춘굴에서 벌어지는 것은 결코 우연이 아니다 — 은 모든 사람들을 제 짝에게 돌려 놓는다. 롤랑은 정부情婦가 자신을 데리고 가도록 내버려두며, 앙리는 사냥감을 놓친 비너스를 되찾는다.

이것은 르느와르가 정치적인 암시를 회피한 것이 아니라, 관습에 대한 풍자가 모럴의 문제를 단지 역사적인 배경을 통해서만 드러나게

2. 이 영화의 주인공 롤랑 장군의 모델인 조르주 불랑제 장군이 이끌었던 1880년대 우익 정치 운동. — 옮긴이

〈엘레나와 남자들〉

한 것이다. 롤랑 장군을 둘러싼 인간 군상은 눈부신 색깔로 정치적 야심의 전 범위를 보여 주며, 카랑 다쉬Caran d'Ache[3] 양식의 풍자 만화(캐리커처)는 〈프렌치 캉캉〉에서 더 극단으로 치우치게 된다. 그러나 당대 풍습과 제도보다 르느와르의 흥미를 끈 것은 인물들의 전형성과 결점이다. 부차적인 인물들은 모두 각자의 전형성의 한계 내에서 조심스럽게 조종되는 꼭두각시들이다. 르느와르는 역사적 정확성에 관심이 없었던 것과 마찬가지로 심리적인 리얼리즘에도 관심이 없었으며, 따라서 그의 주인공들에게서 핍진성이나 심리적인 일관성을 찾으려고 한다면, 그것은 대단히 큰 실수일 것이다. 각 인물은 르느와르가 부여한 특정 성격에 따라서가 아니라, 그 인물들 각자의 정해진 논리에 따라서 생각

3. 카랑 다쉬는 엠마뉘엘 프와레의 필명으로, 그는 주요 정치 인사들에 대한 캐리커처를 주로 그렸다. — 옮긴이

하고 행동한다. 그리고 이 논리는 다시 한 번 삶에 대한 특정한 접근을 시사하는 것이다.

분명 이것은, 적어도 문학적 관점, 특히 연극적인 관점에서 보면 완벽하게 전통적이다. 몰리에르도, 라신도 모두 19세기적인 의미에서 인간 심리에 능통한 자들이 아니었다. 하지만 요즘 영화는 심리학적인 장신구로 치장할 것을 강요 당하는 느낌이다. 이런 점에서 인물에 대한 르느와르의 자유로운 행동은 이상하게 보일 위험이 있다. 그럼에도 불구하고, 르느와르는 자신만의 기준과 의미를 찾아낸다. 비록 기질은 완전히 상반된다고 하더라도, 르네 클레르가 그랬던 것처럼 르느와르는 초기 익살극의 대담한 원시적 양식에 매혹된다. 심리학의 다양하고 모호한 측면을 거부하고, 그는 비극적인 동시에 희극적이기도 한 엉뚱한 연기 양식을 그의 배우들에게 과감하게 요구한다. 바로 이처럼 단일한 구도 속에서 진실은 대단히 설득력 있게 나타난다. 내가 처음에 〈어느 하녀의 일기〉를 실패작이라고 생각했던 것도 바로 이 점을 이해하지 못했기 때문이었다. 그 영화는 그 사회적, 심리적 비개연성이 할리우드의 기술적 리얼리즘에 의해 강조되면서, 도저히 용서할 수 없는 것처럼 보였다. 최근에 이 훌륭한 영화를 다시 보고 이 영화가 르느와르의 가장 아름다운 영화들 중 하나이며, 그의 미학적 지향을 가장 정확하게 실현한 영화라는 것을 알게 되었다. 처음에 나를 경악하게 했던 모든 것들은 이제 엄청난 대담함으로 비극적 익살극과 희극적 익살극 속으로 동시에 나아가는, 즉 〈게으름뱅이 병사〉와 〈암캐〉로 동시에 과감히 나아가는, 이 영화의 핵심으로 보였다.

아마도 배우에 대한 연기 지도라는 관점에서 보면, 〈엘레나와 남자들〉은 〈어느 하녀의 일기〉와 함께 르느와르의 가장 과감한 영화가 될 것이다. 작품의 전체적인 분위기와 가장 내밀한 리듬이 바로 그 연

기 지도로부터 비롯되고 있다. 여기에, 세부적인 것에 대한 대단히 정제되고 섬세하며 오묘한 관찰을 가미한, 보드빌이라기보다는 소극에 훨씬 더 가까운, 거의 익살극적인 양식의 합성이라는 역설이 존재한다. 장면 하나하나가 연출의 훌륭한 교과서인 이 '음악적인 판타지'보다 더 복잡한 구조를 가진 영화는 없다. 풍부한 롱 숏과 드문 클로즈업은 이 놀라운 양식의 가장 피상적인 특징에 지나지 않는다. 나는 특히 사운드 트랙의 경이적인 기발함에 주목하라고 말하고 싶다.

끝으로, 그러나 나는, 〈엘레나와 남자들〉이 르느와르가 이 영화에서 처음으로 그의 천재성을 나타내는 가장 확실한 표지들 중 하나인 희극성과 비극성 사이의 또는 활달함과 진지함 사이의 변증법을 포기한 듯 보인다는 점에서, 실망은 아닐지라도 다소 아쉬움을 남긴다는 것을 인정한다. 이 점은 〈랑주 씨의 범죄〉의 거의 모든 장면, 가령 벤치에서의 르네 르페브르와 나디아 시비르스카이아 사이의 대화 장면이나, 〈밑바닥 인생〉의 장면들, 또는 격렬하게 대비되는 〈어느 하녀의 일기〉의 장면들과 비교하면 명백해진다. 이런 측면에서, 내게는 〈프렌치 캉캉〉이, 비록 다른 면에서는 덜 완벽할지라도 돌연 고통스럽게 변하는 감미로움의 추이에 있어서는 르느와르 작품의 본체에 더 충실한 것으로 보인다. 하지만 내가 틀렸을 수도 있으며, 〈엘레나와 남자들〉의 감독은 영화 전반에 걸쳐 낙천성과 판타지의 분위기를 잘 유지한 것으로 볼 수 있을지도 모른다. 주제가 그에게 분위기를 슬픔으로 전환시킬 만한 수많은 기회를 제공했음에도 불구하고 작품은 전혀 그렇게 보이지 않으니 말이다.

〈엘레나와 남자들〉은 '완벽한' 영화가 아니라고 충분히 주장할 수 있다. 어떤 이는 영화의 3부가 약간 늘어지며, 1부 및 2부와 같은 강력한 활력이 3부에는 부족하다는 것을 발견할지도 모른다. 비록 나는

영화를 두 번째 본 후 더 이상 그렇게 생각하지 않게 됐지만 말이다. 배역 선정에서 있어서도 두세 가지의 오류가 존재한다. 슬픈 그레코는 결코 활달한 집시가 될 수 없었다. 더빙이 잘못된 멜 페레는 이 영화의 부차적인 역할로서 별 설득력이 없다. 하지만 나머지 다양하며 재능 있는 수많은 배역들이 이러한 상대적인 결점을 보완하고도 남는다. 특히 주연 배우들은 경탄할 만하다. 장 마레는 경이적으로 그가 맡은 인물을 구현하고 있으며, 엘레나 역으로 선정된 잉그리드 버그먼 역시, 이 영화를 보기 전에는 결코 그녀가 이 배역에 어울릴 거라 생각되지 않지만, 일단 영화가 시작되면 그녀가 연기하는 엘레나 아닌 다른 엘레나를 상상할 수 없게 된다.

장 르느와르의 지혜

현재 60세인 르느와르는 여전히 프랑스의 가장 위대한 감독이다. 내 생각에, 그가 이처럼 탁월하다는 데에는 논란의 여지가 없다. 그것은 그의 작품의 질뿐만 아니라, 〈나나〉에서 〈프렌치 캉캉〉, 〈암캐〉에서 〈황금 마차〉, 〈랑주 씨의 범죄〉에서 〈강〉, 〈위대한 환상〉에서 〈남부인〉, 〈어느 하녀의 일기〉에서 〈엘레나와 남자들〉에 이르기까지, 그리고 〈밑바닥 인생〉, 〈피크닉〉, 〈해변의 여인〉을 아우르는 작품들의 다양성에서도 확인된다. 장 르느와르는 본질적으로 자기 자신에게 충실했던 30년간의 제작 이력에서 부단히 자신을 찾고 발전시켜 왔다.

다른 훌륭한 감독들은 스스로의 성공을 뛰어넘는 방법을 몰라서, 그에게 명성을 안겨다 준 주제들이나 스타일에 갇힘으로써 괴로워하였다. 그들 성공의 비밀은 예술가의 메시지와 영화 기술의 발전 그리고 한 시대의 기대가 그때 그때마다 일치한 데에 있었다. 이 기적 같은 조

화가 지나가고 나면, 영감은 쇄신되지 않은 채 불안정하게 머물러 있다. 이러한 실패가 르느와르에게는 일어나지 않았다. 그것은 그가 영화의 발전과 동시대인들의 취향에 적응하는 방법을 터득했기 때문이 아니라, 갱신에의 욕구가 그의 재능 안에 포함되어 있었기 때문이다. 최근 파리에서 〈토니〉가 재개봉되었을 때, 르느와르는 "요즈음 나는 표면적 리얼리즘에서 벗어나, 더욱 통제된 양식, 이른바 '고전'에 가까운 것을 찾고자 하는 시기를 통과하고 있다. 이것은 내가 〈토니〉를 거부한다는 뜻이 아니라, 내가 나 자신의 모순적 영혼의 희생자임을 뜻하는 것이다"라고 썼다.

르느와르의 전체 경력은 이런 종류의 자기 모순으로 특징지어진다. 가령, 1938년 그는 다음과 같이 썼다.

> "한 인간이 종족보다는 그가 자라난 토양과 그의 심신에 옷을 입힌 생활 환경 그리고 그가 매일매일 보고 자란 시골 풍경들에 더 크게 영향 받는다…… 파리의 회색 거리를 배경으로 레드 와인을 마시고 브리 치즈를 먹으면서 프랑스에서 살고 있는 프랑스인이 명작을 만들어 내려면 그와 같은 방식으로 살았던 사람들의 전통에 다가가는 길밖에 없다는 것을 당시의 난 미처 깨닫지 못했다."

그러나 1940년 르느와르는 일 드 프랑스를 떠나 태양이 작열하는 캘리포니아로 가서, 파리의 회색 거리와는 전혀 상관없는 다섯 편의 영화를 만들었다. 그의 가장 명백한 걸작들 중 하나인 〈강〉은 더이상 서구의 것이 아닌 문명에 대한 공감 속에서 인도에서 만들어졌다. 유럽으로 돌아온 후, 그는 로마에서 〈황금 마차〉를 만들었다. 또, 〈프렌치 캉캉〉과 〈엘레나와 남자들〉은 파리에서 제작되었지만, 이 작품들은 인상주의의

영향을 받아 스튜디오 안에서 찍혀져서, 〈피크닉〉의 이미지들이 밝혀 주었던 프랑스 하늘의 회색 빛과는 간접적인 관련만이 있을 뿐이다. 이러한 기이함은 그의 재능을 분석하는 것이 얼마나 어려운 일인지를 보여 준다. 하지만 그의 극소수의 영화 작품들은 이러한 명백한 모순에도 불구하고, 너무나 뚜렷한 어떤 통일성을 드러낸다. 지금부터 그에 관한 몇 가지 실마리를 제시해 보겠다.

무엇보다 우선, 항상 질서 정연하게 짜여진 지성이 작업 환경을 압도했던 르네 클레르와 달리, 르느와르는 감독들 중 가장 쉽게 주변 환경의 영향을 받는다는 사실을 지적해야겠다. 그의 영감은 비록 본질적으로 감정의 핵심에 충실하지만, 그것이 형성되기 전 주변의 인적 환경의 자양분을 필요로 한다. 그의 프랑스 영화들에 담겨 있는 친밀한 분위기는 이미 잘 알려져 있으며, 영화 제작에 참여한 사람들에게 잊을 수 없는 추억을 안겨 주었다. 예를 들어, 이 시기 영화에서는 작가나 기술자인 친구들이 이런저런 작은 역할을 맡는 것이 드문 일이 아니었다. 르느와르에게 영화를 만드는 일은 언제나 즐거운 상황이었으며, 모든 사람이 즐거운 시간을 보내게 될 하나의 놀이였다. 바로 이것으로부터 제작 팀 내부에 존재하는, 그리고 궁극적으로 영화와 관객들 사이에 형성될, 공범 의식의 분위기가 생겨나는 것이다. 그것은 르느와르가 대중으로부터 감탄이 아닌, 매체의 기계적인 비인격성에서는 전혀 찾을 수 없는 우호적인 묵인, 동료 의식을 얻고자 하는 욕망을 대변한다. 이런 면에서 르느와르의 영화들은 연극과 어떤 공통점이 갖는다. 즉, 그들은 우리에게 그들의 놀이에 참여하기를 요구하는 것이다. 또한 〈프렌치 캉캉〉의 작가는 천성이 즉흥적이라, 비록 조심스럽게 작업 계획을 준비하긴 하지만 그것을 따라가진 못한다. 무대의 최종적인 모습, 그리고 특히 배역을 연기하는 배우들은 언제나 마지막 순간에 그의 상

상력을 자극한다. 화가였던 아버지처럼 연출가인 르느와르는 다소간 충동적으로 작업을 하며, 이로부터 그의 전 영화의 개인적이고 직접적인 성격 그리고 의사 소통에 대한 열의가 생겨난다.

하지만 인적 주변 환경에 대한 르느와르의 즉각적인 예민함은 그와 인접한 환경을 넘어 그가 살고 있는 사회 전체를 포괄하도록 확장된다. 그의 프랑스 영화들, 특히 전쟁 직전의 것들은, 당시 프랑스에 대한 심오하고 생생한 재현을 제공한다. 가령, 〈랑주 씨의 범죄〉는 '인민전선'의 분위기에서 탄생했으며, 영화는 그 희망과, 어쩌면 그 순진함을 훌륭하게 그려낸다. 하지만 한 시대에 대한 암시적인 표현 속에 담긴 진실은 1938년에 제작된, 르느와르의 영원한 걸작으로 남게 될 〈게임의 규칙〉에서 절정에 달한다. 주제와 내용, 그리고 기술에 있어 너무나도 특별하게 대담한 이 영화에서 르느와르는 《피가로의 결혼》이 프랑스 대혁명에 미친 영향에 비교될 만한 것을, 당시 전쟁의 문턱에 있던 프랑스 예술에 선사했다. 보마르셰 와 알프레드 드 뮈세 그리고 어쩌면 마리보에 의해 영감 받은 솔로뉴 성에서의 사랑 이야기는 정치에 대해 표면적으로 분명하게 뭔가를 이야기하고 있지는 않다. 하지만 그것은 이제 곧 파괴될 상황에 처한 문명 앞에서 사람들이 느끼게 되는 위기 의식을 함축적으로 잘 표현하고 있다.

그러나 〈게임의 규칙〉의 대성공은 비평가들이 갖고 있던 오해를 확인시켜 주는 계기가 되었다. 사람들은 흔히 르느와르의 프랑스 영화들의 정수는 그것의 사회적 리얼리즘에 있다고 이야기하였으며, 실제로 르느와르 자신이 앞에 언급된 예들에서 이러한 개념을 확인해 주는 듯 보였다. 바로 이러한 생각이 르느와르의 미국 작품이 개봉될 당시 프랑스에서 일었던 호의적이지 않은 편견들을 설명해 준다. 실제로, 우리는 외국으로 건너간 르느와르에게서 그 이전에 친숙했던 사회적인

진실을 발견할 수 없다. 그러나 르느와르는 이러한 리얼리티를 넘어서서, 또 다른 목표, 아니 어쩌면 동일하지만 사회적인 차원을 벗어버린 목표를 추구하고 있었다. 르느와르는 이제 모럴리스트가 된 것이다.

몇몇 비평가들이 너무 성급하게 결론 지었듯이, 르느와르의 이민이 사회적 리얼리즘에 대한 그의 기호를 잃게 한 것은 아니다. 그것은 단지 그의 인간적인 시야를 확장시켰으며, 그의 모럴에 대한 탐구를 더욱 깊게 했을 뿐이다. 다양한 민족과 국가의 범주를 뛰어넘어 르느와르는 인간에 좀더 다가가게 된 것이다.

마찬가지로, 보다 개인적이고 다소 가벼워보이는 주제들을 다루고 있는 르느와르의 최근 프랑스 영화들에도, 사회적이거나 역사적인 영향들 및 다양한 스타일들(주로 컬러 화면과 시대극 양식에 기인하는)을 넘어서, 그의 전 작품을 특징짓는 위대한 주제들이 스며들어 있다.

만일 〈게임의 규칙〉에 대한 사회적, 역사적인 비평들이 오늘날에도 영향력을 유지한다면, 그것은 영화가 윤리적 교훈, 즉 인간, 사랑 그리고 행복에 대한 전망을 구현하고 있기 때문이다. 본질적으로 〈게임의 규칙〉은 참된 고귀함과 거짓된 고귀함이라는, 피가 아닌 마음에 속하는 주제에 대한 눈부신 변형물이다. 나는 〈위대한 환상〉에서 이미 명백하게 드러나 있는 이 동일한 교훈이 세월에 의해 정제되고 다듬어져서 〈프렌치 캉캉〉에도 나타나는 것을 발견한다. 이 영화에서는 또한 모든 비속함이 영혼에서 비롯되는 것이라는 점도 알게 된다. 자기가 하는 말의 의미를 정확하게 알고 있는 한 넝마주이 여인은 "카프콩*Caf' Conc'*"(캬바레)의 소유주인 당글라르가 '왕자'라는 것을 우리에게 확인시켜 준다. 게다가 비속함이 예술로 바뀐 예인 〈프렌치 캉캉〉은 그 자체가 장르들 간에 설정된 위계성에 대한 부정이라고 할 수 있다. 르느와르가 이 영화에서 너무나 아름다운 주석으로 제시하는 인상주의의

교훈은 단지 조형적인 것만은 아니다. 라 골뤼를 영생화하는 툴루즈 로트렉이나 후대가 찬사를 보낼 대상으로 자기 하녀의 육체를 보여 주는 오귀스트 르느와르는 그러한 초라한 모델에도 밀로의 비너스에서와 같은 고결함과 우아함이 있다는 것을 증명한다.

장 르느와르가 아버지에게서 받았을 또 하나의 위대한 교훈은 이미지의 성질에 대한 결코 틀리지 않는 이해, 시각에 대한 숭배, 그리고 우리에게 감각을 통해 전해지는 다른 모든 것들이다. 장 르느와르의 전 작품은 관능성에 대한 모럴이다. 그것은 감각의 무정부주의적인 규칙이나 절제되지 않은 쾌락주의의 긍정이 아니라, 모든 아름다움, 모든 지혜, 그리고 심지어 모든 지성이 감각의 증언을 통해서만 존재한다는 확신이다. 세상을 이해한다는 것은 무엇보다 그것을 어떻게 보느냐를 아는 것이며, 이러한 따사로운 눈길 아래 세상이 당신의 사랑에 스스로를 내맡기도록 만드는 것이다.

부록

1. 장 르느와르의 회고록

(《르 포엥》, 1938)

나는 1902년부터 영화를 사랑해 왔다. 당시 나는 여덟 살이었고, 이른바 학교라고 불리는 우아한 감옥에 기거하고 있었다. 어느 일요일 아침 '사진사'로 보이는 한 사람이 신기하게 보이는 장비를 질질 끌면서 건물 안으로 들어왔다. 그것은 영사기였다. 그는 헐렁한 나비 넥타이에 예술가 바지를 입고 뾰족한 염소 수염을 기르고 있었다. 우리는 한 시간 넘게 그가 조수 두 명의 도움을 받아 영사기를 설치하고, 아세틸렌 램프를 시험해 보고, 스크린을 장치하는 것을 지켜보았다. 그러고 나서 쇼가 시작되었다. 그 카메라맨은 자기가 파리 주변에서 찍은 몇몇 영상들을 보여 주었다. 그것은 처음에 나를 혼란스럽게 했던 걸로 기억하는데, 아마 사진들의 화질 때문이라기보다는 내가 그런 것들에 익숙하지 않아서였을 것이다. 하지만 미개인들과 마찬가지로 아이들은 영화에 금세 익숙해진다. 몇 분이 지나자 나는 상황을 이해하게 되었다. 다른 학교 친구들 역시 마찬가지였고, 우리는 아는 지역의 사진이 나오면 큰 소리로 이름을 외치기 시작했다.

그 다음으로는 코미디 영화인 〈오토마불의 모험*Les Aventures d'Auto-Maboul*〉이 상영되었다. 오토마불은 염소 털가죽으로 만든 운전 망토를 입고 있었는데, 그 털은 빳빳하게 풀을 먹여 온 방향으로 심술궂게 뻗쳐 있었다. 이 기괴한 심술쟁이의 복장은 거대한 모자와 커다란 안경으로 완성되었다. 그는 차고 앞에서 차에 시동을 걸려고 애쓰고 있었지만 그의 노력은 허사였고 엄청난 연기와 폭발들 그리고 역연소만 일으켰다. 그런데 갑자기 저절로 시동이 걸리더니 차가 후진하기 시작했다. 차는 잔뜩 겁에 질린 행인 바로 앞에서 멈춰 서더니, 이번엔 전속력으로 앞을 향해 돌진하기 시작했다. 차가 움직이는 동안 오토마불은 바퀴 뒤에 간신히 매달려 있어서 염소 가죽 망토로 온몸이 뒤덮혀 꼼짝달싹하지 못했다. 영화는 차와 운전사가 수영장 물 속으로 사라지면서 끝이 났다.

그 프로그램을 다시 볼 수만 있다면 나는 어떤 대가도 치를 용의가 있다. 그것은 조르주 오네Georges Ohnet의 소설이나 빅토리앙 사르두Victorien Sardou의 희곡을 각색한 그 어떤 것보다 훨씬 대단한 진짜 영화였다.

내가 영화의 길로 들어서게 된 두 번째 단계는 전쟁 중 상영한 〈뉴욕의 미스테리들*Mystères de New York*〉이었다. 내 기억에 그것은 피갈 광장에 있는 '미국 극장L' American Cinéma' 에서 상영되었다. 나는 전단을 돌렸는데, 아지트로 돌아와서는 친구들에게 영화의 줄거리를 흥에 겨워 하나하나 이야기해 주었다. 그러한 열정으로 인해 당시 나는 '엘렌 도지Elaine Dodge' 라는 별명을 얻게 되었다.

내 친구들 역시 이내 이 영화의 유혹에 끌려들게 되었고, 그들도 영화 속 여주인공의 열렬한 팬이 되었다. 나중에 나는 그 여배우를 만났는데, 그녀는 너무나도 친절하고 허위 의식이라곤 조금도 없는 견실한 미국 여성이었다.

나의 세 번째 이야기는 더욱 중요하다. 그것은 역시 전쟁 중에 생

긴 일이었다. 그것을 '찰리 채플린의 현현'이라고 부르자. 그것은 전투 비행 중대의 동료들 중 한 명민한 친구 덕분이었다. 그는 채플린의 첫 번째 영화에 너무나도 감동한 나머지, 영화가 장차 국가의 발전에 중대한 역할을 할 것이라고 확신하고 있었다. 심지어 그는 미래에는 영화가 마치 소설이나 연극, 음악처럼 고급 평론가들의 심판을 받게 될 것이라고 예측하기까지 했다. 그 친구의 아버지도 같은 생각을 갖고 계셨다. 그 예언자 아버지는 다름 아닌 바로 리셔Richer 교수였다.

전쟁이 끝난 후 몇 년간은 영화광들에게는 일종의 황금 시기와 같았다. 그것은 미국 영화의 위대한 시기였다. 당시 큰 극장들은 미국 영화를 업신여기면서 닳아빠진 늙은 배우가 형편없이 연기하는 허세에 가득 찬 엉터리 작품이나 전혀 말이 안 되는 이탈리아 영화의 상영을 선호하고 있었다. 미국 영화는 입장료가 싼 작은 극장에서 관객을 만나고 있었다. 우리는 한 번 입장해서는 두세 편의 영화를 보았고 프로그램은 일주일에 두 번 정도 바뀌었다. 때로 나는 몇 달간 하루에 세 차례나 영화를 보러 갔다. 말하자면 당시 나는 하루에 7~8편, 일주일에 50여 편, 한 달에 200여 편의 영화를 흡수했던 것이다.

영화계에서 일하고 싶다는 생각은 한번도 해보지 않았다. 프랑스에서 뭔가 가치 있는 일을 한다는 것이 내게는 불가능해 보였다. 내가 그렇게 사랑했던 미국 영화들과 나를 인도해 준 배우들이 대부분의 우리 비평가들에게서 경멸 당하고, 심지어 완전히 무시 당하기까지 하지 않았던가? 그들과 동등해지는 것을 바라기는커녕 그들의 발자국만이라도 따라가 보길 수줍게 꿈꾸고 있었던 내가 어떻게 이 저속한 나의 조국에 일말의 가능성이라도 있다고 생각할 수 있었겠는가?

한편 실제로 미국에 간다는 것은 유토피아의 영역에 속하는 것이었고, 그런 계획을 꾸밀 만한 강심장이 내게는 결코 없었다.

하루는 '콜리제Colisée'의 극장에서 알바트로스 영화사의 용감한 알렉산더 카멘카Alexander Kamenka가 제작하고 모주킨이 연기 및 연출한 〈불타는 열정〉을 보았다. 기존에 보던 범작과는 전혀 다른 이 영화에 관객들은 아우성치고 휘파람 불고 충격에 휩싸였다. 나는 황홀함에 도취되었다. 마침내 내 앞에 잘 만들어진 프랑스 영화가 나타난 것이다. 물론 그 영화는 러시아인들이 만들었지만 몽트뢰이유에서 프랑스를 배경으로 찍고 우리의 분위기 아래 만든 것이다. 그 영화는 흥행에 성공하지 못했으나 최소한 명성 있는 극장에서 상영되었다.

나는 당시 직업이던 도자기 일을 그만두고 영화를 만들어 보기로 결심했다.

초기 작업들은 내 생각엔 어떤 흥미도 없다. 그것들은 단지 카트린 에슬링의 연기 때문에 의미가 있을 뿐이다. 그녀는 환상적인, 멍청한 프랑스 상인들에게는 과분하게 환상적인 여배우였다. 그녀가 사라지게 된다. 순진하게도 그리고 고생스럽게도 나는 나의 미국 거장들을 모방하려고 애썼다. 당시 난 한 인간이 종족보다는 그가 자라난 토양과 그의 심신에 옷을 입힌 생활 환경 그리고 그가 매일매일 보고 자란 시골 풍경들에 더 크게 영향 받는다는 사실을 알지 못했다. 파리의 회색 거리를 배경으로 레드 와인을 마시고 브리 치즈를 먹으면서 프랑스에서 살고 있는 프랑스인이 명작을 만들어 내려면 그와 같은 방식으로 살았던 사람들의 전통에 다가가는 길밖에 없다는 것을 당시의 난 미처 깨닫지 못했다.

이 서투른 초기 작품들에서 내가 입은 유일한 혜택은 카메라, 조명, 세트 디자인 그리고 특히 특수 효과의 사용법에 대해 상당한 지식을 쌓았다는 것이다. 나는 축소 모형을 만드는 데 능숙해졌다. 모형으로 풍경이나 거리를 만드는 것은 나에게 참된 기쁨이었다.

그 즈음 나는 시간이 없어서 영화를 보러 가는 일에 뜸해졌다. 그리고 나의 취향도 더 이상 전적으로 미국 영화만은 아니었다. 어쩌면 오히려 그 반대라고 할 수 있는데, 그 즈음해서 속물들이 미국 영화를 발견하고 외치기 시작했기 때문이다. 또 다른 한 가지 이유는 나 스스로 감독이 되고 보니 미국 영화의 단점들이 보이기 시작한 것이다.

1924년 내가 에리히 폰 스트로하임의 〈어리석은 아내들*Folie des Femmes*〉이란 영화를 보게 된 것은 엄청난 행운이었다. 그 영화는 나를 혼미케 했다. 그 영화를 적어도 열 번은 본 것 같다. 그동안 열광했던 것들을 불살라버리면서, 나는 지금껏 내가 잘못을 저질러왔음을 깨달았다. 이른바 대중의 몰이해에 대해 어리석게 비난하는 대신, 진정성 있는 주제를 프랑스 리얼리즘 전통 속에 투영함으로써 그들을 감동시킬 수 있으리라는 것을 어렴풋이 나는 느꼈다. 나는 내 주위를 살펴보기 시작했고 내재적으로 프랑스적이면서 동시에 스크린에 적합한 수많은 대상들을 발견하고는 너무나 놀랐다. 나는 세탁부라든가 거울 앞에서 머리를 빗는 여인, 혹은 어느 과일 행상의 몸짓이 종종 비할 바 없는 조형적 가치를 지니고 있음을 깨닫기 시작했으며, 내 아버지의 그림을 통하여 일종의 프랑스적인 몸짓에 대한 연구를 다시 시작하였다. 그런 후 새롭게 알게 된 것들로부터 영감을 받아 에밀 졸라 소설을 각색한 〈나나〉를 만들었는데, 이 영화는 이야기할 만한 가치가 있는 내 첫 번째 내 영화다.

2년 전, 나는 〈나나〉를 다시 보았다. 그 서투름 속에는 대단한 진지함이 숨어 있었다. 누구든 당시 나처럼 어린 나이에 끊임없이 싸워야 하고 모멸 당하게 된다면, 어떤 자만 속에서 피난처를 구하려고 하기 마련이다. 〈나나〉에서 이것은 명백하게 나타난다. 하지만 그렇다고 쳐도 나는 이 영화를 좋아한다. 내 인생에서 최고로 가슴 벅찼던 순간들

중 하나는 3~4년 전 모스크바의 어느 학회에 참석했을 때인데, 동료 하나가 나를 소개하자 청중들이 내 이름도 모르면서도 나의 그 옛 〈나나〉에게 박수 갈채로 환호해 준 것이다!

〈나나〉는 시내 중심가 극장에서 수주 동안 단독으로 상영된 첫 영화들 가운데 하나다. 덕분에 당시로서는 상당한 대여료를 받았고 해외 판권료는 지금 기준으로도 만족할 만한 가격이 매겨졌다. 그 모든 것에도 불구하고 영화는 상업적으로 대참패였다. 나는 가진 돈의 마지막 1 프랑까지 모두 잃었다. 내가 배운 것은 대형 제작사들의 힘에 대한 확실한 존중이었다. 그들이 지배력을 가지고 있는 한 독립 영화 제작자 스스로는 아무것도 할 수 없음을 확신하게 되었다.

나는 다른 것도 배웠다. 다른 직업과 마찬가지로 영화도 특수한 '환경' 속에 있으며 '외부인'이 그 속으로 들어가는 것은 단순히 아이디어나 태도만의 문제가 아니라, 언어, 옷차림 그리고 습관의 문제라는 것이다. 민족이나 유기적 조직체의 획기적 변화는 그 내부에서 나온다는 것을 역사는 가르쳐 준다. 내 잘못은 내가 영화계 내부의 한 구성원으로서 출발하지 않았다는 데 있었다.

나는 일감을 찾아 다녔고, 몇몇 하찮은 영화들을 위탁 받아 만들었다. 그 영화들은 성공적이지 않았지만 제작자들은 만족해했다. 그들은 내 작품이 '상업적'이라고 했다. 영화계 용어로 상업 영화란 반드시 돈을 벌어들이는 영화라기보다는 장사꾼의 기준에 맞추어 기획되고 제작되는 영화를 뜻한다.

그럼에도 불구하고 그 시기에 만든 두 편의 예외를 지적해야겠다. 첫 번째는 〈성냥팔이 소녀〉로 나의 기술적인 지식을 완성시킬 수 있는 절호의 기회였다. 다른 하나는 〈게으름뱅이 병사〉인데, 무용수인 포미에와 배우인 미셸 시몽이 연기한 이 무성 영화는 바흐가 연주한

〈게으름뱅이 병사〉와는 아무런 연관도 없다. 〈성냥팔이 소녀〉는 비유 콜롱비에Vieux-Colombier 극장의 구석방을 고쳐서 만든 작은 스튜디오에서 장 테데스코Jean Tedesco와 함께 만들었다. 우리가 자체 스튜디오를 만들어야 했던 이유는 정색성*orthochromatique*[1] 네거티브 필름에서 전정색성 *panchromatique*[2] 네거티브 필름으로 전환해야 할 필요성을 확신했지만 당시 산업계는 그 변화를 받아들일 준비가 되어 있지 않았기 때문이다.

나는 당시 내가 일하던 스튜디오들을 설득해서 빛을 잘 반사하는 렌즈들을 사용하도록 했는데, 그럼으로써 정색성 필름으로 찍힌 사진은오늘날 우리가 보는 것과 같은 사진 모습에 유사할 수 있었다. 지금은 모든 사람들이 이 렌즈 ― 가령, 쿡 2Cook 2 ― 를 사용하지만 당시에 이 렌즈를 사서 사용하기 위해서는 논쟁을 해야 했고 때로는 격렬하게 싸워야 했다.

그런데 이제는 내가 이 렌즈 사용을 주장하는 이들의 적이 되었다. 그 이유는 우선 고도로 민감한 현대의 감광제와 발전된 현상소들 덕분에 이처럼 넓은 렌즈 구경이 필요하지 않게 되었기 때문이다. 내가 이 렌즈에 등을 돌리게 된 데에는 또 다른 이유가 있다. 내 직업을 계속 해나가면 할수록 더더욱 나는 스크린과 관련하여 심도 있는 미장센을 만들도록 이끌린다. 일이 잘 되어가면 갈수록 더더욱 나는 사진관에서 하듯이 카메라 앞에 두 배우를 얌전히 배치해 놓고 서로 대치시키는 일은 관두게 된다. 나로선 인물들이 저마다 카메라로부터 다른 거리상에 자유롭게 위치하여 움직이고 있는 편이 수월하다. 이것을 위해 나는

1. 청감색 필름에 감광성 색소를 감광유제에 첨가하여 노랑까지 감광되도록 한 것으로 인쇄 제판용 필름이 여기에 속한다. ― 옮긴이

2. 감광성 색소를 더하여 가시광선의 전 범위에 감광할 수 있게 한 것으로 일반 촬영용 필름, 컬러 인화지, 파나루나 인화지 등이 여기에 속한다. ― 옮긴이

심도 화면이 필요한 것이다. 상의 또렷함 역시 깊은 초점을 내는 렌즈로 찍을 때가 이제는 사용하지 않는 얕은 렌즈로 찍을 때보다 더 나은 것처럼 보인다.

1925년 프랑스의 촬영 스타일은 상당히 부자연스럽게 거친 느낌을 주는 것이었고, 나는 사람들의 얼굴에 드리워진 그 많은 그림자들이 정말 마음에 들지 않았다. 내가 당시 빛을 잘 받아들이는 렌즈를 사용하기로 결정한 것은 그것을 사용하면 조명 도구의 수를 줄일 수 있고 따라서 부자연스러운 그림자 문제를 단순화할 수 있는 이점이 있었기 때문이다.

자, 다시 비유 콜롱비에로 돌아가자. 테데스코와 나는 다른 몇몇 친구들과 함께 조명 시스템을 꾸몄는데, 사실상 이것이 오늘날 사용되는 모든 조명 시스템의 원조라고 할 수 있다. 이 시스템의 특징은 약간 전압을 높인 전구에 있다. 우리는 그 전구 하나 또는 여러 개를 금속 반사판이나 페인트 칠한 면에 놓아 부드러운 조명을 만들거나 스포트라이트 거울에 반사시켰는데, 이것은 오늘날 일반적으로 사용되는 기법과 동일한 것이다. 우리는 원형 전구도 몇 개 보유하고 있다가 예전처럼 배우나 세트에 짙은 그림자가 필요한 장면에서는 요긴하게 사용하였다. 스튜디오의 기술자들은 우리가 하는 일을 무시했지만 그래도 우리는 확신을 가졌다. 그것은 나의 오랜 스승인 롤리Ralleigh나 엔지니어인 리샤르Richard를 비롯해 다른 기술자들이 우리의 연구를 인정해 주었기 때문이다. 모든 전구를 위한 전류는 우리가 직접 꾸민 발전소에서 나왔다. 전기는 폐자동차의 모터에서 나왔고 그 모터는 수돗물로 냉각시켰다.

우리는 자체적으로 세트와 의상 그리고 모형들을 기획하고 만들었다. 또한 자체적으로 필름을 현상하고 인화했다. 즉, 우리는 영화 작

업에 필요한 모든 전문 기술들을 아주 작은 단계에서부터 연습해 본 것이다. 그 결과 다른 어떤 것에도 뒤지지 않는 영화가 만들어졌는데, 이는 대중의 흥미를 끈 환상적인 부분들과 촬영 기사인 장 바슐레Jean Bechelet의 너무나도 눈부신 영상 덕분이었다. 하지만 불행하게도 멍청한 법정 소송으로 인해 우리는 이 작업을 그만 두어야 했고, 우리의 장인적인 시도는 실패로 운명 지어졌다.

〈게으름뱅이 병사〉에 대해 좀더 말하자면, 그것은 제한된 제작비로 단기간에 만들어진 상업 영화 형식을 띠고 있다. 나는 당시에도 이미 지금처럼 훌륭한 배우였던 미셸 시몽을 이 영화에 데뷔시키는 행운을 얻었다. 또한 얼마 있지 않아 죽음이 우리에게서 앗아가버린 무용수 조르주 포미에와의 공동 작업 역시 내 경력에 있어 즐거웠던 한때로 기억에 남아 있다. 어떤 부분으로는 비극적이고 또 어떤 부분으로는 환상적인 이 익살극 영화*film burlesque*를, 이 영화의 원작이 되는 희곡과는 별다른 관련 없이 찍는 것은 정말이지 내게 상당한 만족감을 주었다.

우리는 마침내 영화를 직업으로 가지고자 하는 많은 이들에게, 다른 어느 것보다 커다란 영향을 미친 사건에 도달했다. 바로 〈재즈 싱어*The Jazz Singer*〉의 개봉이었다. 이 영화의 성공은 기존의 영화 관습을 모조리 뒤엎어버렸다. 프랑스인들은 처음엔 불신을 갖다가 이내 열정적으로 유성 영화를 만들기 시작했다. 나도 다른 이들처럼 유성 영화를 만들고 싶었지만 난 이미 무성 영화 감독이자 연극의 적으로 낙인 찍혀 있었다. 사람들은 나를 이 새로운 영화 무대에 받아들이고 싶어하지 않았다. 그들은 성공한 희곡 작품을 한 단어 한 단어 자의적으로 번역하는 데 골몰하고 있었다.

나는 기회를 잡기 위해 거의 2년을 기다려야 했다. 이 기간 동안 그간 영화 제작을 가능하게 해 주었던 상업적인 기반이 완전히 무너져

내렸다. 이유는 간단했다. 유성 영화가 등장하기 이전 영화는 공급 과잉 상태였다. 거의 모든 외국 영화들이 자막만 더해져서 프랑스 관객에게 보여졌다. 그 결과 극장 주인들이 엄청난 힘을 가지게 되었다. 그런데 소리는 이 모든 것을 단숨에 바꿔 버렸다. 언어 장벽으로 인해 외국 작품들이 차단되면서 프랑스 영화가 보호 받게 되었기 때문이다. 영화 산업의 주도권은 이제 극장 주인에서 제작자에게로 넘어갔다.

외국 영화 제작자들이 싸움을 시작하였다. 그들은 금방 더빙이라는 효과적인 무기를 찾아냈다. 반면 프랑스 제작자들은 첫 번째 유성 영화에서 기적적인 성공을 거두자 과잉 투자를 하였고, 그로 인해 곧 중간 상인, 즉 배급업자의 통제하에 들어가게 되었다. 이것은 오늘날의 대략적인 상황이기도 하다. 확실하게 말할 수 있는 것은, 아주 드문 몇몇 영화를 제외하고는 프랑스 영화 산업이 영화를 만드는 측과 기꺼이 돈을 내고 그 영화를 보는 측의 중간에 끼어 드는 사람들에 의해 지배되는 것이다. 그들은 위험 부담을 거의 지지 않으면서도 매번 확실하게 이익을 챙긴다.

나의 첫 번째 유성 영화는 일종의 평가 시험이었다. 사람들은 나를 신뢰하지 않았고, 나는 진가를 발휘하지 않으면 안 되었다. 나는 조르주 페이도의 〈아기에게 약 먹이기〉를 영화로 만드는 기회를 얻어냈다. 이 영화가 그리 대단한 것은 아니지만 어쨌든 나는 그것을 4일 만에 찍었다. 그런데도 필름이 2000m가 넘는다. 제작에 들어간 비용은 20만 프랑이 안 되었으며 100만 프랑 이상을 벌어들였다.

이 영화로 시작한 것은 잘한 일 같다. 만일 유성 영화 첫 데뷔를 더 야심 찬 영화로 했더라면 아마 후회했을 것이다. 당시는 음향이 형편없던 시대였다. 소품과 세트는 믿겨지지 않을 만큼 순진한 방식으로 사운드를 위해 배치되었다. 이런 행태가 나는 몹시도 신경에 거슬렸다.

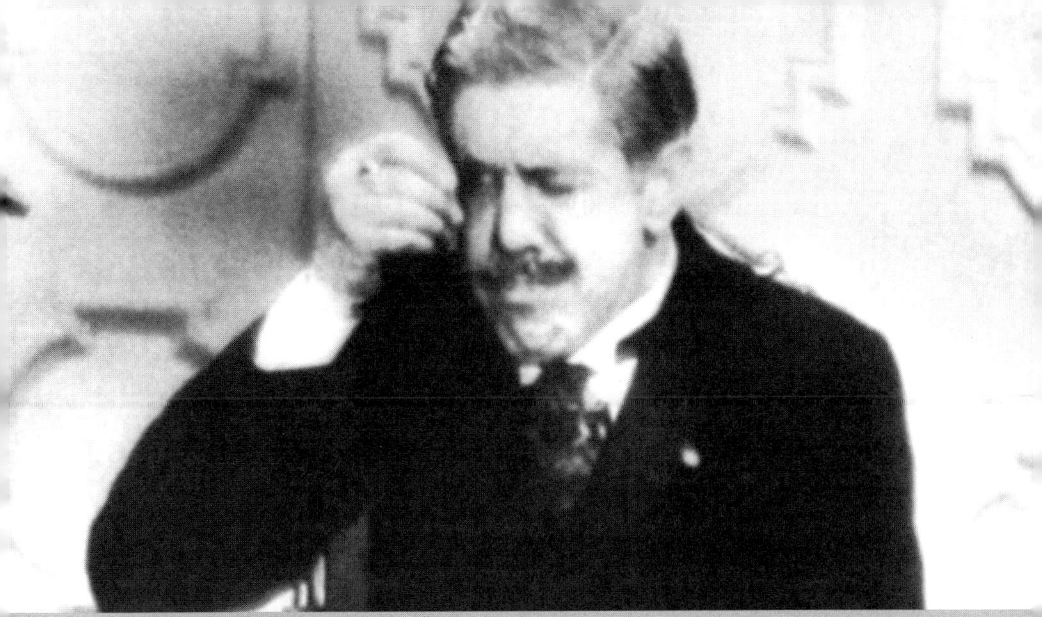

〈아기에게 약 먹이기〉

나는 내가 얼마나 불쾌한가를 드러내기 위해 화장실 물 내리는 소리를 녹음하기로 결심했다. 그것은 일종의 혁명이었다. 그러한 행동은 내가 찍은 십여 가지의 훌륭한 장면들보다 내 명성에 더 큰 영향을 주었다. 유명한 음향 회사의 가장 명망 높은 기술과 예술 분야 사람들은 나의 그 시도를 '대담한 혁신'이라고 불렀다. 그 성공으로 인해 내가 지난 1년간 추진해 왔던, 라 푸샤르디에르의 원전에 기초한 〈암캐〉를 만을 수 있는 상황이 조성되었다.

나는 내가 〈암캐〉에서 참을 수 없을 만큼 비정했다는 것을 인정한다. 제작자의 바람은 전혀 고려하지 않은 채 나는 철저히 내가 원하는 대로, 내가 이해한 대로 영화를 만들었다. 나는 제작자에게 촬영 대본 한 장 대사 한 줄도 보여 주지 않았으며, 영화가 완성될 때까지 편집용 프린트를 아무도 볼 수 없게끔 했다. 영화가 완성되었을 때 난리가 났다. 노래와 춤이 섞인 가벼운 희극(보드빌)을 기대하고 있었던 제작자는 어두운 드라마를 보고는 아연실색하였다. 이 영화에서 흥미롭

게 그리고 있는 살인은 당시의 취향에는 전혀 부합하지 않는 것이었다.

나는 스튜디오에서 쫓겨나고 편집실 출입이 금지되었다. 내가 들어가려 할 때마다 그들은 경찰을 불렀다. 제작자는 자신이 원하는 대로 재편집하려고 시도하다 그게 되지 않는 일이라는 것을 깨닫고, 결국 내가 원하는 대로 진행시키는 게 최선일 거라는 판단을 하였다. 나는 다시 편집실로 들어가도록 허락되었고, 간신히 대부분의 손상을 복원할 수 있었다. 영화는 낭시에서 처음 개봉되었는데, 전례 없는 대참패를 맛보았다. 관객들에게 엄청 웃기는 코미디라고 잘못 선전되었음이 분명했다. 그래서 나는 영화의 분위기를 광고에서 사실대로 정확하게 전달할 것을 강력히 요구했다. 비아리츠의 한 용기 있는 배급자, 시리츠키 씨M. Siritzky는 그렇게 했고, 영화는 상당한 성공을 거뒀다. 다음으로 영화를 파리의 '콜리제' 극장에서 개봉하기로 결정했다. 영화는 수주 동안 상영되었고, 나는 〈나나〉의 개봉 때 느꼈던 즐거운 투쟁의 분위기를 다시 체험할 수 있었다. 이는 나 같은 영화계 사람들에게는 너무나도 유쾌한 것이다.

그러나 나는 이 싸움으로 함께 작업하기 힘든 사람이라는 평판을 얻었고, 그후로 일을 찾기가 힘들어졌다. 나는 감독의 의견에 동의하지 않는 제작자들에게 최악의 모욕을 가할 수 있는, 같이 지내기 불가능한 인물로 인식되었다. 나는 가끔씩 형편없는 영화들을 만들면서 최선을 다해 원만히 지내도록 노력하였다. 그러던 중 마르셀 파뇰이 나에게 〈토니〉를 만들 기회를 주었다.

내게 있어 〈토니〉는 진정으로 '영화를 찍을 수 있는 가능성,' 우리의 산업을 지배하는 수많은 사람들이 갖고 있는 어리석은 순응주의로부터 벗어날 수 있는 가능성이었다. 한마디로 그것은 정신과 육체의 자유로움이었으며, 세상 어느 누구도 이 자유 없이는 훌륭한 작업을 할

수 없는 것이다.

나는 〈토니〉를 통해 많은 것을 배웠다. 이 영화는 나에게 다른 방향에서 새로운 것을 시도하기 위해 필요한 용기를 주었다.

다음으로 나는 〈랑주 씨의 범죄〉, 〈인생은 우리의 것〉, 〈밑바닥 인생〉, 〈위대한 환상〉, 〈라 마르세예즈〉를 만들었으며, 최근에는 〈인간 야수〉를 끝냈다. 나는 이 영화들이 좋은지 나쁜지 모른다. 나의 미천한 생각으로 보자면, 그것은 중요한 게 아니다. 내가 아는 것은 이제 내가 어떤 방식으로 일을 해야 하는지 이해하기 시작했다는 것이다. 나는 내가 프랑스인이고, 절대적으로 국가적인 흐름 안에서 일해야 한다는 것을 안다. 또한 나는 오직 그렇게 함으로써만 내가 다른 나라 사람들을 감동시킬 수 있고 세계주의를 추구할 수 있는 것을 안다.

나는 미국 영화가 붕괴하리라는 것을 안다. 그것은 미국 영화가 더 이상 미국적이지 않기 때문이다. 또한 지식과 재능을 가지고 찾아오는 외국인들을 쫓아내서는 안 된다는 것도 안다. 우리는 그들을 흡수해야 한다. 그것은 레오나르도 다 빈치로부터 피카소에 이르기까지, 프랑스 예술에서 어느 정도 성공해온 정책이다. 나는 영화가 사람들이 말하듯 그렇게 산업적인 것만은 아니라고 생각한다. 나는 수십 억의 돈과 그래프들, 그리고 녹색 펠트천이 깔린 탁자를 가지고 영화 산업의 문을 두드리는 뚱뚱한 호인들이 어느 날 파멸할 것이라고 믿는다. 영화는 장인적인 직업이며, 어쩌면 스스로를 보호하기 위해 뭉친 기술자들이야말로 우리 영화를 세계 최고로 만들 장본인들일지도 모른다. 그걸 알기에 나는 내가 이 직업에서 해야 할 일이 아직도 많이 남아 있다고 느낀다. 영화는 그 환경이 자유로울 때 정말로 사람들과 사물들의 인식에 도움을 주게 될 것이다.

_ 장 르느와르, 〈르 포엥〉 18호, (1938년 12월)

2. 〈랑주 씨의 범죄〉의 첫 번째 시나리오

〈랑주 씨의 범죄〉의 첫 번째 시나리오는 자크 프레베르가 시나리오 작업에 참여하기 이전에 쓰여진 것이다. 여기에는 이미 두 명의 주인공 랑주와 바탈라(여기서는 카탈라로 명명)가, 작품의 핵심 요소들인 사회상에 대한 논평 및 형사 이야기의 구조와 함께, 잘 갖추어져 있다. 임시 제목인 "랑주 씨의 출세"는 6년 후 브레히트가 쓰게 될 〈아르투로 우이의 출세*Der aufhaltsame Aufstieg des Arturo Ui*〉를 예고한다. 확실한 것은 이 첫 번째 원고가 모든 인물들 — 관리인들, 세탁소 여인들, 신문사 종업원들 — 을 한 곳에 집결시켜 장소의 통일을 이룰 가능성을 간과하고 있었다는 것이다. 영화상에서는 마리옹 양이 두 명의 세탁소 여인들(플로렐 — 나디아 시비르스카이아)로 나눠지게 된다. 그리고 여자 인물들과 연애 이야기가 중요해지면서 뷔송 씨와 뫼니에(아들)의 비중이 약해지고 피에트리니는 완전히 사라지게 된다. 여기에는 현재 르느와르 영화의 모습이 거의 그대로 담겨져 있지만, 두 명의 다른 천재들 — 자크 프레베르와 쥘 베리 — 의 도움을 기다리고 있다.

__프랑수아 트뤼포

장 르느와르와 장 카스타니에

랑주 씨의 출세(가제)

영화 작가 협회에 제출한 시나리오

발뤼가 9번지.

오베롱 22번지. 마들렌 광장 — 오페라 4월 30일.

서문

이 영화는, 사회에서 스스로의 노력으로 중요한 지위에 올랐으며 그 지위를 차지할 만한 가치가 있는 사람이라면, 자신의 자리를 빼앗으려는 사람이 있을 때, 설령 그 도둑이 합법적인 근거에서 그런다 하더라도, 자신을 방어하고 자신의 지위를 지킬 권리가 있다는 일반적인 견해에 바탕을 두고 있다.

구체적으로 이것은 한 출판 사무실에서 주인이 떠난 사이 책임자로서의 역할을 떠맡은 한 직원에 대한 이야기다. 주인이 없는 동안 그는 자신이 놀라운 사업가이며 사업을 부흥시키는 재능이 있음을 입증해 낸다. 실패로 치닫던 사업은 다시 수익을 내기 시작한다. 후원자들은 흡족해하고 직원들은 편안한 삶을 누리게 된다.

이때 주인이 돌아와서 자신의 합법적인 지위를 다시 행사하려 한다. 주인공은 자신이 이룬 지위와 행복 그리고 동료들의 행복을 지키기 위해 주인을 죽인다.

그러한 범죄는 정당화될 수 있는가? …… 이 이야기를 듣는 사람들, 가령 프랑스와 스페인의 국경 지방의 산골짜기에 사는 순진한 사람들은 그것을 정당하다고 할 것이다. 자기 나라에서 도망치기 전에 주인공은 이 지역의 한 여관에 숨어 든다. 이 지역 주민들은 그를 알아보지

〈랑주 씨의 범죄〉

만, 그를 경찰에 넘기는 대신 국경을 넘을 수 있게 도와 준다.

이 주제는 완벽하게 사실적으로 다루어질 것이다. 말하자면 대부분의 상황이 웃음을 유발하게 될 터인데, 그것은 우리 인물들의 행위가 전개되는 환경이 희극적인 상황을 많이 지니고 있기 때문이다. 그럼에도 불구하고 배우들은 기존의 익살극 형식으로 연기하지는 않을 것이다. 그들은 얼굴 표정이나 상황을 과장함으로써 억지 웃음을 끌어내려고 하지 않을 것이다. 만일 이 영화에 웃음이 있다면 그것은 상황 자체와 인물의 성격으로부터 오게 될 것이다. 바라건대 이 다양한 인물들의 기묘함이 무차별적으로 제시되면서 우스운 대비를 만들어 냈으면 좋겠다.

중심 인물인 랑주 씨는 왜소한 체구의 기능공 모습이다. 하지만 그의 볼품없는 외모 내부에는 강렬한 상상력이 끓어오르고 있다. 몽상할 수 있는 기회만 주어지면, 그는 자신에게 있어 최고의 영웅인 서부의 카우보이나 인디언들을 생각한다. 꿈 속에서 그는 그들과 함께 말을

타고 초원을 질주한다.

우리가 보기에 랑주의 경우처럼 개인적인 열정에서 비롯되는 동시에 사회적인 양상을 띠는 범죄는 반드시 관습적인 영화들처럼 음산한 상황에서 일어날 필요는 없었다. 오히려 이런 류의 비극은 대중을 즐겁게 해 줄 만한 구체적인 일상의 요소들에 둘러싸여 있을 때 극적 강도가 더해지고 진실된 인간성을 획득하게 된다.

사건 개요

도입부

피레네에 있는 작은 국경 경찰서에 범죄를 저지르고 경찰을 피해 외국으로 도주할 가능성이 높은 한 사람의 사진이 도착한다. 그의 이름은 랑주로서, 상관인 카탈라 씨를 살해한 용의자로 지목된 비교적 유명한 전직 작가이다. 한 경찰관이 용의자를 수색하느라 일이 더 많아졌다고 농부에게 불평을 한다.

장면이 바뀌어 랑주가 등장, 마리옹 양과 함께 작은 산길을 조용히 걷고 있다. 그들은 도망자라기보다는 오히려 한가하게 산책을 하면서 빼어난 경치를 즐기는 연인처럼 보인다. 몇몇 소녀들이 그들에게 야생화를 건네주어 한가로운 장면의 분위기를 더해 준다.

도입부는 그 배경인 산악 경치처럼 고요한 아름다움으로 특징지워질 수 있다.

하루 종일 걸어 지친 랑주와 마리옹은 국경 근처 여관에서 하룻밤을 보내기로 한다. 불운하게도 경찰관과 얘기했던 바로 그 농부가 그 여관에 있었고 경찰관이 보여 준 사진을 기억하는 그는 랑주의 얼굴을 알아챘다.

농부는 친구들에게 그가 발견해낸 사실에 대해 얘기한다. 그들은 도망자를 경찰에 넘길 것인가?

피곤에 지친 랑주는 침대에 뻗어 잠들어 있다. 마리옹은 사람들의 대화를 엿듣는다. 그들 중 한 명이 경찰서로 막 가려는 순간 그녀는 그들 방으로 들어가 그 이방인들에게 자신의 이야기를 들어 줄 것을 간청한다. 그녀는 이 순진한 사람들에게 자초지종을 얘기해 주면 그들이 마음을 돌려 랑주가 탈출할 수 있도록 눈감아 줄 것이라고 생각한다. 그들은 그녀의 얘기를 듣기로 하고 그녀가 들려 주는 이야기가 이 영화의 요지가 된다.

1부

랑주와 마리옹은 '민중 출판사'의 사무실에서 알게 되었다. 이 출판사는 세 가지 종류의 주간지를 만든다. 랑주가 만드는 모험물 내용의 〈보이스카웃〉, 나이답지 않게 음울한 마리옹 양이 소소하고 밝은 이야기들을 편집해서 내는 〈작은 리제트〉, 그리고 회사의 주인인 카탈라 씨의 지휘 아래 전 직원이 참여하여 만드는 가장 비중 큰 잡지 〈삽화 주간지〉.

편집자들의 방 뒤쪽에는 건물의 어둡고 숨막히는 안마당 쪽으로 인쇄기가 놓여 있는데, 시간이 흐를수록 독자들은 점점 줄어들지만 그래도 여전히 다양한 작업들을 수행하고 있다.

카탈라 씨의 사무실은 거리 쪽으로 나 있고 그곳에서 그는 편집장인 피에트리니와 함께 커다란 시가를 핀다. 이 두 사람은 경제적으로 여유 있게 살면서 항상 맛좋은 점심 식사를 사먹기에 충분한 돈을 현금 출납기에서 꺼내간다. 금발의 에디트는 타자치는 법도 모르면서 장식 비서로 일한다.

랑주는 〈보이스카웃〉에 대한 책임 이외에도, 원고를 교정하고 타

인 명의의 글을 써주는 등 소소한 모든 일을 한다. 그는 회계 직원을 도와 끈덕진 회사 채권자들을 물리치기도 한다.

요컨대, 사업은 열악한 상태다. 그래서 직원들은 늘 월급이 언제 나올지 확신하지 못한다. 카탈라는 자신의 우아한 생활 방식을 포기해야 할지도 모른다는 것을 감지하고 있다. 그는 자신의 사업을 대형 출판사에 팔아 넘기기를 간절히 원한다. 하지만 무언가 잘못되고 있음을 눈치챈 대형 출판사 라파이에트는 카탈라에게 그의 제의가 전혀 흥미롭지 않다고 통보한다.

이어지는 불운의 결정타는 카탈라의 저당권을 쥐고 있던 릴의 뫼니에 씨가 회계 장부를 검사하기 위해 자기의 대리인 뷔송 씨를 보낸 것이다. 그의 방문과 더불어 카탈라는 정식으로 사기죄로 고소되었다는 통보를 받는다.

카탈라와 피에트리니는 의외의 방법에 기대기로 결정한다. 꾀를 써서 뷔송에게 호화로운 식당에서 융숭한 점심 식사를 대접하여 그를 매수하고자 하는 것이다.

식당 장면은 랑주의 어색함과 여러 차례의 실수를 중심으로 펼쳐진다. 그가 온 것은 유사시 사업에 대한 자료를 발표하도록 하기 위함이다. 카탈라는 비서를 동반하는 게 좋은 인상을 줄 거라 생각한다. 카탈라는 확실히 그 식당의 단골 손님이다. 그는 '나의 포르토'…… '나의 굴요리' 라는 말을 쓰면서 뷔송이 압도되기를 바란다.

주목 받을 가치가 거의 없는 랑주는 테이블에 앉되 음식을 먹을 수는 없었다. 웨이터들이 다른 사람들을 시중 들기 위해 그를 옆으로 밀쳐내자 그는 수치심으로 얼굴이 빨개진다. 그는 차라리 자신이 사라져 버렸으면 좋겠다고 생각한다. 그는 고기 국물 소스를 뷔송에게 쏟는 엄청난 실수를 저지르고 만다.

카탈라는 대단히 불만스럽고 또한 대단히 걱정스럽다. 그는 행여 뷔송이 이 사고로 자신에게 악의를 품게 되어 그를 매수하기 어려워지지나 않을까 두려워한다. 또한 그는 너무나 '고지식한' 랑주 앞에서 매수를 시도한다는 게 어쩐지 꺼림칙하다. 그는 랑주가 점심을 먹지 못했다는 사실을 깨닫고 갑자기 걱정해 주는 척하면서 그를 돌려보낸다. 랑주는 마리옹이 기다리고 있는 사무실로 돌아온다. 그녀는 그가 점심을 먹지 못했다는 사실에 놀란다. 언제나 상상력이 풍부한 랑주는 그녀에게 카탈라가 자신에게 음식을 권했지만 그 식당의 음식이 자신의 기준에 못 미쳐서 사양했노라고 허세를 부린다.

마리옹은 그 날이 랑주의 생일임을 잊지 않고 선물을 가져 왔다. 캠핑용 가스 램프였다. 그녀는 이 램프에서 시작해 앞으로 완벽한 캠핑 장비를 갖추어 다음 여름에는 어딘가 아름다운 강가에서 단 둘이 캠핑할 수 있게 되길 바랐다. 랑주를 사랑하는 마리옹은 보기에 딱할 정도로 순진한 함정들을 만들어 그에게 내민다. 하지만 랑주는 대화의 주제를 자신이 존경하는 카탈라에 대한 것으로 바꾼다. 카탈라를 좋아하지 않는 마리옹은 그를 도둑이라고 말한다. 랑주는 그가 악당이긴 하지만 그건 도둑과는 전혀 다른 것이며 존경받을 만하다고 주장한다.

그때 식당에 점심 식사하러 갔던 아름다운 에디트가 들어온다. 랑주는 순간 모든 것을 잊고 그녀와 대화를 나누려는 일념으로 그녀 뒤를 쫓아간다. 그는 그녀를 사랑하거나 적어도 열정적으로 그녀를 갈망한다. 이로 인해 그는 마리옹이 캠핑 램프로 데워 준 점심 식사마저 잊어버린다. 이런 랑주의 행동은 잘못된 것이다. 그 요염한 비서는 평범한 직원에게 시간 낭비할 마음이 전혀 없으니 말이다.

카탈라와 피에트리니는 성대한 점심 식사를 마치고 풀이 죽은 채 돌아온다. 그들은 사무실 문을 걸어 잠그고 격렬하게 언쟁하기 시작한

다. 청렴한 뷔송은 그들의 제의를 크게 화를 내면서 거부하였다. 금고는 텅 비었고 감옥에 가게 생기자 카탈라는 회사를 포기하고 외국으로 도망가기로 결정한다. 길바닥에 나앉게 된 피에트리니는 그의 공범에게 돈을 요구한다. 둘은 다시 말다툼을 벌이고, 카탈라는 돈으로 피에트리니의 입을 막은 후 몰래 그곳을 떠난다.

카탈라는 브뤼셀행 급행 열차 1등실에 앉아 있다. 그는 돈을 세고 연필로 숫자들을 적는다. 그는 거만함도 두꺼운 시가도 버리지 않았다. 순간 갑자기 사고가 발생한다. 열차가 탈선한다.

잠시 의식을 잃었다가 구조 침대 위에서 깨어난 카탈라. 멀리서 사람들이 부상자들을 돕고 있다. 카탈라에게 아이디어가 떠오른다. 그는 죽은 사람의 지갑을 훔쳐 새로운 신분증과 약간의 돈을 챙기고 자신의 지갑은 죽은 자의 주머니에 넣는다. 이처럼 새 신분증과 충분한 돈을 쥐게 된 카탈라는 뜻밖의 상황 반전에 흡족해하면서 밤의 어둠 속으로 사라진다.

2부

카탈라가 죽은 것으로 추정되자 뷔송은 잡지사의 주 채권자인 뫼니에의 이름으로, 빚진 돈만 지불하면 회사에 대한 어떤 권리도 기꺼이 포기하겠다는 동의를 유산 상속인들로부터 끌어낸다.

자기 상관에게 더 많은 돈을 벌어 주는 게 유일한 희망인 뷔송은 '민중 출판사' 가 계속 영업하기를 바란다. 어차피 낡은 장비들은 팔아봐야 별 이익도 얻지 못할 것이다. 그는 직원 회의를 소집하여 상황을 설명하고, 앞으로 회사에 1프랑도 더 투자하지 않을 것임을 알린다. 직원들은 직원들대로 이미 임금이 적체되어 있는지라 밀린 급여를 받기

전에는 일하지 않으려고 한다.

회계 직원이 양측 모두 받아들일 만한 해결책을 내놓는다. 즉, 앞으로 생기는 모든 수익은 회사 직원들이 동등하게 나눠 갖자는 것이다.

피에트리니가 새 상관이 될 거라 믿는 랑주는 어떻게 그를 설득하여 〈보이스카웃〉 잡지에 컬러로 한 페이지를 넣을 것인지에 대한 생각에만 몰두한다. 그는 경제적 문제들에 대해서는 관심이 없다. 그의 관심은 운영의 기술적인 측면이고 독자들이 잡지의 편집에 참여할 수 있도록 하는 새 규정이 채택되도록 애쓴다. 하지만 랑주의 말에 귀 기울이는 사람은 아무도 없다. 모두들 잡지의 장기적인 발전보다는 당장 자기 앞에 놓인 걱정에만 골몰하고 있다.

뷔송과 직원들 간의 합의는 뫼니에의 허락을 받아야 하므로 뷔송은 회사측 대표 세 명이 자기와 함께 그를 만나러 가자고 제안한다. 그는 피에트리니와 회계 직원 그리고 랑주를 지목한다.

호텔에서 그들은 뫼니에가 잠시 외출 중이라는 얘기를 듣고 그를 기다리기로 한다. 랑주는 담배를 사러 나간다. 담배 가게에서 그는 한 유쾌한 술꾼과 친해져서 그와 간단한 게임을 하게 된다. 그 술꾼이 전기 라이터로 골치를 앓던 덕분에 두 사람이 만나게 된 것이다. 랑주는 약속을 잊어버린 채 술꾼과 꽤 친해진다. 그러다 갑자기 리츠 호텔에서의 약속을 기억해 낸다. 그러자 "놀랍군, 나도 마찬가진데"라고 그 술꾼이 얘기한다. 그가 바로 뫼니에였던 것이다.

호텔에서 기다리던 일행은 랑주와 뫼니에가 팔짱을 끼고 나란히 들어오는 것을 보고 놀란다. 뫼니에는 막 새로 사귄 동지가 자기 소유의 잡지사 직원임을 알고 더욱 놀란다. 뫼니에는 랑주가 교정 편집자라는 사실에 감격한다. 술에 취한 상태의 뫼니에는 원고를 교정하는 사람이라면 매사에 정확할 것이고 따라서 누구보다 뛰어날 것이라고 생각

한다. 그는 랑주가 회사를 운영하지 않는다면 합의안을 받아들일 수 없다고 말한다. 그는 더 나아가 새 사장의 서명 없이는 자신이 아무런 조치도 취하지 않을 것이라는 내용의 계약에 서명한다.

피에트리니는 굴욕감을 느꼈으나 그대로 따를 수밖에 없다. 랑주는 놀라워하면서 불안한 심정으로 자신이 존경하던 카탈라의 일을 떠맡을 미래를 생각한다.

장면이 바뀌어 3개월 후. 영화 앞부분에 나왔던 그 채무자가 다시 등장한다. 놀랍게도 기울어가던 낡은 사무실은 활기에 넘치고 잘 조직되어 있으며 직원들의 임금도 밀리지 않고 지불된다.

랑주는 이전에 카탈라의 매각 제의를 거절했던 라파이에트 출판사가 보낸 특사와 이야기를 나누고 있다. 그는 이제 랑주네 회사를 사려고 하지만 새 경영자는 동료 직원들과 약속한 대로 그의 제의를 거절한다.

이제 모든 사람들이 만족해 한다. 화려한 들러리로 남은 피에트리니와 에디트만 제외하고. 이 두 사람은 따분하게 지내며 '카탈라 시절' 누리던 특권을 그리워한다.

갑자기 큰 소리가 나면서 작업실 사람들은 하던 일을 중단한다. 릴에서 도착한 뫼니에가 평상시처럼 취한 채 들어와 랑주에게 굉장한 친근감을 드러내며 다가온다. 그는 회사의 성공을 기뻐하며 '축하주 들기를' 원한다.

그는 아페리티프를 마시기 위해 랑주를 카페로 데리고 간다. 랑주는 술 마시는 것에 익숙치 않지만 매우 즐겁고 행복해한다. 그가 이제 헤어지려 하자 뫼니에는 그를 놓아 주지 않고 저녁 식사에 데려간다.

랑주는 뫼니에에게 예전에 카탈라가 뷔송에게 성대한 점심 식사를 대접했을 때 자신이 창피를 당했던 그 식당으로 데려가 달라고 말한다. 처음에는 기죽어 있던 랑주는 점차 자신감을 가지고 마침내 카탈라가 그랬듯 '나의 포르토,' '나의 굴요리'를 주문하게 된다. 그는 술에 취해 평상심을 잃는다. 반면 취해서도 태도를 흐트러뜨리지 않는 뫼니에는 그런 랑주의 엉뚱함에 재미있어 한다. 취한 랑주의 눈에는 도처에서 에디트가 보인다. 그는 옆 테이블에서 그리고 식당 종업원들 사이에서 그녀를 보는 듯한 착각을 일으킨다.

파티의 마지막 장소인 '프린스 이고르' 나이트 클럽에서 수백 명의 에디트를 미친 듯 쫓는 랑주 때문에 신체적 · 재산적 피해가 발생한다. 웨이터들은 그가 편집자임을 알고 그를 '거물' 사장님으로 부른다. 자신의 지위를 새삼 확인하고 나서야 마침내 랑주는 그곳을 떠난다.

랑주는 새로운 위엄에 가득 차서 늦은 시간임에도 불구하고 사무실에 가기로 결정한다. 그는 혼자 건물로 들어가 아무도 없는 건물 안을 헤매고 다닌다. 이 경이로운 밤은 그를 의기양양하게 만들었고 그는 처음으로 사장실을 노크 없이 들어간다. 서랍을 열어 보고 파일을 훑어 나가는 등 그는 그 방을 정신적으로 차지한다. 아이디어들이 머릿속에 떠올라 그는 그것들을 종이 위에 빠짐없이 적는다. 새로운 아이디어가 밀려오면 그는 그동안 적었던 종이를 구겨서 휴지통에 던져 버린다.

갑자기 소리가 나서 그가 흠칫한다. 옆방에 누군가 있다. 그는 겁이 나서 서랍에서 권총을 꺼내들고 침입자와 맞설 준비를 한다. 죽었다고 생각했던 카탈라가 랑주를 만나러 들어온다. 모든 것을 지켜본 그는 랑주를 향해 조소를 보낸다. 랑주는 약간 자신감을 잃는다. 하지만 카탈라는 적어도 당장은 회사를 돌려 달라고 요구하지 않는다. 경찰은 아직 그의 죄를 잊지 않았고 지금 그는 가짜 신분증까지 갖고 있다. 그는 약

간의 돈을 찾으러 잠시 들른 것 뿐이다. 카탈라는 원하는 것을 얻고 랑주에게는 아무에게도 알리지 않을 것을 약속 받은 뒤 그곳을 떠난다.

완전히 술이 깬 랑주는 기운이 빠지고 자신이 왜소하게 느껴진다. 그의 상관이 흥겨운 기분으로 떠난 후 랑주는 바닥에 떨어진 종이들을 공손히 주워 휴지통에 집어 넣는다.

3부

'민중 출판사'의 사무실은 이제 완전히 현대적으로 바뀌었고 누구든 그 회사가 지난 몇 달 동안 번영을 누려왔다는 것을 느낄 수 있다. 세 잡지의 독자들을 전부 초대하는 대대적인 축하 행사를 준비하는 모습에서 그런 발전을 엿볼 수 있다.

특히, 이 파티는 어린 아이들을 겨냥하고 있으며 따라서 랑주는 그것을 서부의 모험 분위기로 만들었다.

그는 카우보이들과 인디언들이 역마차를 공격하거나 서로에게 총질을 하게 함으로써, 자신의 이야기의 주인공들이 지면보다 더욱 생생하게 창조될 수 있는 기회를 마련한다.

준비 도중, 피에트리니는 이상한 전화 한 통을 받는다. 그의 태도로 보아 전화를 건 사람이 카탈라임을 알 수 있다.

이 전화 통화는 분명 뷔송과 랑주의 현재 상황과 관계가 있다. 사실 뷔송은 라파이에트로부터 다시 출판사 매입 의사를 타진 받았는데, 그 가격이 상당히 높아 제 정신으로는 이를 거절할 수 없다고 생각한다.

랑주는 거의 그의 말을 듣지 않고 있다. 카우보이 모자를 쓰고 그는 활과 화살을 겨누는 시늉을 하고 있다. 어쨌거나 다른 직원들이 그에게 와서 자신들은 회사를 팔고 싶지 않다고 말한다.

정오. 모두 점심 식사를 하러 나간다.

피에트리니만이 사무실에 남아 있다. 곧 카탈라가 몰래 들어온다. 카탈라는 라파이에트의 제의를 알고 있고, 그 역시 뷔송과는 전혀 다른 이유로, 그 제의가 받아들여지기를 원한다. 그렇다고 해서 그가 잃을 게 뭐가 있는가? 현재와 과거의 잘못에 대한 몇 달간의 감옥 생활? 그 짧은 휴가는 회사를 매각해서 그가 얻을 수십만 프랑의 가치로 충분하다. 그는 랑주가 매각 문서에 서명하도록 만들 방법을 알고 있다. 1년 전 그는 어마어마한 부채에 대한 지불을 열두 달 동안 연기시켰었다. 회계 직원은 카탈라가 그후 그 빚을 다 갚았다고 생각하지만, 실제로는 회사 금고에서 그 돈을 빼내 자신이 착복했다. 만일 라파이에트가 카탈라가 갖고 있는 채권자에게 받은 어음을 사서 회사에 지불할 것을 무자비하게 요구한다면, 수중에 돈이 없는 랑주는 라파이에트의 조건을 받아들일 수밖에 없을 것이다.

피에트리니는 그 계략에 신이 난다. 그는 카탈라, 뷔송 심지어는 라파이에트로부터 떡고물을 챙길 가능성을 내다보고, 랑주의 에디트에 대한 순진한 열정을 이용하여 계략이 좀더 효과적이 되도록 보완한다.

불행이든 다행이든, 계약서는 랑주의 서부 축제 바로 그 순간에 그에게 제시될 것이다.

축제는 한껏 무르익었다. 수십 명의 소년 소녀들은 북아메리카 인디언 캠프로 꾸며진 커다란 운동장에서 신나게 뛰어 놀고 있다. 야생마처럼 마구를 입힌 조그마한 당나귀들, 올가미 밧줄들, 심지어는 역마차를 본뜬 양이 끄는 마차도 있다. 텐트 안에 인디언 복장을 한 마리옹이 랑주에게 에디트를 조심하라고 말한다. 그녀는 자신의 라이벌이 랑주를 대하는 태도가 바뀐 것을 눈치 채고 수상히 여기고 있다. 랑주는 마리옹에게 그녀는 위대한 열정을 이해할 줄 모른다고 답한다.

다른 텐트에서 피에트리니는 에디트에게 마지막 지시를 하고 있다. 그녀는 랑주의 구애를 받아들이는 척하면서 그에게 자기와 외국으로 떠나자고 부탁할 계획이다. 랑주가 없는 사이 회사는 그의 승인 없이 매각될 수 있을 것이다.

그러는 사이 라파이에트는 문제의 그 어음을 들고 사무실에 나타난다. 뷔송은 일을 서두르기 위해 뫼니에를 데리고 왔다. 그는 그의 상관을 지난 48시간 동안 사실상 감금해두면서, 의료적 핑계를 둘러대 술을 못 마시게 했다. 뫼니에는 그들이 원하는 것은 무엇이든 서명한다. 그는 최종 승인 단계에서 랑주가 서명을 하기 전에 올바른 판단을 내릴 거라 믿고 있다.

합의가 이뤄지자, 세 사람은 매각 서류에 랑주의 서명을 받고, 새 주인이 축하 행사에 참여하게 하고자, 함께 축제로 향한다.

에디트는 축제를 이용해 랑주를 유혹하고 그에게 거짓된 사랑을 연기한다. 그녀는 순진한 랑주를 대단히 흥분시키는 화려한 카우 걸의 복장으로 갈아입었다. 랑주가 돌이킬 수 없는 큰 실수를 범할 만반의 준비가 갖춰진 것이다.

인디언 복장을 한 마리옹이 때마침 끼어들어 에디트의 음모를 막는다. 그녀는 에디트를 다그쳐 피에트리니가 모든 일을 시켰다고 실토하게 만든다. 랑주는 대단히 화가 난다.

뫼니에는 이 장면을 목격하고, 어떤 흉계가 진행 중이라는 것을 깨닫는다. 그는 축제에서 몇 잔의 술을 마신 후 자신감을 되찾은 상태다. 격분한 그는 라파이에트가 갖고 있는 어음 액수에 상응하는 수표를 쓰고, 더 이상 매각 얘기는 듣고 싶지 않다고 선언한다. 회사는 예전처럼 계속 돌아가게 될 것이다.

모든 사람들은 열광하고, 노래를 부르며 파리로 돌아온다.

랑주는 뫼니에가 매입한 어음을 명확히 처리하고자 혼자서 사무실로 돌아온다. 거기서 그는 실패한 계략 때문에 분노에 차 있는 카탈라를 발견한다. 카탈라는 그에게, 랑주는 일개 직원에 불과하고, 회사의 진짜 주인은 자신이며, 랑주가 자기의 계획을 방해한 것은 그 의도로 볼 때 도둑질에 해당한다고 마구 욕설을 퍼붓는다. 처음에 랑주는 움츠러들면서 고개를 떨군다. 하지만 곧 자신을 추스려 카탈라에게 맞선다. 그는 카탈라가 자기 이익만 챙기며, 회사와 종업원을 돌보지 않았다고 비난한다. 즉, 카탈라는 진짜 일이 뭔지도 모른다는 것이다. 반면 랑주는 20년 동안 회사를 위해 성심껏 일해 왔고, 이제 수상쩍은 거래에 회사를 끌고 들어간 카탈라보다 자신이 훨씬 주인답다고 생각한다.

두 사람 사이의 말다툼은 한 여자를 사이에 둔 다툼의 성격을 띤다. 랑주는 진실한 연인의 역할을, 카탈라는 빈정거리는 착취자의 역할이다.

카탈라는 경찰에 자신이 살아 있고 돌아왔음을 알림으로써 문제를 해결하기로 결정한다. 그는 그 결과 체포되겠지만, 회사에 대한 소유권도 되찾을 것이다. 그가 수화기를 들고 다이얼을 돌리는 순간, 랑주는 권총으로 그를 쏴버린다.

자신이 저지른 일에 놀란 랑주는 건물 안을 배회하다가 마리옹과 마주친다. 그녀는 랑주를 뒤쫓아 사무실까지 따라와서, 카탈라와 그 사이에 일어난 일을 모두 엿들었다. 랑주는 그대로 쓰러져 그녀의 다리를 잡고 흐느낀다.

마리옹은 랑주를 마치 아이 달래듯 위로한다. 랑주는 그 나이에도 불구하고 아이 같기 때문이다. 그는 자신의 권총을 마치 서부 이야기에 나오는 소품처럼 사용했다. 마리옹은 침착함을 유지하면서 그에게 도망쳐야 한다고 확신시킨다. 그녀는 그의 도망길에 동행할 것이다.

에필로그

화면이 서서히 희미해지면서 우리는 산 속 여관에서 이야기를 끝내고 있는 마리옹 양에게로 돌아온다.

새벽이 되었고 아이는 어머니의 무릎에 잠들어 있다. 잠이 깬 랑주가 방 안으로 들어와서는 이 소리 없는 모임에 놀란다. 그는 무슨 일이냐고 묻는다. 모인 사람들 중에 가장 나이 많은 노인은 마리옹이 산행 안내인을 요청했노라고 간단히 답하고는, 자신의 아들에게 길을 안내하도록 하고 노새도 빌려 주겠다고 말한다.

이 즉석 판사의 결정이 내려진 후, 장면은 작은 여행대가 국경 너머 장엄한 산봉우리를 오를 준비를 하는 모습으로 바뀐다.

3. 〈위대한 환상〉의 초기 시나리오

〈위대한 환상〉의 이 첫 번째 시나리오는 정확한 날짜는 적혀 있지 않지만 배역을 정하기 이전에 만들어진 것만은 확실하다. 장 르느와르는 이미 마레샬 역에 장 가뱅, 브왈디유 역에 피에르 프레네를 생각하고 있었던 것 같지만, 달리오(나중에 로젠탈이 되는 돌레트)와 특히 에리히 폰 스트로하임이나 디타 파를로의 캐스팅은 아직 정해지지 않았던 것 같다. 어떤 이들은 르느와르가 막심 레스토랑에서의 에필로그를 삭제한 것에 대해 아쉬워하겠지만, 영화 최종판의 핵심 사항들, 즉 탈출 시도, 두오몽 함락, 이송, 요새, 감옥, 브왈디유의 죽음, 스위스 국경 그리고 무엇보다 국적보다는 사회적 조건이 더 중요하다는 생각과, 르느와르가 종종 얘기했듯 인간은 "수직적으로보다 수평적으로 더 나뉘어져 있다"는 생각 등이 이 시나리오에 들어 있다. (원고에 서명이 없기 때문에 이것이 샤를 스파크와 공동으로 쓴 것인지 아닌지는 확실하지 않다.)

__프랑수아 트뤼포

1916년. 프랑스 국경 후방. 공군 부대 매점 안에서 우리는 기마 부대 대위인 직업 군인 스타니슬라스 드 브왈디유를 발견한다. 외알 안경에 채찍을 들고서 거만하고 건방진 모습이다. 그는 조종사에게 정찰 비행에 자신을 데려가 달라고 요구한다. 조종사인 마레샬 공군 대위는 정비사 출신으로 투박하고 거친 인물이다. 그는 전쟁의 우발성과 스스로의 노력으로 빠르게 진급했다. 브왈디유와 마레샬은 군대 계급은 같지만, 전혀 다른 세계에 속해 있다……

그들은 활주로에 있다. 엔진이 돌아가고, 비행기가 움직인다…… 하늘에서 브왈디유는 구름 때문에 아무것도 보지 못한다. 그가 말한다. "결국 말 타던 시대로 돌아가게 될 거야. 정찰하는 데 그만한 건 없지."

총성도, 적군의 비행기도 없다. 갑자기 엔진에 이상이 생긴다. 브왈디유는 불안해진다. "부대로 다시 데려다 줘." 브왈디유의 음성과 말투가 신경을 거슬리게 한다. 독일 진영 뒤에는 턱수염을 기르고 나이가 든 허약한 군인 몇 명이 다리를 지키고 있다. 하늘에 프랑스 비행기가 나타난다. 흥분한 늙은 독일군들은 적을 향해 아무렇게나 몇 차례 사격을 가한다. 그러자 비행기는 점점 고도가 낮아진다…… 독일군들은 자신들이 비행기를 격추시켰다고 생각한다. 그러나 실은 엔진이 고장나 착륙할 수밖에 없는 상황이다. 브왈디유는 그로 인해 '언짢아한다.'

독일군들이 그 노쇠한 두 다리로 힘겹게 달려온다. 가장 먼저 해야 할 일은 독일군이 그들의 비행기를 사용하지 못하도록 재빨리 불 지르는 것이다. 마레샬은 브왈디유가 위기에 전혀 당황하지 않고 굉장히 침착한 것에 놀란다. 독일군들이 두 사람에게 도착한다. 곤봉으로 몇 대 맞은 두 프랑스인은 잔디 위에 뻗는다.

얼굴이 야위고 칼자국이 있는 독일군 장교가 메르세데스에서 내린다. 그는 이 장면을 목격하고 다가온 것이다. 그는 쩔쩔매는 부하들의

〈위대한 환상〉

쓸데없는 난폭함을 꾸짖는다. 그리고 흠잡을 데 없는 프랑스어로 막 정신이 든 브왈디유에게 정중히 사과한다. 그는 프랑스 장교들에게 폰 데어 빈터 장군이 기쁜 마음으로 그들을 식사에 초대할 것이라고 말한다.

굉장히 호화로운 어느 성의 식당. 독일 장군은 부하들에 둘러싸여 있다. 두 명의 프랑스인들도 거기에 있다. 식탁은 호화롭게 차려져 있고 정복을 입은 웨이터들이 시중을 들고 있다. 장군은 메뉴 — 징발된 닭고기들 — 가 간소함을 사과한다. 하지만 와인은 훌륭하다. 과거 이 성의 주인들은 와인에 대해 잘 알았음에 분명하다.

브왈디유는 이 우아한 자리가 매우 편하지만 마레샬은 그렇지 않다. 그는 나이프와 포크 사용이 상당히 서투르고, 이를 본 브왈디유는 약간 짜증이 난다. 그럼에도 대화는 활기를 띤다. 국제적인 이 세 사람은 서로 의사 소통하는 데 전혀 문제가 없다. 그들은 모두 유창한 영어를 구사한다. 매우 파리적인 분위기를 풍기는 장군은 여러 배우들이라든가,

자신이 해마다 새해를 맞곤 하던 막심 레스토랑에 대해 물어 본다.

마레샬은 옆 자리에 앉은 자가 자기 못지않게 이런 생활 양식에 익숙하지 않음을 발견한다. 놀랍게도 그 역시 정비사 출신의 비행기 조종사이다. 그는 프랑스어에 능통하다. 전쟁 전에 그는 리용의 그놈에론 Gnôme-et-Rhône 지방의 리옹에서 일했던 것이다. 갑자기 두 사람은 마치 오랜 친구처럼 이야기를 나눈다. "연료 때문에 고생한 적 있어요?"

대포 소리. 그러나 아무도 신경 쓰지 않는다. 창문은 열려 있다. 하늘에서 적기들이 전투를 벌이고 있다. 식사는 계속된다. 브왈디유와 그의 동료들은 지난 번 그랑프리에 대해 얘기를 나눈다. 마레샬과 그의 친구는 기계에 대해 애기한다. 장군이 일어서서 잔을 높이 든다. "어느 한 쪽 군대의 성공을 위해 축배를 들 수는 없고…… 더 나은 쪽이 이기길…… 그리고 다가올 평화를 위해 건배!" 포격이 다가오면서 점점 더 소음이 커지는 와중에 그들은 잔을 부딪친다.

다음날 입이 거친 한 독일군이 다소 난폭하게 다수의 포로들을 마차에 집어 넣는다. 그 가운데 브왈디유와 마레샬이 있다.

독일로 이송되어 가는 길……

포로들은 열악한 시설의 임시 건물에 수용된다. 그들의 구역은 건물의 한쪽 끝이고, 반대쪽 끝은 음식을 준비하는 독일 여자들이 차지하고 있다. 물론 두 끝은 완전히 떨어져 있다. 일체의 대화나 접촉이 불가능하다. 일을 나가고 들어오는 여자들의 다리를 환기 구멍을 통해 잠깐 볼 수 있을 뿐이다.

마레샬과 브왈디유가 선택한 방에서는 네 명의 일당이 수개월간 탈출을 준비해 왔다. 그들은 길 아래를 지나 캠프 건너편 비행장으로 통하는 굴을 조금씩 파고 있다. 그들은 새로 온 두 사람이 거슬린다. 세상에 밀고자는 너무나 많지 않은가! 하지만 그들은 두 신참들에게

자신들의 비밀을 말할 수밖에 없다. 그날 밤 마레샬과 브왈디유는 전쟁이 시작되었을 당시 감옥에 있었던 한 흥미로운 특수 장교의 지휘 아래 그 작업에 참여한다. 그는 은행털이 전문의 갱단 우두머리였다. 그들의 방법은 은행 아래로 굴을 파는 것이었다. 전쟁시에는 이런 부류의 사람과 그 비법이 무한한 가치를 갖게 된다.

당연히 굴을 파는 작업은 복잡하고 유쾌하지 않은 일이며 주기적으로 간수들의 순찰 때마다 중단되었다. 낮이면 쥐들이 굴 안에 숨어들어서 매일 밤 작업을 시작하기 전에는 쥐들을 먼저 내쫓아야 했다. 포로들은 다음날 외출 시간을 이용해 은밀하게 파낸 흙과 죽은 쥐들을 처리했다.

두 신참은 아주 특별하고 재미난 정보를 하나 얻는다. 하루에 두 번씩, 즉 근처 작업실 문이 열리고 닫힐 때, 감옥 안의 그 누구도 본 적 없는 한 여자가 환기구 앞 막대 위에 다리를 올려 놓는다는 것이다. 이 여자는 거기서 아름다운 두 다리를 도발적으로 드러내면서 가터를 고쳐 맨다. 포로들은 그것에 대해 많은 농담을 주고받는다.

탈출을 도모하는 자들의 사기는 매우 높다. 아무리 불편해도, 아무리 음식이 형편없어도 일당들은 "모든 전쟁들을 끝장내는 전쟁, 그것은 좋은 것!"이라는 후렴구로 응답한다. 그것을 하지 않는 단 한 사람은 브왈디유인데, 그는 이 단순한 사람들 사이에서도 여전히 자신의 본래의 엄격함과 표현 방식을 유지하면서 다른 사람을 즐겁게도 하고 화나게도 한다.

시간은 이렇게 흐른다. 밤에는 굴을 파고 낮에는 연습을 한다. 이 캠프에는 다른 곳과 마찬가지로 포로들이 나무 판자로 만든 무대가 있다. 음악가, 디자이너, 남녀 연주자, 연기자들이 캠프에서 뽑혔다. 유명한 파리의 디자이너들은 의상을 보내 온다. 이 흥미로운 공연에 대한

연습은 대단히 화려하다.

어느 날 밤 그 여자가 평상시처럼 아름다운 다리를 드러내고 난 후 우리의 주인공들은 굴 파기 작업을 시작할 시간을 기다리고 있었다. 그런데 독일인 간수들이 크게 떠드는 소리가 들린다. 뉴스는 빠르게 퍼져 나갔다. 두오몽이 막 독일군에 함락된 것이다. 간수들은 맥주를 마시고 평소에 즐겨 부르던 노래를 부르며 축하하고 있다.

포로들은 좌절을 느낀다. 뉴스는 그들을 동요시키고 파도처럼 넘쳐나는 음악 소리가 그들을 압도한다. 이런 예외적인 상황에서도 우리는 완성 단계에 이른 공연을 이틀 뒤에 해야 하는 것인가? 그들은 독일인들의 역겨운 축하에 대응하기 위해 공연을 강행하기로 결정한다. 한편 그들은 굴 파기 작업에 한층 더 정력적으로 매달린다. 드디어 공연날 프랑스 병사들은 무용수라는 어울리지 않는 역할을 맡아 제법 능숙하게 연기를 해 낸다. 박스석에는 캠프의 사령관이 그의 부하들에게 둘러싸여 프랑스인들의 열정과 기백에, 마치 미친 사람처럼, 웃어대며 즐거워한다.

공연에서 마레샬은 대부 역할을 맡는다. 그는 한쪽 구석에서 가짜 턱수염을 붙이던 도중 갑자기 소식을 전해 듣는다. 그는 무대로 뛰어올라 공연을 멈추고 무대의 끝으로 걸어나가 우뢰와 같은 목소리로 선언한다. "여러분, 방금 우리는 두오몽을 탈환했습니다!"

잠시 침묵이 흐르고, 방의 한 구석에서 누군가 프랑스 국가 "라 마르세예즈"를 부르기 시작한다. 모두들 일어서서 노래를 부른다. 사령관은 자리에서 일어나 격노한다. 무대 위에서는 감격한 군인들이 마치 7월 14일 혁명일인 양 춤을 춘다. 그 전날 밤에 대한 그들의 복수를 막을 방법은 아무것도 없었다. 무장한 독일 경비대가 급히 방으로 들어온다. 하지만 모두들 그 방에서 떠나기를, 입을 다물기를, 독일군의 명

령에 복종하기를 거부한다.

곤봉을 치켜든 독일인들이, 아무도 막을 수 없는 물결에 휩싸여 미친 듯이 춤추고 울부짖는 사람들 사이로 밀고 들어온다.

소동을 선동한 마레샬은 45일간 독방에 감금된다. 45일간의 완벽한 어둠과 적막. "모든 전쟁을 끝장내는 전쟁, 그것은 좋은 것." 첫 날 마레샬은 그렇게 되뇌인다…… 그러나 적막과 어둠은 가장 강한 자조차 굴복하게 만드는 지독한 적이다.

매일 5분 동안 경비원이 와서 그를 살펴보고 그가 식사하는 동안 감옥의 불을 밝힌다. 프랑스어를 한 마디도 모르는 늙은 경비원은 연민의 눈길을 보낸다. 5분 동안 마레샬은 그에게 쉬지 않고 얘기한다. 그는 인간의 음성을 들어야 했다. 그에게 대답해 주는 누군가의 목소리가 필요했다. 하지만 경비원은 알아듣지 못한다. 그는 고개만 끄덕일 뿐 아무 말도 하지 않는다. 마레샬은 위험할 정도로 절박해진다. 그는 더 이상 견딜 수 없다. 그는 방 안에서 울부짖는다. 그는 자살할 생각을 한다. 늙은 경비원이 나타나 따스한 미소와 눈길로 그를 진정시킨다. 이 늙은 경비원의 소리 없는 동정심만이 마레샬을 정신 이상과 죽음으로부터 보호해 주고 있다.

마레샬이 친구들에게 돌아온다. 그들이 파던 굴은 이제 거의 끝나간다. 하지만 그들은 이 사실에 기뻐하지 않는다. 그들이 어떤 이유로 낙담하고 서로에게 화가 나 있는지 마레샬은 처음엔 알지 못한다.

바로 그것은 그 여자, 그 여자의 아름다운 다리 때문이었다. 농담으로 시작된 일은 강박 관념으로 변했고, 그들은 스스로의 좌절감을 서로에게 표출시키기 시작했다. 그들은 어떻게든 그 요부를 만나 더 이상 사랑에 굶주린 남자들의 갈증을 자극하지 말도록 가르쳐야 한다. 그들

중 하나가 환기구 옆에 숨어 있다가 그녀가 막대 위에 다리를 올리면 그 다리를 잡아서 자기들의 포로로 삼기로 한다.

그들은 기다린다. 그녀가 온다. 여느 때처럼 무자비한 그녀의 드러내기. 그녀는 붙잡힌다. 모두들 달려들어 환기구를 통해 그녀의 다리를 붙든다. 그녀의 비명 소리에 그녀의 친구들은 어깨를 잡고 그녀를 반대 방향으로 끌어당긴다. 남자들은 그녀의 신발을 벗기고 스타킹을 찢는다. 모두들 그녀의 신선하고 매끈한 피부를 만지고 싶어한다. 마레샬은 잔인하게도 그녀를 입으로 깨물고 그녀는 비명을 지른다. 남자들은 뒤로 물러서고 친구들이 그녀를 데리고 간다. "이제 그 여자는 우리를 괴롭히지 못할 거야!" 남자들이 외친다.

그 날 밤 굴을 파던 병사가 미친 사람처럼 기어 나온다. 드디어 내일 밤 도망칠 수 있게 된 것이다!

그러나 모든 것을 예견할 수는 없는 법…… 다음날 아침 점호 시간에 하사관은 한 시간 이내에 떠날 준비를 하라고 말한다. 그들은 다른 캠프로 이송되는 것이다. 그들은 서로 뿔뿔이 흩어진다. 그들의 엄청난 노력과 끈질긴 인내가 모두 허사로 돌아가 버린 것이다.

잠시 후 그들은 앞뜰에 모여 있다. 적어도 다른 누군가가 그 굴을 이용할 수 있다면…… 하사관은 그들에게 방금 캠프에 도착한 여섯 명의 영국인 장교들을 소개한다. "이들이 여러분이 썼던 방을 사용하게 될 것이다……"

무슨 수를 써서라도 그 영국군들에게 얘기를 해 줘야 했다. 마레샬이 대열에서 이탈해 영국 군인들 중 한 명에게 다가가는 데 성공한다. 그는 설명한다. 왼쪽 구석에 벽돌 한 장만 들어내면 바로 굴을 찾을 수 있을 거요…… 영국인은 프랑스어를 하나도 알아듣지 못한다. 그는 미소 짓는다. 마레샬은 집요하다. 그는 몸짓을 쓴다. 영국인은 크게

웃고는 마레샬의 등을 다정하게 두드린다. 비밀을 전달할 수 없는 마레샬은 대열로 돌아갈 수밖에 없다. 브왈디유와 함께 그는 독일의 중심부로 이송된다.

영국인들이 막 프랑스인들이 떠난 방에 들어온다. 그들은 방의 구조를 계산하더니 그 중 하나가 즉시 탈출할 계획을 생각해낸다. 프랑스인들과 정확히 동일한 계획이다. 하지만 구멍을 어디에 뚫을 것인가? 왼쪽에? 오른쪽에? 그들은 토론을 거쳐 오른쪽에 뚫기로 합의한다. 프랑스 포로들이 남긴 완성된 굴에서 5미터 떨어진 지점에 영국인들은 똑같은 신념과 끈질김으로 굴을 파기 시작한다!

두 번째 캠프는 중립 국경에서 멀리 떨어진 음울한 지역에 위치하고 있다. 두 사람은 탑들과 성벽 그리고 돌로 만든 벽으로 이뤄진 중세 시대 성 안에 갇힌다. 그곳의 규율은 무시무시하다. 그리고 모든 이들은 지쳐 있다. 이 전쟁은, 모든 전쟁을 끝장내는 이 전쟁은 도대체 끝날 기미가 안 보인다…… 여기에는 극장도 없고 여자의 다리를 훔쳐볼 일도 없고 몽테 크리스토 백작의 굴도 없다. 따분함과 절망만이 있을 뿐.

마레샬과 브왈디유는 새로운 동료들을 만난다. 탈출 얘기에 전혀 관심이 없는 전직 열쇠 수리공 출신의 육군 보병단 장교. 그는 각자 자기 일이나 신경 쓰면서 모두 옛날 직업으로 돌아가게 될 날을 기다리자고 말한다. 이류 시인의 시를 번역하는 그리스어 교수. 그는 자신의 수도승적인 작업에 전적으로 매달릴 수 있는 현재의 감금 상태가 특별히 고통스럽지 않다. 또 하나의 기병대 대위인 기 드 생 프리바. 그는 브왈디유와 같은 세계, 같은 계급 출신이다. 막사 안에서 그 둘은 자신들만의 파벌을 형성한다. 이런 지옥 구덩이 같은 곳에서조차 기회만 주어지면 사회 계급은 기존의 방식대로 배열되는 것이다. 말 많고 냉소적인

파리 출신. 그의 끊임없는 재치는 이제 더 이상 아무도 즐겁게 하지 않는다. 에콜 폴리테크닉을 나온 흑인. 냉정하고 예의 바르며 내성적이다. 끝으로, 마른 몸매에 잘생긴 외모의 돌레트. 아름다운 이마와 매력적인 눈을 가진 똑똑한 소년이다. 겉으로 보기에 이 지적인 소년과 기계공인 마레샬 사이에 무슨 공통점이 있는가? 그렇지만 그 둘은, 진정한 남자들인 그 둘은 단번에 서로를 알아본다. 그들은 앞으로 서로 떨어지는 일이 없을 것이다.

비어 있는 침대 하나…… 침대 주인은 독방에 있다. 그는 코트 뒤 노르Côtes–du–Nord에서 온 브르타뉴 지방 출신으로, 남에게 해를 끼칠 줄 모르는 약사 조수다. 그는 독일인에 대해 엄청난 증오를 가지고 있다. 그는 자신의 감정을 조절할 줄 모른다. 점호 시간에 두 차례, 그는 앞으로 한 발 걸어나와 깎듯이 경례를 한 후 냉정하게 독일인 하사관에게 선언하였다. "나쁜 놈들, 다들 지옥에나 가버려라!"

첫 번째는 30일 독방이었다. 그 다음에는 60일. 그는 두 번째 형을 살고 있는 중이다.

탈출…… 마레샬은 이 생각에 끊임없이 시달린다. 하지만 어떻게? 가장 중요한 필수품은 독일 지도이다. 그는 초콜릿 바 속에 숨겨 입수한, 우표 크기만한 지도 조각들을 조금씩 이어 붙이고 있다. 하지만 많은 초콜릿 바들이 전달 과정에서 분실되어, 지도에는 많은 구멍들이 있다.

어느 날 아침 키 작은 브르타뉴 출신 약사가 돌아왔다. 그를 알던 사람들은 돌아온 그를 거의 알아보지 못한다. 그는 거의 두 발로 서지 못한다. 너무나 비참하고 애처로운 그의 모습에 파리 출신 남자는 울음을 터뜨린다. 다른 사람들이 지옥에서 빠져나온 그의 주위로 모여든다. 정신이 흐릿한 그는 그들에게 반응할 힘이 없다. 그리고 점호 시간이

되었다.

사람들은 일렬로 서서 자기 이름을 부르면 대답을 한다. 브르타뉴 지방 사람은 자기 차례에 대답을 한다. 앞으로 나아가더니 깎듯이 경례를 하고는 단호한 목소리로 선언한다. "나쁜 놈들, 다들 지옥에나 가버려라!"

포로들은 초라하지만 가능한 자원들을 끌어 모아 막사 안 낡은 난로 위에 작은 대장간을 만든다. 그들은 열쇠를 만들고자 한다. 조용히 지내고 싶어하는 열쇠 수리공은 도움 주기를 거절한다. 그럼에도 결국 그는 단지 자기 기술에 대한 열정 때문에 수락하게 된다.

어느 날 밤 마레샬과 돌레트는 그 열쇠로 방에서 나와 복도를 돌아다니기에 이른다. 그들은 우연히 탄약이 저장된 방을 발견한다. 그들은 탄약으로 캠프를 날려버릴 생각을 한다. 하지만 몇몇 늙은 독일인을 죽이려고 다른 모든 친구들의 목숨도 함께 빼앗는 것은 가치 없는 일이다. 그들은 권총 두 자루를 가지고 원정에서 돌아온다.

그들은 뭔가를 시도해야만 한다. 동료들이 캠프의 한쪽 끝에서 가짜로 난동을 일으키는 사이 두 사람이 탈출하기로 한다. 게임의 법칙이 적용된다. 가장 적합한 두 사람인 마레샬과 돌레트가 탈출을 시도하고 가장 부적합한 두 사람인 파리 출신과 브왈디유가 희생하기로 한다. 뒤의 두 사람은 자기들이 살아서 빠져 나가지 못할 거라는 것을 안다. "모든 전쟁을 끝장내려는 전쟁, 그것은 가치가 있다……"

권총 하나는 소동을 일으키는 척 가장하는 쪽에, 다른 하나는 탈출하는 쪽에 주어진다. 탈출하기로 정한 밤이 되었다. 파리 출신이 명령에 따르기를 거부한다. 브왈디유가 나서서 경비원을 가격한다. 즉각 엄청난 혼란이 발생한다. 모두들 뛰고 고함을 지른다. 브왈디유와 파리 출신은 지붕 위로 기어오른다. 그들은 권총을 발사한다. 독일군 원조

부대가 달려온다. 더 많은 총격들. 파리 출신이 쓰러진다. 브왈디유는 건재하다. 마침내 그도 총에 맞는다. "모든 전쟁을 끝장내는 전쟁, 그것은 좋은 것……"

모든 세세한 면에서는 혐오스러웠으나 결정적인 순간마다 더없이 훌륭했던 이 남자는 두 친구의 탈출을 위하여 죽는 것이다. 마레샬과 돌레트는 담을 넘는다. 권총과 지도 그리고 약간의 과자와 설탕을 가지고 그들은 걸어서 스위스 국경까지 갈 수 있을 것이다.

경보가 울렸다. 그들은 첫날밤을 소나무 숲에서 보낼 것이다. 플래시 전등들이 그들의 뒤를 쫓고 있다. 그들은 거의 잡힐 뻔했으나 가까스로 도망간다…… 길은 열려 있지만 가야 할 목적지는 멀다……

설탕과 과자는 이내 없어진다. 마레샬과 돌레트는 낮에는 좀처럼 찾기 힘든 곳에 은신하고 밤에는 도시와 심지어는 작은 마을조차 피하면서 걷는다.

그들은 이미 지쳐 있다. 더구나 밤에 도랑을 건너다가 돌레트가 다리를 접지르는 바람에 상황은 더 나빠졌다. 돌레트는 접질린 부위가 뒤틀린 건지, 뼈가 부러졌는지, 아니면 근육이 찢어졌는지 알 수 없지만 통증이 너무 심해 더 이상 걸을 수가 없다. 두 사람은 필사적으로 도랑에 몸을 숨기고 부상 부위를 살펴본다. 도랑 옆길 위로 행군하는 군인들의 군화 소리가 들린다. 그들은 오래된 행진가를 부르고 있다. 그들은 숲을 가로지르는 예비군 중대였다. 그들은 옆을 지나 계속 행진해간다.

돌레트는 마레샬에게 자기를 버리고 혼자서 갈 길을 가라고 요구한다. 하지만 그럴 수는 없다. 그들은 마을에서 그리 멀리 떨어져 있지 않다. 마레샬은 그의 친구를 끌어다 버려진 외양간에 숨긴다. 소들은 오래 전에 잡혀먹히고 없다.

건초 더미에 길게 뻗어 누으니 돌레트는 훨씬 나아진 것처럼 느낀다. 이내 그는 잠이 든다. 마레샬은 문이 삐걱거리는 소리와 발걸음 소리에 귀를 기울인다. 문 아래로 불빛이 보이고 문이 열린다. 문간에 한 여자가 램프를 손에 들고 서 있다. 그녀는 아름다운 아이들을 세상에 선사해 주는 다른 독일 여인들처럼 금발이었다.

그녀는 긴 잠옷을 입고 어깨에 숄을 걸치고 있다. 그녀는 맑고 고요한 파란 눈으로, 자기 손에 운명이 달린 두 프랑스 포로를 응시한다. 그녀는 경찰을 부르러 갈 것인가?

그녀는 침착하다. 그녀는 천천히 움직인다. 그녀는 마레샬을 바라보고, 그는 그녀가 아름답다고 생각한다. 그녀는 어깨에 두른 숄을 걷고 램프를 불어 끈 다음, 마레샬 옆 따스한 건초 더미 위에 앉는다. 그리고 마레샬은 그녀가 정열적인 외국어 발음으로 속삭이는 얘길 듣는다. "모든 남자들이 떠난 지 1년이 넘었어요……"

새벽에 마레샬은 헛간에서 나와 마당에서 계란을 찾는다. 그 동안 부드럽고 아름다운 머릿결을 흐트린 채 독일 여인은 잠들어 있는 돌레트의 품 안에 누워 있다.

두 사람은 다시 길을 떠나야만 한다. 두 연인은 그들이 공유했던 여인에게 작별을 고한다. 그녀는 두 사람에게 똑같은 미소를 짓는다. 그리고 오랫동안 그녀는 두 사람이 멀리로 사라지는 것을 지켜본다.

둘은 스위스 국경에 도착했다. 이제 건너편에 도달하려면 국경 경비대를 통과해야 한다. 그들은 순찰대를 피해 좁은 산길을 통해 목적지로 가다가, 중간에 한 명의 경비병을 발견한다.

이 경비병은 두려운 적이 아니다. 그는 턱수염을 길렀는데, 그 수염은 흰색을 띠고 있다. 이상한 운명이 그를 많은 식구들로부터 떨어져

나오게 해, 이 동떨어진 세계에 보초를 서도록 데려다 놓았다……

하지만 두 사람은 그를 지나야만 한다. 마레샬은 권총을 쥔다. 독일군은 총을 내려놓은 채, 손에 입김을 불고는, 천천히 수통의 물을 마신다. 마레샬은 차마 그를 쏠 수 없다. 그는 돌레트에게 총을 주려고 한다. 돌레트는 거부한다. "저 늙은이는 자동차 정비공인 내 삼촌을 닮았어……"

나뭇가지 꺾이는 소리에 독일군은 총을 잡고 우리의 주인공들 쪽으로 돌아선다. 마레샬은 조준한다. 두 발이 발사되고 독일군은 쓰러진다. 길은 뚫렸다.

새벽녘에 마레샬과 돌레트는 스위스에 있다. 아주 흉한 몰골로. 그들은 허기져서 죽을 지경이다. 이제는 낮에도 걸을 수 있는 길에 어린 소녀가 혼자 걸어오고 있다. 그녀는 멋진 빵 한 개를 들고 있다. 그들은 그녀로부터 그 빵을 훔친다. 그리고 놀란 소녀가 눈물 젖은 눈으로 바라보는 앞에서, 턱수염 더부룩하고, 지저분하고, 꼴사나운 이 두 남자들은 금빛 빵껍질을 게걸스럽게 물어뜯는다.

이제 자유로움 속에 편안한 마음으로 두 사람은 길가에 앉아 얘기를 나눈다. 확실히 올해가 가기 전에 전쟁이 끝나겠지? 그들은 자기들이 이겨낸 모험과 새 평화를 축하하기로 한다. 그들은 막심 레스토랑에서 크리스마스를 축하하기로 계획을 세운다! 두 사람은 한번도 가보지 못한, 브왈디유가 늘 얘기하던 그 막심 레스토랑. 그들은 1918년 12월 25일에 거기에서 만날 것을 맹세한다. 그들은 8개월 전에 테이블을 미리 예약하기로 한다.

1918년 12월 25일. 평화가 오고 난 후 첫 번째 크리스마스. 막심 레스토랑은 승리의 열광 속에 빠져 있다. 홀은 연합군 병사들로 시끌벅적하

다. 화려하고 눈부신 여자들…… 이 모든 흥분과 기쁨이 있는 크리스마스는 다른 어느 것과도 비교할 수 없다…… 하지만 사람들로 꽉 찬 홀 한가운데 어째서 빈 테이블이 있는 걸까? 거기에는 '예약석' 이라는 푯말이 놓여 있다.

마레샬은 어디에 있는가? 돌레트는 어디에 있는가?

4. 〈게임의 규칙〉에 앞서

1939년 1월 25일자 〈푸르 부*Pour Vous*〉에 장 르느와르가 마르그리트 뷔소에게 〈게임의 규칙〉의 시나리오를 쓰기 전 자신의 생각을 설명한다.

__ 프랑수아 트뤼포

장 르느와르와의 대담

〈위대한 환상〉, 〈인간 야수〉의 감독이 새 영화 〈게임의 규칙〉에서 시나리오와 대사를 쓰고, 연출에 연기까지 겸할 예정이다.

"전 화요일에 떠납니다," 얼마 전 저녁에 장 르느와르가 내게 말했다. "그러니 저와 얘기를 하고 싶다면 그 전에 와주십시오."

그는 미소로 나를 맞이한다.

"우리는 내일 떠납니다." 그는 말한다. "〈게임의 규칙〉의 시나리

오를 끝내야 하는데, 파리 바깥으로 나가면 일이 훨씬 더 잘 될 것 같아서요."

"어디로 가나요?"

"나도 몰라요. 부르고뉴 지방이나 퐁텐블로의 숲을 생각하고 있답니다. 일단 차가 출발하면 동전을 던져 결정할 겁니다."

농담이냐고? 아니다. 장 르느와르를 아는 행운아라면 바로 이것이 일이 진행되는 방식임을 알 것이다.

왜 장 르느와르는 제작자가 되려고 하는가

"그럼 이제 당신은 제작자인가요?"

"아, 그럼요. 혹시 관심 있으시면 그 이유도 말씀드리죠. 우선, 좋은 주제가 있을 때, 나는 당장 찍고 싶어집니다. 제작자한테 찾아가서 설명하려면 따분한 건 말할 필요도 없거니와 시간이 낭비됩니다. 게다가 〈인간 야수〉 때 있었던 식의 일에 대해 걱정할 필요도 없지요. 일부 장면들이 다른 몇몇 나라들의 검열 기준에 맞지 않는다는 이유로 — 영화가 좋고 나쁘고와는 상관없는 얘깁니다 — 내 영화가 함부로 훼손되는 일 말입니다.[1] 내 영화를 구입하거나 대여하는 사람들은 그들이 받을 작품이 어떤 것인지 알게 될 겁니다. 덧붙여 말하자면, 나는 내가 접촉한 배급업자들로부터 친절한 환대와 많은 격려를 받았습니다. 적대 관계가 아니라 당연히 친구로서 말입니다. N.E.F.는 — 나는 우리 제작사를 이렇게 부릅니다 — 오랜 친구들이 지휘하고 있습니다. 한 명

1. 〈인간 야수〉는 로버트 하킴과 데이비드 하킴이 제작하였다. — 프랑수아 트뤼포

은 판매를 담당합니다. 또 한 명은 캐스팅을 담당하고요. 다른 한 명은 제작 책임자이고, 네 번째 인물인 앙드레 즈보보다André Zwoboda는 연출 일을 도와줍니다. 우리 다섯 사람은 마치 다섯 손가락처럼 지냅니다. 1년에 두 편의 영화를 만들 것이고, 음향 기사 르 브르타뉴, 촬영 기사 바슐레, 무대 장치가 루리에 등을 계속 직원으로 둘 수 있을 겁니다."

"내가 시나리오를 착상해 낸 〈게임의 규칙〉에서, 나는 대사와 데쿠파주를 담당할 것입니다. 또한 주요 역할도 직접 연기할 예정이고요."

"〈게임의 규칙〉이란 어떤 영화입니까?"

"우리 시대 부르주아에 대한 정확한 묘사라고 할 수 있습니다. 나는 모든 게임에는 규칙이 있다는 것을 보여 주고자 합니다. 규칙을 따르지 않으면 게임에서 지는 거지요."

여성에 대한 그의 지대한 사랑

"하지만 내가 이 영화에서 전달하고 싶은 것은 여성에 대한 나의 지대한 사랑입니다." 르느와르가 계속 얘기한다. "그러기 위해서는 남자들을 등장시켜야 하지요. 그 남자들은 여자들에 대해 떠들어대고, 여자들에 대해 이야기할 수 있는 모든 것을 말하게 될 겁니다."

"여주인공은 크리스틴인데, 무료함에 빠져 있는 이 세상의 모든 여자를 상징합니다. 제가 보기에 여성에게 주어지는 일은 따분한 것들뿐이에요. 크리스틴은 잘츠부르크 출신의 유명한 오케스트라 지휘자의 딸입니다. 그 스틸러라는 사람은 토스카니니 같은 자였습니다. 한 젊은 남작이 (아직 이름을 정하지 못했으니 일단 '남작'이라고 부릅시다) 스틸러를 파리로 데려오고, 그의 딸과 결혼합니다. 나중에 스틸러는 늙어서 죽고, 크

리스틴의 삶은 이미 오래 전에 바뀌어 버렸죠. 한때 아버지의 협력자였던 그녀는 이젠 리셉션이나 준비하는 부유한 마담 X에 지나지 않습니다. 그녀는 자신의 불안을 쫓아 버릴 만한 무언가를 필사적으로 찾고 있지요……"

"크리스틴에게 아이가 있나요?"

"아니요, 그러면 그녀의 삶이 달라질 테니까요……"

여성은 일을 하든가, 어머니가 되어야만 한다

"이 시대 여성에게는 두 가지 길이 있습니다. 하나는 일을 하는 것, 몰두할 수 있는 직업을 가지는 것이죠. 다른 하나는 아기의 엉덩이를 닦아 주면서 세월을 보내는 것입니다. 두 가지 중 어느 하나가 아니면 여성은 항상 불행하고 인정받지 못한다고 느끼게 됩니다……"

"누가 크리스틴 역을 맡나요?"

"노라 그레고르입니다.

"크리스틴은 해결책은 명확하다고 생각합니다. 그녀는 심적 충동을 따르는 한, 모든 것이 단순해질 거라 믿습니다. 하지만 실제 상황은 이보다 훨씬 더 복잡하지요."

"그럼 남편인 남작은 누가 연기합니까?"

"달리오입니다."

"그가 '스틸러를 파리로 데려온다' 고 말했었죠?"

"남작은 예술 후원가입니다. 따분함 때문이라고 할 수 있지요. 아주 부유한 집안의 아들로 태어난 그는 몇몇 관공서의 의원입니다. 그는 예술을 후원하기로 결심합니다. 그가 예술을 이해할까요? 그저 약간 정도지요. 그에게 스틸러는 음악을 대표합니다. 그게 그를 파리로 데려오는 이유예요. 훗날 스틸러가 죽자 그는 음악에 대한 흥미를 잃고 그림으로 관심을 돌립니다. 한마디로 그는 예술 자체보다는 사람들을 더 좋아하는 겁니다."

"그 이외에 또 다른 주요 인물이 있나요?"

"네, 롤랑 투탱이 연기할 로맨틱한 연인이 있습니다. 놀라지 마세요. 나는 그것이 정확히 그를 위한 배역이라는 걸 확신합니다. 그리고 르두[2]와 결혼하는 매력적인 하녀도 있는데, 그녀는 카레트라는 밀렵꾼을 연인으로 가지고 있습니다."

"누가 그 역을 맡게 되나요?"

"아직 모르겠습니다. 그녀를 금발에 키가 큰 인물로 할지 검은 머리에 통통하게 할지 아직 못 정했거든요……"[3]

"당신은 어떤 역할을 맡을 건가요?"

"실패자예요! 나는 음악가가 되고 싶지만 너무 게으르지요. 그래서 음악 비평가가 되는 것으로 만족합니다. 그래서 모든 사람들에게 조언을 하는데, 거기서 최악의 문제, 불가능할 만큼 복잡한 상황이 초래됩니다."

2. 페르낭 르두는 가스통 모도로 교체된다. — 프랑수아 트뤼포

3. 결국 영화에는 키 작은, 금발의 통통한 배우 폴레트 뒤보스트가 나온다. — 프랑수아 트뤼포

"얼마나 오랫동안 촬영할 겁니까?"

"솔로뉴에 원정 가서 찍는 것까지 포함해 8주 정도요."

"그후에는요?"

"그후에는…… 편집이 있겠지요. 나는 〈게임의 규칙〉을 뉴욕 세계 박람회에서 상영할 계획입니다. 그리고 나서요? 새로운 영화를 시작하기 전에 약간의 휴식을 취해야겠지요."

5. 〈게임의 규칙〉 초기 시나리오 (발췌본)

〈게임의 규칙〉 초기 시나리오는 영화 작품 목록에서 클로드 베일리가 쓴 훌륭한 요약이나 〈아방 센느*L'Avant–Scène*〉(52호)에서 읽을 수 있는 최종판보다는 〈푸르 부〉와의 인터뷰에서 르느와르가 갖고 있던 생각에 더 가깝다.

만일 〈게임의 규칙〉이 르느와르의 영화들 가운데 가장 흥미 있는 작품이라면, 이 영화의 역사 — 이 영화의 구상 이전과 도중, 그리고 그 이후 — 또한 그러하며, 그 자체가 한 권의 책으로 쓰여질 만한 가치가 있다는 것은 의심의 여지가 없다(존 휴스턴의 〈전사의 용기*Red Badge of Courage*〉의 촬영 과정에 대하여 쓴 릴리안 로스의 《영화는 영화다*Un film est un film*》와 같은 맥락으로).

우리가 찾아낸 초기 시나리오의 발췌본은 그 유명한 사냥 장면 앞에서 중단되지만, 그럼에도 그것은 잊혀지거나 버려지거나 수정된 세부 사항들을 통해, 즉 최종판과의 차이점을 통해, 장 르느와르의 의도가 무엇이었는지를 잘 보여 준다.

__ 프랑수아 트뤼포

도입부

파리 오페라 극장. 폴 스틸러의 지휘로 훌륭한 연주회가 열리고 있다. 그의 친구 로베르 몽퇴는 이 위대한 지휘자를 설득해서 파리로 데려왔을 뿐 아니라, 선풍적인 인기를 얻고 있는 이 공연을 재정적으로 뒷받침했다. 몽퇴는 매우 자랑스러우며, 마치 자신이 그 음악을 작곡한 것처럼 축하를 받는다. 청중들의 열기는 대단하다. 몽퇴는 이 대성공을 이용해 스틸러의 딸인 크리스틴에게 청혼하기로 결심한다.

크리스틴과 비행사인 앙드레 카르티에와의 대화.[1] 앙드레 카르티에는 크리스틴을 사랑하나, 그보다 비행을 더 사랑한다. 이 아가씨는 스스로 낯선 세계로 들어가는 게 불가능하다고 느낀다. 그녀는 아버지를 도와 주고 있는데, 유명한 골동품 수집가이자 음악 후원자인 몽퇴와 결혼하면 자신의 이러한 생활을 바꾸지 않아도 될 것이다. 딱 한 명이 그 계획을 달갑지 않게 느낀다. 그는 마흔다섯 살의 옥타브로, 지난 25년간 스틸러의 친구이자 성공하지 못한 작곡가이다. 옥타브는 비엔나의 스틸러 집에 사실상 얹혀 살면서, 크리스틴을 딸처럼 잘 아는 인물이다. 그는 몽퇴도 좋아하지만 크리스틴을 더 좋아하며, 크리스틴이 몽퇴보다 더 영리한데다 몽퇴는 돈은 많지만 어리석기 때문에 두 사람의 결혼은 오래가지 못할 거라고 생각한다. 사람들은 그의 말을 조롱한다. 그리고 결혼이 이루어진다.

장면 I

부르제 공항. 프랑스 국가 "라 마르세예즈"가 울려 퍼지고 군중들은 흥분해 있다. 앙드레 카르티에가 전 세계 비행 기록을 깨고 방금 착륙한

1. 영화에서 앙드레 카르티에는 앙드레 쥐리유로 바뀐다. — 프랑수아 트뤼포

것이다. 행복에 도취한 군중의 광기가 묘사된다.

지위가 높은 저명 인사가 카르티에를 축하한다. 가장 아름다운 여자들이 그에게 키스를 퍼붓는다. 마침내 그는 자기 차에 올라탈 수 있게 된다. 이 멋진 자동차에 그를 태우고 운전사는 재빨리 사라진다. 파리로 가려는 길은 넘치는 차량들로 인해 막혀 있으므로 상당히 돌아가야만 할 것이다.

장면 Ⅱ

카르티에가 집에 도착한다. 팔레 르와이얄이 내다보이는 아름다운 아파트. 운전사와 하인들이 문 앞에서 기다리며 환호하는 팬들 사이에서 그를 빼내는 데 성공한다.

마침내 그는 집 안에 있다. 그의 호화로운 아파트는 꽃들로 채워져 있다. 거의 모든 꽃들이 연극이나 영화의 여배우들이 보낸 것이다.

탈진한 그는 시종에게 옷을 벗기도록 시킨다. 전화벨이 울린다. 공항에 그를 만나러 나갔지만 그의 근처에 접근하지 못했던 친구 옥타브다. 그는 근처 바에서 전화를 건다. 카르티에는 그에게 당장 집으로 오라고 말한다.

카르티에가 옥타브에게 건넨 첫 질문은 "그녀가 공항에 왔었나?"이다. 우리는 그녀가 카르티에가 대단히 사랑하는 여자임을 알 수 있다. 옥타브는 오늘이 '그녀의 날'이기 때문에 갈 수 없었다고 대답한다. 차, 칵테일, 작은 오븐 요리들, 저명한 인사들 등. 아무리 친구의 대성공을 보고 싶어도, 그렇게 중요한 행사를 놓칠 수는 없다.

카르티에는 자신의 사랑을 그녀에게 선언하겠다는 단호한 의지를 밝힌다. 옥타브는 그것은 안 되며, 그에게는 가능성이 없다고 말한다. 그는 친딸과도 같은 알린[2]을 잘 안다. 그녀의 아버지 브리엔 대령은 그

의 가장 친한 친구이다. 두 사람은 전쟁에 함께 참전했었다. 하지만 알린은 아주 올바른 여자로, 열정은 없지만 진심으로 남편과의 결혼에 동의하였고, 아마도 남편에게 계속 충실할 것이다.

앙드레는 친구의 경고에 수그러들지 않는다. 그는 전화기를 들어 알린에게 전화를 걸어 다음날 만날 약속을 한다.

그후 탈진하여 그는 잠에 빠져들기 시작한다. 옥타브는 그를 깨워 자신이 오늘밤 이곳에 머물 것임을 알린다. 그는 지금 수중에 한 푼도 없으며, 막 호텔에서 쫓겨난 처지이다. 앙드레는 고개를 끄덕인다. 옥타브는 위스키 소다를 한 잔 그득히 만들면서, 그럼 곧 옷가방을 가져오겠다고 말한다.

장면 Ⅲ

다음날. 알린의 집. 여자들이 파티를 벌이고 있다. 알린의 남편 로베르 뒤느와이에는 일하러 나갔다. 그는 성공한 변호사이다. 그는 아주 부자에다 매우 바쁘다. 이 여자들의 남편들은 산업계 혹은 재계에서 중요한 인물들이다. 사실 이 남자들은 완전히 별개의 삶을 살고 있으며, 부인들이 보는 것은 단지 그 작은 일부에 불과하다. 이 모든 것의 뒤에 깔려 있는 원칙은 이런 계층에 있는 남편들이란 그림을 수집하고 경주마와 멋진 자동차를 지니듯이 부인을 데리고 있는다는 것이다.

아이가 없는 상류층 여자는 무엇을 할 수 있을까? 그녀가 따분함으로 죽고 싶지 않거나 스스로 어리석게 보이고 싶지 않거나 사소한 일에 잠겨버리고 싶지 않다면, 그녀에게 남은 것은 딱 한 가지, 바로 연

2. 도입부와 이 두 번째 장면 사이에, 아버지, 남편의 이름과 더불어, 여주인공의 이름이 바뀌지만, 그것은 영화상에서 최종적으로 크리스틴(노라 그레고르)이라 명명되는 동일 인물을 말하는 것이다. — 프랑수아 트뤼포

인을 만드는 것 뿐이다.

다른 탈출구를 얘기해 보자. 종교, 자선 활동, 음악.

역시 연인이 제일 낫다. 그것은 살아 있는 대상이며, 남편의 입장에서 보면 부인에게 연인이 있는 것은 그의 사회적 유대를 넓히고 강화하는 수단이 되는 것이다.

사교계는 자신들의 물질적 성공을 위해 서로 싸우는 일당들로 구성되어 있으며, 강한 결속력으로 화합하는 것은 그 일당 구성원들의 이익에 부합하는 것이다. 사람은 단지 상황을 계속 따라가면서 게임의 규칙만 잘 지키면 된다.

이 게임의 규칙이 알린을 격노하게 한다. 그녀는 만일 남편 이외의 누군가를 사랑하게 된다면 게임의 규칙을 무시하고 주저 없이 그에게 자신을 내던질 거라고 단언한다. 이때 방문객이 있다는 전갈이 오고 알린은 친구들과 헤어져 나온다.

장면 Ⅳ

손님은 어제 통화에 이어 자신의 사랑을 선언하려고 찾아온 앙드레다.

그는 오는 도중 긴 연설을 준비했으나, 막상 젊은 여인이 나타나자 무엇을 얘기할지 생각이 나지 않는다. 알린이 먼저 그의 성공을 축하하고는, 그가 자기에게 무슨 말을 하려는지 잘 알고 있다고 하면서 그를 편안하게 해 준다.

그의 비행 이전에, 두 사람은 이미 여러 차례 만났었고, 한 번은 저녁 파티에서 그가 그녀에게 매우 감미로운 말들을 건넸으며 그녀는 그것을 용인했었다. 하지만 이제 그녀는 우아한 그의 아파트에서의 비밀 만남도, 그런 일이 초래하는 일련의 거짓말과 위선도, 더 이상 감당할 수 없다고 말한다. 그는 자신의 순수한 의도를 항변한다. 그런데 만

일 그의 의도가 순수하다면, 그는 그녀를 데리고 도망가 함께 살고 싶어 할 것이다. 그녀는 남편과 그 사이에 벌어질 싸움을 상상한다. 어쩌면 두 사람이 결투를 하게 되는 게 아닐까? 그녀는 대중적 스캔들의 주인공이 될 것이다. 하지만 그녀는 자신이 그러한 역할에 전혀 어울리지 않는다고 생각한다. 그녀에게는 자신을 대단히 만족시켜 주는 남편이 있고, 현재의 상황에 만족하고 있는 것이다.

앙드레는 그녀가 대단하지만 권위적이고 자기 중심적인 남편을 진정으로 사랑한다는 것을 믿을 수 없다.

단 한 가지, 만일 알린이 정말 그를 강력히 거절하고 싶다면 어째서 지난 번에는 그가 다가가도록 허락했으며, 왜 당시에는 그녀가 거의 그를 부추키기까지 했단 말인가?

알린은 여자의 본능적인 교태에 대해 말한다. 단지 남자에게 듣기 좋은 얘기를 하도록 내버려뒀다는 것이 약속을 뜻하는가?

그래도 앙드레는 고집을 꺾지 않는다. 그는 그녀에게 접근하는 모든 이들에게 질투를 느낀다. 그는 그녀 남편을 질투한다. 그는 그녀를 자기 것으로 만들고 싶다.

그녀는 자신이 세상에서 누구보다도 존경하는 위대한 인물이자 세상의 영웅으로부터 사랑 받게 되어 대단한 영광으로 여기지만, 그들 사이의 사랑은 불가능하다고 얘기하면서 대화를 마친다. 우정, 동반자 의식, 동료애 — 그가 뭐라고 부르든 간에 — 그 이상은 안 된다고 말한다. 그는 낙담하여 떠나고 그녀는 친구들이 기다리고 있는 방으로 돌아간다.

장면 V

창문을 통해 알린의 한 친구가 카르티에가 떠나는 걸 보고 있다. 그녀는 그의 방문이 무엇을 의미하는지 알아챘다. 이내 모든 여자들은 약간

의 질투심과 함께 알린의 이 멋진 관계에 대해 빈정거림을 섞어 축하한다. 그녀들은 알린 또한 자신의 현 상황을 위험에 빠뜨리지 않으면서 즐거움을 구가하고 있으며, 비록 부인하고는 있지만 그녀 역시, 자기들과 마찬가지로 게임의 규칙을 지키고 있다고 생각한다.

장면 Ⅵ

앙드레는 알린의 집 근처의 블로뉴 숲에서 기다리고 있던 옥타브와 다시 만난다. 그는 자신의 실패에 대해 얘기한다. 옥타브는 격노하면서, 서로 잘 안 맞는 사람들끼리 만나서는 세상에서 아무것도 이루어지지 않는다고 단언한다.

그가 세상에서 제일 사랑하는 사람은 알린이다. 그녀의 아버지는 가장 절친한 친구였다. 그의 죽음은 아직도 극복하기 힘든 슬픔이다. 그녀가 어렸을 때 그녀의 어머니는 그녀를 돌보지 않았고, 당시 그녀를 데리고 나가 함께 놀아 준 것은 바로 그였다. 목요일마다 그는 그녀를 수녀원에서 만나 차에 태워 극장이나 영화관에 데려가거나 아니면 그저 회전 목마를 태워 주곤 했다. 그는 그녀가 행복하게 사는 모습을 보고 싶었기에 그녀가 말도 안 되는 변호사와 결혼하는 것이 유감스러웠다. 그녀가 그와의 결혼을 받아들인 것은 단지 그녀의 어머니를 비참한 생활에서 구해내려는 이유에서였을 것이다. 반면 그는 앙드레를 좋아하고 존경한다. 그리고 이제 그는 국가적 영웅이 되었다. 이 두 사람은 완벽한 한 쌍이 될 것이다.

하지만 당연히 일은 그렇게 풀려나가지 않는다. 그래서 옥타브는 자신이 나서기로 결심한다. 이 순간부터 앙드레와 알린의 결합은 그의 인생의 목표가 될 것이다. 그의 친구와 헤어지면서 그는 이 임무에 헌신할 것을 다짐한다.

〈게임의 규칙〉

장면 Ⅶ

뒤느와이에의 집. 사업상 이루어진 점심 식사의 말미. 알린을 빼고는 모두 남자들이다. 처음에 그들은 약 1주일 후 사냥 여행을 떠나는 뒤느와이에와 알린에 대해 얘기한다. 그 이외의 대화는 모두 사업에 대한 것뿐이다. 알린은 따분하다. 뒤느와이에는 옥타브가 그를 찾는다는 연락을 받는다. 결혼한 후로 그를 내내 못마땅하게 생각해온 뒤느와이에는 벌컥 화가 나서 아내에게 이 미심쩍은 인물을 대신 처리해 줄 것을 부탁한다. 알린은 그러겠다고 하고 옥타브를 맞으러 나간다.

장면 Ⅷ

알린이 옥타브를 맞이하는 방식은 그녀가 남편의 감정을 공유하지 않음을 분명히 보여 준다. 그녀는 그에게 열광적으로 달려가 무슨 일로 왔냐고 묻는다. 그는 말하고 싶었던 상대가 뒤느와이에였기 때문에 약간 당황한다. 그가 원하는 것은 단지 그에게는 친딸과도 같은 알린의

집에서 머물고 싶은 것이다. 현재 그는 돈 문제를 겪고 있으며 호텔에서 쫓겨났다. 물론 이 모든 상황은 일시적인 것일 뿐이며, 단지 요 며칠 동안만 지내면 되는데, 이 짧은 기간 동안이라도 다리 밑에서 자는 것은 피하고 싶다고 그는 말한다. 알린은 그녀의 대부가 하나도 변하지 않았고 예전과 똑같이 황당하고도 만사태평인 것에 아주 재미있어 한다. 그녀는 그에게 애정 넘치는 키스를 하고는 생각할 필요도 없이 그를 방으로 데리고 가서 그의 짐을 풀기 시작한다.

그의 가방에 있는 내용물들을 옷장에 정리하면서, 알린은 옥타브에게 왜 돈을 달라고 얘기 안 했느냐며 강하게 나무란다. 하지만 옥타브는 만일 자신에게 돈이 생기면 호텔비를 갚아야 한다는 의무감에 사로잡히게 될 텐데, 그것은 전혀 기쁘지 않다고 대답한다.

그는 자신이 온 것에 대해 뒤느와이에가 어떻게 받아들일지 좀 걱정이 된다. 하지만 그녀는 그를 안심시킨다. 아내가 오랫동안 돌아오지 않는 것에 놀라 뒤느와이에가 나타난다. 그는 불쾌한 표정으로 옥타브를 바라보지만, 알린은 약혼 당시 그가 했던 약속, 즉 그녀에게 누구든 원하는 사람을 재울 수 있는 방을 마련해 주겠노라는 약속을 상기시킨다. 다소 야비한 표정으로 뒤느와이에는 동의하고는 자기 손님들에게로 돌아간다.

그의 짐을 계속 정리하면서 알린은 이틀 후 점심 식사를 같이 할 것을 제의한다. 그 날까지 그녀는 사교계 생활 냉혹한 일정에 따라 움직여야 한다. 즉, 대사관에서의 저녁 식사, 골프 만남 등.

장면 Ⅸ

그렇게 이틀이 지나 프랑수아즈와 로베르, 그리고 옥타브가 한자리에 모여 점심 식사를 한다.[3] 이 첫 번째 식사는 다소 어색하다. 분위기를

띄우려고 프랑수아즈는 옥타브에게 필리핀 게임[4]을 하자고 제의한다.

프랑수아즈는 남편에게 약혼 당시 약속 받았던 손님용 방에 대한 얘기를 상기시킨다. 그녀는 옥타브를 받아들일 수 있게 해 준 이 합의에 대해 자축한다. 로베르는 옥타브에게 무슨 이유로 이렇게 영광스런 방문을 하게 되었는지 묻는다. 옥타브는 돈이 떨어져서라고 대답한다. 로베르는 가족의 신성함에 관한 장광설을 늘어놓더니, 기생충에 대해 말하기 시작한다. 옥타브는 속으로 기생충은 자신이 아닌 바로 로베르라고 생각한다. — 게임에 대한 대화는 그 이전 프랑수아즈와 옥타브 사이에서 일어나야 한다. — 관객은 젊은 여성과 오랜 친구를 묶어 주는 결속력의 성격을 즉각 이해해야 할 필요가 있다. 우리는 기생충에 대한 얘기 위에 겉모습에 대한 얘기를 접목할 수 있다. 예를 들어, 많은 사람들이 겉모습은 그렇지 않더라도 기생충 같은 존재다. 그들은 실질적인 필요 없이 단지 그들을 먹고살게 하기 위해서 생겨난 작업을 수행한다는 점에서 그러하다. 예를 들자면, 우리는 판사, 변호사 등 법률과 관련된 직업들이 단지 자신들의 존재를 정당화하기 위해 불합리한 법규들로 사회를 일부러 복잡하게 만들었다는 것을 떠올릴 수 있다. 또 하나의 예로, 우리는 환자가 없는 의사가 부유한 집안 사람들을 설득해서 그들의 식단을 점검하도록 자신을 고용하게 만들 계획을 궁리하는 것을 떠올릴 수도 있다. 매일 그는 그 집에 들러서 식단을 점검하고, 어제와 내일 것과 비교하면서, 열량을 기록해 나간다. 조만간 이 기록은 필수 불가결한 것이 되고, 돈 많은 집안 사람들은 이 전문가 없이 살아간다는 것은 감히 상상조차 할 수 없게 된다. 게다가 요리사들도 그가 하는 일이 과학

3. 알린이 프랑수아즈로 변했다. 하지만 그녀는 여전히 크리스틴이다! — 프랑수아 트뤼포

4. 프랑스의 게임으로 최소 얼마간 기다린 후 상대방에게 제일 먼저 '필리핀, 좋은 아침!'을 말하는 사람이 승자가 된다. — 옮긴이

적으로 보임에 따라 상당히 몸을 낮추고 그에게 경의를 표하게 된다.

로베르는 여전히 빈정대는 말투로 프랑수아즈와 옥타브에게 대답을 하지만 너무 바빠서 자리를 떠야 한다. 그가 떠나자마자 프랑수아즈와 옥타브는 방 주위에서 서로를 쫓으면서 놀기 시작한다. 갑자기 프랑수아즈가 멈춰 선다. 그녀는 옥타브에게 그가 온 진짜 이유가 무엇이냐고 묻는다. 그녀는 그가 말한 다리 밑에서 자는 얘기를 믿지 않는다. 그는 만일 그녀가 한 가지 질문에 대답해 준다면 진짜 이유를 말해 주겠다고 한다. 그녀는 동의한다. 그 질문은 "행복하니?"이다. 젊은 여자는 울기 시작하더니 그의 팔에 몸을 기대고서, 상층 부르주아 존재의 모든 공허함과 지루함을 고백한다.

노예 상태와도 같은 상류 계급 여성의 삶에 대한 묘사.

이 순간, 우리는 거리의 오르간 연주자의 소리를 듣는다. 프랑수아즈가 창문을 열고, 옥타브는 그에게 어떤 음악을 연주해 달라고 부탁한다. 오르간 연주자 주위에는 대여섯 명의 사람들이 둘러서 있는데, 그들 중에는 동네에서 일하는 인부와 그에게 줄 간식거리를 방금 전 가지고 온 아내가 있다. 그들은 매우 다정해 보이고, 행복하게 음악을 듣고 있다.

프랑수아즈는 옥타브에게 물론 그들의 힘든 삶을 상상할 수 있지만, 저렇게 따뜻하게 아내를 맞이해 주는 남편을 가질 수만 있다면 자신은 무엇이든 다 줄 거라고 말한다.

음악이 계속된다. 이제 옥타브가 자신에 대해 설명할 차례다. 그는 다음날 아침까지 미뤄 줄 것을 요청한다.

장면 Ⅹ

다음날 아침. 옥타브는 앞서 언급된 문제의 그 손님방에서 아직 자고 있다. 프랑수아즈가 필리핀 게임을 하기 위해 그를 깨우러 온다. 그녀

는 우선 옥타브 침대 옆 테이블에 잔뜩 놓여 있는 병들을 치우기 시작한다. 그는 간밤에 엄청나게 마셨다. 그리고 나서, 그녀는 게임에서 이기면 상으로 그에게 결혼하라고 요청하겠노라 말한다. 어쨌든 그에게는 재능이 있다. 그가 성공하려면 무엇이 필요한가? 그것은 금전적인 근심에서 벗어나 평화롭게 글을 쓸 수 있는 환경이다. 그녀에게는 부유할 뿐 아니라 훌륭한 아내가 될 만한 친구가 있다. 그 친구라면 그에게 많은 요구를 하지 않을 것이고, 질투의 감정으로 둘 사이의 아름다운 우정을 훼손하는 일 또한 결코 하지 않을 것이다. 그녀는 부자이고 요리도 할 줄 안다. 그는 멋지게 앉아서 걸작들을 쏟아낼 것이다. 옥타브는 그녀가 소개하려는 여자를 만나겠다고 동의한다. 단 프랑수아즈가 앙드레를 만나 그의 청혼을 고려한다는 조건하에서.

마침내 그들은 합의점을 찾아내고, 앙드레를 솔로뉴의 사냥 파티에 초대하기로 결정한다.

옥타브는 그녀의 남편을 폄하하고, 다가오는 앙드레와의 만남을 거짓되이 가볍게 묘사하면서 그녀에게 선전을 계속한다. 결국 이 만남은 무엇을 의미하는가? 그것은 하나의 실험이다. 그들은 서로에 대해 알게 될 것이다. 서로에 대한 속박 같은 것은 없다. 2주 이내에 앙드레는 그녀를 잊게 될 것이다. 그녀도 그를 만났던 것 때문에 더 불행해지는 일은 없을 것이며, 불필요하게 잔인해지는 것을 피할 수 있다.

그녀는 옥타브도 사냥에 오는 조건으로 동의한다. 그런 종류의 활동을 몹시 싫어하는 그는 사양하려고 애쓰지만, 결국 그것을 허락한다. 프랑수아즈는 방에서 나간다. 하녀가 아침을 들고 방으로 들어온다. 하녀와 옥타브 간의 오해 장면. 옥타브는 솔로뉴에서 누군가 애인이 생기는 일에 대해 신나게 얘기하는데, 하녀는 자신에 대해 얘기하는 것으로 착각한다. 그녀는 사냥터지기와 결혼했지만, 동시에 그 지역 한

밀엽꾼의 정부이기도 하기 때문이다.

이 장면은 암시적으로 진행해 나가야 할 것이다. 가령, 다른 모든 이들에게 그 상황이 어떤 것인지 알려 주기 위해, 프랑수아즈의 불행을 넌지시 알려 주어야 한다. 장면은 옥타브와 하녀가 상황을 완벽히 이해하면서 끝난다.

장면 XI

솔로뉴. 모든 초청객들이 뒤느와이에와 프랑수아즈 그리고 옥타브 주위로 성의 계단 위에 서 있다. 그들은 위대한 비행사이자 국가적 영웅인 앙드레가 온다는 사실에 매우 흥분해 있다. 그들은 그가 아직 도착하지 않아서 의아해하고 있는데, 특히나 H……라는 자동차 회사가 그에게 최신 스포츠카를 준 터라 더욱 그랬다.

회의적인 옥타브는 스포츠카에 대한 자신의 생각을 늘어놓는다. 자신에게는 고작해야 낡은 6기통 시트로앵이 있을 뿐이지만, 그래도 약속 시간에 늦는 일은 없노라고 말한다. 프랑수아즈는 이 말에 전적으로 동의하면서 앙드레를 조롱하려고 한다. 옥타브는 돌변해서 스스로 모순된 말을 한다. 그의 모순된 새로운 주장을 앙드레의 도착이 구해준다.

프랑수아즈는 앙드레를 맞는 사람들의 찬사에 신경이 거슬린다. 옥타브는 그녀의 기분을 풀어 주기 위해 최선을 다한다. 저녁 식사에 대한 간단한 묘사. 모든 이들이 앙드레의 비행과 사냥에 대해 얘기한다. 프랑수아즈는 이 상황이 우스꽝스럽다고 생각한다. 앙드레는 이 젊은 여인의 거부감을 눈치채고는 약간 당황해한다. 옥타브는 문제를 해결하려고 애쓴다.

식사 후 나이 많은 사람들은 탁구를 친다. 앙드레는 브리지 카드

놀이에 참여하기로 한다. 프랑수아즈는 여주인으로서의 의무에 여념이 없다. 옥타브가 하녀에게 농담을 건네는데, 그녀의 남편인 사냥터지기가 내일 해야 할 일을 지시 받으러 들어온다.

밤.

밀렵꾼이 사냥터지기 부인의 집에서 나오는 것이 보인다. 동시에 경비원이 보초에서 돌아오다가 어둠 속으로 도망치는 밀렵꾼을 향해 총을 쏜다.

성의 2층 복도. 문 하나가 열린다. 손님들이 잠옷 차림으로 법석을 떨면서 아래층 로비로 내려온다. 경비원이 들어와 밀렵꾼이 또 꿩을 훔치러 왔었다고 설명한다. 성에 사람들이 가득 차 있을 때 오다니 얼마나 대담한가. 경비원은 그를 붙잡으려고 했다. 밀렵꾼은 그를 향해 총을 쏘았으며 경비원도 응수했다.

뒤느와이에는 이런 일은 결코 용납할 수 없으며, 그러한 행동은 도둑질 그 자체라고 선언한다. 그는 만일 그런 일이 다시 한 번 생기면, 경호대를 조직해서 범인을 색출해 내고야 말겠다고 말한다. 모든 사람들이 동의하지만, 프랑수아즈와 옥타브는 전혀 관심을 보이지 않고, 이런 프랑수아즈의 태도를 눈치챈 앙드레는 신중하게 잠자코 있다.

이 사건으로 인한 일시적인 흥분이 잠잠해지자, 모든 이들은 잠자리로 돌아간다.

필모그래피

필모그래피

1924 카트린*Catherine* / 기쁨없는 삶 *Une vie sans joie*

물의 처녀 *La Fille de l'Eau*

1926 나나 *Nana*

찰스톤 *Charleston* / 찰스톤 양식으로 *Sur un Air de Charleston*

1927 마르키타 *Marquitta*

작은 릴리 *La P'tite Lili*

1928 성냥팔이 소녀 *La Petite Marchande d'Allumettes*

기마 시합 *Le Tournoi* / 시테섬에서의 기마 시합 *Le Tournoi dans la cité*

1929 게으름뱅이 병사 *Tire au flanc*

시골로 간 피에르 *Le Bled*

빨간 두건 소녀 *Le Petit Chaperon Rouge*

1930 행운 사냥 *La Chasse la Fortune / Die Jagd nach dem Gluck*

1931 아기에게 약 먹이기 *On Purge Bébé*

암캐 *La Chienne*

1932 교차로의 밤 *La Nuit du Carrefour*

쇼타르 상회 *Chotard et Cie*

익사에서 구조된 부뒤 *Boudu Sauvé des Eaux*

1933 보바리 부인 *Madame Bovary*

1934 토니 *Toni*

1935 랑주 씨의 범죄 *Le Crime de Monsieur Lange*

1936 인생은 우리의 것 *La Vie Est à Nous*

피크닉 *Une Partie de Campagne*

밑바닥 인생 *Les Bas-Fonds*

1937 위대한 환상 *La Grande Illusion*

스페인 땅 *Terre D'Espagne*

라 마르세예즈 *La Marseillaise*

1938 인간 야수 *La Bête Humaine*

1939 게임의 규칙 *La Règle du Jeu*

1940 토스카 *La Tosca*

1941 늪지대 *Swamp Water*

1943 이 땅은 나의 것 *This Land is Mine* / 자유롭게 사는 것 *Vivre libre*

1944 프랑스여 안녕 *Salute to France*

1945 남부인 *The Southerner*

1946 어느 하녀의 일기 *The Diary of Chambermaid*

해변의 여인 *The Woman on the Beach*

1950 강 *The River*

1952 황금 마차 *Le Carrosse d'Or*

1954 줄리어스 시저 *Jules César*

프렌치 캉캉 *French Cancan*

1955 오르베 *Orvet*

1956 엘레나와 남자들 *Eléna et les Hommes*

장 르느와르의 가족 앨범 *L'Album de Famille de Jean Renoir*

1959 코르들리에 박사의 유언장 *Le Testament du Docteur Cordelier*

풀밭 위의 점심 식사 *Le Déjeuner sur l'Herbe*

1962 탈주한 하사 *Le Caporal Épinglé*

1968 장 르느와르의 연기 지도 *La Direction d'Acteur Par Jean Reoir*

1969 감초 가게 *Licorice Store*

장 르느와르의 작은 극장 *Le Petit Théâtre Par Jean Renoir*

이 작품 목록은 지금까지 나온 것들 가운데 가장 완벽하다고 할 수 있을 것이다. 하지만 그렇다고 이것이 최종적이라거나 오류가 없다는 뜻은 아니다. 어떤 감독들은 상대적으로 형식을 별로 중요하게 여기지 않는데, 장 르느와르가 바로 그러하여서, 그에게 친구와 동료의 개념은 명확하게 구분되지 않았다. 예를 들어, 〈토니〉의 오프닝 크레딧에 나오는 '기계공: 베베르'는 대체 어느 베베르를 가리키는 것인지(또한 어느 기계공을 가리키는 것인지!) 전혀 알 수가 없다.

〈피크닉〉(여기서도 관사를 사용하지 않아, 이것이 일반적인 피크닉인지 '그 날'의 피크닉인지 가늠할 수 없다)의 제작진 중 일부는 루키노 비스콘티라고 불리던 한 이탈리아 청년이 촬영팀의 잔심부름을 했다고 기억하며, 또 어떤 이들은 그가 의상을 담당했다고 말한다. 반면 영화사 연구가들은 그를 대부분 조감독으로 분류하며(클로드 베일리는 소품 담당 견습생으로 규정한다), 우리 역시 르느와르가 그에게 제임스 케인의 소설을 읽어 보라고 권할 정도로 그와 친밀한 관계를 유지했었던 것으로 알고 있다. 그 소설은 비스콘티가 5년 뒤 만들게 될 그의 첫 영화(〈강박 관념〉)의 원전인 《포스트맨은 벨을 두 번 울린다》이다. 르느와르의 제작팀은 위계화된 집단이라기보다는 친구들끼리의 작은 모임에 가까웠다. 르느와르 자신도 "선량한 공모자들을 끌어들여 마치 못된 음모를 꾸미는 것처럼" 영화를 준비한다고 말한 바 있다. 이것이 바로 그의 영화들의 오프닝 크레딧과 엔딩 크레딧이 할리우드 영화에서처럼 공식적인 성격을 띠지 않는 이유다.

여기 소개하는 작품 목록은 기본적으로 1957년 크리스마스에 발행된 〈카이에 뒤 시네마〉 78호에 실린 것을 토대로 한 것이다. 당시 그 목록은 앙드레 바쟁에 의해 기획되었는데, 그는 이 일을 "장 르느와르에 관한 작업(바로 이 책을 의미한다)의 준비 작업"으로 언급하였다. 바쟁의 지휘 아래 〈카이에 뒤 시네마〉의 필자들이 각자 자신에게 할당된 영화들을 맡아 제작 크레딧에 비평

적 소개문을 덧붙였다. 여기서 우리는 자크 도니올 발크로즈, 클로드 드 지브레, 장 뤽 고다르, 루이 마르코렐, 자크 리베트, 에릭 로메르, 나, 그리고 앙드레 바쟁의 영화 해설들을 보게 될 것이다. 이와 함께 당시 출판되지 않았던 바쟁의 몇몇 글들과 비교적 최근 영화들에 대한 장 두셰와 미셸 들라예의 비평문도 실었다. 모든 영화의 제작 크레딧은 자닌 바쟁, 클로드 베일리, 장 크레스가 확인 및 보완하였으며 시놉시스도 이 세 명의 저자가 썼다.

다시 한 번 말하지만 집단적으로 완성된 이 영화 작품 목록은 완벽한 결정판이 아니다. 이런 성격의 모든 작업들이 그러하듯, 여기에 차후 첨가와 수정이 뒤따라야 할 것이다.[1]

— 프랑수아 트뤼포

1. 이 영화 작품 목록에서 영화의 길이는 미터 단위로 표시되어 있다. 유성 영화의 경우 약 27.4m, 무성 영화는 18.3m가 1분에 해당한다. 필름 한 '릴'은 약 305m로, 무성 영화로는 16.6분, 유성 영화로는 11분이다. — 옮긴이

1924 | 카트린 / 기쁨없는 삶
Catherine / Une vie sans joie

각본: 장 르느와르

각색: 장 르느와르, 피에르 레스트랭게즈Pierre Lestringuez

감독: 알베르 디유도네Albert Dieudonné

촬영: 장 바슐레Jean Bachelet, 지보리Gibory

촬영 기간: 1924년 3~5월.

스튜디오: 고몽Gaumont

야외 촬영: 카뉴 쉬르 메르Cagnes-sur-Mer, 생 폴 드 방스St-Paul-de-Vence

제작: 장 르느와르

배급: 장 르느와르 필름Films Jean Renoir, 1927년부터는 피에르 브론베르제Pierre Braunberger

원본 길이: 1800m

첫 상영일: 1927년 11월 9일 막스 랭데르Max Linder

출연: 카트린 에슬링(카트린 페랑), 알베르 디유도네(말레 씨), 피에르 필립Pierre Philippe(피에르 레스트랭게즈의 가명, 포주 아돌프), 피에르 샹파뉴Pierre Champagne(말레 씨 아들), 으제니 노Eugénie Naud(레네 부인), 올레오Oléo(매춘부), 장 르느와르(부지사), 조르주 테로Georges Terof(제데옹 그라네), 루이 고티에Louis Gauthier(조르주 말레).

니스에 사는 어린 하녀 카트린 페랑은 결핵에 걸린 주인의 아들과 사랑에 빠져 있다. 그녀의 주인은 생 폴 드 방스 지역의 하원 의원으로, 매우 정직하고 성실한 성격의 소유자다. 그의 정치적 라이벌들은 그의 아들과 하녀 간의 연애를 치졸한 공갈 선거 운동의 기회로 이용하고, 이로 인해 카트린은 그 집에서 도망쳐 나와 생 폴 철로 위의 어느 기차 안으로 피신한다. 기차는 지지대에 고정되어 있었는데, 전철수의 실수로 그만 절벽을 향해 굴러가기 시작한다. 하원 의원의 아들은 절벽으로 떨어질 찰나 가까스로 그 기차를 멈추고 카트린을 집으로 데려온다. 그러나 그의 아버지의 라이벌들이 정치적 공세를 재개하자 그녀는 다시 떠난다. 그녀는 니스로 가고, 거기서 악명 높은 포주의 손에 걸려 든다. 여러 차례의 우여곡절 끝에 그녀는 하원의 아들과 다시 만나 두 사람은 행

복한 삶을 영위한다.

장 르느와르는 자신의 어린 아내(카트린 에슬링)를 은막에 데뷔시키기 위해 이 영화에 제작비를 댔을 뿐 아니라, 영화 만드는 법을 배우고자 알베르 디유도네가 지휘하는 촬영에도 참여했다. 그런데 카트린 에슬링의 남편과 미래의 보나파르트가 일으켰던 불화로 미루어 보면, 알베르 디유도네는 르느와르가 기대했던 만큼 그에게 너그러웠던 것 같지 않다. 디유도네는 1926년 1월 5일 〈시네아-시네*Cinéa-Ciné*〉에 다음과 같은 매우 오만한 편지를 썼다.

"이 영화의 감독은 바로 접니다. 비록 장 르느와르 씨의 상상력이 일부 가미되어 있기는 하지만 이 영화의 시나리오는 제가 직접 쓴 것입니다. 게다가 장 르느와르 씨는 저의 재정적 후원자이자 제 학생입니다. 따라서 제가 그의 참여에 만족해야 할지 말지는 그의 미래 작품들을 보고 판단할 것입니다."

르느와르 초기 영화들에서 각본을 쓴 피에르 레스트랭게즈는 이 영화에서 피에르 필립이라는 가명하에 니스의 포주로 나온다. 그는 르느와르의 이후 영화들에도 종종 출연하는데, 〈나나〉에서는 동시에 여러 역할을 맡았고 〈피크닉〉에서는 성직자로 나온다.

— 앙드레 바쟁

1924 | 물의 처녀
La Fille de l'Eau

각본: 피에르 레스트랭게즈
감독: 장 르느와르
조감독: 피에르 샹파뉴

세트: 장 르느와르의 아이디어

촬영: 장 바슐레, 지보리

촬영 기간: 1924년 여름

스튜디오: G. M. 필름 G. M. Films

야외 촬영: 마를로트Marlotte, 라 니코티에르La Nicotière(세잔의 대저택), 르 봉 코엥Le Bon Coin 카페

제작: 장 르느와르

배급: 프랑스 — 모리스 루이에Maurice Rouhier, 해외 — 르느와르 필름, 나중에는 스튜디오 필름Studio Film.

원본 길이: 1700m, 상영에서는 1600m로 편집

상영 시간: 1시간 10분

첫 상영일: 1925년 4월 시네 오페라Ciné Opéra

영화 관련자 시사회(이하 시사회로 표기): 1924년 12월 12일, 아티스틱L' Artistic

출연: 카트린 에슬링(비르지니아 로자에르), 피에르 필립(삼촌 제프), 모리스 투제Maurice Touzé(부랑자 부시와 라 푸인), 조르주 테로(레이날 씨), 마담 포켄베르제Madame Fockenberghe(레이날 부인), 헤롤드 르윙스톤Harold Lewingston(조르주 레이날), 앙리에트 모레Henriette Moret(늙은 집시 라 루세트), 샤를로트 클라지Charlotte Clasis(방앗간 주인 모비엥 부인), 피에르 르느와르Pierre Renoir(농부), 앙드레 드랭André Derain(봉 코엥 카페 주인)

비르지니아는 큰 거룻배 위에서 요리를 하고 있다. 그녀의 삼촌 제프는 예인로를 따라 말을 끌고 있다. 배 위에 있는 그녀의 아버지는 바삐 움직인다. 강 연안에서는 레이날 씨와 그의 아들이 즐겁고 매혹된 듯 비르지니아를 주시하고 있다. 그들은 사진을 찍고, 그녀는 그들을 향해 얼굴을 찌푸린다.

아버지가 물을 뜨려다 배에서 미끄러져 강물에 빠진다. 비르지니아가 무슨 일이 벌어졌는지를 알았을 때는 이미 너무 늦어버렸다. 장대와 등불을 동원한 시신 수색이 밤까지 계속된다. 마침내 시신 발견 숏(상당히 참혹한).

이후 삼촌은 모든 유산을 술에 탕진해 버린다. 배는 다른 사람에게 팔릴 예정이다. 비르지니아는 삼촌을 질책한다. 그는 적절한 대답 대신 그녀를 강간하려고 한다(침대 아래로 숨은 비르지니아의 영상 — 상당히 인상적이다 — 은

〈토니〉에서의 동일한 장면을 연상시킨다). 그녀는 개를 데리고 도망친다. 그녀는 한 젊은 집시를 만나고 그는 그녀를 어머니와 함께 살고 있는 트레일러로 데려간다.

그 집시는 농작물을 도둑질하거나 물고기를 훔쳐서 생계를 이어가고 있다. 한 동네 촌뜨기가 자신의 물고기 그물을 망가뜨려 도둑질해간 대가로 그에게 복수하겠다고 큰소리칠 때 그는 조롱하는 듯한 묘한 미소를 짓는다. 집시는 건초더미에 불을 질러 그에게 복수를 한다. 소방수들이 불을 끄러 오고 그 촌뜨기는 집시를 처벌하기 위해 그가 살고 있는 트레일러를 불태우도록 그들을 부채질한다. 다가오는 재난을 예견한 어머니와 아들은 그곳을 떠나고 성난 농부들(그 중 하나는 피에르 르느와르)은 겁에 질린 비르지니아와 마주친다. 그들은 트레일러에 불을 지른다.

또 다시 버려진 비르지니아는 야생 동물 같은 삶을 산다. 레이날 씨의 아들이 그녀에게 먹을 것을 가져다 준다. 폭풍우가 몰아치는 어느 날 밤, 빗속에서 잠을 자던 비르지니아는 악몽을 꾼다. 하얀 베일을 쓴 그녀가 삼촌이 목 매단 채 죽어 있는 나무 아래 서 있다. 목 매단 남자는 되살아나 그녀에게 내려온다. 그의 목을 감고 있던 줄이 뱀으로 변한다. 그녀는 도망쳐 나뭇가지 위에 숨지만 거기서 갑자기 삼촌과 동네 그 촌뜨기가 나타난다. 다음 장면에서 그녀는 기둥들이 있는 회랑에 갇혀 있는데, 그 위로는 삼촌과 농부들의 얼굴이 겹쳐져 나타난다. 괴물(분장을 하고 날개를 단 카멜레온의 도움으로 만든 특수 효과 화면)이 기둥 사이로 점차 다가온다. 마침내 회랑 끝에서 문이 열리고 그녀는 그곳으로 탈출한다. 문 밖에서 그녀는 기사 옷을 입고 백마를 탄 레이날 씨의 아들을 발견한다. 그는 그녀를 데리고 떠난다(감속 촬영한 이 장면은 다양한 특수 효과 장치들을 담고 있는데, 가령 구름 사이로 달리는 말이 그러하다. 그것은 〈성냥팔이 소녀〉의 꿈 장면을 예고한다).

폭풍우가 물러간 다음날 아침 레이날 씨는 비르지니아를 발견한다. 그는

그녀를 방앗간으로 데려가고 그곳의 농부들이 그녀를 돌본다. 그녀는 빠르게 회복되어간다. 레이날 씨 아들과의 낭만적인 산책. 그는 너무 수줍어서 그녀에게 자신의 사랑을 고백하지 못한다.

그후 비르지니아는 심부름으로 시내에 갔다가 철도원이 된 삼촌과 우연히 마주친다. 그는 그녀의 지갑에 있던 돈을 강제로 빼앗고 그녀에게 돈을 더 가져오라고 요구한다. 같은 날 오후 레이날 씨는 마구 제작자에게 돈을 지불하라고 비르지니아를 마을로 보내고 그녀는 그 돈을 삼촌에게 갖다 준다.

결국 올 것이 오고 만다. 레이날 씨는 마구 제작자가 돈을 받지 않은 것을 알게 되고 당연히 비르지니아를 의심한다. 다급해진 비르지니아는 진실을 고백하기로 결심한다. 그러나 그녀가 레이날 씨의 성으로 가던 도중 삼촌이 나타나 그녀를 협박한다. 비르지니아는 그가 자신을 도둑으로 만드는 바람에 자신의 유일한 친구를 잃어버리게 되었다며 삼촌에게 그녀의 증오심과 절망을 토로한다. 마침 벽의 반대쪽에 있던 레이날 씨는 그 모든 대화 내용을 엿듣게 된다. 그는 뛰어가 비열한 삼촌과 격투를 벌인다. 강 둑 위에서의 상당히 긴 격투 장면. 마침내 레이날 씨가 삼촌을 물 속으로 던져버리고 삼촌은 헤엄쳐서 달아난다. 끝이 좋으면 모든게 좋은 법.

이 첫 영화에서부터 〈오르베〉의 주제가 매우 광범위하게 나타나고 있다. 우선 물의 존재가 그렇고, 다음으로는 밀렵에 부여된 중요성이 그러하다. 또한 집시가 허벅지까지 차는 물 속에서 손에 물고기를 들고 있는 짧은 장면은 〈남부인〉에서 재커리 스콧이 행한 장면과 유사하다.

〈물의 처녀〉에서 르느와르의 '리얼리즘'은 이미 상당히 발전된 양상을 보인다. 거기에는 물질적 리얼리즘(자연과 실제 배경으로 미루어)과 인간적 리얼리즘(마를로트의 농부들 얼굴이 종종 클로즈업으로 강조된다)이 존재한다. 특히, 농부가 트레일러에 불을 지르는 장면은 에리히 폰 스트로하임을 생각나게 하는데, 가령 피에르 르느와르의 악마적 얼굴이 건초용 쇠갈퀴 사이로 보이는

숏이 그러하다.

각본은 상당히 멜로드라마적이지만 아주 잔인한 요소들도 내포되어 있다. 이 영화에서 유일하게 선한 인물은 레이날 씨 부자이다. 집시들조차 호의적으로 그려지지 않았다.

— 앙드레 바쟁

1927 | 나나 *Nana*

각본: 피에르 레스트랭게즈

주제: 에밀 졸라의 소설

각색: 장 르느와르

자막: 마담 르블롱 졸라Madame Leblond-Zola

감독: 장 르느와르

조감독: 앙드레 세르프André Cerf, 피에르 레스트랭게즈

세트: 클로드 오탕 라라Claude Autant-Lara, 로베르 쥘 가르니에Robert Jules Garnier

의상: 클로드 오탕 라라

촬영 감독: 에드문트 코윈Edmund Corwin, 장 바숄레

카메라맨: 롤리Ralleigh, 지보리

촬영 조감독: 올스키Holski, 아슬랭Asselin, 페리Perie

제작 진행: R. 튀르지R. Turgy

편집: 장 르느와르

촬영 기간: 1925년 10월 말~1926년 2월

스튜디오: 파리, 고몽 베를린, 그룬발트.

야외 촬영: 파리(경마장), 몽티니Montigny

제작: 장 르느와르 필름

배급: 오베르Aubert — 피에르 브론베르제

원본 길이: 2700m

첫 상영일: 오베르 팔라스Aubert Palace

시사회: 1926년 4월 27일, 물랭 루즈Moulin-Rouge

출연: 카트린 에슬링(나나), 장 앙젤로Jean Angelo(방되브르 백작), 베르네르 크라우스Werner

Krauss(뮈파 백작), 레이몽 귀랭 카트랭Raymond Gurin-Catelain(조르주 위공), 자클린 포르잔 Jacqueline Forzane(사빈 뮈파 백작 부인), 발레스카 제르Valeska Gert(나나의 하녀 조에), 아르바셰Harbacher(나나의 미용사 프란시스), 피에르 필립(보르드나브), 클로드 오탕 라라의 가명인 클로드 무어Claude Moore(포셰리), 니타 로마니Nita Romani(사탱), 자클린 포르Jacqueline Ford(로즈 미뇽), 피에르 샹파뉴(라 팔르와즈), 르네 코발René Koval(퐁탕), 마리 프레보 Marie Prévost(가가), 앙드레 세르프(나나의 급사 르 티그르), 피에르 브론베르제와 튀르지(바리에테 극장 관객)

나나는 젊은 여배우이자 야심가다. 그녀는 몇몇 작품에서 성적으로 노골적인 배역을 맡아 성공을 거두었다. 하지만 이후 기품 있는 여인 역할로, 처참히 실패하고 만다. 그녀는 창녀가 되기로 결심하고, 여러 연인들에게 기생해 산다. 하지만 그녀는 이들을 차례로 자살하게 만들고 그녀 자신도 천연두로 죽는다.

〈나나〉는 르느와르가 자신의 작품들 가운데 '논할 가치가 있다고 보는' 첫 번째 영화다. 제작에 무려 100만 프랑이나 들어갔으며, 관객 반응이 나쁘지 않았는데도 재정적으로 실패했다(개봉 당시 필름 길이가 2700m였다). 이 영화는 '연기'가 사건과 '조형성'에 우선하는 르느와르의 첫 번째 작품이다. 〈나나〉는 스트로하임의 〈어리석은 아내들〉에 직접적인 영향을 받아 만들어졌다. 이 영화에서 여주인공의 탐욕이 강조되는 것도 그 때문이다. 또한 동일한 이유에서 르느와르의 영화로는 유일하게 돈의 중요성이 부각되어 있다. 반면 이 영화에서 르느와르의 독창성과 개성을 보여 주는 것은 주인들과 하인들의 에피소드가 영화 내내 병행적으로 구축된다는 것이다(르느와르는 〈게임의 규칙〉과 〈어느 하녀의 일기〉를 촬영하면서 〈나나〉를 떠올리게 된다).

르느와르는 이전 작품인 〈물의 처녀〉가 지니는 '부자연스러움'에서 벗어나기 위해 〈나나〉에서는 지속적으로 아메리칸 숏을 사용함으로써 등장 인물들에게 가까이 다가간다. 그들은 벽에 밀착해 있어서, 클로드 오탕 라라가 디자인한 세트의 웅장함과 호화스러움을 보여 주기 위해서는 아주 긴 이동 촬영이

필요했는데, 이는 바람 빠진 타이어의 낡은 포드 자동차 위에서 행해졌다(이 같은 이동 촬영은 모두 네 장면에서 행해졌다). 〈나나〉는 앞으로 르느와르의 고유한 주제를 이루게 될 요소들을 포함하고 있다. 스펙터클에 대한 애정, 자신의 재능을 깨닫지 못하는 여인, 자신의 참 모습을 찾아나가는 여배우, 진실된 사랑 때문에 죽게 되는 남자, 열정적인 정치인, 스펙터클을 만들어내는 남자. 이런 점에서 〈나나〉는 〈엘레나와 남자들〉과 조응한다.

__ 프랑수아 트뤼포

〈나나〉는 '흥행'에서 참패했고 이로 인해 제작비를 댄 르느와르는 파산하게 된다. 그래서 그는 돈을 벌기 위해 '주문용 영화'들을 제작하게 되며(《마르키타》), 그와 동시에 자신에게 즐거움을 주는 영화들도 계속하여 제작한다(《찰스톤》).

1926 | **찰스톤 / 찰스톤 양식으로**
Charleston / Sur un Air de Charleston

다른 제목: 찰스톤 퍼레이드*Charleston-Parade*
각본: 피에르 레스트랭게즈, 아이디어 제공은 앙드레 세르프
감독: 장 르느와르
조감독: 앙드레 세르프
촬영 감독: 장 바슐레
음악: 클레망 두세Clément Doucet
촬영 기간: 1926년 가을(며칠)
스튜디오: 에피네Epinay
배급: 네오 필름Neo-Film
원본 길이: 600m
상영 시간: 29분
첫 상영일: 1927년 3월 19일 아르스틱Artistic 또는 파비용Pavillon(팔레 베를리츠Palais Berlitz의 전신)

출연: 카트린 에슬링(댄서), 조니 허긴스Johnny Huggins(흑인 탐험가), 피에르 브론베르제와 피에르 레스트랭게즈(두 천사). (조니 허긴스는 샹젤리제의 라 르뷔 네그르La Revue Négre의 유명한 탭댄서였다)

빙하가 떠내려와 유럽은 대혼란에 빠진다. 유럽 대륙을 탐사하러 온 흑인 학자는 미개한 한 백인 여자를 만나게 되는데, 그녀는 그에게 당시 유럽에서 유행하는 원시춤인 찰스톤을 가르쳐 준다. 문제의 그 백인 여자는 당연히 이제까지 르느와르 영화에서 주인공을 맡아 온 카트린 에슬링이다. 그녀는 그 어느 작품에서보다도 더 엉덩이를 흔들어대며 도발적인 모습을 보여 준다. 그녀는 흑인 학자가 타고 온 비행선 '스푸트니크'가 착륙한 광고물 기둥 뒤에서 등장한다.

영화가 끝날 즈음 우아한 이 흑인 학자는 나체의 백인 여인에게 자신과 함께 떠날 것을 제안한다. 맨홀에서 모피 코트와 우산이 튀어나온다. 여행을 위해 필요한 차림을 갖춘 카트린 에슬링은 조니 허긴스와 함께 '스푸트니크'에 올라타고 그들은 '익명의 땅'인 프랑스를 떠난다.

〈찰스톤〉은 그 순수한 해학성으로 인해 상업적으로는 전혀 성공을 거두지 못했지만, 극장에서 상영되지 않은 1200m짜리 원본의 일부분을 보면 광적인 기괴함과 본능에 가까운 자연스러움을 발견할 수 있다. 이 광란의 영화가 부여하는 자유를 통해 카트린 에슬링과 조니 허긴스는 성심을 다해 영화 속에 자신을 내던진다. 〈나나〉의 도입부에서 선보인 카트린 에슬링의 에로틱한 면모가 이 영화에서는 좀더 강화되고 체계화된다. 슬립과 반쯤 벌어진 코르셋만을 입은 이 댄서의 허벅지가 당시 상당한 파문을 일으켰음은 당연한 일이다. 지금은 무성 영화로밖에 볼 수 없지만, 당시에는 두세가 만든 훌륭한 음악이 영화 상영 중에 수반되었던 것으로 보인다.

__ 프랑수아 트뤼포

1927 | 마르키타 *Marquitta*

원제: 생 그라니에Saint-Granier의 노래 제목인 마르세타Marcheta

각본: 피에르 레스트랭게즈

각색: 장 르느와르

감독: 장 르느와르

세트: 로베르 쥘 가르니에Robert-Jules Garnier

촬영 감독: 장 바슐레, 레이몽 아넬 Raymond Agnel

촬영 기간: 1926년 겨울~1927년

스튜디오: 고몽(뷔트 쇼몽Buttes Chaumont)

야외 촬영: 니스(므와이엔 코르니쉬Moyenne Corniche)

제작: 아티스트 뢰니Aristes Réunis(마리 루이즈 이리브Marie-Louise Iribe)[2]

제작 감독: M. 가구르M. Gargour

배급: 장 드 메를리Jean de Merly

원본 길이: 2400m, 후에 2200m로 편집

첫 상영일: 1927년 9월 13일, 오베르 팔라스

시사회: 1927년 8월 18일, 앙피르Empire

출연: 마리 루이즈 이리브(마르키타), 장 앙젤로Jean Angelo(블라스코 왕자), 앙리 드벵Henri Debain(왕자의 시종 드미트리프 백작), 뤼시앙 망시니Lucien Mancini(양부), 피에르 필립(카지노 지배인), 피에르 샹파뉴(택시 운전사)

"러시아 왕자에게는 그를 매우 성가시게 하는 정부가 있다. 어느 날 바르베스 지하철 역 앞을 지나다가 너무도 짜증이 난 그는, 피아프 스타일의 어느 거리의 여가수를 가리키며 정부에게 말한다. "저 여자는 네 자리를 차지할 거야. 장담컨대 난 저 거지를 1년 안에 스타로 만들고 말겠어." 그는 그 계획을 실현시

2. 아티스트 뢰니는 당시 피에르 르느와르의 아내이자 피에르 레스트랭게즈의 처제인 마리 루이즈 이리브가 아티스트 아소시에Artistes Associés를 모델로 하여 설립한 영화 제작사이다. — 프랑수아 트뤼포

키지만, 그의 정부가 된 거리의 가수는 옛 정부에 비해 열 배는 더 참을 수 없게 한다. 그녀는 식사 도중 그가 식당을 떠날 수밖에 없게 만들고 너무나 자주 온갖 방법으로 그를 수치스럽게 만들어, 마침내 왕자는 그녀를 버리고 옛 연인에게 돌아가고, 그녀는 기꺼이 그를 받아 준다.

이 요약문은 1949년 피에르 레스트랭게즈가 내게 적어 준 것인데, 앙드레 바쟁이 남긴 요약문은 이와 좀 다르다.

"어느 거리의 어린 여가수가 러시아 왕자의 눈에 띄어 그의 애첩이 된다. 이 낮은 계급의 여인은 상류 사회의 우아한 생활 방식에 어려움을 느끼면서도 잘 적응해 나가지만, 함께 데려온 그녀의 양부(그 스스로 왕자에게 자신을 그녀의 양부로 삼을 것을 강요한다)는 왕자로부터 엄청난 양의 사파이어를 훔친다. 왕자는 결백한 마르키타를 내쫓는다. 이 어린 여가수는 그 뒤 호화로운 무도회장에서 자신의 출신 지역에서 즐겨 부르던 노래를 불러 유명해진다. 어느 날 그녀는 러시아 무용단에서 혁명으로 인해 추방당한 예전의 왕자를 발견하게 된다. 훔친 사파이어로 왕자는 비참한 생활에서 구제되고 재회한 연인들은 행복한 삶을 누리게 된다." (앙드레 바쟁의 노트)

클로드 베일리는 '슬라이드 앨범' 총서 중 '장 르느와르'에 관한 소책자에서, 위와는 다른 세 번째 방식으로 〈마르키타〉의 줄거리를 요약한다.

"데칼리의 상속자인 왕자는 파리를 여행하던 중 어느 젊은 거리의 여가수 마르키타에게 반한다. 시종의 경고에도 불구하고, 그는 그녀를 리비에라로 데리고 가 호화로운 생활을 영위하게 한다. 그들은 칸에서 스캔들을 일으킨다. 영화의 나머지는 다음과 같은 일련의 모험들로 이루어져 있다. 여가수 아버지(교활한 도둑)의 도착, 슬라보니아 왕위 계승을 둘러싼 사건들, 연인에게 질려 버린 왕자의 돌연한 본국 귀환, 궁궐 내 혁명에 따른 그의 망명, 니스에서 두 사람의 재회, 남프랑스 지중해 연안 도로를 따라 벌어지는 자동차 추격."

〈마르키타〉의 요약문을 이처럼 세 가지 버전으로 소개한 것은 필름이 소실

되어 오늘날엔 더 이상 이 영화를 볼 수 없기 때문이다. 우리가 알기로 이 영화의 바르베스 전철역은 사실 르느와르의 제안에 따라 모형으로 제작된 것인데, 그것은 거울에 비쳐짐으로써 마치 '실물과 같은' 환상을 주었다. 배우들은 모형과 마주한 채 그것의 빈 틈에 상응하는 '표시들'에 주의하면서 연기를 했다. 이것은 아벨 강스의 '그림 문자*pictographe*'의 변이체라 할 수 있다.

__ 프랑수아 트뤼포

재기한 르느와르는 비유-콜롱비에 극장의 지배인인 장 테데스코와 손잡고 극장의 다락방에 조그만 스튜디오를 만들게 된다. 〈성냥팔이 소녀〉가 만들어진 것은 바로 이 열악한 작업 환경 속에서이다.

1927 | 작은 릴리[3]
La P'tite Lili

주제: 루이 베네슈Louis Benech의 샹송 "1900"(거의 알려지지 않은 노래)

각색: 알베르토 카발칸티Alberto Cavalcanti

감독: 알베르토 카발칸티

세트: 에릭 에Eric Aes

촬영 감독: 로제

편집: 마그리트 르느와르Marguerite Renoir

음악: 막스 드 라 카지니에르Max de la Casinière의 악곡(무성 버전)[4]

촬영 기간: 1927년

스튜디오: 불로뉴 비양쿠르Boulogne-Billancourt

3. 르느와르는 이 영화와 〈빨간 두건 소녀〉에서 배역을 맡았는데, 두 영화 모두 브라질 태생의 알베르토 카발칸티가 감독했다. — 옮긴이

4. 다리우스 밀로Darius Milhaud가 1930년 바덴바덴 축제에서 토비스Tobis를 위해 사운드트랙을 제작하였다. 이 유성 버전은 독일에서 대단한 성공을 거두었다. — 프랑수아 트뤼포

제작: 네오 필름(브론베르제), 알바트로스Albatros(?), 아르모르Armor(?)

원본 길이: 약 300m

첫 상영일: 1927년 10월 1일 위르쉴린Ursulines, 폴 친네르Paul Czinner의 〈NJU〉와 함께 6주간 단독 상영

출연: 카트린 에슬링(작은 릴리), 장 르느와르(포주), 기 페랑Guy Ferrand(가수), 롤랑 카이요 Roland Caillaux(변장한 여자 문지기), 에릭 에, 로제, 디도 프레르Dido Freire(부차적 인물들)

이 단편은 처음에는 비양쿠르 외곽에 설치된 파리의 거리를 재현한 세트를 이용할 계획이었으나, 날씨가 좋지 않아 수포로 돌아갔다. 이미 20년이나 지나 잊혀져버린 노래로부터 영화의 제목을 따온 것은 당시 카트린 에슬링이 종종 옛 유행가들을 흥얼거렸기 때문이다.

〈작은 릴리〉는 날씨 때문에 단 3일 만에 촬영이 끝났다. 감자 부대용 포대처럼 생긴 천을 이용해 영화를 찍고자 한 감독의 당초 생각을 강행했더라면, 단조로운 회색빛을 띠는 화면이 예술적으로 정당화될 수도 있었을 것이다. 배우로는 장 르느와르, 기 페랑, 롤랑 카이요, 에릭 에, 로제, 디도 프레르(카발칸티의 조카이자 미래의 장 르느와르 부인) 등이 있다.

상영 도중 연주될 예정이던 음악은 막스 드 라 카지니에르가 작곡했고, 바덴바덴 축제에서는 다리우스 밀로가 연주 및 오케스트라를 지휘했던 것으로 보인다. 하지만 프랑스에서는 이처럼 '음악이 곁들여지는 형식'으로는 한 번도 상영되지 않았다.

제작에는 총 7100프랑이 들었고 영화는 위르쉴린 극장에서 연속 두 번 상영되었으며 사운드가 첨가된 후 토비스에 의해 전 세계로 배급되었다. 장 콕토는 첫 상영 때 이 영화를 보고 나서, 아름다운 대중 가요를 이처럼 웃음거리로 만드는 것은 불쾌하기 짝이 없는 일이라고 격노했다.

— 앙드레 바쟁

1928 | 성냥팔이 소녀 *La Petite Marchande d'Allumettes*

원제: "성냥 파는 소녀*La Petite Fille aux Allumettes*." 이것은 1926년 말 파리에서 상영된 메리 카 Mary Carr 주연의 미국 영화 〈성냥팔이 상인*La Marchande d'Allumettes*〉과의 혼동을 피하기 위해 고안된 제목이다.

각본: 장 르느와르

주제: 한스 크리스찬 안데르센의 동화

감독: 장 르느와르, 장 테데스코

조감독: 클로드 에이만Claude Heymann, 시몬 아미게Simone Hamiguet

세트: 에릭 에

촬영 감독: 장 바슐레

음악(1930년 버전): 펠릭스 멘델스존, 요한 슈트라우스, 리하르트 바그너 등의 혼성곡

촬영 준비: 마누엘 로젠탈Manuel Rosenthal

싱크로나이즈: G. I. 크레머 G.I. Kraemer

촬영: 1927년 8월~1928년 1월

스튜디오: 비유 콜롱비에 극장Théâtre du Vieux-Colombier

야외 촬영: 마를리의 모래 사막

제작: 장 르느와르, 장 테데스코

배급: S.O.F.A.R.

원본 길이: 2200m(?) (두 번째 개봉시 대폭 줄어듦)

상영 시간: 29분(887m).

첫 상영일: 1928년 5월 파리의 앙피르Empire.

시사회: 1928년 3월 31일 제네바의 알함브라와 1928년 6월 파리의 비유 콜롱비에 극장. 에드몽 로스탕Edmond Rostand의 미망인인 로즈몽드 제라르 부인Mme. Rosemonde Grard이 영화 제작자에 대해 표절 혐의로 낸 소송에 의해 필름이 압수됨으로써 파리에서의 상영은 이내 중단되었고 사운드가 첨가된 두 번째 상영이 1930년 2월 콜리제 극장에서 이루어졌다.

출연: 카트린 에슬링(성냥팔이 소녀 카렌), 마뉘엘 라비Manuel Raabi(경찰관과 죽음의 기병), 장 스톰Jean Storm(부자 청년과 말탄 기사), 안니 셀Anny Xells 혹은 에이미 웰스Amy Wells(기계 인형)

바슐레의 지시와 스위스 메르시에Suisse Mercier의 협력을 얻어 영화 스태프들은 선박 기자재를 이용해 복잡한 기계 장치를 만들어냈는데, 그것은 기본적으로 조명 기술을 향상시켜 스튜디오 안에서 범색성 필름을 사용할 수 있도록 하기 위한 것이었다. 필름은 롤리가 자신의 집

에서 현상하였다. 롤리는 미국에서 촬영 감독을 하던 시절 메리 픽포드Mary Pickford와 채플린의 초기 영화들도 현상한 바 있다. 르느와르는 그를 에드문트 코윈에게서 소개받았다.

시놉시스

어느 혹독하게 추운 밤, 먼 북쪽 지방의 어느 도시에서 누더기를 걸친 어린 소녀가 따뜻한 집으로 발길을 재촉하는 행인들에게 성냥을 팔려고 애쓰고 있다. 하지만 그녀는 우아한 차림새를 한 사람들에 의해 이리치이고 저리치이며 외면당하고, 근처 경찰관의 매서운 눈초리에 감시당할 뿐, 단 하나도 팔지 못한다. 그녀는 감히 누추한 판자집으로 돌아갈 엄두가 나지 않는다. 그녀는 울타리 곁 눈 덮인 길 위에서 잠이 든다.

그녀는 꿈을 꾸기 시작한다. 그녀는 장난감 가게에 들어가는데, 거기서 저녁 때 거리에서 보았던 사람들 중 한 명을 발견한다. 그는 나무 병정 소대를 지휘하는 잘 생긴 대위의 모습을 하고 있다. 상자 속에서 갑자기 튀어나온 경찰관은 '죽음의 기병' 처럼 보이는 옷차림을 하고 있다. 소녀와 대위는 기병에 쫓겨 구름 속으로 도망친다. 하지만 '죽음' 이 최후의 통첩을 보낸다. 카렌은 서서히 현실로 돌아오지만 깨어나지 못한다. 그녀의 차디찬 시신 주위로 다른 행인들이 모여든다.

_ 클로드 베일리

분석

〈성냥팔이 소녀〉는 르느와르의 다른 무성 영화들과 성격이 좀 다르다. 그것은 표면적으로는 비극적인 동화성과 기술적 트릭들로 인해 무성 영화 말기에 성행한 프랑스 아방가르드와 관련 있는 것처럼 보이기도 한다. 그리고 사실 르느와르의 작품이 본질적으로 리얼리즘적이라는 생각은 오늘날 재고해 보아야 한다. 하지만 이러한 주제의 선택은 '아방가르드적' 인 표현주의에 의한 것이라기보다는 안데르센에 대한 찬미와 당시 그가 보여 주었던 기술적 측면에 대한

실험적 경향에 의한 것으로 보인다(《마르키타》의 전철역 장면 참조).

〈성냥팔이 소녀〉는 르느와르가 범색성*panchromatique* 필름을 이용해 실내 장면을 찍은 첫 번째 영화다. 이를 위해 르느와르와 바숄레는 씨 필립스Cie Philips의 자문을 받아 금속 반사판을 장착한 과급 램프들*lampes survoltées*을 사용하였다. 이 방법 — 현대 '투광 조명등*floos* [floodlight]'의 효시 — 은 차후 영화에서 광범위하게 사용된다. 〈성냥팔이 소녀〉의 촬영은 실내 장면의 경우 비유 콜롱비에의 다락방에 마련된 스튜디오에서, 야외 장면은 퐁텐블로 숲에서 이루어졌는데, 이를 위해 이전에는 사용한 바 없는 새로운 테크닉들과 다양한 트릭들이 개발되었다.

오늘날 이 영화는 〈나나〉, 〈게으름뱅이 병사〉와 더불어, 르느와르의 무성영화들 가운데 가장 흥미로우면서도 교훈적인 작품으로 간주될 수 있을 것 이다. 하지만 아방가르드한 기술에도 불구하고 〈성냥팔이 소녀〉는 동시대 영화들에 나타나는 표현주의적인 몽환성을 내포하고 있지 않다. 즉, 기술은 표현주의적이라고 할 수 있지만 스타일은 인상주의적이다. 더 정확하게 말하면, 르느와르는 표현주의 위에 인상주의를 겹쳐놓는 것을 영화적 쾌감으로 삼았던 것처럼 보인다. 그래서 트릭들은 동화적 환상이 아니라 기술 그 자체의 실현 혹은 광학적 질료를 위해 동원된다. 그것은 그의 부차적 장난감이었던 것이다.

연기의 스타일과 영화의 전반적 분위기에서 우리는 분명 찰리 채플린의 영향을 읽을 수 있다. 특히, 그것은 카트린 에슬링의 연기와 카렌이 꿈꾸기 전 등장하는 모든 거리 장면에서 두드러진다.

_ 앙드레 바쟁

이 영화와 관련된 '한심한 소송'은 영화의 상영을 금지하는 판결로 끝이 났지만, 르느와르는 당시 유행하던 장르인 군대 보드빌과 의사擬似 역사물(〈게으름뱅이 병사〉, 〈기마 시합〉, 〈시골로 간 피에르〉)을 제작하는 데 합의함으로

써, 그에 대한 제작자들의 신뢰가 여전하다는 것을 증명했다. 르느와르는 〈성냥팔이 소녀〉를 찍고 난 얼마 뒤 그의 친구인 카발칸티의 새 영화 〈빨간 두건 소녀〉에 배우로 참여한다.

1929 | 게으름뱅이 병사 *Tire au flanc*

주제: A. 무에지 에옹A. Mouézy-Eon과 A. 실반A. Sylvane의 보드빌

각색: 장 르느와르, 클로드 에이만, 앙드레 세르

자막 및 그림: 앙드레 리고Andre Rigaud

감독: 장 르느와르

조감독: 앙드레 세르, 롤라 마르코비치Lola Markovitch

세트: 에릭 에

촬영 감독: 장 바슐레

제작 감독: 파스칼Pascal

스튜디오: 비양쿠르

야외 촬영: 생 클루St-Cloud의 상 갸르드Cent Gardes 병영과 생 클루 숲

제작: 네오 필름 — 피에르 브론베르제

배급: 아르모르

원본 길이: 2200m

첫 상영일: 1928년 12월 엘렉트릭

시사회: 1928년 8월 18일 앙피르Empire

출연: 조르주 포미에Georges Pomiès(장 뒤브와 동벨), 미셸 시몽Michel Simon(하인 조세프 튀를로), 프리데트 파통Fridette Fatton(하녀 조르제트), 펠릭스 우다르Félix Oudart(브로샤르 대령), 잔 엘브랭Jeanne Helbling(솔랑주 블랑뎅), 장 스톰(중령 도멜), 폴 벨사Paul Velsa(부라쉬 상병), 마뉘엘 라비(부관), 마리안Maryanne(블랑뎅 부인), 에스테르 키스Esther Kiss(플레셰 부인), 카트린 에슬링(여선생?), 앙드레 세르프(군인), 막스 달방Max Dalban(군인), 젤라스Zellas(뮈플로), 키니 도를레Kinny Dorlay(솔랑주의 여동생 릴리)

시놉시스

장 뒤브와 동벨은 직업 시인으로 곧 군에 입대하게 되어 마음이 편치 않다. 그의 숙모인 블랑뎅 부인은 브로샤르 대령에게 줄을 대고 자신의 하인인 조세프를 함께 보내는 등 조카의 군복무 적응을 수월하게 해 주기 위해 최선을 다한다. 하지만 장은 바로 병영 내에서 행해지는 고전적인 장난의 표적이 된다. 그에 반해 사교적인 성격의 호색가 조세프는 편안한 군 생활을 누린다. 젊은 두 병사의 약혼녀들도 이 같은 대립적인 상황 연출에 일조하는데, 장의 바람기 많은 약혼녀는 여자에게 친절한 중령에게 접근하는 반면 구내 식당 종업원이 된 조세프의 약혼녀는 그와 같은 내무반에 배속된 병사들을 즐겁게 해 준다. 엎친 데 덮친 격으로 장은 의도하지 않았던 엉뚱한 일로 인해 경찰서 신세까지 지게 된다. 하지만 그는 역경에 영웅적으로 맞선다. 부대 창설을 기념하기 위해 열린 소란스러운 가장 무도회 파티에서 패닉에 빠질 뻔한 상황을 맞아, 그는 친구인 조세프의 도움으로, 깜짝 놀란 민간인들과 군인들에게서 은밀하게 관찰되는 편견들을 유쾌하게 일소해낸다.

_ 클로드 베일리

분석

무에지 에옹과 실반이 만든 이 보드빌은 지금껏 각기 다른 감독들에 의해 세 차례 영화화되었는데, 장 바슐레는 이 세 편의 영화에서 모두 촬영을 맡았다(1961년 클로드 드 지브레가 감독한 네 번째 버전의 촬영 감독은 라울 쿠타르 Raoul Coutard다).

영화사가들의 평가에 따르면 장 르느와르의 〈게으름뱅이 병사〉는 그야말로 흥미로울 게 하나도 없는 초라한 보드빌에 불과하다. 하지만 당시 시네마테크의 관객들이 보인 열광적인 반응으로 보자면 이 영화는 프랑스 역사상 가장 웃긴 영화들 중 하나이자 르느와르의 최고 무성 영화 가운데 하나다.

분명 〈게으름뱅이 병사〉는 찰리 채플린의 영향을 가장 많이 받은 르느와르 영화이며, 장 비고Jean Vigo가 〈품행 제로*Zéro de Conduite*〉를 찍기 전 이 영화를 주의 깊게 봤을 것이란 추측도 해 볼 수 있다. 즉, 르느와르 영화에서의 병영 생활이 장 비고 영화에서는 중학교 생활에 해당하는 것이다. 영화의 구조 역시 동일하다. 그것은 여덟 개 내지 열 개의 숏으로 구성된 짧막한 단편들로 이루어져 있다. 그 중 병영에의 도착, 예방 접종, 퐁텐블로 숲에서의 방독면 착용은 모두 익살스런 장면들이다. 최대한 빨리 찍고 철저하게 즉흥적으로 만든 것으로 보이는 이 영화는 채플린의 〈어깨 총*Shoulder Arms*〉 과 〈쇼의 밤*A Night in the Show*〉의 전통을 따르는 '활력 넘치는 영화*cinéma vivant*' 에 속하는 걸작이다.

〈게으름뱅이 병사〉에서 카메라 움직임은 대단히 영웅적이다. 카메라는 부족한 장치들에도 불구하고 상하와 좌우로 회전하고 빙빙 돌면서 '있는 힘을 다해' 움직이고 '어떻게 해서라도' 롱 숏에서 클로즈업을 끌어내기 위해 그것을 파고든다. 그래서 화면은 동료인 두 병사가 아무런 계략도 생각해내지 못할 정도로 지쳐서 땅바닥에 누워 있을 때와 포미에가 정신없이 춤을 춰 기진맥진했을 경우에만 움직임을 보이지 않는다. 그러다 다시 유쾌함이 시작되면 르느와르는 네다섯 숏만에 빠르게 정점에 도달하는 새로운 스케치를 펼쳐 낸다.

카메라 기기로 인해 쉽게 생겨나는 화면의 부동성과, 그에 맞서 움직임을 창출하고자 하는 감독 사이의 긴장감이 이처럼 명확하게 지각되는 영화, 그리고 주변 상황들에 대한 감독의 승리가 이처럼 완벽하게 돋보이는 영화는 거의 찾아볼 수 없다. 아이처럼 입을 삐죽거리는 미셸 시몽의 연기는 이후 브뤼엘, 코사, 콜랭, 부뒤 그리고 쥘 신부에게서 찾아볼 수 있는, 프랑스 영화의 가장 위대한 표정 연기를 예고하고 전망한다

__ 프랑수아 트뤼포

르느와르가 〈게으름뱅이 병사〉에서 상황을 극한까지 밀고가기 위해 사용한 그 비범한 자유, 핍진성에 철저하게 무관심한 그 자유에 주목할 필요가 있다. 특히, 스트로하임 식으로 구성된 뛰어난 시퀀스를 기억하자. 여기서 포미에는 마치 못에 박힌 거대한 새처럼 감옥의 벽에 몸을 붙이고 창문에 찰싹 들러붙어 있다. 이 익살스런 제스처의 우아함은 경이적이다. 하지만 그 순간, 건물 밖 안마당에서는 빨랫줄에 널려 있는 남자 바지들 사이에서 상사와 포미에의 약혼녀가 키스를 하고 있다.

또한 주제 면에서는 '아프로디테적인*cythérienne*,[5] 결말에 주목해야 하는데, 이는 〈엘레나와 남자들〉의 결말에서 보여 주는 사랑의 승리를 예고한다.

_ 앙드레 바쟁의 노트에서

1929 | 기마 시합 / 시테섬에서의 기마 시합

Le Tournoi / Le Tournoi dans la cité

각본: 앙리 뒤퓌 마젤Henry Dupuy-Mazel, 앙드레 재거 슈미트André Jaeger-Schmidt

각색: 장 르느와르

감독: 장 르느와르

조감독: 앙드레 세르

기술 자문(기병대 관련): 베메르Wemaere 대령

세트: 로버트 멜릿 스티븐스Robert Mallet-Stevens

의상: 조지 바르비에Georges Barbier

촬영 감독: 마르셀 뤼시앙Marcel Lucien, 모리스 데파시오Maurice Desfassiaux

카메라맨: J.-L. 문트빌러 J.-L. Mundwiller

제작 진행: 피에르 벨몽드Pierre Belmonde

5. 키테라Cythére는 미와 사랑의 여신 아프로디테가 태어난 섬으로서, 와토의 그림 〈키테라 섬의 순례〉에서도 보여지듯 아프로디테 숭배지로 알려져 있다. 여기서 '키테라적'이라는 것은 사랑을 주관하는 아프로디테를 뜻하는 것이므로 '아프로디테적인'이라고 옮겼다. — 옮긴이

편집: 앙드레 세르

촬영: 1928년 여름~가을.

스튜디오: 생 모리스St-Maurice

야외 촬영: 카르카손 섬Cité de Carcassonne

제작: 소시에테 데 필름 이스토릭Société des films historiques

행정: 드 마루상M. de Maroussem, 프랑수아 아리스퓌뤼Franois Harispuru

배급: 장 드 메를리Jean de Merly, 페르낭 베이Fernand Weil

원본 길이: 2400m

상영 시간: 2400m

첫 상영일: 1928년 12월 말 브뤼셀의 아고라 극장과 1929년 2월 9일 파리의 마리보 극장.

출연: 알도 나디Aldo Nadi(프랑수아 드 베인), 자키 모니에Jackie Monnier(이자벨 지노리), 앙리크 리베로Enrique Rivero(앙리 드 로지에), 블랑쉬 베르니Blanche Bernis(카트린 드 메디치), 수잔 드프레Suzanne Després(베인 부인), 마뉘엘 라비Manuel Raabi(지노리 백작), 제라르 모크Gérard Mock(샤를 9세), 비비안 클라랭Vivian Clarens(피렌체 사람 뤼크레스 파치), 장비에Janvier(경호 대장), 윌리엄 아귀에William Aguet(마구간 관리) 시종 난장이 나르발Narval(어릿광대 안토니오), 막스 달방(귀에의 대위), 실제 마상 결투의 삽입

사건은 카트린 드 메디치 여왕과 샤를 9세가 구교와 신교 간의 종교적 싸움을 누그러뜨리기 위해 방문한 프랑스 미디 지방에서 일어난다. 여왕을 찬양하기 위해 마상 결투 대회가 벌어진다(일 대 일 격투를 금지하는 칙령에도 불구하고).

신교도 귀족의 대표자는 전쟁에서 남편과 두 아들을 잃은 베인 백작 부인이다. 그녀에게 남은 유일한 아들은 프랑수아 드 베인인데, 그는 용맹하지만 온갖 악덕에 물든 방탕아다. 이자벨 니노리를 사랑하는 그는 칙령을 무시하고 그녀의 아버지가 결투에 참가하도록 유도해 그를 죽인다. 하지만 이자벨은 앙리 드 로지에와 비밀리에 약혼한 상태다.

그걸 알고서도 카트린 여왕은 신교도들에게 평화를 베푼다는 의미에서 이자벨을 프랑수아 드 베인에게 하사한다. 프랑수아는 그의 성에서 '피렌체 스타일'로 성대한 약혼식을 준비한다. 연회가 진행되던 중 앙리 드 로지에가 이자벨을 구하러 나타난다. 경호대가 출동하고 앙리 드 로지에는 왼쪽 팔에 부상을

입은 채 여왕 앞에 끌려온다. 그들은 다음날 마상 결투를 통해 신 앞에서 사랑을 결정하기로 정한다. 프랑수아 드 베인은 성으로 돌아가고 이자벨은 베인 백작 부인의 아파트로 피신해 그녀의 보호를 받는다.

다음 날은 드디어 마상 결투가 열리는 날이다. 드 로지에는 팔에 입은 부상 때문에 불리하다. 하지만 그는 이자벨을 위해 싸운다. 세 번째인가 네 번째 격돌에서 칼이 부러지고 앙리 드 로지에는 말에서 떨어진다. 땅 위에서 칼싸움이 계속된다. 그러던 중 질투심에 불타던 뤼크레스 파치(프랑수아 드 베인의 정부)가 그의 애인이 백작을 죽인 자라고 고발한다. 지노리와 병사들이 프랑수아 드 베인을 체포하기 위해 출동하고 이로 인해 결투가 중단된다. 드 베인은 갈고리 달린 철퇴로 죽을 때까지 저항한다. 마침내 칼이 가슴을 관통하는 치명상을 입고 그는 결투장에 혼자 버려진다. 곁에 있던 어머니가 달려와 그의 마지막 숨을 거둔다. 그는 어머니에게 용서를 구하고 죽는다.

남아 있는 필름의 상태가 워낙 형편없는 관계로 이 줄거리는 보완되고 확인되어야 할 필요가 있는 것으로 보인다. 이 영화는 다소 지루한데, 그것은 장르 자체의 한계 탓이지 영화화한 방식 탓이 아니다. 오히려 그 방식은 성공적이다. 당시 시대에 대한 재현은 결코 서툴지 않으며, 특히 의상은 진지한 역사적 연구가 행해졌음을 보여 준다. 결투 장면들과 마상 시합 장면은 기술적으로 대단히 주목할 만하다.

스타일에서는 이런 장르에서 보기 드물 정도로 사실성과 심리적 깊이를 공고히 하려는 감독의 의지가 읽혀진다. 특히, 프랑수아 드 베인이라는 인물의 모호성이 잘 처리되어 있는데, 악하고 배반적인 면과 귀족적인 미덕이 뒤섞인 그의 성격은 아주 흥미롭게 묘사되어 있어서 우리는 그의 죽음 앞에서 연민의 감정을 느끼게 된다.

하지만 이보다 더 주목할 만한 것은 그 시대의 폭력과 잔인함을 사실적으로 그리려는 감독의 의도를 보여 주는 수많은 세부 묘사들이다(결투, 뤼크레스

의 머리카락으로 닦아내는 칼에 묻은 피, 에로티시즘 그리고 죽음). 이 영화는 내내 관습적인 이야기와 거북스러울 정도의 야만적인 난폭함을 대비적으로 그리고 있다. 여기서 또 하나 유의할 것은 군대 의식 아래 민중의 삶을 보여 주고자 하는 사회적 리얼리즘에의 의지다. 예를 들어, 영화의 끝 부분에서 뤼크레스가 귀에의 대위에게 프랑수아를 밀고할 때 대위는 여전히 취침용 모자를 쓰고 있다.

_ 앙드레 바쟁

1929 | 시골로 간 피에르 *Le Bled*

각본: 앙리 뒤퓌 마젤, 앙드레 재거 슈미트

각색: 장 르느와르

자막 처리: 앙드레 리고André Rigaud

감독: 장 르느와르

조감독: 앙드레 세르프, 르네 아르시 앙느리René Arcy-Hennery

기술 감독: 조세프 루이 뮨트빌러

세트: 윌리엄 아귀에

촬영 감독: 마르셀 뤼시앙Marcel Lucien, 모리제Morizet

촬영 조감독: 브와시Boissey, 앙드레 바크André Bac

편집: 마그리트 르느와르

촬영: 1929년 2~3월

스튜디오: 조앵빌Joinville

야외 촬영: 알제리 알제, 시디 페루쉬Sidi Ferruch, 비스크라Biskra, 부 파릭Bou Farik, 스타우엘리Staouéli.

제작: 소시에테 데 필름 이스토릭(프랑스 정부의 지원을 받음)

배급: 마페몽드 필름Mappemonde-Film

원본 길이: 2400m

첫 상영 일자: 1929년 3월 11일 마리보(3주간 단독 상영)

맹금류 사육 관리자: 마르탱 씨M. Martin

출연: 자키 모니에(클로디 뒤베르네), 디아나 아르Diana Hart(클로디의 사촌 디안 뒤베르네), 앙리크 리베로Enrique Rivero(조카 피에르 오페르), 알렉상드르 아르킬레르Alexandre Arquillère(크리스티앙 오페르), 마뉘엘 라비(마뉘엘 뒤베르네), 베라르디 아이사Berardi Aïssa(피에르의 친구이자 알제리인 주비르), 자크 베케르Jacques Becker(농촌 노동자), 아지 벤 야스미나Hadj Ben Yasmina(택시 운전사), 마르탱 씨(맹금류 사육 관리자 아메드), 로지에 부인Mme. Rozier(마리 잔)

시놉시스

영화는 알제리에 관한 일련의 다큐멘터리 장면들로 시작한다.

한 청년(피에르 오페르)과 한 아가씨(클로디 뒤베르네)가 알제리로 가는 배 안에서 만난다. 남자는 삼촌인 크리스티앙 오페르에게 돈을 좀 뜯어내 보려고 가는 길이고, 여자는 삼촌의 유언장을 보러 가는 중이다. 부두에서 청년은 군대 시절 동료였던 아랍인을 만난다. 여자는 유산을 두고 경쟁 관계에 있는 사촌들을 만난다.

공증인 사무실에서 유언장이 공개된다. 클로디가 유일한 상속자다. 마뉘엘 뒤베르네와 그의 누나 디안은 떠난다. 피에르 오페르는 농부로 알고 있는 삼촌 집에 도착한다. 그 날 저녁 식사에서 그는 시골 복장을 한 사람들 사이에 턱시도를 입고 참석해 사람들을 즐겁게 한다(식탁에 둘러앉은 사람들 가운데 자크 베케르도 눈에 띈다).

다음날 삼촌은 자신의 조카에게 집 주변을 구경시켜 준다. 두 사람은 선조들이 늪을 일구어 만든 땅을 걷는다. 피에르의 방문 이유를 바로 눈치 챈 삼촌은 그에게 단도 직입적으로 얼마의 돈을 원하냐고 묻는다. 그는 10만 프랑이라고 대답한다. 삼촌은 그 요청을 거절하지 않고 피에르를 바닷가로 데리고 간다. 그곳은 바로 1830년에 프랑스 군대가 상륙한 곳이다. 두 사람의 상상 속에 그 사건이 구체적으로 재현되고 이 역사적 사건의 기억에 이끌린 두 사람은 상륙하는 군대의 진두에서 행진을 한다. 그러고 나서 트랙터들이 도착한다(에이젠슈타인의 〈전선*La Ligne générale*〉을 연상시킨다). 마침내 삼촌은 피에르에게

한 가지 조건을 수락하면 돈을 주겠다고 말한다. 그것은 돈의 가치를 배우도록 6개월간 농장에서 일을 하라는 것이다.

며칠 후 클로디는 말을 타고 나가다가 한 일꾼에게 길을 묻는데, 그는 다름 아닌 피에르다. 폭풍우가 몰아친다. 두 사람은 비를 피해 몸을 숨기고 양들과 양치기들이 있는 앞에서 서로에게 사랑을 고백한다. 피에르는 급히 삼촌에게 달려가 이 기쁜 소식을 전하지만 삼촌은 전혀 기뻐하지 않는다. 삼촌은 장담한다. "그녀가 집을 팔아치우는 즉시 너는 파리로 돌아갈 것이다." 아랍 친구가 나타나 피에르에게 남쪽으로 떠난다고 말한다. 그의 목적지는 클로디가 상속 받은 땅을 둘러보러 가야 할 곳 근처다. 피에르는 삼촌에게 친구가 그에게서 양을 구입할 거라는 핑계를 대면서 친구를 따라가게 해달라고 삼촌을 설득한다.

남쪽 지방에 모두가 다시 모였다. 알제리인 친구는 가젤(아프리카 영양) 사냥을 계획하고 클로디와 그녀의 사촌들을 초대한다. 디안 뒤베르네는 클로디를 제거하고 자신이 유산을 물려받으리라 결심한다. 그녀는 남동생에게 숨어 있다가 그녀를 습격하도록 설득시킨다. 운전사도 이 계략을 돕기로 한다. 모두가 가젤 무리를 추격하는 중에, 운전사는 클로디를 다른 사람들로부터 벗어나 가젤 한 마리를 쫓아가도록 만들고는 그 동물을 죽여버린다. 사냥의 잔인함 때문에 클로디는 흐느껴 운다. 운전사는 오아시스에 가서 쉬자고 제안한다. 그곳에는 살의에 찬 사촌 마뉘엘이 자신의 차를 몰고 와서 그들을 기다리고 있다. 그는 클로디에게 말을 돌리지 않고 직접적으로 상황을 설명한다. 그녀가 그와 결혼하지 않으면 죽게 된다는 것이다. 클로디는 거절한다. 그는 그녀를 강제로 차 안으로 끌고 간다.

한편 마뉘엘의 누나는 말에서 떨어져 심하게 다친다. 양심에 가책을 느낀 그녀는 피에르에게 남동생의 계략을 말해 준다. 피에르와 다른 여러 명이 말을 타고 마뉘엘의 뒤를 쫓는다.

마뉘엘의 차가 개울에서 고장이 나자 그는 낙타를 타고 인질과 함께 사막으로 들어간다. 말을 타고 사막에서 그들을 쫓기란 어렵다. 피에르는 매를 날려 보내 낙타를 찾도록 한다. 매들이 그를 공격해 눈을 멀게 만든다. 마뉘엘은 포기할 수밖에 없다. 피에르 오페르는 클로디를 구출해낸다.

마지막 장면은 농장에서의 약혼식 만찬 장면이다. 이번에는 처음과 반대로 모두가 턱시도를 입고 있는데, 피에르만 농부 차림으로 나타난다!

__ 앙드레 바쟁

분석

이 영화는 〈기마 시합〉처럼 가볍게 찍은 또 하나의 주문작이다. 각본의 단순함을 이용해 르느와르는 이 영화를 젊은 시절 애착을 보였던 미국 영화 스타일을 본 따 모험 영화로 만드는 쾌감을 만끽한다. 트라이앵글Triangle 시절의 더글라스 페어뱅크의 건전한 전통에 따라 〈시골로 간 피에르〉는 코미디로 시작해 절정에서 고난위 모험물로 바뀌었다가 결말은 감상적으로 마무리된다. 처음엔 미숙하고 괴팍한 인물이지만 마지막에 자신의 사랑이 위협 받자 '두 눈을 뜨게 되는' 리베로(피에르)는 페어뱅크를 환기시킨다. 보다 진지한 장면들도 작품의 조화를 깨지 않는 가운데 은근하게 삽입되면서, 이 영화의 모든 것을 예술적 열정으로 승화된다. 비 속에서 양들에 둘러싸여 행해지는 전통적 러브 신은 무지개 빛으로 반짝거리는데, 이는 〈강〉에 나오는 물방울들을 연상시킨다. 매에 의해 눈을 멀게 하는 방식으로 악한을 처벌함으로써, 르느와르는 그를 강박적으로 따라다니는 보다 자극적인 액체, 즉 '귀중한 피'를 흘리게 한다.

__ 자크 리베트

1929 | 빨간 두건 소녀
Le Petit Chaperon Rouge

주제: 샤를 페로Charles Perrault의 동화

각색: 알베르토 카발칸티, 장 르느와르

감독: 알베르토 카발칸티

조명 감독: 마르셀 뤼시앙 (혹은 르네 리보René Ribaud)

카메라맨: 로제

촬영 조감독: 엘리 로타르Eli Lotar

편집: 마그리트 르느와르

음악: 후시 녹음은 모리스 조베르Maurice Jaubert, "늑대의 자바*La Java du Loup*" 노래 가사는 클로드 앙드레 퓌제Claude André Puget

촬영: 1929년 여름

스튜디오: 비양쿠르

야외 촬영: 부르봉 마를로트(르느와르 소유), 퐁텐블로 숲

제작: 장 르느와르

회계: M. 기욤 M. Guillaume

첫 상영일: 1930년 5월 14일(트뤼뷰 리브르 드 시네마).

출연: 카트린 에슬링(빨간 두건 소녀), 장 르느와르(늑대), 앙드레 세르프(공증인), 피에르 프레베르Pierre Prévert(어린 소녀), 파블로 케베도Pablo Quevedo(미남 배우), 라 몽타뉴La Montagne(소작인) 윌리엄 아커에(늙은 영국 여자), 비비안 클라랭, 폴라 일레리Pola Illery, 네크라소프 부인Mme. Nekrassof, 레이몽 게렝Raymond Guérin(엑스트라들)

〈찰스톤〉 계통에 속하는 일요일 오락물. 말하자면 르느와르의 일요일들은 너무나 요란해서, 자신의 구역에 이젤을 설치하러 모여드는 주말 예술가들을 질겁하게 할 위험이 있다. 이 영화의 미학은 동화라기보다는 섹스 파티의 그것이라 할 수 있다. 즉, 맥 세네트Mack Sennette식의 추격 장면은 방탕한 목신적 차원을 띠고 있다. 그러한 미학적 전략을 구사한 것은 르느와르인가, 카발칸티인가? 이런 질문은 하릴없어 보인다. 몇몇 가정을 해 본다면 그 자체로 자명하니 말이다. 한 사람이 속옷 차림의 카트린 에슬링 뒤를 쫓아다니는 동안 다른 한

사람은 카메라를 들고 있었을 것이다. 그녀의 엉덩이 때문에 그녀를 납치하는 인물은 〈성냥팔이 소녀〉에 나오는 잘 생긴 경기병의 호색 사촌격이다.

__ 자크 리베트

1930 | 행운 사냥
La Chasse à la Fortune / Die Jagd nach dem Gluck

각본: 로테 라이니거Lotte Reiniger, 칼 코흐Carl Koch
주제: 알렉스 트라세Alex Trasser의 아이디어
감독: 로쿠스 글리즈Rochus Gliese(뮈르노 〈새벽〉의 무대 장치가)
특수 효과: 로테 라이니거의 그림자 인형 연극
촬영 감독: 프리츠 아르노 바그너Fritz Arno Wagner
음악: 테오 마케벤Theo Mackeben
촬영: 1929년 말~1930년 초
야외 촬영: 독일, 툴롱과 인근 지역
제작: 코메니우스 필름Comenius Films
첫 상영일: 1930년 5월 25일 베를린의 마르모르하우스Marmorhaus
시사회: 1930년 5월 3일
출연: 장 르느와르(사업가), 베르톨트 바르토슈Bertold Bartosch(순회 흥행사), 카트린 에슬링(포르투나?), 장 테데스코 부인Mme. Jean Tedesco, 알렉산더 무르스키Alexander Murski, 안니 셀 혹은 에이미 웰스

〈행운 사냥(혹은 행복 사냥*La Chasse au bonheur*)〉은 실제 사람들과 그림자 연극이 공존하는 영화다(그림자 연극의 연출자인 로테 라이니거는 훗날 〈라 마르세예즈〉의 제작에 참여하게 된다[연극 시퀀스에서 그림자 놀이로 왕실을 소개하는 풍자 만담가]).

1930년 5월 30일자 프랑크푸르트의 한 신문은 이 영화에 대한 해설을 실었는데, 다음은 그 일부를 발췌한 것이다.

〈행복 사냥〉은 대대적인 홍보와 더불어 '마르모르하우스' 극장에서 첫 상영되었다. 우선 유명한 사람들의 이름이 눈에 띈다. 로테 라이니거가 칼 코흐와 함께 각본을 쓰고 로쿠스 글리즈가 연출을 맡았다. 주요 배우들로는 프랑스의 장 르느와르와 카트린 에슬링, 러시아의 알렉산더 무르스키 그리고 미국의 에이미 웰스가 있다. 이 영화는 국제적 합작의 결산으로서 최근 이슈가 되고 있는 것을 소재로 삼고 있다. 즉, 유성 영화와 그림자 영화의 혼합이다.

_ 장 크레스

르느와르는 2년간 영화를 찍지 않는다. 이때는 유성 영화가 도래하는 시기였다. 〈아기에게 약 먹이기〉는 일종의 테스트였다. 이 영화의 성공에 힘입어 르느와르는 1년 전부터 그가 요구해 온 것, 즉 〈암캐〉를 만들 수 있는 기회를 손에 쥐게 된다. 이 영화의 촬영 기간 내내 그는 "냉혹하고 견딜 수 없는 사람"처럼 굴었으며 제작자들과 수많은 분쟁이 있었다.

1931 | 아기에게 약먹이기 *On Purge Bébé*

주제: 조르주 페이도Georges Feydeau의 희극

각색: 장 르느와르

감독: 장 르느와르

조감독: 클로드 에이만, 피에르 슈워브Pierre Schwob

세트: 가브리엘 스코냐밀로Gabriel Scognamillo

촬영 감독: 테오도르 스파쿨Theodore Sparkuhl, 로제 위베르Roger Hubert

사진: 로제 포르스테Roger Forster

사운드: D.F. 스캔론D.F. Scanlon

분마이크: 뷔뇽Bugnon

녹음: 웨스턴 일렉트릭Western Electric

제작 진행: 가이야르Gaillard

편집: 장 마미Jean Mamy

촬영: 아주 짧은 기간에 행해짐. 1931년 3월 말

스튜디오: 비양쿠르

제작: 피에르 브론베르제, 로제 리시베Roger Richebe

제작 감독: 샤를 다비드Charles David

행정: 로제 우그Roger Woog

원본 길이: 1700m

첫 상영일: 1931년 6월 말 록시Roxy

출연: 마그리트 피에리Marguerite Pierry(줄리 폴라브완), 루비니Louvigny(폴라브완), 미셸 시몽(슈이유), 올가 발레리Olga Valery(슈이유 부인), 니콜 페르낭데즈Nicole Fernandez(로즈), 페르낭델Fernandel(트뤼셰), 르 프티 사샤 타리드Le petit Sacha Tarride(토토)

시놉시스

폴라브완 집안에서 일어나는 작은 가족 드라마. 아기 토토는 약을 먹지 않으려 해 그의 어머니를 속상하게 만들고 아버지는 중요한 손님을 맞이할 채비를 서두른다. 그는 슈이유 씨다. 그는 폴라브완 씨가 군대에 부서지지 않는 실내용 변기를 납품하는 일을 도와 줄 수 있을 것이다. 하지만 그는 여러 가지 일로 인해 짜증이 난다. 우선 아이 때문에 분주한 폴라브완 부인은 그에게 퉁명스럽게 인사를 건네고, 제멋대로 구는 아이는 그의 감정을 상하게 하며, 부서지지 않는다고 한 변기가 실제로는 쉽게 깨지며, 쾌활한 사촌을 대동하고 나타난 그의 바람둥이 아내는 사사건건 끼어 들어 연신 그를 놀려댄다. 마침내 극도로 화가 난 슈이유 씨는 그 집을 떠나버린다.

— 클로드 베일리

1931 | 암캐 *La Chienne*

주제: 조르주 드 라 푸샤르디에르Goerges de la Fouchardière의 소설

각색: 장 르느와르, 앙드레 지라르André Girard

대사: 장 르느와르

감독: 장 르느와르

조감독: 피에르 프레베르, 피에르 슈워브, 자크 베케르(?), 클로드 에이만(?)

기록: 수잔 드 트르와Suzanne de Troye

세트: 가브리엘 스코냐밀로

촬영 감독: 테오도르 스파쿨

카메라맨: 로제 위베르

자문(사운드): 호치키스Hotchkiss, 벨Bell

사운드: 조세프 드 브르타뉴Joseph de Bretagne, 쿠름Courme

음향 시스템: 웨스턴 일렉트릭

제작 진행: 가이야르

제1편집: 폴 페조스Paul Fejos의 감독하에 드니스 바체프 튀알Denise Batcheff-Tual

최종 편집: 마그리트 르느와르, 장 르느와르

음악: 으제니 뷔페Eugénie Buffet의 샹송 "오 나의 아름다운 미지의 여인이여, 행복하라Sois bonne, ô ma belle inconnue," 토젤리Toselli의 세레나데(피아노 연주로 된), 그리고 M. 시몽M. Simon이 노래한 "말브루는 전쟁에 가 버리다*Malbrough s'en va-t-en guerre*"

촬영: 1931년 여름

스튜디오: 비양쿠르

야외 촬영: 몽마르트르, 노장Nogent(?), 마티뇽 가Avenue Matignon

제작: 촬영 초기에는 장 르느와르 필름이나 후에 브론베르제 리시베로 바뀜.

출자자: 몽퇴Monteux

제작 감독: 샤를 다비드

행정: 로제 우그

예술 감독: 쿠름

배급: 브론베르제 리쉬베, 후에 유로파 필름Europa-Film(C.S.C)

원본 길이: 3000m

상영 시간: 1시간 40분

첫 상영일: 1931년 11월 19일 콜리제 극장(시사회는 낭시에서)

시사회: 1931년 9월 17일 팔레 로쉬슈아르Palais Rochechouart

출연: 미셸 시몽(모리스 르그랑), 자니 마레즈Janie Marèze(룰루 펠르티에), 조르주 플라망 Georges Flament(데데라 불리는 앙드레 조갱), 막델렌 브뤼베Magdeleine Berubet(아델 르그랑 부인), 가이야르(알렉시스 고다르), 장 제레Jean Gehret(다고데 씨), 알렉상드르 리뇨 Alexandre Rignault(예술 평론가 랑젤라르), 뤼시앙 망시니(화구상 발슈타인), 쿠름(대령), 막

스 달방(르그랑의 동료 보나르), 로멩 부케Romain Bouquet(양품점 주인 앙리오 씨), 앙리 기졸Henri Guisol(카페에서 서빙하는 아메데), 피에르 데스티Pierre Destys(데데의 친구 귀스타브), 제인 피어슨Jane Pierson(아파트 관리인), 아르장탱Argentin(예심 판사), 도리앙 양Mlle. Doryans(이본), 실뱅 이친Sylvain Itkine(데데의 변호사), 콜레트 보렐리Colette Borelli(룰루의 친구 릴리)

〈엘레나와 남자들〉이 잉그리드 버그먼에 대한 오마주이고, 〈황금 마차〉가 안나 마냐니에 대한 오마주이며, 〈오르베〉가 젊은 레슬리 캐론에 대한 오마주이듯, 〈암캐〉는 미셸 시몽에 대한 오마주이다. 자유를 위해 안락함을 포기하는 예외적 소수들을 그리는 데 뛰어난 르느와르가 여기서는 평범한 한 프랑스인을 주인공으로 삼는다. 르그랑은 은행에서 일하는 현금 출납원인데, 가장 성실한 직원에게 주는 상까지 받았다. 이렇게 모범적이지만 한편으론 맥 빠진 삶을 살고 있는 그에게 유일한 탈출구는 그림이다. 그가 룰루 펠르티에라는 여인에 대하여 열정적 사랑에 빠질 때 그를 유혹했던 것은 무엇보다 완벽한 모델로서의 그녀였고, 훔친 돈으로 빌린 조그만 아파트는 그에게 불륜의 사랑을 감행할 수 있는 장소인 동시에 그의 부인이 그토록 경멸한 소중한 그림들을 안전하게 간직할 수 있는 곳이기도 했다. 자신이 예술가임을 알지 못하는 예술가이자 의도하지 않게 암살범이 되어버린 르그랑은 아내의 첫 번째 남편을 따라 거리의 부랑자가 된다. 사실 그처럼 선한 바람둥이의 자유가 신사의 노예 상태보다 낫다. 시몽-부뒤-암캐의 신화는 20년 후 사샤 기트리의 〈한 신사의 삶*La Vie d'un Honnête Homme*〉에서 완성된다.

_ 클로드 드 지브레

〈암캐〉 이후 르느와르는 상당히 까다로운 사람이라는 평판을 얻게 되지만 그 후로도 여전히 본인의 표현에 따르자면 "보기 드문 형편없는 영화들"을 만들었다. 하지만 이 표현은 사실이 아니며 그것은 〈보바리 부인〉뿐 아니라 다른 영화들에도 해당된다.

1932 | 교차로의 밤

La Nuit du Carrefour

주제: 조르주 심농Georges Simenon의 소설

각색: 장 르느와르, 조르주 심농

대사: 장 르느와르

감독: 장 르느와르

조감독: 자크 베케르, 모리스 블롱도Maurice Blondeau

기록: 미미 샹파뉴Mimi Champagne

세트: 윌리암 아귀에, 장 카스타니에Jean Castanier

촬영 감독: 마르셀 뤼시앙, 아슬랭Asselin

촬영 조감독: 파비앙Fabien

사운드: 뷔뇽, 조세프 드 브르타뉴

녹음: 웨스턴 일렉트릭

제작 진행: 가이야르

편집: 마그리트 르느와르, 수잔 드 트르와, 발터 루트만Walter Ruttmann

촬영: 1932년 1~3월 혹은 1931년 겨울~1932년

스튜디오: 비양쿠르

야외 촬영: 부프몽Bouffemont의 녹십자(1번 도로와 309번 도로가 만나는 교차로)

제작: 유로파 필름

제작 감독: 자크 베케르

배급: C.F.C

원본 길이: 2000m

첫 상영일: 1932년 4월 21일 피갈 극장

시사회: 1932년 4월 18일 팔레 로쉬슈아르

출연: 피에르 르느와르(메그레 형사), 조르주 테로(메그레의 부하 형사 뤼카), 위나 윈프리드Winna Winfried(엘세 안데르센), 조르주 쿠드리아Georges Koudria(엘세 안데르센의 오빠이자 보석상 칼 안데르센); 디니몽Dignimont(오스카), G. A. 마르탱G. A. Martin(그랑장), 장 제레(에밀 미쇼네), 제인 피어슨(미쇼네 부인), 미셸 뒤랑Michel Duran(자동차 정비소 직원 조조), 장 미트리Jean Mitry(아르센), 막스 달방(의사), 가이야르(푸주한), 불리코Boulicot(헌병), 마뉘엘 라비(기도), 뤼시 발라Lucie Vallat(오스카 부인)

시놉시스

아브렝빌의 교차로에는 세 집이 있다. 보험사 직원인 미쇼네의 평범한 저택, 오스카 씨의 자동차 정비소, 덴마크 출신의 두 부유한 외국인 칼 안데르센과 그의 누이 동생 엘세 소유의 공원 안쪽 오래된 저택.

미쇼네의 차량 도난을 조사하러 나온 메그레 경감(피에르 르느와르)은 안데르센의 차고에서 문제의 그 차량을 발견하는데, 운전석에는 한 남자가 암살당한 채 쓰러져 있다. 희생자는 다이아몬드 상인 골드버그다. 사건에 대해 전혀 아는 바 없다고 부인하는 안데르센은 증거 부족으로 석방된다. 교차로는 24시간 감시 체제에 놓인다. 한밤중에 자동차 한 대가 멈춰서면서 어떤 여자가 창문 밖으로 몸을 내밀고 이어 총성이 울린다. 골드버그 부인이 길 위에 쓰러져 죽는다. 다음날 밤 메그레가 아름다우면서도 신비로운 안데르센의 누이를 심문하고 있는 동안 칼 안데르센은 의문의 총격으로 중상을 입는다. 갑자기 그녀가 메그레의 품에 쓰러져 안기자, 그는 그녀의 매력에 동요된다. 그녀에게 누군가 독약을 먹였는데, 엄청난 노력 끝에 겨우 그녀를 살려낸다. 응급 처치를 하던 중 메그레는 놀랍게도 이 젊은 여자 — 본인 얘기로는 덴마크의 성에서 조용히 살았었다는 — 의 왼쪽 가슴에서 작은 흉터를 발견한다.

우연히 엘세와 미쇼네 사이의 싸움을 목격한 후 메그레는 조금씩 수수께끼를 풀어가기 시작한다. 엘세는 미쇼네를 죽이려고 시도하는데, 허약하지만 살려고 발버둥치던 그는 자기 방어를 하다 그녀를 목 졸라 질식시킨다. 메그레는 부자집 상속녀로 알려졌던 그 여자가 사실은 거리의 창녀로, 함부르크에서 처형된 살인자의 딸이며 여러 건의 강도 행각으로 덴마크 경찰의 수배를 받고 있다는 것을 알게 된다. 칼 안데르센은 그녀의 오빠가 아니라 그녀에게 반한 신사로, 그녀가 경찰의 추격을 피해 갱생의 길을 갈 수 있도록 도와 주고자 한 것이다. 그러나 그는 부자 남편과 함께 있는 것보다 동네의 건달들과 있는 것을 더 편하게 생각하는 그녀의 저속한 본능을 미처 계산하지 못했다. 그녀는

그 건달들의 머리를 돌게 만들 정도로 그들의 마음을 사로잡았으며, 미리 함정을 파 놓고 골드버그를 유혹한 그녀는 오스카 정비소의 한 이탈리아 정비공에게 총을 주어 골드버그를 살해하게 한 것이다.

— 장 크레스

분석

르느와르의 가장 수수께끼 같은 영화. 이 영화의 애매함은 아마도 촬영 후 장 미트리가 필름 3릴을 잃어버리는 바람에 그것 없이 편집이 이루어질 수밖에 없었던 데서 오는 의도되지 않은 것으로 보인다. 하지만 그렇다고 해도 여전히 풀리지 않는 부분이 남는다. 이를테면 이 영화는 마치 발자크의 소설 《음흉한 거래*Une Ténébreuse Affaire*》의 무대에 도스토예프스키의 인물들을 세워놓은 것 같다. 메그레 형사의 팬들은 조금도 주저하지 않고 조르주 심농 = 도스토예프스키 + 발자크이니까 그건 당연하다고 외칠지 모른다. 그건 물론 사실이지만, 이 공식은 전적으로 르느와르가 그것을 증명하는 경우에만 그리고 그것을 증명하기 때문에만 사실임을 〈교차로의 밤〉은 보여 준다. 〈오르베〉의 감독은 《교차로의 밤》을 스크린으로 옮기는 가운데, 《자살한 자들*Suicidés*》과 《바나나 여행객들*Touristes de Bananes*》의 작가(조르주 심농)를 《무셰트*Mouchette*》와 《범죄*Un Crime*》의 작가(조르주 베르나노스)로 둔갑시킨다.

우리는 이 이상하고도 시적인 영화 앞에서 두려움을 느끼게 된다. 그것을 정확히 두려움이라고 할 수는 없지만 그럼에도 두려움을 정당화시켜 주는 공포감이 존재한다. 게다가 피에르 르느와르(메그레)는 문제가 노출되기도 전에 그에 대한 해결책을 찾아낸다. 그리고 우리는 마침내 매번 심문이 끝날때마다 메그레의 입을 통해 심농이 던지는 "바보같이, 왜 진작 그걸 생각하지 못했을까!"라는 감탄사를 이해하게 된다. '명 – 암' 속에는 '명료함'이 있다. 우리는 르느와르 덕분에 이것을 깨닫게 된다.

한밤중에 울려 퍼지는 총성들, 밀수꾼들을 추격하는 뷔가티의 부르릉거리는 소리(잠들어 있는 마을의 거리를 질주하는 훌륭한 주관적 전진 -이동 촬영), 국도 위에 선 외딴 마을 주민들의 멍한, 우스꽝스러운 혹은 천박한 모습들, 위나 윈프리드의 영국식 액센트와 모르핀 중독에 빠진 러시아 여자의 구태의연한 에로티시즘, 피에르 르느와르의 축 처진 독수리 눈매, 비의 냄새와 안개에 젖은 들판 등, 모든 숏들의 매 순간 모든 디테일들은 〈교차로의 밤〉을 단 하나의 위대한 프랑스 탐정 영화, 말하자면 가장 위대한 프랑스 모험 영화로 만들어 준다.

— 장 뤽 고다르

1932 | 쇼타르 상회
Chotard et Cie

주제: 로제 페르디낭Roger Ferdinand의 희곡.
각색: 장 르느와르
대사: 로제 페르디낭
감독: 장 르느와르
조감독: 자크 베케르
기록: 수잔 드 트르와
기술 감독: 롤리
세트: 장 카스타니에
촬영 감독: 문트빌러
촬영 조감독: 클로드 르느와르Claude Renoir
카메라맨: R. 리보R. Ribault
사운드: 칼리노프스키Kalinowski
녹음: 토비 클랭 필름Tobis Klang film
편집: 마그리트 르느와르, 수잔 드 트르와
촬영: 1932년 11월~12월(23일)
스튜디오: 조앵빌
제작: 로제 페르디낭 필름Film Roger Ferdinand

배급: 유니버설Universal

원본 길이: 2125m

상영 시간: 1시간 23분(?) 혹은 1시간 13분

첫 상영일: 1933년 3월

시사회: 1933년 2월 13일 아폴로Apollo

출연: 페르디낭 샤르팽Ferdinand Charpin(프랑스와 쇼타르), 잔 로리Jeanne Lory(쇼타르의 부인 마리 쇼타르), 조르주 포미에(줄리앙 콜리네), 잔 브와텔Jeanne Boitel(콜리네의 부인 렌 쇼타르), 트레키 부인Mme. Treki(하녀 아우구스틴), 막스 달방(식료품 가게 쇼타르의 점원), 루이 퉁크Luis Tunc/Luis Tunk(군수), 루이 세녜Louis Seigner(헌병 대장), 디니몽(줄리앙 친구), 로베르 셀레Robert Seller(사령관), 파비앙 로리스(가장 무도회에 초대된 손님)

폭로적 변장과 흥미로운 크로스샤세(남녀가 번갈아 앞으로 뛰어나오는 무용의 한 장르)가 행해지는 가장 무도회, 헌병 대장(루이 세네)의 '문제 있는 출세,' 무용수 겸 시인인 포미에가 그의 방 안에서 취하는 자아 도취적 피루에트(한쪽 발 끝으로 돌기), 쇼타르의 예측 가능한 변신(그는 부르주아 신사[6]로 분장하는데, 나중에 실제로 그렇게 된다. 이는 어느 누구도 자신의 운명, 즉 그에게 주어진 역할로부터 도망칠 수 없음을 뜻한다), 푸자드주의*Poujadisme*[7]와 오늘날 '저항의 정신'이라고 부를 만한 것, 이 두 가지에 대한 동시적 거부, 이 모든 것들로 인해 〈쇼타르 상회〉는 기묘하게 이중적인 작품이 된다. 이 영화는 결코 '필름으로 찍은 연극*théâtre filmé*'에 매몰되지 않으면서 〈게으름뱅이 병사〉와 〈익사에서 구조된 부뒤〉의 시적 감흥을 그대로 지니고 있다. 한마디로 이 영화는 "멋진 미국 코미디에 버금가는 뭔가를 만들고 싶다"고 토로한 르느와르의 바람에 부응하는 작품으로 보인다.

_ 클로드 베일리

6. 17세기 프랑스 극작가인 몰리에르의 희곡 《부르주아 신사*Bourgeois Gentilhomme*》의 주인공. — 옮긴이

7. 1954년 소매상 출신의 정치가 푸자드Poujade가 결성한 우익 정당에서 유래한 표현으로, 사회 · 경제 발전에 반대하고 편협한 권리 주장을 하는 태도를 가리킨다. — 옮긴이

1932 | 익사에서 구조된 부뒤
Boudu Sauvé des Eaux

주제: 르네 포슈아René Fauchois의 희곡

각색: 장 르느와르

감독: 장 르느와르

조감독: 자크 베케르, 조르주 다르누Georges Darnoux

기록: 수잔 드 트르와

세트: 장 카스타니에, 로랑Laurent

촬영 감독: 마르셀 뤼시앙

촬영 조감독: 장 폴 알펜Jean Paul-Alphen

카메라맨: 아슬렝

사운드: 칼리노프스키

녹음: 토비스 칼랭 필름

편집: 마그리트 르느와르, 수잔 드 트르와

음악: 라파엘과 요안 슈트라우스, 플루트 — 장 불즈Jean Boulze, 오르페옹 — 에두아르 뒤물랭Edouard Dumoulin, 샹송 — 레오 다니데르프Léo Daniderff(Danidoff(?))의 "리비에라 연안에서*Sur les Bords de la Riviera*"

촬영: 1932년 여름

스튜디오: 에피네이

야외 촬영: 셴비에르Chennèvires, 센강, 퐁 데 자르Pont des Arts

제작: 시리우스 제작사

제작 감독: 장 제레, 르 펠르티에Le Pelletier

배급: 자크 엑Jacques Haik

상영 시간: 1시간 23분

첫 상영일: 1932년 11월 중순 콜리제.

출연: 미셸 시몽(부뒤), 샤를 그랑발Charles Granval(레스탱구아), 마르셀 에니아Marcel Hainia(레스탱구아 부인), 세브린 레르친스카Severine Lerczinska(안 마리), 장 다스테(학생), 막스 달방(고댕), 장 제레(비구르), 자크 베케르(벤치의 시인), 제인 피어슨(이웃집 하녀 로즈), 조르주 다르누(결혼식 하객)

시놉시스

파리의 어느 유쾌한 부랑자 부뒤는 사회에 절망하여 퐁 데 자르에서 센 강으로 몸을 던진다. 강 근처에서 서점을 운영하는 자유주의 사상의 추종자 레스탱구아는 물에 빠진 부뒤를 구해내고 그를 사회적으로 개화시키고자 한다. 그러나 부뒤는 대부분의 시간을 문제를 일으키며 보낸다. 그는 고전 문화 애호가인 서점 고객을 황당하게 만들고 하녀를 유혹하는가 하면, 레스탱구아가 자신을 구해 준 용감한 행동으로 훈장을 받게 된 소식을 접하는 바로 그 순간 대담하게도 그의 부인의 억압된 욕정을 해소시켜 준다.

'당대의 모럴에 순응하고,' '신성한 자연의 법칙을 존중하기 위해,' 사람들은 부뒤를 활달하고 자상한 하녀 안 마리와 결혼시킨다. 하지만 그것은 이 타고난 무정부주의자에게는 너무나 과한 것이었다. 결혼식 당일 부뒤는 보트 놀이를 하던 중 도망쳐 강물의 흐름에 자신을 맡긴다. 모인 군중들은 잠시 동요하다가 이내 진정된다.

__ 클로드 베일리

분석

부뒤는 실제 부랑자들과 자신을 부랑자로 생각하는 미치광이들의 99%가 닮고 싶어하는 절대적 원형, 성공적인 거지상이다. 만일 부랑자라는 것이 존재하지 않았다면 부뒤가 그것을 창조해내었을 것이다. 그는 그런 부류의 완벽한 표본이다. 서점상 레스탱구아가 망원경으로 그를 보았을 때 그랬듯이, 우리 역시 그를 볼 때 찬탄의 외마디를 내지를 수밖에 없다. 완벽하게 자연스러운 이 존재는 전적으로 희극적이며 — 코미디는 자연스러운 것이기 때문에 — 그것은 훌륭한 코미디 배우에 의해서만 묘사될 수 있는 것이었다. 르느와르는 미셸 시몽이 마음 놓고 연기할 수 있게 해 주었다. 배우에 대해 걱정할 필요가 없어진 르느와르는 확신을 가지고 자기가 원하는 위치에 카메라를 놓고 움직인다. 아

파트를 찍을 때나 마른에서의 보트 놀이 장면을 찍을 때 그는 심도의 프레임화를 구축한다. 비록 지금은 한물 간 기법에 속하지만 트럼펫을 이용한 장면 연결 역시 그 코믹한 형식을 유지하고 있다. 르느와르가 시몽(부뒤)을 자유롭게 움직이도록 내버려둔 것은 그들에게서 뭔가 예기치 않은 놀라움을 포착하게 될 것을 기대하였기 때문이다. 그는 배우와 인물에게 강한 영향력을 행사하는 것을 원치 않는다. 그 결과 그는 부뒤가 너무나 고집스런 자기만의 철학을 갖고 있어서 다른 사람들의 이야기를 듣는 걸 좋아하지 않는다는 사실을 발견해낸다. 만일 철학이란 단어가 너무 거창하다면, 적어도 그 부랑자가 〈장 르느와르의 가족 앨범〉에 나열되는 모든 매력적인 중대 죄들 — 사치, 식탐, 위선 그리고 무엇보다 게으름, 〈강〉이나 〈엘레나와 남자들〉에서 전혀 다른 방식으로 노래된 그 유명한 게으름 — 을 저지른다는 것은 말할 수 있다. 〈어느 하녀의 일기〉에서 그려진 시기와 탐욕만이 빠져 있다.

르느와르는 〈익사에서 구조된 부뒤〉를 통해 자신의 절반을 선명히, 완벽하게 그리고 결정적으로 드러내었다. 수줍게 감추어진 나머지 절반이 나타나는 데는 이보다 더 많은 시간이 걸릴 것이다.

_ 에릭 로메르

1933 | 보바리 부인 *Madame Bovary*

주제: 귀스타브 플로베르의 소설
각색: 장 르느와르
대사: 장 르느와르
감독: 장 르느와르
조감독: 피에르 드수쉬Pierre Desouches, 자크 베케르
세트: 로베르 지Robert Gys, G. 웨이크위치G.Wakewitch(?)
의상: 메지Medgyes, 발랑틴 테시에의 원피스는 카스그랭 부인Mme. Cassegrain이 담당

촬영 감독: 장 바슐레

카메라맨: 지보리

촬영 조감독: 클로드 르느와르

사운드: 쿠름, 조세프 드 브르타뉴

음악: 다리우스 밀로, "벌판의 봄*Le Printemps*," "바르바리아의 오르간*Orgue de Barbarie*," "루시 드 람메무어*Lucie de Lammermoor*" — (도니제티)

촬영: 1933년 가을

스튜디오: 비양쿠르

야외 촬영: 노르망디(루앙, 리, 리용 라 포레와 인근 지역)

제작: N.S.F(가스통 갈리마르)

제작 감독: 자스파르Jaspar/Jaspard

행정: 로베르 아롱Robert Aron

배급: C.I.D(Cie 독립 배급사Cie Indépendante de Distribution)

원본 길이: 3시간 30분

상영 시간: 3200m

첫 상영일: 1934년 4월 1일 씨네 오페라Ciné Oépra

출연: 피에르 르느와르(샤를 보바리), 알리스 티소Alice Tissot(샤를의 어머니인 보바리 부인), 발랑틴 테시에Valentine Tessier(엠마 보바리), 엘레나 망송Helena Manson(샤를 보바리의 첫 번째 부인), 막스 디어리Max Dearly(약사 오메), 다니엘 르쿠르트와Daniel Lecourtois(레옹), 페르낭 파브르Fernand Fabre(로돌프), 레옹 라리브Léon Larive(농사 공진회에서의 도지사), 피에르 라르케Pierre Larquey(절름발이 이폴리트), 플로랑시Florencie(부르니지앵 신부), 르 비강Le Vigan(섬유 상인 뢰르), 로맹 부케(공증인 기요맹), 조르주 카위작Georges Cahuzac(루오 노인), 알랭 뒤르탈Alain Dhurtal(외과 의사), 앙드레 푸셰André Fouché(쥐스탱), 조르주 드 뇌부르Georges de Neubourg(보비에사르 후작), 에드몽 보샹Edmond Beauchamp(비네), 로베르 무어Robert Moore(집달리), 앙리 빌베르Henri Vilbert(카니베) 모네트 디네이Monette Dinay(펠리시테), 마르트 멜로Marthe Mellot(노파), 마리안(오메 부인), 르네 블로흐René Bloch(삯마차 마부), 피에르 보스트Pierre Bost, 막스 트레장Max Trejean, 알베르 랑베르Albert Lambert, 크리스티안 도르Christiane Dor, 오데트 디네스Odette Dynès와 폴레트 엘랑베르Paulette Elambert

이 플로베르의 걸작은 세계에서 영화로 각색하기 가장 어려운 대여섯 개 소설 가운데 하나다. 르느와르는 원작의 대사와 장면들에 대한 문자 그대로의 충실한 재현을 포기하지 않으면서도(상영되지 않은 원판은 3시간이 넘는 길이였

다!), 플로베르의 황금 같은 문체에 주눅 들지 않았다. 등가성이라는 수고스런 기법을 무시해버리기로 결심한 그는 이 반소설적인 요소들이 그 창조자의 소망대로 영원히 문학의 울타리로부터 벗어나도록 하기 위해 인물들을 주관적 시각에 따라 재구축한다.

이 영화에서는 원작 소설가의 원칙적 객관성을 저지하기 위해 단 하나의 일관된 스타일이 사용되고 있는데, 그것은 물리적 의미에서의 **물러남***recul*이다. 하지만 그것은 엄격히 말해 〈암캐〉나 〈익사에서 구조된 부뒤〉에서 부각된 것과 같은 '심도 화면'이 아니다. 〈보바리 부인〉에서 전경들은 일반적으로 유인물들(가구들, 특히 문과 창문의 틀)로 구성되며 핵심적 사건은 후경에서 일어난다. 이러한 '틀 안의 틀,' 즉 상자 놀이는 이야기의 주인공들이 연기하는 가운데 스스로에게 연기한다는 것을 의미한다(루앙의 오페라는 의심할 여지없이 이 점을 확인시켜 준다). 그것은 죽음의 고통에 의해서조차 중단되지 않는 연극이다. 2층 칸막이 좌석의 닫히는 두 문은 〈황금 마차〉에서의 마지막 커튼을 예고한다.

르느와르에게 보바리즘*bovarysm*은 후에 카밀라가 진술하는 불확실성에 대한 한 형식일 뿐이다. "연극은 어디에서 시작되는가? 삶은 어디서 끝나는가?" 보바리 부인은 능숙하게 꾸민 태도를 취할 때조차 진실하며 진실한 매 순간에도 작위적이다. 그녀에게는 본질적으로 꾸며 낼 수 없는 기본적 요소들 — 말하자면 육체나 시선의 특성처럼, 적어도 카메라 앞에서는 거짓말을 할 수 없는 것들 — 을 제외한 모든 것이 꾸며진 것이며 인위적인 것이다. 발랑틴 테시에의 연기가 보여 주는 것은 바로 보바리 부인이라는 인물이 구사했던 '트릭들'인 것이다. 피에르 르느와르와 막스 디어리도 적당한 거리를 두고서 발랑틴 테시에의 연기를 따라간다.

1850년의 자연스러움과 20세기의 자연스러움은 동일하지 않다. 〈보바리 부인〉은 이를 위해 모든 것 — 텍스트, 억양, 태도, 제스처 — 을 재구축하고자

한다. 르느와르는 〈밑바닥 인생〉에서 〈엘레나와 남자들〉까지 그의 다른 '시대극'에서는 〈보바리 부인〉과 반대되는 방식, 즉 시대 착오적인 방법을 구사한다. 하지만 '예술'과 '진실'에 이르는 길은 다양하며 르느와르를 늘 매혹시키는 것은 이처럼 대립되는 두 기법이 교차하는 바로 그 지점이다. 각각의 관점은 모두 진실하며 동시에 거짓이다. 그것들은 서로를 보완한다. 막스 디어리의 화법과 발랑틴 테시에의 포즈를 마이크와 카메라로 담아두지 않았다면, 페루의 부왕도 그렇게 쉽게 그의 가발을 벗지 못했을 것이다.

_ 에릭 로메르

제대로 평가받지 못한 영화 〈보바리 부인〉은 상업적으로도 실패하였다. 하지만 르느와르는, 마르셀 파뇰 등에 힘입어, 그토록 하고 싶었던 기획을 실현시킬 수 있는 기회를 얻는다. 〈토니〉는 오늘날 이탈리아 네오리얼리즘의 영광스러운 선구자로 간주된다. 하지만, 훗날 이탈리아 네오리얼리즘 감독들이 르느와르만큼이나 파뇰에게도 공을 돌렸다는 사실을 부언해야 옳을 것이다. 더욱이 르느와르 자신도 〈푸르 부〉에서 "이건 우리가 익히 잘 알고 있는 것인데 (……) 바로 그런 이유들 때문에 나는 마르셀 파뇰이 오늘날 가장 위대한 영화작가라고 생각한다"고 말했다.

1934 | 토니 *Toni*

각본: 신문 3면에 실린 실제 사건을 자크 모르티에Jacques Mortier가 자료 조사한 것을 바탕으로 장 르느와르와 칼 아인슈타인Carl Einstein이 시나리오를 씀.

대사: 장 르느와르, 칼 아인슈타인

감독: 장 르느와르

조감독: 조르주 다르누, 안토니오 카노르Antonio Canor

견습생: 루키노 비스콘티

기록: 수잔 드 트르와
기술 감독: 알베르 오수아드Albert Ausouad
세트: 레옹 부렐리Léon Bourelly, 마리우스 브로키에Marius Brauquier
촬영 감독: 클로드 르느와르
촬영 조감독: 로제 르드뤼Roger Ledru
사운드: 바비샤니앙Barbishanian, 사라쟁Sarrazin(보조)
녹음: R.C.A.
기계 장치자: 베베르Bébert
편집: 마그리트 르느와르, 수잔 드 트르와
음악: 폴 보치Paul Bozzi의 기타와 대중 가요
촬영: 1934년 여름
스튜디오: Ets. 몇몇 솟은 마르셀 파뇰의 마르세이유 스튜디오
야외 촬영: 마르티그Martigues
제작: 필름 도주르뒤Films d'Aujourd'hui
제작 감독: 피에르 고Pierre Gault
행정: E. 브와이에E. Boyer
배급: 마르셀 파뇰 필름Les Films Marcel Pagnol
원본 길이: 1시간 40분
상영 시간: 2600m
첫 상영일: 1935년 2월 22일 시네 오페라와 보나파르트
출연: 샤를 블라베트Charles Blavette(토니라 불리는 안토니오 카노바), 제니 엘리아(마리), 셀리아 몽탈방Celia Montalvan(조세파), 에두아르 델몽Edouard Delmont(페르낭), 앙드렉스(갸비), 앙드레 코바체비치(세바스티앙), 막스 달방(알베르), 폴 보치(기타리스트 자크 보치)

영화의 프롤로그: "이 영화의 사건이 일어난 곳은, 자연이 바벨의 정신을 파괴하고 서로 다른 인종들을 너무나 잘 융합하는 프랑스 미디 지방이다."

외국인 노동자 토니는 마르티그에 도착하여 곧 젊은 하숙집 주인 마리의 연인이 된다. 몇 달 후 그는 아버지 세바스티앙과 함께 사촌 갸비의 집에 사는 아름다운 스페인 여자 조세파와 사랑에 빠진다. 토니가 세바스티앙 노인에게서 조세파와의 결혼 승락을 받아냈을 때, 그의 상관인 탐욕스럽고 호색적인 술꾼 알베르가 도랑에서 조세파를 강간한다. 그리하여 알베르가 조세파와 결

혼하고 그녀는 아이를 낳고 토니는 그의 대부가 된다. 세바스티앙이 죽자, 토니는 조세파를 설득해 어디로든 도망가 둘만의 새로운 삶을 시작하려는 희망으로 마리 곁을 떠난다. 조세파가 갸비의 제안으로 농장의 돈을 모두 훔치고 있을 때 갑자기 알베르가 나타난다. 그녀는 남편을 죽인다. 도둑질을 제안했던 갸비는 잠적한다. 토니는 알베르의 시신을 땅에 묻던 중 헌병에게 들킨다. 그는 살인을 시인하고 도망치다가 한 부르주아의 총에 맞아 쓰러진다. 한편 조세파는 경찰서에 가 자수한다.

장 르느와르는 〈토니〉가 대부분 비직업적인 배우들로 구성되어 있으며, 실내와 야외 촬영 모두 실제 장소에서 이루어졌다는 점에서 최초의 네오리얼리즘 영화라는 것을 즐겨 언급한다. 하지만 사실 〈토니〉에서 놀라운 점은 신문기사에 난 실제 사건의 몽환적 측면, 즉 거의 일상적인 드라마임에도 불구하고 그 안에 담긴 동화적인 색채다. 전적으로 감독에 의해 '창조된,' 그래서 우리를 당황하게 만드는 미장센은 가령 〈암캐〉 같은 영화와 비교해 보면 거의 원시적이라고 할 만하다. 촬영은 즉흥적이며 심지어 무질서하게 이루어졌다는 인상을 준다. 영화에서 보다 주목할 만한 점은 두 여자 인물에 대한 묘사가 아니라 조세파라는 한 여자의 현저하게 다른 두 삶에 대한 묘사이다. 유혹적일 만큼 요염하고 자극적이며 매혹적이던 그녀는 알베르와 결혼한 후에는 마리처럼 가난하고 고통당하는 불쌍한 한 여자에 불과해진다. 조세파가 말벌에 등을 쏘여 토니에게 모든 독을 빨아내 줄 것을 애원하는 장면은 잊혀지지 않는다.

우리는 알베르 역의 막스 달방이 행하는 모든 몸짓에서, 자기 자신과 닮은 인물을 감독하는 중에 스스로를 풍자하는 르느와르를 알아 볼 수 있다. 〈토니〉는 르느와르의 영화 중 가장 아름다운 대여섯 편 중 하나이며 태양이 '운명'을 대신하는 비극이다.

_ 프랑수아 트뤼포

이듬해 장 르느와르는 자크 프레베르와 처음이자 마지막으로 같이 작업을 하게 되는데, 그 결과 대단히 훌륭한 작품이 탄생한다. 〈랑주 씨의 범죄〉는 르느와르 작품에 있어 하나의 전환점을 꾀한다. 이 영화에서 〈게임의 규칙〉에 이르기까지 그의 영화들은(〈피크닉〉을 제외하고는) 어느 정도 사회적인 색채를 띠게 된다. 비록 여기서 표명되는 사회적인 관심사가 기본적인 것에 불과했다고 하더라도 말이다. 당시는 인민 전선이 승리하던 시대였고, 르느와르는 '정치적 참여를 한다.' 〈인생은 우리의 것〉은 공산당의 주문으로, 〈라 마르세예즈〉는 C.G.T(노동 연합 전선Confédération Générale de Travail)의 주문으로 만들어진 것이다. 르느와르가 일반 대중 사이에 '유명'해진 것, 그리고 〈밑바닥 인생〉, 〈위대한 환상〉, 〈인간 야수〉로 인해 국제적 명성을 얻게 된 것은 이때였다.

1935 | 랑주 씨의 범죄 *Le Crime de Monsieur Lange*

처음 제목: 랑주 씨의 출세*L'Ascension de M. Lange*, 안마당을 굽어보며 혹은 안마당에서*Sur la Cour ou Dans la cour*, 탈주한 남자*Un homme se sauve*
주제: 장 카스타니에, 장 르느와르
각본: 자크 프레베르, 장 르느와르
감독: 장 르느와르
조감독: 조르주 다르누, 장 카스타니에
기록: 마그리트 르느와르
세트: 장 카스타니에, 로베르 지, 로제 블랭 (보조)
촬영 감독: 장 바슐레
촬영 조감독: 샹피용Champion
사진: 도라 마르Dora Maar
사운드: 모로Moreau, 루이 보제Louis Bogé, 르와젤Loisel, 로베르 테세르Robert Teisseire
녹음: 베종Vaison과 모로Moreau의 소유인 마르코니Marconi 트럭 위에서
편집: 마그리트 르느와르
음악: 장 비너Jean Wiener와 코스마Kosma의 샹송("낮에는 낮, 밤에는 밤*Au jour, le jour, à la*

nuit, la nuit"), 로제 데조르미에르Roger Desormièrs 지휘의 오케스트라

촬영: 1935년 10월과 11월

스튜디오: 비양쿠르

야외 촬영: 파리의 르 트레포르Le Tréport

제작: 오베롱Obéron

제작자: 앙드레 알레 데 퐁텐André Halley des Fontaines

제작 감독: 주느비에브 블롱도Geneviève Blondeau

예술 감독: 마르셀 블롱도Marcel Blondeau

배급: 미네르바

원본 길이: 2200m

첫 상영일: 1936년 1월 24일 오베르 팔라스

출연: 쥘 베리Jules Berry(바탈라), 르네 르페브르René Lefèvre(아메데 랑주), 플로렐Florelle(발랑틴), 나디아 시비르스카이아Nadia Sibirskaïa(에스텔), 실비아 바타이유Sylvia Bataille(에디트), 앙리 기졸(뫼니에의 아들), 마르셀 르베스크Marcel Levesque(문지기), 오데트 탈라자크Odette Talazac(아파트 여 관리인), 모리스 바케Maurice Baquet(그들의 아들 샤를), 자크 브뤼뉘스Jacques Brunius(M. 베네르), 마르셀 뒤아멜(노동자), 장 다스테(노동자), 폴 그리모Paul Grimault(식자공), 기 데콩블(노동자), 클레르 제라르Claire Gérard(창녀), 에드몽 보샹(기차 안의 신부), 르네 제냉René Génin(국경 여관의 한 손님), 폴 드망쥐Paul Demange(채권자), 실뱅 이친(바탈라의 사촌), 파비앙 로리Fabien Loris, 자닌 로리Janine Loris, 브르모Bremaud, 앙리 생 티슬Henri Saint-Isles, 뤼포비치Lupovici

'바탈라' 출판사 직원인 아메데 랑주는 사장인 바탈라가 필사적으로 파산을 면하고자 출간하는 모험 소설을 열정적으로 써나간다. 어느 날 바탈라는 채권자들을 피하기 위해 도시를 떠난다. 그는 기차 탈선 사고로 인해 죽은 것으로 알려지고, 종업원들이 합심해 꾸려나가는 회사는 급속도로 번창한다. 랑주는 안뜰에 사는 세탁부이자 바탈라의 전 연인인 발랑틴과 사랑에 빠진다. 문지기 아들인 샤를은 바탈라의 아기를 사산한 또 다른 세탁부와 결혼하려 한다. 바로 이 순간 비열한 바탈라가 회사를 다시 자기 손아귀에 넣고 조합을 해체시킬 목적으로 성직자로 가장해(성직자로 분장하면 어느 곳에서든 무사 통과다) 돌아온다. 랑주는 그를 총으로 쏴죽이고 발랑틴과 함께 벨기에로 도망친다. 국경의

농부들이 그들을 알아보지만 발랑틴이 살인에 이르게 된 경위를 설득력 있게 설명하는 덕분에 그들은 경찰에게 넘겨지지 않는다(영화는 발랑틴의 서사에 의한 단일 회상 형식을 띤다).

'위나니미즘적' 영화, 〈랑주 씨의 범죄〉는 이러한 줄거리 요약으로는 충분하지 않다. 바탈라의 비서(실비아 바타이유), 어린 세탁부(나디아 시비르스카이아), 문지기(마르셀 르베크), 뫼니에 씨의 아들(앙리 기졸), 인쇄공들(장 다스테, 폴 그리모, 마르셀 뒤아멜)이 사건 전개에 빈번하게 끼어든다.

〈랑주 씨의 범죄〉의 시적인 힘은 르느와르와 프레베르의 재능의 결합에서뿐 아니라 명료하지 않은 다양한 의도들에서도 비롯하는 듯하다.

"에스텔의 산에 누가 돈을 댔는가? 조합이다! 샤를의 병원비는 누가 냈는가? 조합이다!" 영화 중간에 나오는 이러한 대사는 작가들의 사회적 의도를 환기시킨다. 하지만 개인적인 사랑마저도 사회적인 것으로 간주하는 이 완벽한 시나리오에도 불구하고 이러한 의도들은 영화에서 단지 부차적인 것에 머물러 있는데, 그 이유는 단지 〈랑주 씨의 범죄〉의 인물들이 너무나 생기넘치고 살아 있기 때문이다. 이 작품은 인간적 진실 덕분에 재빨리 순수하게 환상적인 것으로 변모하는 르느와르 영화(그의 많은 영화가 그러하다)의 또 다른 예다. 쥘 베리는 비열한 바탈라를 연기하고 있지만 프레베르와 르느와르가 그 인물 만들기에 너무나 공을 들인 나머지, 그는 바로크적이며 심지어는 호의적인 면모를 지니게 된다. 이 인색한 출판인은 르느와르를 괴롭혔던 영화 제작자와 너무나 닮아 있다. 그는 혹 〈아기에게 약 먹이기〉 촬영을 나흘 만에 끝내라고 강요했던 자들 중 하나가 아닐까?

르느와르의 모든 영화 가운데 〈랑주 씨의 범죄〉는 가장 자발적이고, 카메라와 연기의 '기적들'이 풍부하며, 순수한 아름다움과 진실로 가득 찬 작품이다. 한마디로 신의 은총을 받은 영화라고 할 수 있다.

_ 프랑수아 트뤼포

1936 | 인생은 우리의 것
La Vie Est à Nous

각본: 장 르느와르, 폴 바이양 쿠튀리에르Paul Vaillant-Couturier, 장 폴 르 샤느와Jean-Paul Le Chanois, 조보다Zwoboda 등

감독: 장 르느와르, 앙드레 조보다, 장 폴 르 샤느와

조감독: 자크 베케르, 마르크 모레트Marc Maurette, 카르티에 브레송Cartier-Bresson, 모리스 림Maurice Lime, 자크 B. 브루니우스, 피에르 위닉Pierre Unik

기록: 리투Ritou라고 불린 르네 바바세르René Vavasseur

촬영 감독: 루이 파주Louis Page, 장 이스나르Jean Isnard, 장 세르주 부르고엥Jean-Serge Bourgoin, A. 두아리누A. Douarinou, 클로드 르느와르, 에이에Hayer

편집: 마그리트 르느와르(오베르빌리에)

음악: "인터내셔날*L'internationale*," 생시몽주의자들의 원무곡과 파리 합창단이 부른 인민 전선의 노래들, 콜소몰의 노래들(쇼스타코비치), 콧노래로 불러진 "나의 금발 여인 곁에서Auprès de ma Blonde," "라 쿠카라차*La Cucaracha*," 수잔 콩트Suzanne Conte가 지휘한 합창곡,

스튜디오: 프랑쾨르Francœur

야외 촬영: 포르트 드 몽트뢰이유Porte de Montreuil, 마를로트Marlotte

배급: 시네마 아소시에Cinéma Associés

상영 시간: 1시간 6분

첫 상영일: 1969년 11월 12일

출연: 장 다스테(학교 선생님), 자크 브루니우스(행정위원회 위원장), 시몬 기쟁Simone Guisin(카지노의 한 부인), 테디 미쇼Teddy Michaux(파시스트), 피에르 위닉(마르셀 카셍의 비서), 막스 달방('크로노미터 같은' 브로샤르), 마들렌 솔로뉴Madeleine Sologne(공장 노동자), 파비앙 로리(노동자), 에밀 드렝Emile Drain(노인 귀스타브 베르텡), 샤를 블라베트(토냉), 장 르느와르(술집 주인), 마들렌 닥스Madeleine Dax(회의의 여비서), 로제 블랭(야금공), 실벵 이친(회계사), 조르주 스파넬리Georges Spanelly(공장장), 페르낭 베르셰Fernand Bercher(비서), 에디 드브레Eddy Debray(집달리), 앙리 퐁스Henri Pons(르코크 씨), 가브리엘 퐁탕Gabrielle Fontan(르코크 부인), 가스통 모도(그들의 조카 필립), 레옹 라리브(경매에 참여한 고객), 피에르 페르발Pierre Ferval(두 번째 고객), 줄리앙 베르토Julien Bertheau(실직한 엔지니어 르네) 나디아 시비르스카이아(르네의 여자 친구 니네트), 마르셀 레지유Marcel Lesieur(자동차 정비소 주인), 오브라디O'brady(북아프리카 세탁부 모하메드), 마르셀 뒤아멜(국가 의용병 무테 씨), 트리스탕 스베르Tristan Sevère(무료 급식소의 한 실직자), 기 파비에르Guy Favières(늙은 실직자), 뮈즈 달베르Muse d'Albert(?) (실직 여성), 자크 베케르(젊은 실

직자), 클레르 제라르(거리의 한 부르주아), 장 폴 르 샤느와(프티 루이), 샤를 샤라Charles Charras(별장의 가수), 프랑시스 르마르크(다른 가수)

마지막 행렬: 블라디미르 소쿠로프Vladimir Sokoloff, 프랑수아 비기에François Viguier, 욜랑드 올리비에로Yolande Oliviero, 마들렌 실벵Madeleine Sylvain

그 외: 마르셀 카셍Marcel Cachin, 앙드레 마티André Marty, 폴 바이양 쿠튀리에르, 르노 장 Renaud Jean, 마르타 데스뤼모Martha Desrumeaux, 마르셀 지통Marcel Gitton, 자크 뒤클로Jacques Duclos, 모리스 토레즈Maurice Thorez, 라로크la Rocque 대령의 비자발적 참여

이 영화는 검열을 통과하지 못했지만, 전쟁 전 지방과 파리 교외 극장들에서 상영되어 대단한 성공을 거두었다. 관객들은 입장료를 내지 않는 대신 당시 상황을 위해 특별히 고안된 한 시적 신문 〈시네 리베르테*Ciné Liberté*〉의 구독을 신청했다. 이 영화가 일반 상업 극장에서 처음 상영된 것은 스튜디오 지 르 쾨르Studio Gît-le-Cœur에서 1969년 말부터였다(분명 1968년의 5월 혁명 덕분이리라).

카메라가 한 남자와 여자의 얼굴을 클로즈업 화면으로 잡는다. 이윽고 카메라가 뒤로 빠지면서 그들의 비참한 주거 환경이 나타난다. 이 시퀀스 다음에 모리스 토레즈, 마르셀 카셍, 자크 뒤클로가 정치 선언문을 낭독하는 장면이 이어진다. 〈인생은 우리의 것〉이 장 르느와르의 영화란 걸 알지 못한 채 이 영화를 본다고 하더라도, 우리는 카메라의 사소한 움직임에서 그의 스타일을 눈치챌 수 있다. 예를 들어, 정치 선언문 낭독 장면은 〈밑바닥 인생〉의 시작 장면과 촬영 기법이 동일하다. 장관이 주베에게 설교할 때처럼, 카메라는 원형 궤도를 따라 토레즈 주위로 매우 천천히 돌면서 이동한다. 뒤클로와 카셍이 선언문을 읽을 때도 동일한 방식으로 촬영된다.

〈인생은 우리의 것〉의 끝 장면은 정확하게 〈익사에서 구조된 부뒤〉와 일치한다. 카메라는 "리비에라 연안에서" 대신 "인터내셔날"을 부르는 '동지들'의 행진을 도랑에서 부감 앵글로 찍는다. 그 '대원들' 중에서 몇몇 친구들이 눈에 띈다. 줄리앙 베르토, 이친, 로제 블랭, 가스통 모도, 브루니우스, 파비앙 로리, 자크 베케르 그리고 영화에 처음 출연하는 마들렌 솔로뉴 등. 마들렌은 당시 이 영화의 촬영 기사인 두아리누의 아내였다.

르느와르가 바이양 쿠튀리에르와 공동으로 각본을 쓴 〈인생은 우리의 것〉은 검열에 걸려, 1969년까지 비공식적인 무료 상영회 외에는 한 번도 상영되지 못하였다. 〈인생은 우리의 것〉은 매우 좋은 영화라는 사실을 다시 한 번 강조해 두고 싶다.

_ 프랑수아 트뤼포

1936 | 피크닉 *Une Partie de Campagne*

주제: 기 드 모파상의 단편 소설

각색: 장 르느와르

대사: 장 르느와르

감독: 장 르느와르

조감독: 자크 베케르, 클로드 에이만, 자크 브뤼뉘스, 이브 알레그레Yves Allégret, 앙리 카르티에 브레송, 루키노 비스콘티(소품 담당 견습생)

세트: 로베르 지

촬영 감독: 클로드 르느와르

카메라맨: 장 세르주 부르고앵Jean-Serge Bourgoin

촬영 조감독: A. 비기에A. Viguier, 엘리 로타르Eli Lotar

사운드: 쿠름(?)과 조세프 드 브르타뉴

분장: 가이다로프Gaidaroff

편집: 마그리트 르느와르(결정판: 마그리트 르느와르의 감독하에 마리네트 카딕스Marinette Cadix).

음악: 조세프 코스마, 제르멘 몬테로Germaine Montero가 노래한 샹송. 로제 데조르미에르 지휘의 오케스트라

촬영: 1936년 7월~8월

야외 촬영: 몽티니와 마를로트 근처의 로앵Loing 기슭.

제작: 피에르 브론베르제, 팡테옹 필름Les Films du Panthéon

제작 감독: 로제 우그

행정: 자크 브뤼뉘스

배급: 팡테옹(1946)

원본 길이: 1232m

상영 시간: 1100m

첫 상영일: 1946년 5월 8일 레뮈Raimu

출연: 잔 마르켄Jeanne Marken(줄리에트 뒤푸르 부인), 가브리엘로Gabriello(시프리엥 뒤푸르 씨), 실비아 바타이유(앙리에트 뒤푸르), 조르주 다르누(앙리), 자크 브뤼뉘스의 가명인 자크 보렐Jacques Borel(로돌프), 폴 탕Paul Temps(아나톨), 가브리엘 퐁탕(할머니), 장 르느와르(풀렝 영감), 마그리트 르느와르(하녀), 피에르 레스트랭게즈(나이 든 신부)

〈피크닉〉에서 코미디는 정서적 감동, 즉 자연에 대한 감동, 감각들의 감동, 센티멘탈한 감동 속에 끊임없이 녹아 없어진다. 이 영화를 단편이나 '회화' 영화로 간주하는 것은 부질없는 짓이며(비록 그 안에 적어도 오귀스트 르느와르의 세 작품 — 〈늪*La Grenouillre*〉, 〈그네 타는 소녀*La Balanoire*〉, 〈선상 위의 점심 식사*Le Déjeuner des Canotiers*〉 — 이 재구성되어 있다고 해도), 그것을 미완성이라고 규정짓는 것 또한 무의미하다. 이 영화가 직면해야 했던 여러 문제들, 최종 길이를 둘러싼 망설임, 영화 촬영과 극장 개봉 사이의 긴 시간, 독일인들에게 빼앗긴 르느와르의 첫 번째 편집 버전, 감독 없이 이루어진 두 번째 편집 버전, 촬영되지 못하여 배경막으로 대체된 야외 숏, 스튜디오 장면들(가게)을 하나도 찍지 못한 점, 이 모든 것들은 결국 영화에 조금도 영향을 미치지 못했다. 감독도 제작자도 모르는 사이에, 〈피크닉〉은 카메라가 마지막으로 감긴 순간 종료되었다. 단 하나의 프레임도 부족하지 않다.

이 영화는 장 르느와르와 자연과의 때로는 장난스럽고 때로는 진지한 사랑의 대화이며 여기서 모파상은 단지 구경꾼으로 참여하고 있다. 자연은 르느와르가 그것에 바치는 사랑에 사랑으로써 화답한다. 어머니와 딸이 봄('일종의 막연한 욕망')에 대해 이야기를 나누는 긴 장면 동안 나비 한 마리가 화면의 안과 밖을 들락거리면서 이 두 사람 사이를 간단없이 날아 다니는 것이다.

_ 자크 도니올 발크로즈

1936 | 밑바닥 인생
Les Bas-Fonds

각본: 으젠 자미아틴Eugène Zamiatine, 자크 콩파네Jacques Companeez.

주제: 막심 고리키Maxime Gorki의 희곡

각색: 샤를 스파크Charles Spaak, 장 르느와르

감독: 장 르느와르

조감독: 자크 베케르, 조세프 스와페Joseph Soiffer

세트: 으젠 루리에, 위그 로랑Hugues Laurent

촬영 감독: 페도트 부르가소프Fedote Bourgassoff (?), 장 바슐레

카메라맨: 자크 메르캉통Jacques Mercanton

사운드: 로베르 이보네Robert Ivonnet

제작 진행: 쿠라Koura

편집: 마그리트 르느와르

음악: 장 비너, 이렌 요아킴Irène Joachim이 노래한 샹송(가사는 샤를 스파크가 씀)

촬영: 1936년 8~10월

스튜디오: 에피네이의 에클레르

야외 촬영: 센 강가(에피네이와 생 드니 사이)

제작: 알바트로스Albatros, 알렉상드르 카멘카

제작 감독: 블라디미르 제데르바움Vladimir Zederbaum

예술 감독: 알렉상드르 카멘카

배급: 프랑스 배급사 S.A

상영 시간: 1시간 30분

첫 상영일: 1936년 12월 막스 랭데

1936년 루이 들뤽 상 수상

출연: 루이 주베Louis Jouvet(남작), 장 가뱅Jean Gabin(페펠), 수지 프림Suzy Prim(바실리사), 블라디미르 소쿠로프Vladimir Sokoloff(코스틸레프), 쥐니 아스토르Junie Astor(바실리사의 언니 나타샤), 로베르 르 비강Robert Le Vigan(배우), 카미유 베르Camille Bert(백작), 레옹 라리브(남작의 하인 펠릭스), 가브리엘로(형사), 르네 제냉(노인), 모리스 바케(아코디언 연주자), 뤼시앙 망시니(술집 주인). 엑스트라: 폴 탕, 앙리 생 일, 르네 스테른René Stern, 실뱅, 로베르 오젠Robert Ozenne, 알렉스 알랭Alex Allin, 페르낭 베르셰, 아니 세레Annie Ceres, 나탈리 알렉세이예프Nathalie Alexeieff, 자크 베케르

장 르느와르에게 가장 큰 영향을 미쳤으며 그로 하여금 영화 감독이라는 직업을 선택하게 한 무성 영화의 두 거장은 에리히 폰 스트로하임과 찰리 채플린이다. 〈나나〉가 〈어리석은 아내들〉의 감독[스트로하임]에 대한 우정 어린 인사이듯, 〈밑바닥 인생〉은 그가 채플린의 공모자임을 보여 준다. 〈밑바닥 인생〉의 마지막 시퀀스는 〈모던 타임스〉를 직접적으로 참조하고 있으며, 쥐니 아스토르의 연기는 폴레트 고다르 — 나중에 〈어느 하녀의 일기〉에서 르느와르 스스로 그녀를 감독하는 기쁨을 누리게 된다 — 로부터 전적인 영감을 얻고 있다. 한편 우리는 르느와르가 고리키의 희곡에서 매력을 느꼈던 게 무엇인지 짐작할 수 있다. 그것은 사실 그의 전 작품에서 나타나는데, 비판적이고 게으르며 적당히 혁명적이고 사회적이라기보다는 사교적인 인물들에 대한 뛰어난 묘사와 이 길들여지지 않는 개인주의자들의 특수한 상황을 통해 인간 조건을 판단하지 않고 직접 체험할 수 있게 해 주는 것이다. 장 르느와르의 인물들은 그들이 생각하는 대로 살고 갖은 불화 속에서도 우리의 사회보다 더 순수한 공동체를 재창조한다.

_ 클로드 드 지브레

1937 | 위대한 환상
La Grande Illusion

각본: 샤를 스파크, 장 르느와르

대사: 샤를 스파크, 장 르느와르

감독: 장 르느와르

조감독: 자크 베케르

기록: 구르지Gourdji(프랑수아즈 지루Françoise Giroud의 예명)

기술 자문: 칼 코흐

세트: 으젠 루리에

의상: 드크레Decrais

현장 의상 보조: 쉬지Suzy

촬영 감독: 크리스티앙 마트라Christian Matras

카메라맨: 클로드 르느와르

촬영 조감독: 에르네 부로Ernest Bourreaud, 장 세르주 부르고앵

사진: 샘 레빈Sam Levin

사운드: 조세프 드 브르타뉴

분장: 라파엘Raphaël

소품: 알렉상드르Alexandre, 피용Pillon

제작 진행: 피에르 블롱디Pierre Blondy

야외 촬영 진행: 바르나탕Barnathan

촬영장 감독: 로베르 립Robert Rips

편집: 마그리트 르느와르, 마르트 위게Marthe Huguet(보조) (1958년 버전은 르네 리히티크 Renée Lichtig)[8]

음악: 조세프 코스마, 뱅상 텔리Vincent Telly와 A. 발지앵A. Valsien의 샹송인 "마그리트, 네가 원한다면*Si tu veux, Marguerite*" (프라그송Fragson의 목록), 에밀 뷔이에르모즈Emile Vuillermoz 지휘의 오케스트라

촬영: 1936년 겨울~1937년

스튜디오: 비양쿠르 에클레르

야외 촬영: 알사스(르 오 쾨니스부르Le Haut Koenigsburg에 있는 뇌프 브리자흐Neuf-Brisach 인근과 콜마르Colmar 병영)

제작: R.A.C (Réalisation d' Art Cinématographique, 예술 영화 제작), 프랑크 롤메르Frank Rollmer, 알베르 핀코비치Albert Pinkovich, 알렉상드르

제작 감독: 레이몽 블롱디Raymond Blondy

배급: R.A.C (1937), 이후에는 시네디스Cinedis, 필름 소노르 고몽Film-sonor Gaumont

원본 길이: 3542m

상영 시간: 3542m

첫 상영일: 1937년 6월 마리보Marivaux. 1938년 뉴욕에서 최우수 외국어 영화상, 1937년 베니스 비엔날레에서 최우수 예술 영화상 수상[9]

---

8. 전쟁이 끝난 1958년 상영 도중 필름이 손상되어, 르느와르의 감독하에 르네 리히티그가 재편집하였다. 르느와르는 새롭게 편집된 이 영화를 위해 예고편을 다시 만들 것을 요구했는데, 예고편의 해설은 르느와르가 직접 쓰고 낭독하였다. — 프랑수아 트뤼포

9. 〈위대한 환상〉은 전쟁 전에는 이탈리아에서 파시스트 검열에 걸려 상영이 금지되었는데, 괴벨스는 이 영화를 '영화의 적 1호' 로 지정하였다.

출연: 에리히 폰 스트로하임(폰 라우펜슈타인), 장 가뱅(마레샬), 피에르 프레네(드 브왈디유), 마르셀 달리오Marcel Dalio(로젠탈), 줄리앙 카레트Julien Carette(배우), 가스통 모도(엔지니어), 장 다스테(교사), 조르주 페클레Georges Peclet(프랑스 병사), 자크 베케르(영국인 장교), 실뱅 이친(데몰데르), 디타 파를로Dita Parlo(농부 엘자), 베르네르 플로리앙Werner Florian, 클로드 셍발Claude Sainval, 미셸 살리나Michel Salina

전 세계의 모든 관객으로부터 이해받고 사랑받은 르느와르의 이 유일한 영화를 역설의 취향 때문에 악평하고 싶지는 않다. 사실 우리는 〈위대한 환상〉이 〈토니〉나 〈밑바닥 인생〉 혹은 〈남부인〉과 비슷하게 잘 만든 영화라고 생각한다. 하지만 이 영화만 유독 엄청난 성공을 거둔 것은 어떤 오해 때문은 아니라고 하더라도 최소한 그 표면적 요소들로부터 기인하는 것으로 보인다. 르느와르의 영화에서 우리는 좋아하지만 일반적으로는 비난받는 것들, 즉 톤의 변화, 경망스러울 정도의 자연스러움, 횡설수설, 각종 여담, 노골적인 면모 및 그와 자매격이라 할 수 있는 꾸민 태도 등이 이 영화에도 존재하지만 이번에는 애국적인 목적을 위해 사용되고 있다.

또한 우리는 전쟁 영화, 레지스탕스 영화, 탈출 영화는, 그 영화가 바로크적이든(〈무방비 도시*Rome, ville ouverte*〉), 서정적이든(〈나는 고발한다*J' accuse*〉), 의사 시적이든(〈유럽의 어느 곳에서*Quelque part en Europe*〉), 문학적이든(〈철도 전쟁*La Bataille du Rail*〉), 낭만적이든(〈카날*Kanal*〉), 희극적이든(〈포로 수용소 17*Stalag 17*〉), 지적이든(〈희망*L' Espoir*〉), 선동적이든(〈평화롭게 살다*Vivre en Paix*〉), 추상적이든(〈사형수 탈주하다*Un Condamné à mort s' est échappé*〉), 혹은 어떤 색채도 없든 간에(〈마지막 기회*La Dernire Chance*〉), 자동적으로 성공한다는 사실도 알고 있다.

간단히 말해 이런 장르의 영화에서는 어떤 과장, 어떤 감정의 과잉도 허용되며 〈위대한 환상〉도 그러한 규칙에서 벗어나지 않는다. 루스벨트, 셀린, 독일의 육군 원수 괴링은 이 영화를 극찬했지만, 장 르느와르와 공동으로 이 영

화의 시나리오를 쓴 샤를 스파크의 형 앙리 스파크 장관은 벨기에에서 상영을 금지시켰으며, 독일에서는 괴벨스에 의해 유태인이 동정적으로 묘사된 장면이 모두 삭제된 채 상영되었고, 베니스 영화제에서는 무솔리니에 의해 참가를 거부당했다(무솔리니는 그 해 〈무도회의 수첩〉에 그랑프리를 수여한다). 프랑스에서는 비평가 조르주 알망이 이 영화의 반유대주의에 항의했다.

이 영화의 주된 사유는 세계가 수직보다는 수평적으로 나뉜다는 것으로, 이는 후에 〈라 마르세예즈〉와 〈게임의 규칙〉에서 보다 적극적으로 개진된다. 르느와르는 계급의 개념이 심지어는 몇몇 계급이 사라져 버린 뒤에도 계속 남아 있어야 한다는 것을 명확하게 설명한다. 반면 모든 오해의 근원인 국경의 개념은 폐기되어야 한다고 주장한다.

〈위대한 환상〉이 성공을 거둔 또 하나의 이유는 심리가 시정*poésie*에 우선하고 있기 때문임을 인정해야 하는데, 이는 〈엘레나와 남자들〉의 감독에게서는 좀체 보기 힘든 것이다. 이 영화는 르느와르의 모든 프랑스 영화들 가운데 가장 무분별하지 않은 영화로 볼 수 있을 것이다.

_ 프랑수아 트뤼포

1937 | 스페인 땅
Terre d' Espagne

각본: 요리스 이벤스Joris Ivens
오리지날 버전의 해설: 어네스트 헤밍웨이가 직접 쓰고 낭독
프랑스 버전의 해설: 장 르느와르
감독: 요리스 이벤스
촬영: J. 페르노J. Ferno
사운드: 어빙 라이스Irving Reis
편집: 엘렌 반 돈겐Hélène Van Dongen
음악: 마크 블리트자인Marc Blitzein, 버질 톰슨Virgil Thomson

제작: 미국, 1937년, 히스토리 투 데이History to day

원본 길이: 1500m

1937 라 마르세예즈 *La Marseillaise*

각본: 장 르느와르와 칼 코흐 공동 집필

역사 자문: 마르텔 드레퓌스Martel Dreyfus, 장 폴 드레퓌스 부인Mme. Jean-Paul Dreyfus

대사: 장 르느와르

감독: 장 르느와르

조감독: 자크 베케르, 클로드 르느와르, J.-P. 드레퓌스(J.-P. 르 샤느와), 드마쥐르Demazure, 마크 모레트, 토니 코르테지아니

세트: 레옹 바르사크Léon Barsacq, 조르주 바케비치Georges Wakhevitch, 장 페리에Jean Périer

촬영: 장 세르주 부르고앵, 알랭 두아리누, 장 마리 마이욜Jean-Marie Maillols, 장 폴 알펜Jean-Paul Alphen, J. 루이J. Louis

사운드: 조세프 드 브르타뉴, 장 로제 베르트랑Jean-Roger Bertrand, J. 드메드J. Demede

녹음: 웨스턴 일렉트릭

전기: C.G.T. 기술팀

제작 진행: 에두아르 르파주Edouard Lepage, 레이몽 피용, 베르나탕, 베이야르Veuillard, 앙리 르파주Henri Lepage, 드크레, 드프라Deffras

편집: 마그리트 르느와르, 마르트 위게(보조)

음악: 라랑드Lalande, 그레트리Gretry, 라모Rameau, 모차르트, 바흐, 루제 드 리슬Rouget de l' Isle, 코스마, 소브플란Sauveplane, 로제 데조르미에르 지휘의 오케스트라

촬영: 1937년 여름~가을

스튜디오: 비양쿠르

야외 촬영: 퐁텐블로 — 알자스 — 오트 프로방스 — 앙티브 — 팡테옹 광장

제작: 라 마르세예즈 제작 및 상영 회사

제작 감독: 조보다, A. 세녜르A. Seigneur

행정: 루이 졸리Louis-Joly

배급: R.A.C (1938). 1967년부터는 장 르느와르 필름

원본 길이: 2시간 15분 (상영 시간)

첫 상영 일자: 1938년 2월 9월 올랭피아l' Olympia

출연

왕궁: 피에르 르느와르(루이 16세), 코메디아 프랑세즈의 리즈 들라마르 Lise Delamare(마리 앙트와네트), 레옹 라리브(왕의 침실 시종 피카르) 윌리암 아귀에(라 로쉬푸코 리앙쿠르), 엘리자 뤼Elisa Ruis(랑발 부인), G. 르페뷔르Lefebure(엘리자베스 부인), 파멜라 스터링Pamela Stirling과 지니아 보리Genia Vaury(두 시녀)

시 행정 기관과 군대 기관: 루이 주베(뢰드레), 장 아키스타파스Jean Aquistapace(시장), 조르주 스파넬리(라 세네), 피에르 네이Pierre Nay(뒤부샤지), 자크 카트랭Jaque Catelain(랑글라드 대위), 에드몽 카스텔Edmond Castel(르루)

귀족들: 코메디아 프랑세즈의 에메 클라리옹Aimé Clariond(셍 로랑 씨), 모리스 에스캉드 Maurice Escande(마을 영주) 지브랄Zibral(셍 메리 씨), 장 에임Jean Ayme(푸지롤 씨), 이렌 호아킴(셍 로랑 부인).

마르세이유 사람들: 앙드렉스Andrex(오노레 아르노), 샤를 블라베트와 에드몽 아르디송 Edmond Ardisson(장 조세프 보미에 — 샤를 블라베트는 촬영 중 에드몽 아르디송으로 교체된다), 폴 뒬락PaulDulac(자벨), 장 루이 알리베르Jean-Louis Allibert(므와상), 페르낭 플라망 Femand Flament(아르디송), 알렉스 트뤼시Alex Truchy(퀴컬리에르), 조르주 페클레(피냐텔 중령) 조 도를리Geo Dorlys(마르세이유 사람들을 이끄는 대장), 조 라스트리Jo Lastry(마쉬그 대장), 아돌프 오트랑Adolphe Autran(북치는 사람), 에두아르 델몽Edouard Delmont(농민 카브리).

민중: 나디아 시비르스카이아(루이종), 제니 엘리아(질의자), 가스통 모도(의용병), 카레트(또 다른 의용병), 세브린 레르친스카(여자 농민), 마르트 마르티(보미에 어머니), 에드몽 보샹(사제), 그 외 로제 프레고르Roger Pregor, 피에르 페르발, 페르낭 벨롱Femand Bellon, 장 브와스몽Jean Boissemond, 블랑쉬 드투르넬Blanche Destournelles, 뤼시 키페르Lucy Kieffer

루이 16세는 민중의 바스티유 감옥 습격에 별로 동요하지 않을 만큼 담대한 인물이다. 마리 앙트와네트는 아름답지만 성미가 까다롭고 심술궂다. 산악 지방에서는 귀족들에 반해 봉기를 일으킨 농민들이 모닥불을 지펴 그들의 '먹을 거리'를 준비하고 있다. 마르세이유에서는 파리로 올라갈 의용 부대가 조직된다. 루이 16세는 '새로운 음식'인 토마토에 관심을 보인다. 그는 브룬즈윅 공작의 '스타일'이 맘에 들지 않지만 마리 앙트와네트가 받아들이길 강권한다. 마르세이유의 전투 부대가 라인 군대의 군가를 차용한다. "조국의 아들들이여, 함께 나가자"(유명한 곡조). 마리 앙트와네트의 바람을 뿌리치고 루이 16세는 양

치질을 하는 새로운 위생 습관을 인정한다. "나는 기꺼이 양치질을 시도해 볼 것이다." 코블렌츠Coblenz에서 이민 온 왕당파들은 비탄에 잠긴다. 마르세이유 군인들이 파리에 도착해 튈르리 왕궁을 공격하여 스위스 부대를 박살냈기 때문이다. 다음 차례는 발미Valmy일 것이다…….

'균형'이라는 자신의 오랜 원칙에 충실한 르느와르는 여기서도 역사적 인물들을 취하는 시대극에 내재하는 부자연스러움과 어색함을 피하려고 하면서 일상적 진실을 이용해 이 네오리얼리즘적인 프레스코 작품의 서른 명에 가까운 주요 인물들을 완벽하게 성공적으로 인간화해낸다. 〈라 마르세예즈〉는 르느와르 영화 중 대사에 요리 용어들이 가장 풍부하게 담겨 있는 작품이다. 실제 요리들은 정치적 색채를 지니는 요리와 뒤섞여 있다. 또한 우리는 마르세이유 부대로부터만큼이나 스위스 부대로부터도 감동 받으며, 핍박받는 농민들에게서뿐 아니라 망명한 궁정 귀족들에게서도 감동 받는다. 우리는 혁명 세력에게서 귀족과 같은 고귀함을, 귀족들에게서는 혁명군과 같은 순수함과 진솔함을 발견하게 된다. 이 영화에서 르느와르는 어느 누구도 부인할 수 없는 이러한 객관성, 이러한 관대함, 이러한 지적 현명함으로 모든 주장들을 변호함으로써 한 곳에 치우치지 않고 전 세계를 포용한다.

르느와르는 이 혼전 너머에 있다. 그는 그저 관찰하며, 결국 〈라 마르세예즈〉는 프랑스 혁명을 찍은 뉴스 필름의 몽타주처럼 보인다. 오직 장 르느와르만이 진정한 다큐멘터리의 인상을 주는 가운데 동굴인들에 관한 영화를 찍을 수 있는 유일한 감독일 것이다!

__ 프랑수아 트뤼포

1938 | 인간 야수
La Bête Humaine

주제: 에밀 졸라의 소설

각색: 장 르느와르

대사: 장 르느와르

감독: 장 르느와르

조감독: 클로드 르느와르(나이 많은), 수잔 드 트르와

세트: 으젠 루리에

촬영 감독: 퀴르 쿠랑Curt Courant

카메라맨: 클로드 르느와르(어린), 자크 나토Jacques Natteau

촬영 조감독: 모리스 페퀴유Maurice Pecqueux, 기 페리에Guy Ferrier, 알랭 르느와르Alain Renoir (견습생)

사진: 샘 레빈

사운드: 로베르 테세르Robert Teisseire

녹음: R.C.A.

편집: 마그리트 르느와르(철도 시퀀스: 수잔 드 트르와)

음악: 조세프 코스마, 1920년 이탈리아에서 인기 있던 노래인 "니농의 작은 사랑*Le p' tit coeur de Ninon*"

촬영: 1938년 8월~9월

스튜디오: 비양쿠르

야외 촬영: 생 라자르 역, 르 아브르Le Havre와 그 근처

제작: 파리 필름 프로덕션Paris Film Production — 로베르 아킴Robert Hakim

제작 감독: 롤랑 튀알Roland Tual

배급: 파리 필름

원본 길이: 1시간 45분

상영 시간: 2400m(프랑스 시네마테크 프린트 기준)

첫 상영일: 1938년 12월 23일 마들렌(13주간 단독 상영)

출연: 장 가뱅(자크 랑티에), 시몬 시몽Simone Simon(세브린), 페르낭 르두Femand Ledoux(세브린의 남편 루보), 줄리앙 카레트(페퀴유), 제니 엘리아(페퀴유의 여자 친구 필로멘), 콜레트 레지Colette Régis(페퀴유의 부인 빅트와르), 제라르 랑드리Gérard Landry(아들 도베르뉴), 자크 베를리오즈Jacques Berlioz(그랑 모랭), 레옹 라리브(그랑 모랭의 시종), 조르주 스파넬리(그랑 모랭의 비서 카미 라모트), 장 르느와르(밀렵꾼 카뷔쉬), 에밀 즈느브와Emile Genevois와 자크 브

뤼뉘스(농장의 두 청년), 마르셀 페레Marcel Perez(점등원), 블랑셰트 브뤼느와Blanchette Brunoy(플로르), 클레르 제라르(여행객) 토니 코르테지아니(부서의 장 기 드콩블(건널목지기), 조르주 페클레(철도원), 샤를로트 클라지(대모), 파지Phasie(숙모), 마르소Marceau(기계공)

시놉시스

기관차 '리종'의 정비공인 자크 랑티에는 유전적 간질병 환자이며, 부역장 루보의 어린 아내 세브린에게 반한다. 성주인 그랑 모랭이 예전에 자기 아내를 농락한 것에 극도로 질투를 느낀 루보는 세브린의 도움을 받아 파리 — 르 아브르행 기차에서 그를 살해한다. 목격자 없는 이 사건은 한 밀렵꾼의 소행으로 마무리된다. 사건 당일 그 부부와 같은 기차에 탔던 랑티에는 루보를 살인범으로 의심한다. 하지만 그는 세브린에 대한 사랑 때문에 입을 다문다. 세브린은 그의 구애를 받아들일 뿐 아니라 심지어는 억압적이고 혐오스러운 남편을 제거해 달라고 부탁한다. 그러나 광란적 발작의 와중에 랑티에는 그만 그녀를 죽이게 되고, 그 자신도 달리는 기차에서 뛰어내려 스스로 목숨을 끊는다.

분석

이 영화는 졸라의 원작에서 발췌한 짧은 텍스트로 시작하는데, 여기서 자크 랑티에의 알코올 중독에 관한 유전적 성향이 환기된다. 이후 원작자의 초상화가 나타난다.

〈황금 마차〉가 삼각형 영화이고, 〈강〉이 원형 영화라면, 〈인간 야수〉는 일직선형 영화다. 이 작품은 비극이라고 해도 과언이 아니다. 오프닝 크레딧과 가뱅과 카레트가 말없이 기차를 운전하는 명장면 사이에 서명이 적힌 졸라의 사진이 소설의 인용문과 함께 나타난다. "때로 그는 윗대의 아버지들과 어머니들, 자신의 피를 더럽게 만든 수세대에 거친 술주정뱅이들을 대신하여 자신이 희생을 치르고 있다는 느낌이 들곤 했다." 이 드라마의 주인공인 자크 랑티에는 유물론적인 혹은 생리학적인 운명을 타고 난다. 고대 신들은 가계 혈통 나

무의 다양한 가지들에 섬광 같은 번개를 쳐서 그것을 부러뜨리곤 하였다. 현대의 신들은 루공-마카르 가문에 그보다 훨씬 더 끔찍한 운명을 내렸다. 신들은 그들의 핏줄에 독약을 쏟아부었다. 유전 법칙이 신의 복수를 대신하고 있으나 그 운명의 힘은 동일하다.

장 르느와르는 1938년 〈시네몽드*Cinémonde*〉에 다음과 같이 썼다. "자크 랑티에는 내게 오이디푸스 왕만큼이나 흥미로운 존재다. 이 기관차 정비공은 아트리드 가문의 일원 만큼이나 무거운 저주를 짊어지고 있다."

〈어느 시골 사제의 일기〉의 클로드 레이뒤나 〈고독한 영혼*In a Lonely Place*〉(니콜라스 레이, 1950)의 험프리 보가트처럼 〈인간 야수〉에서 장 가뱅은 그만의 드라마, 그만의 독특한 서스펜스를 지니고 있다. 영화가 시작하고 나서 얼마 뒤 우리는 그의 문제를 분명하게 인식하게 된다. 랑티에의 쇠약한 몸이 과연 시련을 이겨낼 수 있을 것인가? 이것으로부터 이제 그가 취하는 모든 동작은 우리에게 하나의 충격처럼 다가오게 된다. 즉 먹고 일하고 말하는 그의 태도, 사랑을 하고 사랑을 파괴하는 그의 방식들, 그 모두가 말이다. 그의 사랑의 대상은 시몬 시몽인데, 그녀는 아주 매력적인 요부의 원형을 보여 준다. 그것은 뻔한 상투적 표현들로 드러나는데("지금 이 순간이 내 인생의 전부예요"), 특이하게 꾸며낸 목소리가 이 상투적 표현들에 더할 나위 없는 허위 의식을 부여한다. 그녀는 극도로 사악하며 뜨개실을 끌어당기는 고양이처럼 연인의 신경을 교묘히 자극한다. 그러고 보면 그녀는 고양이 그 자체라고 할 수 있다. 처음 등장하는 장면에서 우리는 그녀가 하얀 앙고라 고양이에게 감정 이입하는 것을 볼 수 있다. 르느와르 신화에서 시몬 시몽은 정확하게 카트린 에슬링과 레슬리 캐론 사이에 위치한다. 하지만 여성의 위험을 그녀만큼 잘 표현해 낸 이는 없다.

__ 클로드 드 지브레

〈인간 야수〉 이후 르느와르의 작품은 새로운 전환점을 맞는다. 그는 자연주의에서 벗어나 보다 고전적이고 시적인 장르에 접근해 가려는 욕구를 드러낸다. 그것이 바로 〈게임의 규칙〉의 위대한 경험이다. 르느와르는 이 작품이 오랫동안 외면당할 것임을 예상하지 못했다.

1939 | **게임의 규칙** *La Règle du Jeu*

처음 제목: 마리안의 변덕, 페어 플레이, 솔로뉴의 사냥.
각본: 장 르느와르와 칼 코흐의 공동 집필
각색: 장 르느와르
대사: 장 르느와르
감독: 장 르느와르
조감독: 칼 코흐, 앙드레 조보다, 앙리 카르티에 브레송
기록: 디도 프레르
기술 자문(사냥): 토니 코르테지아니
세트: 으젠 루리에, 막스 두이Max Douy(보조)
의상: 코코 샤넬Coco Chanel
촬영 감독: 장 바슐레
카메라맨: 자크 르마르Jacques Lemare
촬영 조감독: 장 폴 알펭, 알랭 르느와르
사진: 샘 레빈
사운드: 조세프 드 브르타뉴
녹음: 웨스턴 일렉트릭
분장: 랄프Ralph
제작 진행: 레이몽 피용
편집: 마그리트 르느와르, 마르트 위게(보조)
음악: 모차르트(독일 무곡), 몽시니Monsigny, 살라베르Sallabert, 요한 슈트라우스(박쥐), 생상스(죽음의 무곡), 쇼팽(왈츠). 로제 데조르미에르와 조세프 코스마의 편곡. 데조르미에르 지휘의 오케스트라
촬영: 1939년 2월 15일 시작(1939년 2~3월)

스튜디오: 조앵빌

야외 촬영: 라 모트 뵈브롱La Motte-Beuvron, 라 페르테 생 오뱅 성Château de la Ferté Saint-Aubin, 오비니Aubigny, 브리농 쉬르 솔드르Brinon-sur-Sauldre 인근

제작: N.E.F.

제작 감독: 클로드 르느와르(나이 많은)

행정: 카미유 프랑수아Camille François

홍보: 조르주 크라벤Georges Cravenne

배급: N.E.F., 고몽, 레 그랑 필름 클라식Les Grands Films Classiques(1965년부터), 외국 — 마크 젤바르Marc Gelbart

원본 길이: 1시간 53분

상영 시간: 3006m, 1시간 52분

첫 상영일: 1939년 7월 7일 오베르 팔라스와 콜리제

파리에서 재개봉: 1945년 9월 26일, 편집 버전으로 엥페리알 시네크랑l' Imprial cinecran

복원된 완전 버전으로의 재개봉: 1965년 4월 23일 스튜디오 메디치Studio Médicis

출연: 마르셀 달리오Marcel Dalio(로베르 드 라 셰네[10] 후작) 노라 그레고르Nora Gérgor(후작의 부인 크리스틴), 롤랑 투탱Roland Toutain(앙드레 쥐리유), 장 르느와르(옥타브), 밀라 파렐리Mila Parely(즈느비에브 드 마라스트), 오데트 탈라작Odette Talazac(샤를로트 드 라 플랑트), 피에르 마니에Pierre Magnier(장군), 피에르 네이Pierre Nay(드 셍 오뱅 씨), 리샤르 프랑쾨르(라 브뤼에르 씨), 클레르 제라르(라 브뤼에르 부인), 안 메이앙Anne Mayen(크리스틴의 조카 자키), 로제 포스테르(여자 같은 남자 손님), 니콜라 아마토Nicolas Amato(남미인 토니), 토니 코르테지아니(베르트랭), 폴레트 뒤보스트Paulette Dubost(크리스틴의 시녀 리제트), 가스통 모도(리제트의 남편이자 밀렵 감시인인 슈마허), 줄리앙 카레트(밀렵꾼 마르소), 에디 드브레Eddy Debray(급사장 코르네이유), 레옹 라리브(요리사), 제니 엘리아(시녀), 리즈 엘리나Lise Elina(라디오 리포터), 앙드레 조보다(코드롱네 기술자), 카미유 프랑수아(아나운서), 앙리 카르티에 브레송(영국인 하인)

시놉시스

비행기 조종사 앙드레 쥐리유는 방금 대단한 일을 해냈다. 대서양을 23시간 만에 건넌 것이다. 이 도전으로 그는 대자본가 계급의 여인 크리스틴 드 라 셰네

10. 오프닝 크레딧에는 이름이 'La Cheyniest'로 되어 있다. — 프랑수아 트뤼포

의 사랑을 얻기를 바란다. 하지만 그녀는 그가 도착하는 공항에조차 나오지 않았다. 화가 난 그는 유치하게 라디오 인터뷰에서 자신의 실망을 나타낸다.

쥐리유가 자동차를 몰아 자살을 시도한 후, 두 사람의 친구인 옥타브는 상황을 바꿔 볼 작정으로 라 셰네 부부에게 얘기하여 솔로뉴에 있는 그들의 대저택 라 콜리니에르에서 주최하는 사냥 파티에 쥐리유를 초대하도록 만든다. 한편 로베르 드 라 셰네는 자신의 저택을 둘러 보던 중, 밀렵 감시인 슈마허의 강력한 반대에도 불구하고 밀렵꾼 마르소를 그의 하인으로 고용한다. 사냥 도중 크리스틴은 남편이 그들 부부의 친구인 즈느비에브 드 마라스트와 바람을 피어왔다는 사실을 알게 된다. 당시 남편은 그 관계를 끊어버리려고 하고 있었다. 상처받은 그녀는 쥐리유와 또 다른 그녀의 추종자인 생 오뱅 씨가 사랑을 고백하도록 허락한다. 그들의 가면들이 벗겨지는 것은 가장 파티에서다. 쥐리유는 생 오뱅과 싸우고 이어 라 셰네가 쥐리유와 싸우게 된다. 그 와중에 밀렵 감시인 슈마허는 자신의 아내 리제트에게 치근거리고 있는 마르소를 발견하는데, 놀라서 손님들 사이로 달아나는 그를 권총을 들고 뒤쫓는다.

짧은 소강 상태가 이어진다. 화해한 쥐리유와 로베르는 크리스틴의 장래를 의논한다. 마르소는 해고당한 슈마허를 위로한다. 한편 오랫동안 크리스틴을 몰래 사랑해왔던 옥타브는 이제 시간이 무르익었다고 느껴 그녀에게 사랑을 고백하고 자기와 단 둘이 도망갈 것을 요청한다. 그러나 옆에서 마르소가 채근대고 바뀐 복장 때문에 착각을 일으킨 슈마허는 쥐리유를 죽인다. 총소리에 모여든 의아해하는 손님들 앞에서 라 셰네와 그의 아내는 위엄을 지키려고 애쓰며 집 안으로 들어간다.

_ 클로드 베일리

분석

〈게임의 규칙〉은 개봉 당시 르느와르의 경력에서 최대 실패작이었다. 하지만 이제와 돌아보면 이 작품은 분명 걸작이다! 그의 영화들은 대부분 수년의 시간이 흐르고 나서야 관객들에게 그 진가를 인정받는다. 하지만 이 영화는 유독 아주 오랫동안 몇몇 시네필들에게서만 호평을 받았는데, 이 점으로 미루어 르느와르는 영화에서 상당히 높은 수준을 겨냥했던 것 같다. 〈게임의 규칙〉은 1945년과 1948년 두 차례에 걸친 재개봉에서 상업적으로 완전히 실패했다가 1965년 잘렸던 필름을 복원한 완전 버전을 상영하면서 마침내 성공을 거두었다.

〈위대한 환상〉과 〈인간 야수〉 이후 르느와르는 스크린에서 심리를 표현하는 것에 식상해졌다. 그는 분명 분석하는 대신 보여 주고, 감동시키는 대신 물리적인 움직임을 표현하는 것에 대한 필요를 느꼈을 것이다. 르느와르가 한 인터뷰에서 설명했듯이 '게임의 규칙'이란 개인이 짓밟히지 않기 위해 사회적 삶을 살면서 지켜야 하는 규칙이다. 문제는 사랑에 있어서의 진지함이다. "거짓말은 입기에 너무나 무거운 옷이지……." "진실한 사람들은 지루해……." "이대로 사라져 버려서 아무것도 안 봤으면 싶네, 친구, (……) 그러면 더 이상 무엇이 좋고 나쁜지 알아내려고 애쓸 필요도 없겠지. 이 세상에는 끔찍한 것이 하나 있는데, 그건 바로 누구나 저마다의 이유를 가지고 있다는 거지……." "나는 고통스럽고 그게 견딜 수가 없네." 이러한 단편적 대사들은 영화에 톤을 부여하며, 이 영화가 결국 도덕의 문제를 다루고 있음을 보여 준다.

〈게임의 규칙〉에 나오는 아홉 명의 주요 인물들은 각자 해결해야 할 감정 문제들을 지니고 있으며, 위기가 일어나는 전날 밤 시퀀스가 보여 주듯이 그들은 상황에 가장 부적절한 방식으로 행동한다. 유일하게 진솔한 인물인 비행기 조종사 앙드레 쥐리유는 덮어놓고 그의 생각을 털어놓다가 '유쾌한 비극'을 일으키게 되며, 결국 여기서 그는 '게임의 규칙'을 따르지 않음으로써 유일한 희생자가 된다.

데카당스의 전환적 순간에 익살스런 몰골의 〈게임의 규칙〉의 인물들은 오감을 자극하는 죽음의 무도를 위해 파랑돌 춤을 포기한다. "멋지긴 하지만 좀 구식이지." 축제를 위해 그들은 변장을 하는데, 이는 결국 그들의 가면을 벗는 것이다. 여기서는 더 이상 계급 간의 갈등이 존재하지 않는다. 주인과 하인들은 성 벽에 비친 그림자 속에서 서로 뒤섞인다. 이제 예전의 성城의 삶은 사라진다. 남자는 불완전하고 타고난 거짓말쟁이이며 바람둥이다. "만일 사랑에 날개가 있다면, 그것은 이리저리 날아다니기 위함이 아니겠는가?"

〈게임의 규칙〉은 극도로 비관주의적인 영화이며 가혹하면서 예언적인 '학살 게임*jeu de massacre*'이다. 이 게임에서는 우정조차도 실체없이 그저 하나의 신화로만 존재할 뿐이다. "나는 더 이상 어떤 위대한 것도 믿지 않지만, 우정은 한 번 믿어 보고자 하네"라고 라 셰네가 쥐리유에게 그들 두 사람의 친구인 옥타브에 관해 말하는 순간 옥타브는 두 사람이 사랑하는 여인을 데리고 도망갈 준비를 하고 있다.

유명한 사냥 장면 후 크리스틴 드 라 셰네는 망원경을 통해 나뭇가지 위에 앉아 있는 작은 다람쥐의 움직임을 따라간다. 그리고 나서 망원경에 대한 찬사가 나오는데, 그것은 카메라의 정의를 이루면서 영화적인 것에 대한 경의를 표한 것으로 해석될 수 있다. "렌즈가 워낙 정교하고 기능도 뛰어나서, 가까운 거리에서도 동물이 눈치채지 못하도록 관찰할 수 있고 놈의 은밀한 모든 삶을 포착할 수 있죠."

개인적으로 나는 〈게임의 규칙〉에서의 장 르느와르처럼, 자신에 대한 것 — 그것도 자신의 최고의 장점 — 을 영화 속에 쏟아넣는 다른 감독을 생각해 낼 수가 없다.

_ 프랑수아 트뤼포

주지하다시피, 〈게임의 규칙〉은 상업적으로 완전한 실패한 영화였다. 단독 개봉한 지 며칠 후, 르느와르는 스스로가 연기한 옥타브 역할에 특히 관계되는 열두 군데 장면을 잘라내는 데 동의한다. 그리고 나서도 얼마 안 가 이 영화는 반상업적이고 프랑스 관객들의 도덕을 해친다는 이유로 극장 상영을 종영하게 된다. 르느와르는 〈토스카〉를 찍기 위해 이탈리아로 떠났지만, 이탈리아가 전쟁에 뛰어들면서 처음 다섯 숏을 찍는 데 그친다.

1940 | **토스카** *La Tosca*

각본: 루키노 비스콘티, 장 르느와르, 칼 코흐
주제: 빅토리앙 사르두Victorien Sardou의 희곡
감독: 칼 코흐(장 르느와르: 다섯 숏)
촬영 감독: 위발도 아라타Ubaldo Arata
편집: 지노 브르톤Gino Bretone
음악: 지아코모 푸치니Giacomo Puccini, 페르난도 프레비탈리Fernando Previtali 지휘의 오케스트라
음악 편곡: 움베르토 만치니Umberto Mancini
노래: 마팔다 파베로Mafalda Favero와 페루치오 타글리아비니Ferruccio Tagliavini
촬영: 1939년 말~1940년
스튜디오: 스카레라Scalera, 로마
야외 촬영: 로마, 파르네즈 왕궁, 생 앙주 성
제작: 스칼레라 필름Scalera-Films
원본 길이: 2500m
극장 개봉: 1942년 9월 30일(프랑스), 로드 바이런(더빙 버전)
배급: 스크레라 필름(프랑스)
출연: 임페리오 아르젠티나Imperio Argentina(토스카), 미셸 시몽(스카르피아), 로사노 브라치Rossano Brazzi(마리오 카바라도시), 마시모 지로티Massimo Girotti(안젤로티)와 클라라 칸디아니Clara Candiani, 아드리아노 리말디Adriano Rimaldi, 후안 칼보Juan Calvo와 니콜라 페르치코Nicollas Perchicot

차라리 좌절된 걸작. 아니다. 이 영화에서 칼 코흐의 문제를 입증하려는 것이 우리의 목적은 아니다. 늘 우아한 그의 미장센은, 르느와르의 데쿠파주를 따른 것이든 아니든 간에, 때로 걸작에 가까운 훌륭한 면모를 보여 준다. 가령 예배당 안에서 코흐의 풍부한 움직임이나 마지막 처형 장면이 그러한데, 특히 처형 장면에서 허공으로 몸을 던지는 토스카를 따라가는 짧은 전진 이동 촬영은 우리로 하여금 로마와 맞닥뜨리게 한다. 유능한 장인의 이러한 작업에 있어 오프닝 장면으로 합당하지 않은 점은 전혀 찾아볼 수 없지만, 마찬가지로, 바로크적인 몽환성이 불현듯 살아 움직이는, 야밤 질주에 관한 대여섯 개의 오프닝 숏들의 매력에 버금가는 장면 또한 전혀 찾아볼 수 없다. 즉, 여기서 노련한 카메라는 돌덩이를 마치 생명체처럼 꿈틀거리게 만들면서 극의 움직임과 융합시킨다. 〈토스카〉는 더 이상 리얼리즘적인 오페라가 아니다. 그것은 오페라화한 리얼리티다.

__ 자크 리베트

장 르느와르는 파리로 돌아와서 군대의 영화 부서로부터 의뢰받은 몇몇 작품들을 만든 후 프랑스 미디 지방으로 떠난다. 로버트 플래허티Robert Flaherty가 보낸 장문의 편지를 받고 그는 미국에 가기로 결정한다. 1940년 가을 그는 카발칸티Cavalcanti의 조카딸인 디도 프레르와 〈게임의 규칙〉에서 기록을 맡았던 여자와 함께 미국행 배에 오른다. 그는 카트린 에슬링과의 이혼이 미국에서는 인정되지만 다른 곳에서는 그렇지 않다는 것을 모른 채 이 여자와 결혼함으로써 본의 아니게 이중 결혼을 하게 된다(이 때문에 르느와르에게 세 번째 부인이 있다고 종종 잘못 얘기된다. 프랑스 최고의 편집인 가운데 한 사람인 마그리트 마티유Marguerite Mathieu가 그 주인공으로, 흔히 마그리트 르느와르라고 알려진 그녀는 1935년부터 1940년까지 르느와르와 함께 살았다). 장 르느와르는 자신의 미국 체류 시기를 둘로 나눈다. "하나는 대형 스튜디오에서 일한 것이고 다른 하

나는 독립 제작사들과 일한 것이다." 폭스에 고용된 그는 더들리 니콜스Dudley Nichols의 원고를 선택해 〈늪지대〉를 만든다.

1941 | 늪지대 *Swamp Water*

각본: 더들리 니콜스
주제: 비린 벨Vereen Bell의 단편 소설
감독: 장 르느와르
세트: 토머스 리틀Thomas Little
의상: 그웬 웨이클링Gwen Wakeling
촬영 감독: 페버릴 말리Peverell Marley, 루시앤 발라드Lucien Ballard
분장: 가이 피어스Guy Pearce
예술 감독: 리처드 데이Richard Day
편집: 월터 톰슨Walter Thompson
음악: 데이비드 루돌프David Rudolph
스튜디오: ?
야외 촬영: 미국 조지아 주
제작: 20세기 폭스
제작자: 어빙 피첼Irving Pichel
부제작자: 렌 하몬드Len Hammond
배급: 20세기 폭스
상영 시간: 86분, 2535m
첫 상영일: 미국 — 1941년 10월 20일(영화 관계자 대상 시사회), 1941년 12월 5일(일반 극장 개봉), 프랑스 — 1948년 4월 23일(파리)
출연: 데이나 앤드루스Dana Andrews(벤 래건), 월터 휴스턴Walter Huston(서스데이 레이건), 존 캐러딘John Carradine(제시 웍), 으젠 팔레트Eugene Palette(보안관 젭 맥 케인), 워드 본드Ward Bond(팀 도슨), 귄 윌리엄스Guinn Williams(버드 도슨), 버지니아 길모어Virginia Gilmore(메이블 맥 캔지), 월터 브래넌Walter Brennan(톰 키퍼), 앤 백스터Ann Baxter(줄리), 메리 하워드Mary Howard(한나), 그 외 러셀 심슨Russell Simpson, 조셉 소이어Joseph Sawyer, 폴 번스Paul Burns, 데이브 모리스Dave Morris, 프랭크 오스틴Frank Austin, 매트 윌리엄스Matt Williams

시놉시스

조지아 주의 광활한 늪지대는 종종 모험가들과 사냥꾼들을 유혹해왔지만 그들 중 대다수는 결코 돌아오지 못했다. 벤 래건과 그의 아버지 서스데이, 제시 웍, 보안관 젭 맥 케인, 팀 도슨과 버드 도슨으로 구성된 팀이 늪에서 실종된 두 명의 사냥꾼을 찾으러 떠난다. 긴 시간 동안의 수색 후 그들은 자신들의 동료들이 죽었을 것이라 단정한다. 나중에 벤의 개 트러블이 사슴을 쫓아 늪 안으로 뛰어들자, 벤은 아버지의 경고와 약혼녀 메이블의 간청에도 불구하고 개를 찾아 늪 방향으로 뱃머리를 돌린다.

벤은 악어를 조심하면서 늪 안 숲 속으로 점점 더 깊이 들어간다. 그는 배를 놔 두고 걷기 시작한다. 밤이 되자 그는 불을 지피고 텐트를 설치한다. 자는 도중 그는 몽둥이에 머리를 얻어맞는다.

의식이 들면서 그는 자신이 개와 함께 톰 키퍼라는 탈옥수의 인질로 잡혀 있음을 알게 된다. 톰은 벤이 자신의 은신처를 누설할까 두려워 그를 풀어 줄 것을 거부하지만 벤이 뱀에 물린 자신을 돌보고 낫게 해 주자 같은 동네에 사는 딸 줄리를 돌봐 준다는 조건으로 그를 풀어 준다.

돌아오자마자 벤은 아버지가 없는 사이 제시 웍이 자신의 계모에게 치근대는 것을 발견한다. 나중에 벤은 아버지와 말다툼을 벌인 후 혼자 살 작정으로 집을 나온다.

메이블은 그의 오랜 부재에 격노하고 벤이 대화 도중 늪에서 외롭지 않았다고 말 실수를 하자 그를 의심하기 시작한다.

제시는 서스데이 래건이 사냥을 떠나자 계속해서 한나의 뒤를 쫓아다닌다. 그녀는 그를 거부하지만 제시는 단념하지 않는다. 어느 날 서스데이가 갑자기 돌아오자 그는 서둘러 도망친다. 한나는 서스데이가 그를 죽일까 두려워 방문객의 이름을 밝히길 거부하고 두 사람 사이에 불신이 자라나기 시작한다.

벤이 줄리를 무도회에 데려가는 것을 본 메이블은 격노한다. 벤이 자신과

만나기를 거부하자 그녀는 늪지대에 누군가가 숨어 있다고 생각하고 그것이 톰 키퍼일 거라고 추측한다.

톰이 살인 사건과 무관한 무죄임을 알게 된 벤은 제시에게 진실을 밝히지 않으면 아버지에게 모든 것을 얘기하겠다고 위협하고 제시는 도슨 형제가 진짜 살인자라는 걸 시인한다.

벤은 톰을 찾으러 늪으로 떠나지만 도슨 형제는 돌아오는 길에 공격할 준비를 한다. 일격에 실패한 그들은 벤과 톰을 추격한다. 톰은 그들을 다른 곳에 비해 좀더 위험한 늪지대로 유인한다. 버드 도슨이 유사流砂 속으로 사라지고 그의 동생 팀은 치명적으로 위험한 이 지역을 통과해서 떠난다는 조건하에 자유의 몸이 된다.

서스데이와 한나는 화해한다. 톰은 누명을 벗고 원래의 자리를 되찾는다. 벤과 줄리는 마침내 행복하게 산다.

__ 장 크레스

분석

장 르느와르가 미국에서 제작한 영화들 중 해방 후 두 번째로 상영된 영화. 〈늪지대〉는 오해를 불러일으켰는데, 이로 인해 르느와르는 가장 존경받는 프랑스 감독에서 가장 비난받는 감독으로 변모하게 된다. 최고의 패러독스는 르느와르의 가장 열렬한 지지자들이 가장 먼저 돌을 던졌다는 것이다. 바로 그 똑같은 돌이 앞서 〈게임의 규칙〉에도 던져졌는데, 이 영화는 5년간의 대혼란 후에도 여전히 제대로 이해되거나 받아들여지지 않고 있었다.

〈늪지대〉는 장기 흥행을 통해 할리우드에 대변혁을 가져왔다는 점에서 높이 살 만하다. 처음으로 메이저 스튜디오가 야외 촬영 장면을 실내에서 찍지 않는다는 개념을 받아들인 것이다. 〈늪지대〉는 〈토니〉의 원칙을 고수하고 있지만, 그 이면에는 20년간의 영화 경력이 담겨져 있다. 그것은 더 이상 위험에의

취향이 아닌 확신에 찬 대담함이다.

비아리츠에서의 개봉 때 심한 야유를 받은 〈늪지대〉는 르느와르 작품 세계에 있어 일곱 또는 여덟 번의 결정적 전환점들 중 하나이다. 당황스러운 것은 그것이 전환의 시작이 아니라 끝이라는 것이다. 우리는 챔피언이 커브를 돌아 나오면서 최고 속력으로 다시 출발하기 위해 가속 페달을 끝까지 밟는다는 것을 알고 있다. 이것이 미학적 차원에서 르느와르가 행한 것이다.

앙드레 말로가 어딘가에서 썼듯이 천재성은 불처럼 싹튼다. 말하자면 그것은 스스로 불태우는 것에서 생겨나는 것이다. 〈게임의 규칙〉이 그 시대에 이해받지 못한 것은 그것이 〈랑주 씨의 범죄〉를 태워버리고 파괴해 버렸기 때문이다. 또 〈늪지대〉가 배척당한 것은 〈게임의 규칙〉을 태워버렸기 때문이다. 마찬가지로 〈엘레나와 남자들〉은 〈프렌치 캉캉〉에 박수 친 사람들에 의해 무시당하게 될 것이다. 그것은 분명 잘못된 것인데, 뒤쳐지지 않는 유일한 방법은 항상 앞서가는 것이라는 것을 르느와르는 계속해서 우리에게 입증하니 말이다. 사람들이 여전히 무모한 구축에 찬탄하고 있을 때 르느와르는 이미 그것을 부수고 있다.

— 장 뤽 고다르

르느와르는 〈늪지대〉로 미국에서 상당한 성공을 거둔 후 대릴 재눅Darryl Zanuck과 우호적으로 헤어진다. 유니버설이 그에게 디나 더빈Deanna Durbin과 영화를 찍도록 제안하는데, 그는 이 일을 중도에 그만둔다. 그는 생텍쥐페리의 《인간의 대지》를 만들까 생각하지만 그 계획도 실현되지 않는다. 이후 그는 〈이 땅은 나의 것〉과 〈프랑스여 안녕〉이라는 두 편의 선전용 영화를 만든다. 그리고 나서 로버트 하킴의 도움으로 〈남부인〉을 찍게 되는데, 이 영화는 유나이티드 아티스트가 배급하고 독립 영화사에 의해 제작된다.

1943 | 이 땅은 나의 것 / 자유롭게 사는 것
This Land is Mine / Vivre libre

각본: 더들리 니콜스, 장 르느와르

대사: 더들리 니콜스

대사 감독: 레오 불가코프Leo Bulgakov

감독: 장 르느와르

조감독: 에드워드 도너휴Edward Donohue

특수 효과: 버논 L. 워커Vernon L. Walker

세트 감독: 으젠 루리에, 알베르 다고스티노Albert d'Agostino, 월터 F. 킬러Walter F. Keeler

세트: 대럴 실베라Darrell Silvera, 앨 필즈Al Fields

촬영 감독: 프랭크 레드맨Frank Redman

편집: 프레데릭 크눗센Frederic Knudtsen

사운드: 테리 켈럼Terry Kellum, 제임스 스튜어트James Stewart

음악: 로탈 펄Lothar Perl, 콘스탄틴 바카라이니코프Constantin Bakaleinikoff 지휘의 오케스트라

제작: R.K.O

제작자: 장 르느와르, 더들리 니콜스

배급: R.K.O

원본 길이: 2847m

시사회: 1943년 3월 17일(미국)

첫 상영일: 1946년 7월 10일(프랑스)

출연: 찰스 로튼Charles Laughton(앨버트 로리), 켄트 스미스Kent Smith(폴 마틴), 모린 오하라Maureen O'Hara(폴의 누나 루이스 마틴), 조지 샌더스George Sanders(조지 램버트), 월터 슬리잭Walter Slezack(메이저 폰 켈러), 우나 오코너Una O'Connor(로리의 어머니 마담 로리), 필립 메리베일Philip Merivale(소렐 교수), 서스톤 홀Thurston Hall(시장), 낸시 게이츠Nancy Gates(줄리 그랜트), 이반 심슨Ivan Simpson(판사), 위튼 챔버스Wheaton Chambers(로렌 씨), 존 도넛John Donnat(에드먼드 로렌), 프랭크 앨튼Franck Alten(슈워츠), 레오 불가코프(리틀맨), 세실 웨스톤Cecile Weston(로렌 부인)

시놉시스

소심하고 겁많은 중년의 초등 학교 교사 앨버트 로리는 동료인 루이스 마틴을 남몰래 사랑한다. 루이스는 나치 정권의 열렬한 지지자인 철도 기술자 조지 램

버트와 약혼한 사이다. 테러가 있은 후 독일 당국은 로리를 포함한 일군의 인질들을 잡아들이는데, 진범이 밝혀지지 않으면 이들은 총살되고 말 것이다. 맹렬한 이기적 집착으로 아들을 사랑하며 루이스를 매우 질투하는 로리 부인은 그 테러가 일어난 직후 의심스러운 상황 속에서 루이스의 남동생 폴을 보았다. 그녀는 폴 마틴을 램버트에게 고발하고 그는 폰 켈러 상관에게 보고한다. 하지만 마지막 순간 램버트는 자신이 한 일이 터무니없다는 걸 깨닫는다. 그는 폴에게 위험을 알려 주고자 하지만 그 청년은 나치의 총에 맞아 죽는다.

로리는 풀려나지만 진실을 알게 되자 분노와 절망으로 흥분하여 램버트와 담판지으러 달려간다. 그러나 그는 너무 늦게 도착한다. 죄책감에 괴로워하던 램버트가 방금 자살한 것이다. 자살 직후 그의 사무실에 도착한 로리는 살인자로 몰린다.

재판 도중 폰 켈러가 감옥에 있는 로리를 만나러 온다. 폰 켈러는 나치 정권을 찬양하면서 로리에게 석방을 약속한다. 램버트가 쓴 걸로 알려진 유서가 법정에서 제시될 것이고 로리는 누명을 벗게 될 것이다. 소심한 학교 선생은 그의 말을 확신한다. 하지만 창문 밖으로 다른 인질들이 처형되는 것을 보고는 폰 켈러의 친절한 말 뒤에 숨겨진 의미를 이해하게 된다. 이 겁쟁이는 도덕적 용기를 발휘하여 재판 중에 압제자 및 그의 협력자들을 공개적으로 고발하고, 루이스에 대한 자신의 사랑을 선언한 후, 자신이 범하지 않은 범죄 때문이 아니라 자유의 편에 선 죄로 용감하게 죽음을 맞는다.

__ 장 크레스

분석

이 작품은 장 르느와르가 미국에서 찍은 영화들 중 가장 인정받지 못한 영화이다. 사건은 (《어느 하녀의 일기》에서처럼) 할리우드 스튜디오에 재현된 프랑스의 어느 작은 도시에서 전개된다. 석고와 치장 벽토로 만들어진 이 작은 프랑스는

사실 가상의 국가이다. 베르두Verdoux의 국가라든가 혹은 〈교수형 집행관의 죽음*Les Bourreaux meurent aussi*〉과 같은 몇몇 프리츠 랑의 영화에 나오는 국가처럼 말이다.

> "나는 〈이 땅은 나의 것〉을 통해 미국인들에게 독일에 점령당한 프랑스를 보다 덜 상투적인 모습으로 보여 주고 싶었습니다……. 어쩌면 내가 기술적으로 서툴렀을 수도 있고 혹은 해방 후 프랑스에 지배적이던 정신 상태를 이해하지 못했을 수도 있겠지요. 어쨌거나 나는 프랑스로부터 수없이 많은 비난의 편지를 받았고 파리 신문들로부터 혹평 받았습니다. 처음으로 나는 이해받지 못한다는 것으로 인해 심각하게 고통 받았습니다"(장 르느와르, "나의 미국 경험," 〈시네몽드〉, 1946).

〈이 땅은 나의 것〉은 르느와르에게서는 좀체 보기 드문 신중함과 고전적인 미장센에도 불구하고(하지만 이는 어떻게든 미국 관객을 만족시켜야 하는 데서 기인한다), 〈라 마르세예즈〉에서의 피에르 르느와르만큼이나 감독을 닮은 찰스 로튼의 배역과 연기만으로도 이 영화를 만든 감독이 누구인지 금방 눈치 챌 수 있는 매우 아름다운 영화다.

또한 그것은 싫든 좋든 전형적인 프랑스 영화이며, 영화를 보면서 《마지막 수업》의 알퐁스 도데를 간단없이 생각하게 되는 것도 결코 우연이 아니다. 모리스 바르데쉬Maurice Bardèche는 저서 《영화사》에서, 기획 단계에 그치고 만 르느와르의 미국 영화(생텍쥐페리 원작 《인간의 대지》)에 대한 해설을 쓰는 바람에 비평적 경망스러움의 극단을 드러냈으나 〈이 땅은 나의 것〉에 대한 매우 정확한 분석으로 실추된 명예를 회복하였다.

"비록 이 영화는 (전시 상황의 유럽을 묘사하는 다른 미국 영화들과) 동일한 형태의 오류를 지니고 있지만, 자신들의 행동을 응시하도록 초대된 모르모트들에게는 그다지 충격적이지 않다. 로튼은 폭격을 매우 두려워하고 안락한 생활과 그의 우유잔, 나이 든 어머니를 좋아하며 학술원 교육 담당관과 점령 당국을 대단히 존경하지만, 결국 마지막에 격분한 양이 되는 초등학교 교사 역을 훌륭하게 연기해낸다. 특별 군법 회의의 재판들은 경범재판소의 공판처럼 공개적으로 진행된다. 거기서 애국심은 현란한 색채를 띤다. 역사 교과서에서 잔 다르크와 공립 학교, 쥘 페리Jules Ferry 등에 관한 페이지를 찢어내면서 선생들은 울음을 터뜨린다. 그리고 학생 합창단이 마치 시편을 노래하듯 인간의 권리 선언 조항들을 노래하는 데서 영화는 끝난다. 이처럼 노골적으로 공화주의의 주장을 담고 있는 장면들은 조금은 우스꽝스러우며, 이런 점들로 인해 이 영화는 프랑스에서 호되게 비판받았다. 하지만 그것은 다소 부당한 대접처럼 보인다. 르느와르는 불가피한 결점 —전형적인 '부재하는 것'의 오류 —에도 불구하고, 점령당한 국가의 상황을 이해하려고 노력했기 때문이다. 그의 영화는 거리를 두고 상상할 알 수 없는 여건들 때문에 실패하고 마는 어느 지성인의 작품과 같지만, 따지고 보면 결국 그 후에 비슷한 주제를 다룬 프랑스의 어떤 다른 영화들보다도 확실히 덜 어리석고 덜 저속하다."

우리는 모리스 바르데쉬의 이러한 견해에 동의한다.

__ 프랑수아 트뤼포

1944 | 프랑스여 안녕
Salute to France

각본: 필립 던Philip Dunne, 장 르느와르, 버저스 메러디스

감독: 장 르느와르 외 공동 협력

촬영: 군 영상 담당 부서

편집: 헬렌 반 돈젠Helen Van Dongen의 감수

음악: 커트 웨일Kurt Weill

제작: 전쟁 정보국(Office Of War Information: O.W.I.)

배급: 아티스트 아소시에

원본 길이: 540m(35분?)

첫 상영일: 1944년 12월 혹은 1945년 1월(파리: 오프닝 크레딧 없는 버전)

출연: 버지스 메러디스(토미), 가슨 케이닌Garson Kanin(조), 클로드 도팽Claude Dauphin(자크, 서술자 및 그 외 군인, 농부, 지식인, 항독 지하 운동가 등 다양한 역), 익명의 사람들.

전쟁이 끝나고 1년 후, 거의 알려지지 않은 채 프랑스에서 상영된 〈프랑스여 안녕〉은 내가 아는 한 파리 언론의 주목을 전혀 받지 못했다. 하지만 미국에서는 훌륭한 전작인 〈이 땅의 나의 것〉에는 미치지 못하더라도 상당한 성공을 거두었는데, 이는 르느와르가 기본적인 진실들을 표현하고자 할 때 대중에게 어떻게 말을 해야 할지 안다는 것을 입증한다. 르느와르 자신의 표현을 빌자면, 이 영화의 주요 문제는 "이제 곧 프랑스에 발을 디디게 될 미국인들에게 프랑스가 어떠한지 설명하는 것"이었다.

유럽 대륙으로 향하는 군 수송 다리 위에서 프랑스군, 영국군, 미국군이 한 명씩 포함된 작은 집단이 이제 막 발견 혹은 재발견하게 될 나라를 두고 토론을 벌인다. 자연스럽게 클로드 도팽은 프랑스적인 삶의 즐거움의 대변인이 된다. 그러나 다른 대화 상대자들과 마찬가지로, 그도 끔찍한 점령의 세월을 겪은 후 프랑스가 어떻게 변할지 궁금해 한다. 르느와르는 (서명 없는 이 집단적 작품에 대한 그의 참여는 과대 평가되어서도, 과소 평가되어서도 안 될 것

이다) 요란하지 않게, 하지만 머리끝에서 발끝까지 철저하게 프랑스적인 한 인간의 솔직하고 정확한 감각으로, '적포도주'와 '브리 치즈'의 나라에 대한 그의 확신을 다시 한 번 표명한다. 단순하면서 정돈되지 않은, 르느와르가 전쟁 이전 프랑스에서 선호했던 격식없이 만든 영화들에 가까운 이 영화의 스타일은 일반적인 선전 영화의(특히 앵글로 색슨의) 양식과 상반된다. 시사적인 작품에서조차 르느와르는 겉으로 보기에 전혀 어울리지 않는 듯한 캐스팅에 대한 자신의 선호를 실천한다. 가령, 브로드웨이 지식인의 지나치게 섬세한 미소를 지닌 버저스 메레디스의 경우가 그러한데, 그럼에도 불구하고 그가 다리 위에서 몸에 지닌 일체의 장비들 때문에 무거워 휘청거리는 숏을 어찌 잊을 수 있겠는가?

_ 루이 마르코렐

1945 | 남부인

The Southerner

각본: 장 르느와르

주제: 조지 세션 페리George Sessions Perry의 소설《가을을 손에 쥐고*Hold Autumn in your Hand*》

각색: 휴고 버틀러Hugo Butler

대사: 장 르느와르, 윌리엄 포크너의 자문

감독: 장 르느와르

조감독: 로버트 알드리치Robert Aldrich

세트: 으젠 루리에

촬영 감독: 루시앤 앤드리옷Lucien Andriot

사운드: 프랭크 웹스터Frank Webster

편집: 그레그 탤러스Gregg Tallas

음악: 베르너 얀센Werner Janssen, 얀센 심포니 오케스트라Janssen Symphony Orchestra

제작자: 데이비드 L. 로우David L. Loew와 로버트 하킴

부제작자: 새뮤얼 라이너Samuel Rheiner

배급: 유나이티드 아티스트

상영 시간: 92분, 2586m
첫 상영일: 미국 — 1945년 4월 30일 베버리힐스의 포 스타Four Star, 파리 — 1950년 5월 30일 르플레(예술 극장)
1946년 베니스 비엔날레에서 최우수 영화상, 내셔널 보드 오브 리뷰National Board of Review에서 최우수 감독상 수상.
출연: 재커리 스콧Zachary Scott(샘 터커), 베티 필드Betty Field(나나 터커), 캐롤 J. 내이쉬J. Carroll Naish(디버스), 뷜라 본디Beula Bondi(할머니), 퍼시 킬브라이드Percy Kilbride(하미), 블랑쉬 위르카Blanche Yurka(어머니), 찰스 켐퍼Charles Kemper(팀), 노먼 로이드Norman Lloyd(핀리), 에스텔 테일러Estelle Taylor(리치), 노린 내쉬Noreen Nash(베키), 잭 노워스Jack Norworth(의사), 폴 하비Paul Harvey(러스톤), 네스터 파이라Nestor Paira(바텐더), 제이 길핀 Jay Gilpin(조트), 장 반더빌트Jean Vanderbilt(샘의 딸 데이지), 폴 번스Paul Burns(피트 삼촌), 도로시 그랜저Dorothy Granger(파티에서의 어린 소녀), 얼 오지킨스Earl Odgkins(결혼식 하객), 알미라 세션즈Almira Sessions(상점 고객), 렉스Rex(주니)

이 영화는 르느와르가 말하듯이 완벽하게 자유로운 상태에서 촬영되었다. 거의 다큐멘터리에 가까운 이 영화에서 할리우드적인 영화 관습의 흔적은 찾아볼 수 없다. 작가는 어떤 눈치도 보지 않고 작품에 대한 전적인 책임을 요구한다. 따라서 만일 그가 이 영화에서 사람들이 그에 대해 가지고 있는 이미지에 충실하지 않다면, 그것은 그가 그러길 원했기 때문이다. 르느와르는 항상 르느와르다. 그러므로 그는 자신을 모방할 필요가 없는 것이다.

게다가 그는 새로운 주제에 대해서는 새로운 스타일을 취한다. 이 목화 농장 사람들은 그들의 앵글로 색슨적 혈통과 기독교적인 교육으로부터 엄격한 성격을 물려받게 된다. 그들 제스처의 근엄함은 파리의 부랑자나 프로방스 지방의 노동자를 다루었던 것과는 다른 방식을 요구한다. 그들의 초라한 삶에는 엄숙하면서 연극적인 어떤 것이 있으며, 르느와르는 늘 자신에게 응시하도록 주어진 것에서 그 이상의 것을 끌어내 왔듯 이번에도 그것으로부터 그 이상의 것을 끌어낸다.

그런데 우리는 르느와르의 시선이 더 이상 예전과 완전히 똑같지는 않다

는 것을 인정해야 한다. 그는 이제 경탄하는 것으로 만족하지 않고 가치 판단을 부여한다. 이 거친 풍경, 이 개척자들의 세계에서 인간의 위대함은 스스로를 자연에 내맡기는 것이 아니라 그것에 도전하고 그것을 지배하는 데 있다. 겉으로 보이는 이미지들 — 다른 작품들보다 한결 회색조를 띠는 — 뒤로 지금까지 르느와르가 그의 작품에서 거의 관심을 기울이지 않았던, 분명 신이라고 명명될 수 있을 만한 어떤 것, 어떤 위대한 도덕적 혹은 형이상학적 사유의 그림자가 드러난다.

이러한 유심론적인 신앙 고백이 놀라워 보일지 모르겠다. 하지만 우리는 〈강〉이나 〈오르베〉에서 그랬듯 이 영화에서도, 르느와르가 자신 속에 생생하게 품고 싶어하는 모순을 괜한 논리로 해결하려 들지 말고 그저 지적하는 것으로 만족해야 한다. 이러한 모순은 우리로 하여금 〈익사에서 구조된 부뒤〉나 〈엘레나와 남자들〉에서처럼 진솔하게 표명된 이 영화의 물질주의를 지나치게 엄격하고 편의주의적인 단일 노선에 따라 해석하지 못하게 만든다.

__ 에릭 로메르

1946 | 어느 하녀의 일기 *The Diary of Chambermaid*

각본: 장 르느와르, 버지스 메러디스

주제: 옥타브 미르보의 소설과 앙드레 외즈André Heuse, 앙드레 드 로드André de Lorde, 티엘리 노레스Thielly Nores의 희곡

감독: 장 르느와르

조감독: 램듀Lamdew

특수효과: 리 자비츠Lee Zavitz

세트 구상: 으젠 루리에, 설치는 J. 에롱J. Héron

의상: 바바라 카린스카Barbara Karinska

촬영 감독: 루시앤 앤드리옷

편집: 제임스 스미스James Smith

음악: 미셸 미슐레Michel Michelet

제작: 베네딕트 보고스Benedict Bogeaus, 버저스 메러디스

배급: 유나이티드 아티스트

상영 시간: 82분(2350m)

첫 상영일: 미국 — 1948년, 파리 — 1948년 6월 9일 르플레(오리지널 버전), 앵페리알 시네크랑(더빙 버전).

출연: 폴레트 고다르(셀레스틴), 버저스 메러디스(모제 장군), 허트 햇필드Hurt Hatfield(조르지), 레지널드 오웬Reginald Owen(랑레르 씨), 플로렌스 베이츠Florence Bates(로즈), 프랜시스 래더러Francis Lederer(조세프), 주디스 앤더슨Judith Anderson(랑레르 부인), 이렌 리앙Irène Ryan(루이즈), 알미라 세션스Almira Sessions(마리안)

시간이 흐르면서 우리는 르느와르의 미국 영화들 중 마지막에서 두 번째 작품인 이 영화의 우수함과 중요성을 보다 선명히 깨닫게 된다. 오랫동안 미국 영화로는 유일하게 〈남부인〉만이 그 '리얼리즘'으로 인해 선험적으로 높은 평가를 받아 왔다. 〈남부인〉은 경탄할 만하지만, 내가 보기엔 〈어느 하녀의 일기〉가 훨씬 더 순수하고 아름답다. 여기에서 르느와르는 대담하게 또한 스타일의 현란한 통일성 속에서, 그의 영감의 기본적인 구도 중 하나인 희극적인 것과 비극적인 것의 통합을 이루어낸다. 하지만 여전히 '쾌활한 비극'은 〈게임의 규칙〉 하나뿐이다. 〈어느 하녀의 일기〉는 잔혹극과 희극의 경계에 있는 익살스런 비극이다.

르느와르는 분명 〈어느 하녀의 일기〉를 기점으로 그의 프랑스 작품들의 '리얼리즘'으로부터 완전히 벗어난 것으로 보인다. 이 영화가 전적으로 스튜디오에서, 솔로뉴나 심지어는 〈늪지대〉의 조지아 주의 조명과 전혀 다른 이상하고 끔찍한 조명 아래서 촬영되었다는 것은 주목할 만하다. 의상의 디테일들이 보여 주는 놀라운 사실성을 포함하며 모든 것이 연극 세계와 같은 일종의 전치된 잔인한 환상 속에 녹아든다. 점점 더 르느와르 영화의 진전을 특징짓게 될, 연극에 대한 강박의 원천이 어쩌면 바로 여기에 있는지도 모른다. 지금까지 연극의 레퍼토리는 〈익사에서 구조된 부뒤〉의 감독에게 시나리오의 소재 이상을

제공하지 않았다. 하지만, 어쩌면 처음으로, 이제 우리는 르느와르 작품에서 더 이상 연극이 아닌 가장 순수한 상태의 연극성을 인식하게 되는 것이다.

_ 앙드레 바쟁

1946 | 해변의 여인 *The Woman on the Beach*

각본: 장 르느와르, 프랭크 데이비스Franck Davis, J.R. 미카엘 호건J.R. Michaël Hogan

주제: 미첼 윌슨Mitchell Wilson의 소설 《그렇게 눈먼 것은 아닌*None too blind/Not so blind*》

감독: 장 르느와르

대사 감독: 폴라 월링Paula Walling

조감독: 제임스 케이시James Casey

특수 효과: 러셀 A. 컬리Russel A. Cully

세트: 대럴 실베라Darrell Silvera, 존 스터트번트John Sturtevant

조명 감독: 해리 와일드Harry Wild

카메라맨: 레오 토버Leo Tover

사운드: 장 L. 스피크Jean L. Speak, 클렘 포트만Clem Portman

예술 감독: 앨버트 S. 다고스티노Albert S. d'Agostino, 월터 E. 켈러Walter E. Keller

기술 자문: USCGR(미국 해안 경비대)의 대령인 찰스 H. 가디너Charles H. Gardiner

편집: 롤랜드 그로스Roland Gross/R. Cross?, 라일 보이어Lyle Boyer나 다른 문헌에 따르면 해롤드 팔머Harold Palmer

음악: 한스 아이즐러Hanns Eisler, C. 바칼라이니코프C. Bakaleinikoff 지휘의 오케스트라. 관현악 편곡 — 질 그로우Gil Grau

제작: R.K.O.

제작자: 잭 J. 그로스Jack J. Gross

부제작자: 윌 프라이스Will Price

원본 길이: 1928m(71분)

시사회: U.S.A., 1947년 5월 14일

첫 상영일: 프랑스 — 1948년 6월 23일 시네프레스 샹젤리제Cinépresse Champs-Elysés, 라디오 시테 오페라Radio-Cité Opéra

출연: 조앤 베넷Joan Bennett(페기 버틀러), 로버트 라이언Robert Ryan(스콧 대령), 찰스 빅포

드Charles Bickford (버틀러), 낸 레슬리Nan Leslie (이브), 월터 샌디Walter Sande (버맥키), 아이린 라이언Irene Ryan (버맥키 부인), 글랜 버논Glenn Vernon (커키), 프랭크 도리언Franck Dorien (라스), 제이 노리스Jay Noris (지미)

이 영화는 르느와르의 위대한 걸작 세 편 중 첫 번째 작품이다. 원판본과 비교하여 많은 부분이 잘려나가긴 했지만(편집된 부분에 대해서는 〈카이에 뒤 시네마〉 34호를 참조하라), 에리히 폰 스트로하임의 〈탐욕*Greed*〉과 마찬가지로 남은 부분만으로도 얼마든지 판단은 가능하다. 더구나 구성에 아무리 지대한 중요성을 부여한다고 하더라도 부분이 곧 전체의 이미지를 이루는 연출가가 있다면 그가 곧 르느와르인 것이다.

〈해변의 여인〉은 프리츠 랑의 영화와 매우 유사해 보이지만,[11] 그것은 단지 겉모습일 따름이다. 즉 이 영화의 비극은 불행한 운명의 잔인한 전개로 부터 비롯되는 것이 아니라, 그와 반대로 고착과 부동성으로부터 비롯되는 것이다. 세 인물들 각각은 자기 자신과 그의 욕망의 거짓된 이미지 속에 박피되어 있다. 그들은 넘실거리는 파도를 향해 있는 꽉막힌 환경에 포위된 채, 라이언과 조앤 베넷이 순수한 성적 유혹에 매몰돼 있다면, 눈먼 화가는 자신의 화폭 안에 미쳐 있다. 그러나 불이 이 같은 마법을 깨뜨리고 그들을 현재적 시간에 되돌려 놓을 것이다.

또한 이 영화는 우리가 감히 르느와르의 두 번째 견습 단계라고 부르고자 하는 것의 정점에 해당한다. 즉 화려한 기교는 사라지며, 아주 드물고 짧은 카메라 움직임들은 결국 수평 연결이나 화면-역화면*champ-contrechamp*의 고전적인 데쿠파주로 대체된다. 이제부터 르느와르는 단지 사실들을 하나하나 순차적으로 제시할 뿐이며, 바로 이러한 완고한 원칙으로부터 아름다움이 야기된

11. 프리츠 랑은 그러한 찬사에 〈인간 욕망*Human Desire*〉(1954)이라는 작품을 만들어 보답한다. — 옮긴이

다. 이제 존재하는 것이라곤 행위들의 있는 그대로의 연속뿐이다. 각각의 숏은 곧 하나의 사건이다. 르느와르의 이후 작품들은, 비록 장식적인 측면에서 화려해 보일지 모르지만, 여전히 이 단순한 구조를 뼈대로 사용하고 있으며, 극적으로 강렬한 순간에는 우아한 장식을 제쳐두고 이 뼈대가 선명히 드러나 도록 한다. 절제된 클라브생보다 거대한 정열을 더 선호해야 하는 걸까? 어쩌면 그럴 수도 있다. 하지만 만일 순수한 영화라는 것이 있다면 그것은 단연 〈해변의 여인〉에 존재한다.

__ 자크 리베트

1950 | 강
The River

각본: 루머 고든Miss Rumer Godden, 장 르느와르

주제: 루머 고든의 소설

각색: 장 르느와르, 루머 고든

해설: 준 힐만June Hillman의 음성

감독: 장 르느와르

조감독: 포레스트 저드Forrest Judd

세트 감독: 으젠 루리에

세트: 설치: 반지 찬드라 굽타Bansi Chandra Gupta

촬영 감독: 클로드 르느와르

카메라맨: 로마난다 센 굽타Romananda Sen Gupta

사운드: 찰스 폴튼Charles Paulton, 찰스 놋Charles Knott

사운드 보조: 아리샤드난 J. 다스 굽타Harishadnan J. das Gupta, 수카노 이 센Sukhano y Sen, 반지 아쉬Bansi Ashe

컬러: 테크니컬러Technicolor

편집: 조지 게일George Gale

음악: M. A. 파라타 사라티M. A. Parata Sarathy, 인도에서 녹음

촬영: 1949~50년

야외 촬영: 캘커타 인근 지역(갠지스 강가)

제작: 오리엔탈 인터내셔널 필름 INC(Oriental Intemational Film INC)과 시어터 길드Theater Guild 협력

제작자: 케네스 매켈도니Kenneth McEldowney, 칼리안 굽타Kalyan Gupta, 장 르느와르

배급: 아티스트 아소시에

상영 시간: 99분, 2730m

첫 상영일: 파리 — 1951년 12월 19일 마들렌 비아리츠. 베니스 영화제에서 일등상 수상(1951년 9월)

출연: 노라 스윈번Nora Swinburne(어머니), 에스먼드 나이트Esmond Knight(아버지), 아더 쉴즈Arthur Shields(미스터 존), 토머스 E. 브린Thomas E. Breen(존 대령), 수프로바 무케르지Suprova Mukerjee(낸), 패트리샤 월터스Patricia Walters(해리엇), 라다Radha(멜라니), 아드리엔 코리Adrienne Corri(발레리), 리처드 포스터Richard Foster(보기), 페넬로프 윌킨슨Penelope Wilkinson(엘리자베스), 제인 해리스Jane Harris(머피), 제니퍼 해리스Jennifer Harris(마우스), 세실리아 우드Cecilia Wood(빅토리아), 램 싱Ram Singh(샤힌 싱), 니마이 바릭Nimai Barik(카누), 트리락 제트리Trilak Jetley(아닐)

모든 위대한 영화는 체험의 서사다. 말하자면 개인적인 것에서 일반적인 것으로 나아간다. 그것은 다양한 모순들을 점차 매몰시켜 특정한 하나의 갈등으로 축소시키는 것이 아니라, 개인적인 운명을 가장 심각한 위기의 상태로까지 끌고 나간다. 미지의 인물은 신세계에 나타나자마자 그곳에 눈을 뜬다.

이제 그리스로의 전통적인 여행은 인도 여행으로 대체된다. 하지만 르느와르나 로셀리니가 떠나는 것은 어떤 이국적인 풍경을 향해서가 아니다. 그들은 모든 인도-유럽 문명의 요람을 향해 떠나는 것이다. 그들은 오늘날 우리가 일반적인 불협화음 속에서 잃어버렸을 근본적인 음을 돌려달라고 인도에 요청한다.

로셀리니의 〈이탈리아 여행〉과 어쩌면 에이젠슈타인이 찍다 만 〈멕시코 만세!〉와 더불어서, 르느와르의 〈강〉은 서술 정보, 사회학적인 묘사, 형이상학적 주제들이 단순히 서로 어울리는 데 그치지 않고 모든 점에서 상호 교환될 수 있는, 엄격하게 자기 반영적인 영화의 유일한 예이다. "우리는 세계의 일부이다." 세 척의 보트와 세 명의 소녀가 중심점에 동시에 도달하는데, 여기서는

모든 모순들이 상쇄되고, 삶과 죽음, 증여와 거부, 소유와 박탈이 동일한 가치, 동일한 의미를 지니며, 자기 자신을 잊어버리는 것이 자기 자신을 되찾는 것이고 굴복이 승리를 가져다 준다. 해리엇의 모험은 죽음의 이야기인 동시에 탄생의 이야기이기도 하다. 즉, 이것은 끊임없는 변신의 이야기다. 그리하여 나무꾼은 신이 되고 크리슈나는 나무꾼이 된다. 풍부한 은유를 내포한 이 영화의 유일한 주제는 은유 그 자체 혹은 절대적 지식이다.

__ 자크 리베트

1952 | 황금 마차
Le Carrosse d'Or

시나리오: 장 르느와르, 렌조 아반조Renzo Avanzo, 지우리오 마치Giulio Macchi, 잭 커크랜드Jack Kirkland, 지네트 드와넬Ginette Doynel

주제: 프로스페르 메리메Prosper Mérimée의 희곡 《성체 마차*Carrosse du Saint-Sacremnt*》 각색

감독: 장 르느와르

조감독: 마크 모레트, 지우리오 마치Giulio Macchi

기록: 지네트 드와넬

세트: 마리오 치아리Mario Chiari, 지아니 폴리도리Gianni Polidori 참여

의상: 마리오 드 마테이스Mario de Mattes

촬영 감독: 클로드 르느와르, H. 로널드H. Ronald

카메라맨: 로돌포 롬바르디Rodolfo Lombardi

조감독(테크니컬러): 로널드 힐Ronald Hill, 어네스트 틸리Ernest Tiley, 허버트 샐리스버리Hubert Salisbury

사진: 스튜디오 다이얼Studio Dial

사운드: 조세프 드 브르타뉴, 오비디오 델 그란데Ovidio del Grande

전기 장치 설치: 마리오 론체티Mario Ronchetti

녹음: 웨스턴 일렉트릭

컬러: 테크니컬러

분장: 로몰로 드 마르티노Romolo de Martino, 알베르토 드 로시Alberto de Rossi

홍보: 드 브와시에르de Boissière

실내 장식: 지노 브로시오Gino Brosio

제작 진행: 프랑코 팔라지Franco Palagi

편집: 마리오 세란드레이Mario Serandrei, 데이비드 호킨스David Hawkins

음악: 지노 마리누치Gino Marinuzzi가 편곡한 안토니오 비발디Antonio Vivaldi

촬영: 1952년 2월 4일(시작)

스튜디오: 치네치타Cinecittà

제작: 파나리아 필름Panaria Films, 오쉬 프러덕션Hoche Productions

제작자: 프란체스코 알리아타Francesco Alliata

제작 감독: 발렌티노 브로지오Valentino Brosio, 주세페 바르도니Giuseppe Bardogni

제작 비서: 풀비오 베르가리Fulvio Vergari

행정: 지오반니 지우골라Giovanni A. Giurgola

배급: 코로나Corona

상영 시간: 1시간 40분

첫 상영일: 1953년 2월 27일 올랭피아Olympia와 르 파리Le Paris, 더빙 버전

시사회: 1953년 2월 11일

출연: 안나 마냐니Anna Magnani(카밀라), 던컨 라몬트Duncan Lamont(총독), 오도아르도 스파다로Odoardo Spadaro(돈 안토니오), 리카르도 리올리Riccardo Rioli(라몽), 폴 캠벨Paul Campbell(펠립), 나다 피오렐리Nada Piorelli(이자벨), 조지 히긴스Georges Higgins(마르티네즈), 단테Dante(아를르캥), 리노Rino(의사), 기젤라 매튜스Gisella Mathews(알타미라노 후작 부인), 리나 마랑고Lina Marengo(나이든 여배우), 랄프 트루먼Ralph Truman(카스트로 공작), 엘레나 알티에리Elena Altieri(카스트로 공작 부인), 레나토 치안토니Renato Chiantoni(프라카스 대위), 지우리오 테데쉬Giulio Tedeschi(발다사레), 알프레도 콜네르Alfredo Kolner(플로린도), 알프레도 메디니Alfredo Medini(폴리치넬), 메데니 형제들(4명의 아이들), 존 파세티John Pasetti(헌병대장), 윌리엄 텁스William Tubbs(여인숙 주인), 세실 매튜스Cecil Mathews(남작), 페도 킬링Fedo Keeling(자작), 장 데뷔쿠르Jean Debucourt(주교)

영화 묘사

미국의 한 비평가는 〈황금 마차〉를, 상자를 열면 그 안에 또 다른 상자가 들어 있고 그것을 열면 그 안에 또 다른 상자가 들어 있는 그런 상자에 비유하였다. 르느와르는 이렇게 말한다. "이 비평가의 지적에 나는 매우 기뻤습니다. 그는 그것을 결점으로 보았고 영화가 그런 식으로 만들어져서는 안 된다고 생각했

던 거지요. 하지만 개인적으로 나는 그런 상자 놀이가 매우 흥미롭다고 생각합니다."

실제로 〈황금 마차〉는 커튼 장면으로 시작하여 그 커튼이 열리면 또 하나의 커튼이 나오고, 그것이 열리면 세 개의 층을 연결하는 계단이 나온다. 사실 그 중간층은 연극 무대이며, 이 순간 우리는 연극 관객이다. 이동 촬영이 우리를 객석 의자에서 무대로, 그 다음에는 맨 꼭대기층에 있는 왕의 거처로 데려간다. 그때서야 우리는 영화 관객이 된다. 우리는 달리의 재담을 떠올리게 된다. "바닥을 세 번 두드려 개막을 알린다. 커튼이 올라가면 살바도르 달리가 그린 두 번째 커튼이 나온다."

프로스페르 메리메의 《성체 마차》는 소희극이고 이 희극의 주인공인 라 페리콜의 직업은 여배우이기 때문에, 이 텍스트로부터 영감 받은 영화가 삶과 연극의 두 가지 성격을 모두 띠는 극적 분위기 속에서 전개되는 것은 당연해 보인다. 여기서 우리는 다시 장 르느와르의 소중한 지적을 재인용할 필요가 있다. "연기에 있어서 저는 실제 삶의 여러 역할들을 재현하고 있는 배우들에게 약간 과장되게 연기하라고 주문했습니다. 삶에 연극적 측면을 부여함으로써 삶과 연극의 혼합이 생겨나도록 말이지요." 〈황금 마차〉는 3막극처럼 구축된다. 1막은 카밀라가 총독에게 정중하게 인사를 하는 데서 끝난다. 2막의 끝에서 우리는 교차로 역할을 하는 계단으로 되돌아오게 되는데, 이 계단은 카메라의 기분에 따라 왕궁으로, 혹은 마을로 혹은 무대로, 따라서 스크린 앞으로 이어진다. 카멜라는 자신의 연인인 총독에게 모욕을 준 후 투우를 보러 떠나면서 왕실에 대고 — 왕실 쪽이자 관객석 방면 — 다음과 같이 말한다. "2막이 끝나고, 주인에게 내쫓긴 콜롱빈[12]이 혼자가 되면, 여러분들은 관습에 따라 모르는 체해야 합니

12. 콜롱빈은 코메디아 델라르테의 평범한 한 인물로, 대개 낭만적인 불행에 빠져드는 하녀 역이다. — 옮긴이

다. …… 그럼 배우들은 줄지어 서서 인사를 하지요."

그 순간 왕실의 신사 숙녀들이 카밀라 콜롱빈에게 허리를 굽혀 인사를 한다. 하지만 왕실의 대신들은 단지 이 영화의 배우일 뿐 '코메디아 델라르테'의 배우가 아니다. 따라서 지금 대신들에게 말을 건네는 자는 안냐 마냐니를 통한 장 르느와르다. 마찬가지로, 감독을 위해 너무나 잘 해낸 배우들 — 진짜와 가짜 — 을 위해 박수를 요청하는 감독이 지금 말을 건네는 상대는 왕실의 대신들을 통한 우리 곧 영화 관객들인 것이다.

〈황금 마차〉는 그 유명한 계단에서 대단원의 막을 내린다. 주교의 짧은 연설 후 영화는 마치 장갑처럼 겉과 속이 전체적으로 뒤집힌다. 하지만 시작할 때 이미 장갑의 겉과 속이 뒤집혀졌으므로, 이제는 '겉이 밖으로 나온 상태'이며 모든 것은 정리된다. 배우들과 왕실 앞으로 첫 번째 커튼이 내려온다. 두 번째 커튼이 내려오고 그 앞에 '구 유럽 왕족들의 눈요기거리'였던 코메디아 델라르테 단원의 단장 돈 안토니오가 자리한다. 그는 우리에게 인사한다. "신사 숙녀 여러분, 왕실의 음모에 대한 카밀라의 승리를 축하하기 위해 여러분에게 이탈리아 스타일의 멜로드라마를 보여 드리고 싶습니다. 그런데 카밀라가 늦는군요…… 카밀라…… 카밀라, 빨리 무대로!" 카밀라가 도착한다. 돈 안토니오가 그녀에게 말한다. "넌 인생이라는 것에는 맞지 않아. 네 자리는 우리들 배우, 곡예사, 마임배우, 광대, 어릿광대들 속에 있어. 넌 매일 밤 2시간 가량 무대 위에서 배우로서의 네 직업에 충실할 때만, 다시 말해 너 자신을 잊을 수 있을 때만 행복할 수 있어. 넌 어쩌면 네가 구현하는 인물들을 통해 진정한 카밀라의 모습을 발견할 수 있을지도 모르지."

장 르느와르를 조금이라도 아는 사람이라면 이 대사가 일종의 '예술적 유언'이라는 것에 깊은 인상을 받게 될 것이다. 전쟁 이전 르느와르는 자신의 영화 몇 편에서 연기자로 출연했었다. 이후 그는 연기를 포기했지만 이 영화에서 돈 안토니오는 르느와르 자신이라고 생각할 수 있다. 분명 〈황금 마차〉는 연극

이라는 위험한 주제, 장 르느와르의 보다 일반적인 표현을 빌자면 공연이라는 직업을 안으로부터 다룬 유일한 영화다. 마지막 커튼이 내려오면 상자들은 차례차례 다른 상자 안으로 들어가고, '흥미로운 상자 놀이'는 끝이나며, 르느와르는 우리에게 〈황금 마차〉의 메시지를 직접 전한다. "이러한 문명의 욕구가 〈황금 마차〉를 만들도록 한 동인이었습니다."

앙드레 바쟁이 종종 지적했듯이, 장 르느와르는 초점 심도가 1940년대 할리우드에서 일반화되기 훨씬 이전부터 그의 영화들에서 초점 심도를 최대한 이용하였다. 〈게임의 규칙〉과 〈황금 마차〉 간에는 많은 유사점들(한 여자와 세 남자, 추격, 주인들과 하인들 등)이 존재하지만, 미장센은 엄격하게 상반된다. 〈황금 마차〉에서는 이동 촬영이 전혀 없거나 있더라도 알아차릴 수 없으며, '제4의 벽*quatrième côté*'도 없고 팬 촬영도 없다. 카메라는 연극 무대 혹은 촬영해야 하는 장면을 향해 고정된 채 그저 기록할 뿐이다. 〈황금 마차〉는 완벽하게 평면적이다(미장센의 측면에서). 그것은 2차원적인 영화다. 모든 것이 높이 — 계단 덕분에 — 와 넓이에 의해 위치하고 움직인다. 그렇다고 해서 이러한 미장센이 앙드레 말로가 《영화 심리*Psychologie du cinéma*》에서 '영화: 몽타주의 예술'이라고 이름 붙인 낡은 기법으로의 회귀를 뜻하는 것은 아니다. 그와 반대로 〈황금 마차〉에서는 이미지가 왕이며 숏은 독립적이다. 각 숏에는 고유한 제스처와 태도가 존재한다. 르느와르는 한 숏에서 다른 숏으로 마찰없이 미끄러진다. 〈황금 마차〉의 메시지는 그 형식 속에도 존재한다. '상자 놀이'는 피상적이지 않다. 이는 《팔뤼드*Paludes*》[13]에서 그렇듯 〈황금 마차〉에도 해당된다. 우리는 가능한 모든 해석을 내릴 수 있으며 그 어떤 것도 틀린 것이 아니다. 모든 것이 〈황금 마차〉 안에 있다. 가령 그것은 삶의 의미를 찾고 있는 네

13. 《팔뤼드》는 앙드레 지드의 소설로, 여기서 지드는 소설 쓰는 사람들에 대한 소설을 쓰는 사람들에 대하여 소설을 쓰는 중층 기법을 보여 준다. — 옮긴이

인물, 그리고 고통과 평정을 통해 그 의미를 발견하게 되는 네 인물들의 이야기로 볼 수 있다. 총독은 보통 사람처럼 질투에 괴로워 하는 것을 배우게 되며, 펠립은 자발적 망명에서 평화를 찾게 된다. 라몽은 경기장으로 되돌아 갈 것이며, 카밀라는 '인생이라는 것' 에 적합하지 않은 자신이 있어야 할 곳은 무대위라는 것을 깨닫게 될 것이다.

_ 프랑수아 트뤼포

분석

〈황금 마차〉는 르느와르의 모든 영화를 이해하기 위한 '열려라 참깨' 이다. 그의 전 작품을 아우르는 통상적 두 극점인 예술과 자연, 연극과 삶은 그 경계를 구분하기가 불가능해질 때까지 서로의 이미지를 번갈아 비추는 마주한 두 개의 거울처럼 보인다. 이 영화 이전과 이후 모든 영화들의 핵심 문제 — 진실성의 문제 — 가 여기서 가장 고상한 해답을 찾아내는데, 사실 이것도 알고 보면 또 하나의 의문을 형성한다. 이 '필연적인' 작품(이 영화는 만들어져야만 했고 우리는 이 작품에서 아주 사소한 사건일지라도 그것을 처음의 가설로부터 추론해낼 수 있다)은 위탁받은 것으로, 영화화할 만한 가능성이 전혀 안 보이는 한 희곡(메리메의 비의적 재능이 아니라면)으로부터 각색되었다. 이 엄격한 게임은 원칙적으로 즉흥 연기만을 유일한 규칙으로 삼는다. 이 보석 상자는 너무나 운 좋게도 코메디아 델라르테, 비발디, 마냐니라는 명성 높은 진귀한 보석들을 담고 있다. 이론적인 것은 아무것도 없다. 만일 작가가 통상 자신의 주제를 이루는 것을 형식으로 표현해낸 것에 우쭐해할 수 있다면, 그것은 이 주제가 예술이라는 주제 안에서 구현되기 때문이다.

이 영화에서 말해지고 보여지는 모든 것은 르느와르와 관계될 뿐 아니라 영화 전체와도 관련된다. 결국 르느와르와 영화는 스펙터클 혹은 가상이라는 유일하고도 동일한 심오한 대상만을 가지고 있다.

그런데 가상이라는 것은 선험적으로 영화에 그다지 호의적이지 않다. 이런 종류의 스펙터클, 마임, 가면 무도회는 일반적으로 스크린 위에서 표현되는 것에 대해 극단적인 저항감을 나타낸다. 그러나 르느와르는 그것을 영화적 규범들에 맞추었을 뿐 아니라 영화를 돋보이게 하는 장치로 이용하였다. 가장된 태도들은 단지 자연스러움을 더 잘 유도하기 위해, 그 역할을 더욱 두드러지게 하기 위해 사용된 것이다. 일단 가면이 벗겨지면, 인간의 얼굴은 삶과 예술의 아주 오래된 관례들이 남긴 찌꺼기를 벗고 진정한 광채로 빛난다.

규칙과 자유의 이러한 엇갈림은 궁극적으로 도덕적 차원에서 그 반향을 발견한다. 여자의 아름다운 우유부단함은 가장 숭고한 소명인 것처럼 제시된다. 르느와르가 딱 잘라 단언하지 않는다면, 그것은 결코 신중함 때문이 아니다. 그의 작품은 원처럼 완벽하다. 그러므로 원처럼 그것은 적분을 거부한다.

_ 에릭 로메르

〈황금 마차〉는 상업적으로, 심지어는 비평적으로도 실패하였다. 장 르느와르는 그 후 2년간 영화를 찍지 않는다. 그는 부르고뉴 지방에서 다니엘 들로름 Danielle Delorme과 함께 〈밀렵꾼들*Les Braconniers*〉을 찍고 투르게네프의 《첫사랑》을 영화화할 계획도 세우지만, 결국 1954년 여름 동안 준비해서 12월 4일에 촬영을 시작한 것은 원래 이브 알레그레가 감독할 예정이던 〈프렌치 캉캉〉이었다. 이 영화는 르느와르가 1939년 이래 떠나 있던 파리의 스튜디오로 다시 돌아왔다는 것을 의미한다. 또한 같은 해 7월 그는 아를의 원형 경기장에서 셰익스피어의 《줄리어스 시저*Jules César*》를 공연함으로써 연극 연출가로 데뷔한다.

1954 | 줄리어스 시저
Jules César

윌리엄 셰익스피어 희곡의 번역과 각색: 그리샤Grisha, 미추 다바Mitsou Dabat

연출: 장 르느와르

제작 진행: 장 세르주Jean Serge

배역: 장 피에르 오몽Jean-Pierre Aumont(마크 앙트완), 롤 벨롱Loleh Bellon(포르시아), 이브 로베르Yves Robert(카시우스), 프랑수아즈 크리스토프Françoise Christophe(칼푸르니아), 폴 뫼리스Paul Meurisse(브루투스), 앙리 비달Henri Vidal(쥘 세자르), 장 파레데스Jean Parédès(카스카), 장 토파르Jean Topart(옥타브 세자르), 프랑수아 비베르François Vibert(예언가), 가스통 모도(리가리우스), 앙리 자크 위에(플뢰리우스), 자크 카트랭(데시우스). 그 외 30명 정도의 배역에 다른 16명의 배우들 기용. 200명의 엑스트라가 현장에서 모집됨(특히 카마르그의 소지기들)

상연일: 1954년 7월 10일 아를의 원형 경기장(1회 상연).

1954 | 프렌치 캉캉
French Cancan

각본: 장 르느와르

주제: 앙드레 폴 앙트완André-Paul Antoine의 아이디어

각색: 장 르느와르

대사: 장 르느와르

감독: 장 르느와르

조감독: 세르주 발랭Serge Vallin, 피에르 카스트Pierre Kast, 자크 리베트(견습생)

기록: 지네트 드와넬

안무: 그랑 장Grand-Jean

세트: 막스 두이Max Douy

실내 장식 가구상: 비뇨Vigneau

의상 디자이너: 로진 들라마르Rosine Delamare

의상 제작: 코카트릭스Coquatrix와 카린스카

현장 의상 보조: 폴레트 탕타브Paulette Tentave, 엘리즈 세르베Elise Servet, 마리에트 샤브롤Mariette Chabrol

분장: 이본 포르튀나Yvonne Fortuna, 조르주 클랭Georges Klein의 참여

헤어: 위게트 라로레트Huguette Lalaurette

촬영 감독: 미셸 켈베르Michel Kelber

카메라맨: 앙리 티케Henri Tiquet

촬영 보조: 블라디미르 랑Vladimir Lang, 조르주 바르스키Georges Barsky

사진: 세르주 보바를레Serge Beauvarlet

사운드: 앙트완 프티장Antoine Petitjean

전기 설치: 장 라뷔시에르Jean Labussières

분마이크: 가스통 앙세시Gaston Ancessi

컬러: 테크니컬러

녹음: 웨스턴 일렉트릭

소품: 다니엘 라질Daniel Lagille, 에두아르 뒤발Edouard Duval

제작 진행 감독: 뤼시앙 리팡Lucien Lippens

제작 진행 보조: 르네 포르자René Forgeas

야외 촬영 진행 감독: 로베르 튀를뤼르Robert Turlure, 샤를 시외스Charles Chieusse

편집: 보리스 르윈Boris Lewin

음악: 조지 밴 파리스Georges Van Parys와 카프콩Caf' Conc' 1900의 노래 메들리

촬영: 1954년 10월 4일~12월 20일

스튜디오: 생 모리스 프랑쾨르St-Maurice-Francœur

제작: 프랑코 런던 필름Franco London Films, 졸리 필름Jolly Films

제작 감독: 루이 윕Louis Wipf

제작 비서: 시몬 클레망Simone Clément

행정: 조르주 왈롱Georges Walon

홍보: 조르주 크라벤Georges Cravenne

배급: 고몽

상영 시간: 97분

첫 상영일: 파리, 1955년 4월 27일 베를리츠, 파리, 고몽-팔라스

출연: 장 가뱅(당글라르), 마리아 펠릭스Maria Félix(라 벨 아베스), 프랑수아즈 아르눌 Françoise Arnoul(니니), 장 로제 코시몽Jean-Roger Caussimon(발터 남작), 지아니 에스포지토 Gianni Esposito(알렉상드르 왕자), 필립 클레Philippe Clay(카지미르), 미셸 피콜리Michel Piccoli (발로르게이), 장 파레데(쿠드리에), 리디아 존슨Lydia Johnson(기볼), 막스 달방(블랑쉬 여왕의 후원자), 자크 주아노Jacques Jouanneau(비동), 장 마크 텐베르그Jean-Marc Tennberg(사바트), 위베르 데샹Hubert Deschamps(카페 서빙 이지도르), 프랑코 파스토리노Franco Pastorino

(빵집 주인 파울로), 발랑틴 테시에(니니의 어머니 올랭프 부인), 알베르 레미Albert Rémy(바르졸랭), 아닉 모리스Annik Morice(테레즈), 도라 돌Dora Doll(라 제니스), 안나 아망돌라Anna Amendola(코라 보케르의 목소리, 에스테르 조르주), 레오 캉피옹Léo Campion(사령관), 파크레트 부인Mme Paquerette(미미 프뤼넬), 실빈 들라느와Sylvine Delannoy(티턴), 안 마리 메르생 Anne-Marie Mersen(파키타), 미셸 나달Michèle Nadal(비구디), 가스통 가바로쉬Gaston Gabaroche(피아니스트 오스카), 자크 카트랭(장관), 피에르 몽코르비에Pierre Moncorbier(집달리), 장 무르티에Jean Mortier(호텔 지배인), 뉨 필스Numes Fils(이웃), 로베르 오브와노Robert Auboyneau(엘리베이터 보이), 로랑스 바타이유Laurence Bataille(난장이), 피에르 올라프Pierre Olaf(휘파람 불며 야유하는 사람 피에로), 자크 시롱Jacques Ciron(첫 번째 등장한 꼴불견 젊은이), 클로드 아르네Claude Arnay(두 번째 등장한 꼴불견 젊은이), 프랑스 로쉬France Roche(베아트릭스), 미셸 필립Michèle Philippe(엘레오노르), R. J. 쇼파르 R. J. Chauffard(수사관), 가스통 모도(당글라르 하인), 자크 일링Jacques Hilling(외과의), 파타슈(이베트 길베르), 앙드레 클라보André Claveau(폴 델메), 장 레이몽Jean Raymond(폴뤼스), 에디트 피아프Edith Piaf(으제니 뷔페), 제드랭스카Jedlinska(매춘부), 장 실베르Jean Sylvère(급사), 팔미르 르바쇠르Palmyre Levasseur(세탁부), 앙드레 필립André Philip, 브뤼노 발프Bruno Balp, 자크 마랭Jacques Marin, H. R. 에르스H. R. Herce, 르네 파스칼René Pascal, 마르틴 알렉시스Martine Alexis, 코린 잔센 Corinne Jansen, 마야 주사노바Maya Jusanova, 마리오 쥘라르Mario Juillard의 목소리
잘린 장면: 프랑수아 주François Joux(사장 비서), 로제 사제Roget Saget(대기업가), 장 마리 아마토Jean-Marie Amato(사교계 출입 화가), 클로드 베리Claude Berri(중국 병풍 수집가), 조엘 로빈Joelle Robin(알제리 보병대 장교를 대동한 소녀), 장 카스타니에(중국 병풍 관리인 보르두), 레옹 라리브(부르주아)

장 르느와르의 최근작 가운데 〈프렌치 캉캉〉은 아마추어 애호가들이 가장 좋아하는 반면, 순수주의자들에게서는 가장 덜 존경받는 작품이다. 왜 그럴까? 물론 그것은 대규모 장면 삭제에 의해 안정감이 상실되고, 유명한 배우들이 차출되었으며, 촬영도 급하게 행해진, 말하자면 과도기적 영화다. 하지만 그 외 어떤 이유들이 있을 수 있을까? 사실 장 르느와르의 다른 영화들에서도 이러한 점이 발견되고 우리가 영화를 찍을 때도 그러한 점들에서 자유롭지 않다. 물론 대규모 생산 라인을 갖춘 공장의 제약은 수공업 회사의 제약과 같지 않으며, 호화로운 세트는 협소한 방들에 또 다른 속박을 가져오고, 유명한 사람들

은 친한 친구들과는 다른 제약을 초래하는 법이다. 하지만 이 모든 문제들은 이전과 동일한 전체적 흐름 속에 의해 이끌리며, 좋든 싫든 간에 조화를 이뤄야 한다.

모든 육체적 쾌락을 제공하는 이 오드(서정단시)의 위대함은 우선 그 엄청난 비현대성, 하지만 여전히 유효하고 전투적인 탈동시대성에 있다. 우리는 〈황금 마차〉의 순수 음악에 이어 이처럼 대중적인 선율을 듣는 것에 놀라지 않을 수 없다. 하지만 2년 뒤 르느와르는 이 영화가 어떻게 〈황금 마차〉와 〈엘레나와 남자들〉 간의 필수적 연결 고리가 되는지 보여 주었다. 보들레르가 말한 '연극의 성스러운 매춘'으로부터 매음굴의 신격화까지는 단지 한 발자국밖에 되지 않으며, 그 거리를 르느와르는 가볍게 뛰어넘는다. 모든 위대한 영화에는 외설스러움이 있다. 르느와르는 그것을 모델 삼아, 영혼을 벌거벗은 채 드러내는 여배우뿐만 아니라 다리를 드러내는 무희의 죄를 사한다.

그와 마찬가지로 그리고 다른 모든 사람들과 마찬가지로 그의 주인공들은 선택을 거부한다. 장 르느와르의 영화들은 한결같이 말라르메의 〈목신의 오후 *L'Après-Midi d'un Faune*〉에 나오는 시구들을 되풀이 한다. "이 간악한 두려움을 이겨 내는 것이 좋아서, 머리칼 뒤엉킨 깊은 숲 속 같은 포옹을, 신들이 그리 잘 맺어준 포옹을 갈라 놓은 것이 나의 죄(이것은 또한 엘레나의 죄이기도 한데, 그녀는 잘생긴 보헤미안을 비너스의 두 팔로 껴안는 것으로 그 처벌을 받게 된다)." 간단히 말해 우리에게 영적인 것과 관능적인 것, 〈황금 마차〉와 〈프렌치 캉캉〉을 분리하지 말도록 가르치는 범신론인 것이다. 여기에는 쓰라림이 없지 않으며, 쾌락 또한 즐겁지 않다. 그것은 스스로에게 전체라는 환상을 주고 싶어하는 절반에 지나지 않는다.

아니, 목신은 잠들지 않는다. 마지막 캉캉의 열광적 흥분은 영화의 실책들을 보상하고도 남는다. 여인들과 속옷의 격렬함 속에서 우리는 지금껏 영화가 자신의 영혼에게 바쳐 온 가장 득의만연한 찬가를, 관례를 허물어 새롭게 창조

하는 움직임을 볼 수 있다.

긴밀하게 뒤섞인 삶의 예술과 시의 예술이 〈강〉과 〈황금 마차〉처럼 〈프렌치 캉캉〉에도 있다. 그것은 동일한데 단지 다른 가면을 쓰고 있을 뿐이다. 〈프렌치 캉캉〉은 내면주의 연극이며 르느와르가 스스로에게 공연한 최고의 코미디이다. 그리하여 이제 감정적 사랑에 대한 욕망의 승리를 찬양하기 위해 마련된 프랑스식 멜로드라마, 〈엘레나와 남자들〉이 등장하기 위한 만반의 준비가 끝났다. 안심하라. 엘레나는 늦지 않는다.

__ 자크 리베트

엄청난 성공을 거둔 〈프렌치 캉캉〉이 개봉하기 앞서(1955년 5월), 장 르느와르는 레슬리 캐론을 위해 1953년에 쓴 그의 첫 희곡 〈오르베〉를 무대에 올린다.

1955 | 오르베 *Orvet*

장 르느와르의 3막 코미디
미장센: 장 르느와르
무대 장치: 조르주 발세비치Georges Walchevitch, 라베르데Laverdet의 그림
음악: 조세프 코스마
기술 협력: 로베르 프티Robert Petit
제작 진행: 모리스 프레뇨Maurice Fraigneau
의상 디자이너: 카린스카, 지방시Givenchy
전기 장치: 알베르 리샤르Albert Richard
기계 장치: 알렉스 데비올Alex Desbiolles
첫 상연일: 1955년 3월 12일, 르네상스 극장Théâtre de la Renaissance
배역: 레슬리 캐론(오르베), 폴 뫼리스(조르주), 미셸 에르보Michel Herbault(올리비에), 카트린 르 쿠에Catherine Le Couey(카뮈 부인), 레이몽 뷔시에르(쿠탕), 자크 주아노(윌리엄), 마

르그리트 카상Marguerite Cassan(클로틸드), 요릭 르와이양Yorick Royan(베르트), 수잔 쿠르탈Suzanne Courtal(비페르 어머니), 피에르 올라프(안짱다리 필립), 조르주 사이아르Georges Saillard(의사), 조르주 위베르Georges Hubert(일급 사냥꾼)

"보잘 것 없는 작품에 소리 높일 필요가 있는가? 〈오르베〉는 실패의 초상화가 아니면 무엇이란 말인가?"(기 베르도Guy Verdot). "여기에 우리가 너무나도 많이 보아 온, 말 그대로 피란델로식의 난해한 유치함이 있다. 하지만 이 때문에 피란델로를 비난하지는 말자. 그 자신은 이런 유치함을 직접 본 적도 없으니 말이다"(로베르 캉Robert Kemp). "좋은 의도, 문학적 회상, 진부한 주제, 전원시, 소박한 철학, 친절함, 천진난만함, 서투름, 교활함과 야망이 한데 섞인 복잡한 혼합물"(클로드 베녜르Claude Baignères), "그리고 다른 게 있다. 절대적으로 대단한 건강, 생명에 대한 취향, 천진하면서 다소 잔인한 환희, 내게 기쁨을 주는 논쟁적인 순박함, 상냥한 익살, 매우 솔직한 대담, 꾸밈없는 저속함…… 이 모든 것들이 한 편의 연극을 만들지 않는가?"(드 가랑베De Garambé)

정확하게 〈오르베〉는 연극, 장 르느와르의 첫 번째 연극으로서, 본질적으로 영화인들의 지지를 받았다. "이건 문학적 연극이 아니다. 그것은 배우를 연극의 기본 축으로 삼은 연출가의 작품이다. 그는 한편으로는 영감의 진실성에 의해, 다른 한편으로는 무대의 효율성에 대한 확신적 본능에 의해 자기 자신이 이끌리도록 내버려두었다"(앙드레 바쟁). "리허설 전날 〈오르베〉를 보고는 완전히 매료되고 압도당한 채 그곳을 나왔다"(로베르토 로셀리니).

장 르느와르 본인이 라디오 인터뷰에서 했던 말로 이 글을 마무리 짓도록 하자. "스테브 파쇠르 씨M. Stéve Passeur는 내 연극이 실패라고 볼 권리가 있습니다. 그는 연극인이니까요. 하지만 나는 파바렐리 씨M. Pavallelli가 레슬리 캐론을 비판하는 데 대해서는 그의 권리를 문제삼지 않을 수 없습니다. 그는 그에 대해 아무것도 모르니까요. 내가 그에게 확실하게 말할 수 있는 것은, 만일 내 아버지가 레슬리를 알았다면, 그는 그녀의 초상화를 한 편 혹은 백 편을 그

리지 않았을 거라는 겁니다. 그는 그녀를 그리는 데 그의 삶 전체를 바쳤을 겁니다"(《카이에 뒤 시네마》).

1956 | 엘레나와 남자들 *Eléna et les Hommes*

각본: 장 르느와르
각색: 장 르느와르, 장 세르주
대사: 장 르느와르
감독: 장 르느와르
조감독: 세르주 발랭
기록: 지네트 드와넬
세트: 장 앙드레Jean André
의상: 로진 들라마르Rosine Delamare, 모니크 플로탱Monique Plotin
촬영 감독: 클로드 르느와르
컬러: 이스트만컬러Eastmancolor
사운드: 윌리엄 시벨William Sivel
제작 진행: 뤼시앙 리팡
편집: 보리스 르윈
음악: 조세프 코스마
샹송: 레오 마르잔Léo Marjane의 "파리를 조심하세요*Méfiez-vous de Paris*," 줄리에트 그레코Juliette Gréco의 "오, 밤이여*O Nuit*," 조르주 반 파리Georges Van Parys — 당시 노래의 편곡
촬영: 1955년 12월 1일~1956년 3월 17일
제작: 프랑코 런던 필름, 레 필름 지베Les Films Gibé, 엘렉트라 콤파니아 시네마토그라피카Electra Compania Cinematografica
제작 감독: 루이 웝
배급: 시네디스Cinédis
원본 길이: 1시간 35분
극장 개봉: 1956년 9월 12일
출연: 잉그리드 버그먼Ingrid Bergman(엘레나), 장 마레(롤랑), 멜 페레Mel Ferrer(앙리 드 쉬뱅쿠르), 장 리샤르Jean Richard(롤랑의 기마 전령병 액토르), 마갈리 노엘Magali Noël(엘레나의 하녀 롤로트), 줄리에트 그레코(미아르카), 피에르 베르탱Pierre Bertin(마르탱 미쇼), 장

카스타니에(이스나르), 장 클로디오Jean Claudio(리오넬), 엘리나 라부르데트Elina Labourdette(폴레트), 프레데릭 뒤발Frédéric Duvalls(고댕), 도라 돌(로자 라 로즈), 미르코 엘리스Mirko Ellis(마르보), 자크 일링Jacques Hilling(리스본), 자크 주아노(으젠 고댕), 르노 마리Renaud Mary(플뢰리), 가스통 모도(집시들의 우두머리), 자크 모렐(뒤센느), 미셸 나달(드니즈 고댕), 알베르 레미(뷔세), 올가 발레리Olga Valéry(올가), 레오 마르잔Léo Marjane(거리의 가수), 레옹 라리브(앙리의 하인), 그레고리 슈마라Gregori Chmara(엘레나의 하인), 폴 드망주Paul Demange(관객), 짐 제랄드Jim Gérald(카페 주인), 로베르 르 베알Robert Le Béal(박사), 클레르 제라르(산책하는 여인), 자바타 가족les Zavattas, 제라르 뷔르Gérard Buhr, 장 오젠Jean Ozenne, 르네 베르티에René Berthier, 위베르 드 타퓌랑Hubert de Tappurent, 피에르 뒤베르제Pierre Duverger, 자크 카트렝, 시몬 실베스트르Simone Sylvestre, 코린 잔센Corinne Jansen, 릴리안 에르누Liliane Ernout, 루이제트 루소Louisette Rousseau, 팔미르 르바쇠르Palmyre Levasseur, 린 카렐Lyne Carrel

르느와르가 가장 지적인 영화 감독이라고 말하는 것은 결국 그가 철저하게 프랑스인이라는 점을 말하는 것으로 귀착된다. 그리고 만일 〈엘레나와 남자들〉이 뛰어난 프랑스 영화를 대표한다면, 그것은 이 영화가 세상에서 가장 지적인 영화이기 때문이다. 이 영화는 예술인 동시에 예술 이론이며, 아름다움인 동시에 아름다움의 비밀이고, 영화인 동시에 영화에 대한 해설이다.

우리의 아름다운 엘레나는 그 지방의 뮤즈일 뿐이다. 그러나 그녀는 절대를 추구하는 뮤즈다. 비너스를 남자들 틈에서 찍으면서 르느와르는 한시간 반 동안 올림푸스의 시각을 인간의 시각과 중첩시킨다. 우리들 눈 앞에서 신들의 변신은 더 이상 시장판의 구호가 아니라 애절한 희극적 광경이 된다. 실제로 〈엘레나와 남자들〉에서 신들은 가장 아름다운 역설에 의해 죽음을 열망한다. 살아 있음을 확신하기 위해서는 사랑하고 있다는 확신이 있어야 하고, 사랑에 대한 확신을 위해서는 삶이 유한하다는 것을 확신해야 한다. 바로 이것이 희가극으로 가장한 이 현대 우화의 기이하고도 가혹한 교훈이다. 30년간의 촬영에서 행해 온 즉흥 작업은 르느와르를 세계에서 제일가는 기술자로 만들었다. 그는 다른 사람들이 열 개의 숏으로 할 것을 단 하나의 숏으로 해내며, 다른 사람

들이 여러 개의 숏으로 재현할 것을 그는 생략해 버린다. 일찍이 〈엘레나와 남자들〉보다 더 자유로운 영화는 없었다. 하지만 더 들어가 보면 이 자유는 필연성이다. 그리고 일찍이 이 영화보다 더 논리적인 영화 또한 없었다.

〈엘레나와 남자들〉은 르느와르 영화들 중 가장 모차르트적인 작품이다. 이는 〈게임의 규칙〉에서처럼 외관상으로 그런 것이 아니라 철학에 있어서 그러하다. 〈프렌치 캉캉〉을 마치고 〈엘레나와 남자들〉을 준비하는 이 사람은 마치 〈클라리넷을 위한 협주곡〉을 완성하고 〈마술 피리〉를 시작하는 사람과 비슷하다. 요컨대 내용상으로는 동일한 아이러니와 혐오가 보이고, 형식상으로는 간결하면서도 천재적인 대담함이 발견되는 것이다. "영화란 무엇인가?"라는 질문에 〈엘레나와 남자들〉은 영화 그 이상이라고 답한다.

__ 장 뤽 고다르

1956 | 장 르느와르의 가족 앨범
L'Album de Famille de Jean Renoir

단편
각본: 피에르 데그로프Pierre Desgraupes
감독: 롤랑 그리티Roland Gritti
촬영 감독: 장 투르니에Jean Tournier
촬영: 블로뉴에 있는 파리 텔레비전 스튜디오Studio Paris – Télévision
제작: 처음에는 파리 T.V., 나중에는 프랑코 런던 필름
배급: 시네디스
상영: 〈엘레나와 남자들〉에 부속
출연: 장 르느와르와 피에르 데그로프
원본 길이: 711m

파리에서 그의 영화가 개봉하기도 전에(〈엘레나와 남자들〉의 성공은 미미했다) 르느와르는 미국으로 돌아갔는데, 거기서 〈엘레나와 남자들〉의 미국판은

흥행에 실패했다. 그는 이후 다른 연극 작품을 한 편 썼고(《카롤라 혹은 엉터리 배우들*Carola ou les Cabotins*》), 클리포드 오뎃Clifford Odets의 희곡 《큰 칼*Le Grand Couteau*》을 각색했다. 이 작품은 다니엘 젤랭Daniel Gélin, 클로드 제니아 Claude Génia, 폴 캉보Paul Cambo, 폴 베르나르Paul Bernard, 테디 빌리스Teddy Billis, 프랑스 들라알France Delahalle, 앙드레아 파리지Andréa Parisy, 베라 노르만 Vera Norman, 로베르 몽타주Robert Montage가 출연한 가운데, 1957년 10월 30일 파리 부프 극장(Théâtre des Bouffes – Parisiens)에서 처음으로 상연되었다.

같은 기간 르느와르는 루드밀라 체리나Ludmilla Tcherina가 창작한, 전쟁에 대한 짧은 발레 〈화약 폭발*Le Feu aux Poudres*〉의 줄거리를 썼는데, 이 발레는 레이몽 룰로Raymond Rouleau와 루드밀라 체리나의 무용 공연 작품인 〈테뤼엘의 연인들*Les Amants de Teruel*〉의 1부에서 채택되었다.

1959 | 코르들리에 박사의 유언장 *Le Testament du Docteur Cordelier*

각본: 장 르느와르

주제: R. L. 스티븐슨R. L. Stevenson의 소설 《지킬 박사와 하이드 씨》

대사: 장 르느와르

감독: 장 르느와르

조감독: 모리스 뵈쉐Maurice Beuchey

기록: 앙드레 고테Andrée Gauthey, 마리네트 파스케Marinette Pasquet

기술 협력: 이브 앙드레 위베르Yves-André Hubert

예술 협력: 장 세르주

세트: 마르셀 루이 디유로Marcel-Louis Dieulot

촬영 감독: 조르주 르클렉Georges Leclerc

카메라맨: 베르나르 지로Bemard Giraux, 장 그라글리아Jean Graglia, 피에르 게구앙Pierre Guéguen, 피에르 르봉Pierre Lebon, 질베르 페로 미노Gilbert Perrot-Minot, 아서 레이먼드Arthur Raymond, 질베르 상도즈Gilbert Sandoz

사운드: 조세프 리샤르Joseph Richard

의상: 모니크 뒤낭Monique Dunand

편집: 르네 리히티그

음악: 조세프 코스마

촬영: 1959년 1월

스튜디오: R.T.F. (카르뒤치 거리Rue Carducci)

야외 촬영: 파리(몽마르트르와 폴 두메르 가), 마른 라 코케트Marnes-la-Coquette

제작: R.T.F., 소피라Sofirad, 상 브느외르 필름

제작 감독: 알베르 홀벡Albert Hollebecke

배급: 파테 컨소시움Consortium Pathé

원본 길이: 1시간 40분

실제 상영 시간: 1시간 35분

첫 상영일: 1961년 11월 16일, 파리의 조르주 생크George V

출연: 장 루이 바로Jean-Louis Barrault(코르들리에 박사와 오팔); 테디 빌리스Teddy Billis(졸리 선생), 미셸 비톨Michel Vitold(세브랭 박사), 장 토파르Jean Topart(데지레, 급사장), 미슐린 가리Micheline Gary(마그리트), 자크 다노빌Jacques Dannoville(라르두 경찰서장), 앙드레 세르트André Certes(살브리스 조사관), 장 피에르 그랑발(호텔 수인), 자클린 모란Jacqueline Morane(알베르트), 기슬렌 뒤몽Ghislaine Dumont(쉬지), 마들렌 마리옹Madeleine Marion(줄리에트), 디디에 디Didier d'Yd(조르주), 프림로즈 페레Primerose Perret(마리), 가스통 모도(정원사 블레즈), 레이몽 주르당Raymond Jourdan(장애자), 실비안 마르골Sylvianne Margolle(어린 소녀), 자크 카트렝(대사), 레진 블레스Régine Blaess(그의 아내), 레이몬(에사르 부인), 도미니크 당강Dominique Dangan(어머니), 셀린 살Céline Sales(딸), 클로디 부르롱Claudie Bourlon(리즈), 자클린 프로트Jacqueline Frot(이자벨), 프랑수아즈 브와이에Françoise Boyer(프랑수아즈), 모니크 테포Monique Theffo(안니), 아닉 알리에르Annick Allières(이웃집 여인), 장 베르토Jean Bertho와 자크 시롱Jacques Ciron(두 명의 행인)

〈풀밭 위의 점심 식사〉와 같은 해에 만들어진 〈코르들리에 박사의 유언장〉은 그것의 복제물인 동시에 반대물이다. 후자는 전자의 연장이며, 그 담론을 완성한다. 〈코르들리에 박사의 유언장〉은 흑백으로 된 이미지의 차가운 성격과 추상적이면서 명확한 스타일로 인해, 〈풀밭 위의 점심 식사〉의 열기, 색채, 육체적이고 관능적인 측면과 대조를 이룬다. 이 두 작품은 별개로 감상되고 찬양될 수 있지만, 한 작품을 이해하기 위해서는 반드시 다른 작품이 필요하다.

〈풀밭 위의 점심 식사〉가 삶의 방식을 자연에 따라 움직이는 원상태대로 되돌렸다면, 〈코르들리에 박사의 유언장〉은 이러한 흐름의 역류가 낳는 결과들을 그리고 있다. 또한 전자에서는 자연에 대한 희랍의 유물론적인 개념이 특권화되어 있는 데 비해, 후자에서는 자연에 대한 기독교의 이상주의적인 개념이 제시되어 있고 그와 더불어 어떤 사회 유형에 봉사하는 과학에 대한 르느와르의 생각이 표현되어 있다.

이 영화는 마치 《지킬 박사와 하이드 씨》의 현대 버전과 같다. 여기서 하나 지적할 것은 르느와르가 스티븐슨 소설의 자의적 의미에서 멀어짐으로써, 점점 더 원작을 쓴 작가의 정신에 근접하는 영화 각색의 형태를 성공적으로 보여 준다는 점이다.

저명한 정신과 의사인 코르들리에 박사는 영혼을 물질화함으로써 그것의 존재를 입증하고자 한다. 자기 자신을 실험 대상으로 하여, 그는 오팔이라는 야만스럽고 잔인하며 파괴적인 인물을 창조해낸다. 하지만 그는 자신의 변신을 점점 더 통제할 수 없게 되고, 결국 괴물 같은 자신의 분신을 없애는 길은 자살밖에 없음을 깨닫게 된다.

이 버전의 흥미와 새로움은 장 루이 바로에 대한 르느와르의 탁월한 선택에 있는데, 그는 건조하고 차갑고 경직된 배우로서의 이미지와, 가볍고 대기적이며 무언적 제스처가 뛰어난 그의 대조적 자질로 인해 발탁되었다. 변형은 더 이상 솜씨 좋은 분장의 결과가 아니라, 완전히 다른 두 상태를 표현하는 진정한 육체적 변화의 결과다. 이러한 바로의 역량은 르느와르에게 그의 영화의 핵심 개념을 표현할 수 있도록 완전한 자유를 부여한다.

한편에는 거세 콤플렉스를 일으키는 어머니의 엄한 부르주아 및 기독교적 원칙에 입각한 교육으로 인해 도덕적 존재의 단단한 굴레에 갇힌 코르들리에가 있다. 그는 완벽하게 자기 자신을 실현할 수 있도록 해 줄 어떤 절대적인 것을 찾아, 그의 내부에서 일어나는 모든 충동을 희생시킨다. 하지만 그의 고백은 그

러한 노력의 실패를 시인한다. 그는 자신의 과학, 특권, 사회적 계급에 대한 무한한 오만을, 가식적 겸손함으로 위장한 보잘것없는 위인, 위선적인 배우에 지나지 않는다.

다른 한편에는 코르들리에의 영혼의 화신으로서, 이름 자체부터 반투명하면서도 선명하지 못한 질료를 연상시키는 오팔이 있다. 그런데 이 영혼은 억압된 욕구, 짓눌린 성향들, 그리고 무엇보다도 코르들리에의 속박된 삶이 악화시켰던 자유와 삶에 대한 거부할 수 없는 욕구의 구체적 구현에 다름 아니다. 그렇기 때문에 영혼은 그 반대물, 즉 디오니소스적 세계를 이루는 힘들 중 가장 중요한 성적 충동으로 환원되고 만다. 그의 흐름에서 이탈된, 부정적인 변태적 충동은 반수신半獸神 오팔을, 거칠고 가학적인 호색한으로 변모시킨다.

그렇지만 오팔은 코르들리에의 유심론적인 추구를 전도하고 파괴함으로써, 변증법적인 운동에 의해 그것을 실현해낸다. 대기처럼 가벼운 그 움직임의 본성은 이상주의적인 사유가 부정하고자 하는 질료의 무거운 속박에서 해방되는 것과 같다. 하지만 이상주의적 사유가 스스로를 증명하기 위해서는 구체적인 형태를 띰으로써 물리적 세계의 법칙을 따라야 한다. 이러한 모순에 따라, 그것은 스스로의 존재를 논증하려다 소멸하고 만다. 그것은 불가능한 것에 대한 탐색이며 꿈이다. 우리는 다음과 같은 르느와르의 지적을 이 영화의 결론으로 볼 수도 있다. "코르들리에의 가장 중요한 몫은 영적인 것의 추구에 있다." 하지만 그럼에도 불구하고, 이 영화는 불합리하게 그와 상반된 것을, 즉 진정한 자유는 그 완전한 개화를 향해 삶의 자연스러운 움직임을 따를 때만이 획득될 수 있다는 것을 보여 준다.

코르들리에의 환상적이고 철학적인 요소들이 오팔 속에 반영되어 있듯이, 그의 세속적이고 사회적인 측면들은 그의 친구인 공증인 졸리 선생과 그의 적인 정신과 의사 세브랭 속에 반영되어 있음을 지적하는 것을 간과한다면, 이 영화를 제대로 설명한 것이라 볼 수 없다. 자본가들의 안녕을 해칠 만한 모든

것에 대해 문을 걸어 잠그고 돈으로 스캔들을 무마하려고 항상 조바심을 내는 공증인은 부르주아들의 기독교적 질서를 옹호한다(그의 방 침대 머리맡에는 십자가상이 있는 반면, 코르들리에게는 그것이 없음을 주목하라). 그는 코르들리에의 막대한 재산을 관리함으로써 그의 친구가 된다. 그는 코르들리에에게서, 그의 계급의 가장 고귀한 것, 즉 물질적 부에 대해 완벽하게 무관심할 수 있는 귀족성을 경모한다(졸리 선생에게는 실망스럽고 놀랍게도, 오팔에 유리하게 작성된 코르들리에의 유언장의 아이러니와 비교해 보라).

다른 한편, 코르들리에만큼이나 흥분 잘하는 세브랭 박사는 침착해 보인다. 그는 〈풀밭 위의 점심 식사〉의 알렉시스 교수처럼, 합리주의적이고 무신론적이며 반기독교적 사상을 대표한다. 또한 세계에는 선험적으로 경직된 개념을, 삶에는 그의 규칙들과 규범들을 강요하고 싶어하는 잘못된 과학적 사유, 그리고 자본가들의 이익에 부합하는 교의적 사상을 대표한다. 세브랭은 부르주아다(그는 자기 비서와 자지만, 그녀와 결혼하지는 않는다). 그래서 그가 공증인 졸리의 친구라는 것은 당연해 보인다.

코르들리에의 작업이 한 사람은 불안하게 하고 다른 한 사람은 지적으로 분개하게 하지만, 그 작업들의 목적은 단지 표면적으로 상반되는 그들의 부르주아 이데올로기를 합리화하고, 사실적으로, 법적으로 자본가 계급을 정당화하려는 데 있다. 만일 코르들리에가 영혼의 물질성을 증명한다면, 그는 이 발견보다 더 흥미롭고 이득이 되는 것은 아무것도 없다는 것을, 오직 타산적 이익 추구만이 존재의 목적이자 삶의 이유 그 자체라는 것을 보여 주는 게 된다(영혼이 그 자체로서 소유되고 계산되는 게 아닌 이상, 그것은 물질적 부에 기여할 수 있는 시점부터 관심을 끌만한 가치가 있다). 그리고 그 경우 개인주의가 유일한 해결책으로 요구될 것이다. 불행하게도 천사는 야수를 낳는다. 천사의 영혼은 가장 혐오스럽고 파괴적인 자아의 투영, 창조를 통해 개인의 발전을 이끄는 것의 반대물에 불과한 것으로 드러난다. 더욱 불행한 것은, 단지 힘 있

는 자들을 위해 실행된 이러한 실험 과학이 가난한 자들에게 비탄을 안겨다 준다는 것이다(소녀, 매춘부들, 그리고 오팔의 모든 희생자들).

르느와르는 기독교의 유심론적 사상 혹은 이 사상의 적이자 후계자인 합리주의적 사상에 담긴 이익 추구와 관련된 부르주아의 모럴을, 이 영화에서처럼 철저한 논리를 가지고 공격한 적이 없었다.

르느와르의 환상주의 계열의 작품으로 〈코르들리에 박사의 유언장〉이 〈성냥팔이 소녀〉, 〈교차로의 밤〉, 〈게임의 규칙〉, 〈어느 하녀의 일기〉, 〈해변의 여인〉과 같은 작품들에 이어 나타난 것은 전혀 놀랍지 않다. 이 영화들은 우리를 이상주의와 리얼리티에 대한 거부에 의해 지배되는 세계에 빠뜨린다. 마찬가지로 오팔의 몇몇 표정과 몸짓이 부뒤라는 인물을 연상시키는 데는 그만한 이유가 있다. 부뒤는 볼테르와 아나톨 프랑스에게 지대한 영향을 받은 자유주의 프티부르주아 레스탱구아 씨의 무정부주의적 환상의 대상이었다. 오팔은 근엄한 대자본가 계급의, 그리고 삶의 소멸할 운명을 지닌 개념의 산물, 더 정확히 말해, 비장한 잔재물이다.

— 장 두셰Jean Douchet

1959 | 풀밭 위의 점심 식사
Le Déjeuner sur l'Herbe

각본: 장 르느와르

대사: 장 르느와르

감독: 장 르느와르

조감독: 촬영 전반 — 모리스 뵈셰, 배우 — 프란시스 모란, 장 피에르 스피로Jean-Pierre Spiero, 소품 — 에디 나카Hedy Naka, 기술 — 장 드 네슬레Jean de Nesles

기록: 앙드레 고테, 마리네트 파스케

예술 협력: 장 세르주

기술 협력: 이브 앙드레 위베르

세트: 마르셀 루이 디유로, 앙드레 필탕André Piltant, 피에르 카디유Pierre Cadiou의 참여

의상: 모니크 뒤낭, 조지안 랑디Josiane Landic(보조)

촬영 감독: 조르주 르클렉

컬러: 이스트만컬러

카메라맨: 리보, 장 루이 피카베Jean-Louis Picavet, 안드레아 윈딩Andreas Winding, 피에르 게구앙

사진: 필립 리비에Philippe Rivier

사운드: 조세프 드 브르타뉴

현장 의상 보조: 이베트 보네이Yvette Bonnay, Y. 모파Y. Maupas

분장: 이본 포르튀나, 페르낭드 위지Fernande Ugi(보조)

기계 장치: 마르셀 자프레도Marcel Jaffredo

조명 감독: 앙드레 모앵드라André Moindrat

전기: 조르주 강다르Georges Gandart, 앙리 프라Henri Prat

편집: 르네 리히티그, 프랑수아즈 롱동Françoise London(보조)

음악: 조세프 코스마

촬영: 1959년 7~8월

야외 촬영: 레 콜레트Les Collettes, 카뉴Cagnes 인근 지역

스튜디오: 프랑쾨르

제작: 장 르느와르 필름

제작 감독: 지네트 드와넬

배급: 파테 컨소시움

원본 시간: 1시간 32분

첫 상영일: 1959년 11월 11일, 마리냥Marignan, 르 프랑세Le Français

출연: 폴 뫼리스(에티엔), 카트린 루벨Catherine Rouvel(네네트), 페르낭 사르두Fernand Sardou(그의 아버지 니노), 자클린 모란(네네트 언니 티틴), 장 피에르 그랑발(티틴의 남편 리투), 로베르 샹도Robert Chandeau(로랑), 미슐린 가리Micheline Gary(로랑의 부인 마들렌), 프레데릭 오브라디(뤼돌프), 기슬렌 뒤몽(뤼돌프의 부인 마그다), 잉그리드 노르딘Ingrid Nordine(마리 샤를로트), 앙드레 브뤼노André Brunot(나이든 사제), 엘렌뒥 Héléne Duc(비서 이자벨), 자크 다노빌(페냥 씨), 마그리트 카상Marguerite Cassan(그의 아내 페냥 부인), 샤를 블라베트 Charles Blavette(늙은 양치기 가스파르), 장 클로디오Jean Claudio(급사장 루소), 레이몽 주르당(요리사 외스타쉬), 프란시스 미지Francis Miege(기사 바르텔레미), 레진 블레(하녀 클레르), 피에르 르프루Pierre Leproux(바이이), 미셸 에르보Michel Herbault(몽테), 자클린 퐁텔 Jacqueline Fontel(비서 미슐레), 폴레트 뒤보스트Paulette Dubost(전화 교환수 포레스티에), 므

슈 유M. You(반장 샤퓌), 4명의 TV 아나운서 — 뒤프라Dupraz, 뤼카스Lucas, 롤랑 티에리 Roland Thierry, 미셸 페리카르Michel Péricart

1959년. 여러 주제들 중 두 가지가 텔레비전 토론 프로그램에 활기를 불어넣고 있다. 하나는 인공 수정이고, 다른 하나는 로마에서 1958년 체결된 조약에 의해 탄생한 유럽이다. 이 두 주제는 경솔한 사람에게 우화적 환상을 불러일으킬 만큼 우스꽝스러운 것이고, 경솔한 사람이 믿는 환상인 만큼 우리는 그것을 진지하게 받아들일 수 없다. 이것이 우리가 경계해야 할 것이다:

저명한 생물학자 알렉시 교수는 유럽의 대통령직에 후보로 나갈 것을 발표한다. 그의 성공은 확실해 보이는데, 그것은 인간의 종자를 멋지게 개량할 수 있는 인공 수정의 도입을 위한 그의 캠페인이 그것을 자신들의 상태를 개선해 줄 확실하고 새로운 수단이라고 믿는 낮은 계급의 단순한 사람들 사이에서 열광적인 반응을 불러 일으켰기 때문이다. 당연히 알렉시 교수는 부유한 집안 출신이다. 그는 프랑스와 독일의 주요 화학 대기업들과 연관되어 있으며, 그의 친지들은 자신들의 사촌이 그의 계획을 실행시킴으로써 기대되는 이익의 증가를 바라보고 기꺼이 그의 입후보를 지지한다. 또한 확고한 경제적 토대 위에 유럽의 단결이라는 명분을 확보하기 위해 — 공동 시장의 탄생을 지배했던 정신 그 자체로 — 알렉시 교수는 걸스카우트 운동 및 야외 활동에 대한 열광적 지지자인 매력적인 독일 사촌과의 결혼(물론 이성적 판단에 개인적 이익이 가산된)을 발표한다.

그러나 때는 여름이다. 산업계는 휴가 중이다. 고용주들과 유급 휴가를 얻은 노동자들은 프로방스 지방으로 내려가는데, 전자는 자신들이 소유한 대호화 저택으로, 후자는 무리를 지어 캠핑장으로 간다.

그곳에서 그 지방 출신으로 포도 농장에서 일하는 처녀, 즉 아이들을 좋아하고 남자의 도움 없이 아기를 갖고 싶어 하는 네네트라고 알려진 앙트와네트가 교수의 방문에 환호한다. 그녀는 그를 만나려 애쓴다. 하지만 바쁜 교수를

만나기란 쉽지 않다. 결국 네네트는 그의 집 하녀로 들어간다.

이렇게 하여 그녀는 교수와 그의 사촌이 전 세계 언론을 부른 가운데 그들의 약혼을 축하하는 대연회인 풀밭 위의 점심 식사를 위해 일하게 된다. 그것은 낮은 계급과의 접촉이 일체 금지된, 이른바 위엄을 떠는 자들의 행사다. 그런데 이런! 연회가 이루어지고 있는, 다이아나에게 바쳐진 고대 로마 사원의 유적지에 한 늙은 목동이 자기의 염소를 몰고 나타난다. 반수신 혹은 목신처럼 그 양치기는 피리로 연주를 한다. 그러자 갑자기 폭풍이 일어나서 치밀하게 준비된 행사를 혼란과 혼동으로 몰아가고 손님들을 공황에 빠뜨린다. 양치기가 연주를 끝내자, 폭풍은 가라앉는다. 곧이어 마음을 달래주는 열기가 감각을 일깨우고, 식욕을 자극한다. 바쿠스제가 시작된다. 알렉시 교수는 흥분을 가라앉히려고 산책을 나간 자신의 사촌을 찾으려다 길을 잃는데, 그곳에서 오귀스트 르느와르나 마이욜Maillol[14]의 그림에 나오는 목욕하는 여자처럼, 네네트가 눈부시게 아름다운 나체로 강에서 수영하고 있는 광경과 맞닥뜨린다. 교수를 기쁘게 해 준다는 행복감으로 네네트는 그에게 자신을 허락한다. 교수는 관능적 도취감에 빠진다.

교수는 완전히 변한다. 그는 회사를 버리고 어린 여자 친구 집에 머물면서, 게으른 왕이 된 남자가 자신의 특권에 황홀해하는 여자에게 일과 행복을 보장해 주는 모든 노력을 떠안기는 가부장적 세계의 환희를 발견한다. 철저하게 조직되고 계획된 시간에 의해 구속받던 무미건조한 삶은 시간의 자연스러운 흐름의 매력을 한가하게 감미하는 풍요로운 삶으로 대체된다. 알렉시 교수는 어쩌면 행복은 그저 자연의 법칙에 복종하는 건지도 모른다고 생각하기 시작한다.

그러나 화학 대기업의 족벌 임원들은 그들의 탐욕적인 희망을 쉽게 버리

14. 마이욜(1861~1944)은 프랑스의 화가이자 조각가로 거대한 나부상으로 유명하다. — 옮긴이

지 못한다. 비열한 협박과 야비한 거래의 결과로 네네트는 도망친다. 이전의 사회로 돌아온 교수는 사촌과 결혼할 준비를 한다. 결혼식이 거행될 호텔에서 그는 부엌에서 일하고 있는 네네트를 우연히 만나게 되고, 그녀는 자신이 곧 그의 아기를 낳을 예정이라고 말한다. 교수는 자신이 가졌던 모든 기존의 생각과 편견을 버리고, 그녀를 행사장으로 데려가 미래 유럽의 퍼스트 레이디로 소개한다.

유사한 제목으로 인해 〈풀밭 위의 점심 식사〉는 종종 〈피크닉〉의 속편으로 여겨진다. 이런 생각은 틀린 것도 옳은 것도 아니다. 두 영화는 동일한 음을 다른 현으로 연주한다. 그 둘의 공명은 다르다. 〈피크닉〉은 자연에 대한 감수성의 각성과 그것이 빚어내는 감동을 다룬다. 이 점에서 그것은 인상주의적인 영화다. 〈풀밭 위의 점심 식사〉는 우리를 자연과의 직접적 접촉을 통해 파생되는 감각들 속에 빠뜨린다. 〈피크닉〉의 즉각적이고 섬세한 만큼이나, 육체적이면서 부드러우면서 관능적인 영화다. 〈피크닉〉이 감상적이고 충격적이라면, 〈풀밭 위의 점심 식사〉는 쾌락과 즐거움의 모럴을 위해 모든 것을 희생한다.

이 영화는 마치 기술주의 문명과, 행복에 대한 그것의 단일 개념의 위험성에 짜증난 혹은 당황한 르느와르가 익살극에 가까운 판타지의 건전하고 격렬한 반응에 의해, 삶의 감미로움과 매력들에 그 중요성을 돌려 주고 싶어했던 것처럼 보인다. 그게 사실이라면, 재미있는 오락 영화 같은 겉모습 아래, 보다 진지한 사유가 숨어 있음에 더 이상 놀랄 필요가 없다.

르느와르는 그의 전 작품을 관통하는 핵심 사상을, 다른 어느 영화에서도 이만큼 노골적으로 암시한 적이 없다(다이아나 사원의 양치기). 그것은 아폴론적인 세계와 디오니소스적인 세계, 고착된 존재 조건과 저항할 수 없는 삶의 움직임, 공들여 구축되는 연극 무대와 그것에 생동감을 불어넣는 유동적이고 가변적인 재현, 스펙터클과 행위, 간단히 말해 질서와 무질서 간의 갈등이다.

르느와르가 이 영화에서 무엇보다 우선시하는 것은 분명 디오니소스적 세

계다. 거기서 삶은 늘 고착된 존재 조건이 훼방놓으려드는 분출과 격정에 사로잡힌다. 그것은 완전한 자기 실현에 도달할 수 있는 새로운 존재 조건을 창출하기 위해 기존의 틀을 쉬지 않고 파괴한다. 하지만 이러한 새로운 조건도 일단 한 번 마련되고 나면 기존의 것과 마찬가지로 고착되는 경향을 보인다. 〈라 마르세예즈〉와 〈인생은 우리의 것〉의 작가는 영원한 혁명의 감독이다(《장 르느와르의 작은 극장》의 원래 제목이 "혁명이다*C'est la Rvolution*"였음을 기억하자). 이러한 근본 갈등은 그의 전 영화의 골조를 이루며, 연극적 재현은 극장의 객석으로 침투하기 위해 무대를 떠난다. 그래서 무질서의 태풍은 질서를 폭파시켜 그것을 재생한다. 르느와르는 삶을 자유의 움직임 그 자체로 간주하는데, 이 자유는 장애물에 맞서 그것을 극복함으로써만 실현되고 인지될 수 있다.

이 영화의 알렉시 교수 같은 인간이 주어진 조건에 안주해 철저히 그 틀 안에서 살고자 하는 세계관을 강요하고 그것을 마치 행복의 이상처럼 제시할 때, 자연은 마땅히 격분하여 그것을 실패로 이끌 수 있다(폭풍 장면). 여기서 자연은 인간에게 그의 비밀을 알아내도록 초대한다. 이를 위해 그것은 찬탄할 만한 스펙터클로, 그와 동시에 환희의 원천으로 스스로를 인간에게 내어 준다(알렉시 교수는 무위를 통해 자연이 인간에게 미치는 힘을 보다 잘 인식하게 된다). 그리하여 그는 자기 내부에서 요동치는, 그리고 바람에 몹시 흔들리는 올리브 나무들이나 윙윙거리는 곤충들이 웅변적으로 드러내는 그 근본적 갈등이 바로 그의 조화로운 통일성의 이유 그 자체라는 것을 발견하게 된다. 영원한 혁명은 균형을 만들어낸다. 그럴 때 인간은 "어쩌면 행복은 그저 자연의 법칙에 복종하는 건지도 몰라"라고 생각할 수 있는 계기를 맞게 되는 것이다.

현대 인간과 그를 둘러싼 환경 간의 관계라는 주제가 우리 시대의 주요 문제가 되기 10년 전에, 이미 르느와르는 그 문제를 다루었다. 그것도 그 문제를 다룰 수 있는 유일한 방법, 즉 정치적 관점에서 말이다. 여기서 정치적이라는 것의 의미는 냉정하고 산업화되고 효율적이며 기술적인 북유럽을, 시골적이고

후진적이며 여전히 개발 상태에 있는 지중해 연안의 유럽과 대비시켰다는 점에서뿐만 아니라, 그 두 유럽을 통해 서구 문명을 구축한 두 거대 사상의 조류 — 희랍인들과 함께 시작된 유물론적 사상과, 합리주의자들의 관념론적 사유에 의해 배척되고 대체된 기독교적인 유심론적 사상 — 을 대비시켰다는 점에서 그러하다. 바로 이것이 종종 관객들로부터 이해되지 못하는 대화, 즉 알렉시 교수와 시골 마을 사제 간에 나누는 대화를 설명해 준다. 공장의 연기는 성당의 향을 대체할 수 없다. 적대적인 진영의 두 사제들은 서로를 아주 잘 이해한다. 그들은 동일한 이해 관계, 즉 돈과 부자들을 갖고 있으며, 그것에 봉사한다. 르느와르가 조롱하는 것은 진보에 대한 관념론적 숭배다. 그는 자기 자신의 이익에 사로잡혀 진보를 반자연으로 악용하는 착취자들에게 매수된 기술주의 과학을 비난한다(우리가 요약에서 언급하지 않은 '유급 휴가' 부분을 참조하라!). 진보는 지금보다 더 나은 삶의 구현에 도움을 주기는커녕 지배 계급의 이익들에만 봉사하는 삶의 방식을 강요한다. 당시로서는 유일하게 공동 시장으로서의 유럽 문제를 다룬 이 영화에서, 르느와르는 새로운 사회의 화려한 약속들에 내포된 기만적 요소를 분명하게 드러낸다.

유럽이 균형잡힌 조화를 찾기 위해서는, 과학이 관념론적 사상을 포기하고 유물론적 사상에 복종해야 하며, 알렉시 교수는 네네트와 결혼해야 한다. 그녀는 자연의 아이를 임신했으니 말이다.

__ 장 두셰

1962 | 탈주한 하사
Le Caporal Épinglé

각본: 장 르느와르, 기 르프랑Guy Lefranc

주제: 자크 페레Jacques Perret의 소설

각색: 장 르느와르와 기 르프랑

대사: 장 르느와르

감독: 장 르느와르

감독 보조: 기 르프랑

조감독: 마크 모레트Marc Maurette

기록: 샤를로트 르페브르 뷔아투Charlotte Lefebvre-Vuattoux

촬영 감독: 조르주 르클렉

카메라맨: 장 루이 피카베Jean-Louis Picavet, 질베르 셍Gilbert Chain

사운드: 앙트완 프티장Antoine Petitjean

기계장치: 으젠 에를리Eugène Herrly

전기: 앙드레 모앵드로André Moindrot

편집: 르네 리히티그

음악: 조세프 코스마

촬영: 1961년 겨울~1962년

스튜디오: 비엔나

야외 촬영: 비엔나와 인근 지역, 톨비악 다리Pont de Tolbiac (파리)

제작: 시클롭 필름Films du Cyclope

제작 감독: 르네 G. 뷔아투René G. Vuattoux

제작 비서: 자닌 솔로몽Janine Solomons

행정: 이본 투르마예프Yvonne Tourmayeff

홍보: 마리안 프레Marianne Frey

배급: 파테

원본 시간: 1시간 45분

첫 상영일: 1962년 5월 23일, 에르미타주Ermitage, 프랑세Français, 미라마르Miramar, 벱레 파테Wepler Pathé. 1962년 베를린 영화제 경쟁 부문에 선정, 그리고 같은 해 10월 16일 런던 영화제의 오프닝 영화로 상영.

출연: 장 피에르 카셀Jean-Pierre Cassel (하사), 클로드 브라쇠르Claude Brasseur (파테), 클로드 리쉬Claude Rich (바롤세) O. E. 아스O. E. Hasse (술 취한 여행객), 장 카르메Jean Carmet (에밀), 자크 주아노 (팡쉬아고쉬), 코니 프로뵈스Conny Froboess (에리카), 마리오 다비드Mario David (카루조), 필립 코스텔리Philippe Costelli (전기공), 레이몽 주르당 (뒤피유), 기 브도Guy Bedos (말더듬이), 제라르 다리유Gerard Darrieu (사팔뜨기), 사샤 브리케Sacha Briquet (변장한 탈주범), 뤼시앙 랭부르Lucien Raimbourg (역무원), 프랑수아 다르봉François Darbon (농부)

르느와르의 작품은 우선 감각적으로 인지된다. 영화뿐 아니라 인물들도 우선 인상에 따라 정의되는데, 그 중 가장 중요한 것이 차가움과 뜨거움이다. 가령, 〈탈주한 하사〉는 온정과 인간적인 동포애를 추구하는 인물들에 대한 냉정하고 명료하며 추상적인 영화이다. 음산하고 흐린 분위기의 흑백 화면(〈코르들리에 박사의 유언장〉과 함께, 이 영화는 〈강〉 이후 르느와르의 유일한 흑백 영화이다)은 이 영화의 주제인 태양과 그 빛남의 필요성을 역설한다.

〈탈주한 하사〉는 전쟁 포로들에 대한 이야기임에도 불구하고, 〈위대한 환상〉보다 〈밑바닥 인생〉을 더 환기시킨다. 1940년 프랑스 군대가 패배한 후 포로가 된 젊은 하사는 다섯 번 탈출을 시도하여 마침내 여섯 번째에서 성공한다.

인물들은 〈밑바닥 인생〉에서보다 더 비참한 상태, 말하자면 존재의 영도 *degré zéro*에 던져진다. 이 영화는 한 세계, 현재 우리가 살고 있는 세계의 종말과, 변화와 투쟁의 새로운 시대의 시작에 대한 1961년 인간 성찰의 작품이 되길 자처한다. 그것은 서양 문명의 붕괴를 마주하여, 그에 따른 혼란 속에서 삶과 존재에 대한 우리 태도를 재고해야 할 필연성을 이야기한다. 이 영화의 유일한 주제는 자유다. 르느와르는 그의 담론을 이보다 더 명쾌하게 표현한 적이 없다.

억압적이고 견디기 힘든 존재 조건은 이 영화에서 지배적인 위치를 차지한다. 영화 시작 부분의 새로운 나치 질서의 승리는 기존의 틀인 사회, 국가, 서양 문명 및 그 가치 체계를 철저하게 부숴버린다. 거기에는 그의 면책 사유인 민주주의를 상실하고, 인간에 대한 완벽한 착취라는 가장 야만적인 힘의 관계로 전락한 자본주의만이 있을 뿐이다(작업장에서 독일 민간인 감독들이 내지르는 고함 소리). 그것은 노예들뿐 아니라 그의 주인들에게도 인간적 삶의 모든 표지가 사라져버린 새로운 존재 질서를 강요한다. 유럽은 거대한 포로수용소가 되었다. 세상(영화에서 사건은 거의 모두 야외에서 일어난다)은 감옥이다.

그런 상황에 대항하여 삶이 반기를 든다. 삶은 자유에 목말라하며, 그것은

먹고 배설하는 것만큼이나 자연스러운 생리학적 욕구라 할 수 있다. 그것은 간절한 욕구다. 하사는 이 욕구를 너무나 절실하게 느끼고 있어서, 다른 어떤 이유도 아닌 동물적 충동으로, 그의 동료들인 바롤셰, 파테와 함께 첫번째 탈출을 감행한다. 그것은 당연히 실패하는데, 당시 유럽에 부과된 삶의 조건하에서는 철조망 외부라고 해서 내부보다 더 많은 자유가 주어져 있는 것은 아니었기 때문이다. 어쩌면 더 적게 존재하였는지도 모른다. 바롤셰라는 인물이 보여 주고자 하는 게 바로 그것이다. 그는 사라져 버린 서구 문명의 이상주의적 가치들에 대한 신념을 여전히 간직하고 있는 유일한 인물이다. 그가 처해 있던 존재 조건이 그를 신념으로부터 멀어지게 했던 만큼, 그는 더 강하게 이 신념을 믿는다. 민간인 시절 직업을 갖지 않았던 하사와 파테를 제외하고, 다른 모든 죄수들은 이전 삶에서 자연스레 그들에게 남아 있던 육체적이고 물리적인 가치, 즉 그들의 직업에 매달리는 반면, 바롤셰는 그가 이전에 가진 사회적 기능에 대해 수치스러워한다. 프랑스 가스 회사 직원이었던 그는 기사도적이고 기독교적 영웅주의의 환상으로 가득찬 이상주의적 문화에 매몰되어 있다. 이 위대한 환상은 르느와르가 나나, 엠마 보바리, 드 브왈디유, 크리스틴, 엘레나, 코르들리에 및 다른 많은 인물들을 통해 보여 주고자 한 것이다. 하지만 이 작품에서처럼 분명하게 드러난 적은 없었다. 르느와르에게는 영화적 영웅도, 소설적 영웅도 존재하지 않는다. 모든 개개인은 허구적 인물들과 마찬가지로 동일한 중요성을 지닌다. 개인이 자신의 삶을 꽃피우기 위해서는 집단으로부터 자신을 차별화하지 않고 집단 속에 융합되어야 한다. 카밀라와 상사처럼, 그는 자신을 돋보이게 하려고 하는 법보다는 타인들에게 헌신하는 법을 배워야 한다. 우리는 우리 자신 그대로여야 하는 것이지, 스스로 자신에게 투사한 이미지여서는 안 되는 것이다. 이것이 장 르느와르 영화의, 그리고 배우에 대한 그의 연기 지도의 기본이다.

자신의 이전 존재 조건에 불만이던 바롤셰는 새로운 삶의 환경에 쉽게 적

응한다. 새 질서의 엄격함이 일상의 마모로 인해 약화되고 쇠퇴하는 만큼 더욱 그러하다. 투쟁이나 문제없이 안정된 삶을 보장해 주는 감금 상태가 바롤셰로 하여금 현실에서 도피하여 자기의 아성 속에 스스로를 닫아버리고, 자신이 주인인 이상 세계를 건설할 수 있게 해 준다. 그는 구멍을 파 작은 은신처를 마련하고 그걸 이용한다. 탈출에 대한 그의 욕망은 상상적인 것으로 만족된다. 그는 거기서 자유를 찾아낸다. 세 번째 탈출 시도 후 훈련장으로 끌려가, 육체적으로 탈진하고 정신적으로 녹초가 된 채 그곳을 나온 하사는 한순간 바롤셰의 이처럼 쉽고 이기적이고 비겁한 해결책에 유혹된다. 하지만 때마침 치통이 생긴 그는 독일 치과 의사의 딸과 사랑에 빠진다. 그 독일 여자는 그에게 장미에 관한 롱사르Ronsard[15]의 쾌락주의적 시구를 읊은 뒤, 자신이 그를 사랑하는 것은 그가 노예이기를 거부하고 탈출을 시도하기 때문이라고 이야기한다. 그것은 계시였다. 자유에 대한 그의 생리학적인 욕구는 그 의미를 찾아낸다. 그것은 바로 삶을 향유하기 위해 매순간 최선을 다해 애정을 갖고 살라는 것이다.

이렇게 하여, 여섯 번의 탈출 시도에서 하사는 자유의 이유와 그것을 획득하는 방법, 즉 그것이 무엇이든 모든 속박으로부터 벗어나, 미리 짜여진 계획 없이 우연에 몸을 맡김으로써, 삶에 완전히 자신을 내주어 줄 것을 배우게 된다. 특히 그것의 목표를, 이를테면 삶을 방해하는 존재 조건들에 간단없이 대항해, 아무도 착취당하지 않고 모두가 자유롭게 자신의 삶을 실현할 수 있는 새로운 질서를 구축하는 것이란 걸 배우게 된다. 이 영화가 몇 년 후 파리에서 유행하게 될 "이건 단지 시작일 뿐……"[16]이라는 구호로 끝나는 것도 이러한 점에서 보면 하등 놀라울 게 없다.

그렇지만 이 영화의 교훈(교훈이라고 한 것은 이 영화가 입문 영화나 교양

15. 롱사르(1524~85)는 프랑스의 시인으로 《찬가집*Les Hymnes*》, 《엘렌의 소네트*Sonnets pour Hélène*》 등의 작품이 있다. — 옮긴이

16. 이는 1968년 5월 학생 데모 당시의 구호였다. — 옮긴이

영화처럼 보이기 때문이다)은 도덕적인 것, 사회적인 것, 정치적인 것 그 이상이다. 그건 분명 우주적 차원이라고 불러야 할 것에 도달한다. 우리는 르느와르의 핵심적 담론에서 유물론적인 개념을 발견하게 되기 때문이다. 그가 여기서 무엇보다도 중요하게 다루는 것은 물질적 관점에서의 인간과 우주와의 관계다. 물질은 이 영화에서 핵심적이고 편재적인 역할을 맡고 있는데, 이는 존재의 근본을 이루는 물질의 관성적인 구속력과, 삶에 활기를 불어넣는 그 에너지의 해방력, 이 두 가지 힘에 의해서이다. 물질의 중요성은 이 작품에서 한편으로는 필연적이고, 다른 한편으로는 우연적인데, 우연은 상사가 탈출을 시도하면서 끊임없이 만나게 되고, 그것은 그가 가벼움과 우아함을 얻기 위해 그의 몸에 가해지는 무게와 강제를 극복할 수 있을 만큼 충분한 내적 에너지를 축적할 경우에만 그에게 도움을 주게 된다. 이런 관점에서 보면, 자유는 더이상 자연스러운 생리학적 욕구가 아니라 물질적 에너지 운동의 한 물리적 요소로 간주된다.

르느와르의 유물론적인 개념은 그의 미장센을 설명해준다. 우리는 〈게임의 규칙〉 이후 그의 미장센이 중력의 법칙을 따라왔다는 것을 알고 있다. 그것은 원자 속 입자들의 혹은 은하계 속 천체들의 밀고 당기는 이상한 동작을 필름으로 찍는 데 관심을 둔다. 〈게임의 규칙〉을 점점 더 빠르게 가속화된 중력에 의해, 삶의 마지막 환상을 쫓는 유령의 죽음의 무도를 비추는, 사멸한 천체의 빛처럼 볼 수 있듯이, 〈탈주한 하사〉에서도 1960년의 가정들에 따르는 도식, 즉 은하계 시스템의 천체 형성 도식의 상징적 구현을 찾아볼 수 있다.

독립적인 서사 원칙을 고수하는 것처럼 보이는 이 영화의 움직임에서 발생하는 매력은 어쩌면 이것으로 설명될 수 있을지 모른다. 그것은 또한 카메라가, 마치 인물들이 그 작인임과 동시에 대상물이기도 한 일반적인 움직임 속으로 그들을 재배치하려는 듯, 종종 인물들로부터 갑자기 그리고 상당히 거칠게 물러서는 것을 설명해 줄 수도 있을 것이다. 어찌되었건 이러한 해석은 그 나

름대로의 타당성을 지니고 있다. 실제로 많은 예술가들이 그들 시대의 과학적 지식들을 작품의 형식으로 담아내려고 애써 왔다.

어쨌든 이 가설에 대한 주장은 이제 그만두고, 영화 끝부분에서 일종의 디오니소스에 대한 구현으로 볼 수 있는 한 술주정꾼이 등장하는 장면을 지적할 필요가 있다. 그가 객실에서 소동을 일으킬 때 기차 안에 공황 상태(폭격)가 발생하게 되는데, 이는 궁극적으로 완전한 취기 속에서 존재의 불합리함에 맞서는 삶의 반란으로 볼 수 있다. 대상으로부터 멀리 떨어진 카메라는 동이 터 태양의 뜨겁고 부드러운 빛이 비치기 전, 이 혼란을 가만히 응시한다. 새로운 세계가 탄생한다.

__ 장 두셰

1968 | 장 르느와르의 연기 지도
La Direction d'Acteur Par Jean Reoir

감독: 지젤 브론베르제Gisèle Braunberger

촬영 감독: 에드몽 리샤르Edmond Richard

사운드: 르네 포르제René Porget

편집: 미레이유 모브마Mireille Maubema

제작 감독: 로제 플레이투Roger Fleytoux

제작 / 배급: 플레이아드 필름Les Films de la Pliade

촬영 시간: 4시간 30분

영화 상영 시간: 27분

출연: 지젤 브론베르제, 장 르느와르

반나절만에 찍은 이 즉흥 영화에서 르느와르는 자신이 선택해 번역한 텍스트인 루머 고든(〈강〉의 저자)의 소설 《니콜레이즈와 아침을*Breakfast with Nicholades*》의 발췌본을 통해 한 배우(지젤 브론베르제)를 연기 지도한다.

__ 장 크레스

1969 | 감초 가게
Licorice Store

감독: 제임스 프롤리James Frawley

르느와르는 1969년 한 젊은 미국 감독이 촬영하고 1971년에 상업적으로 배급된 이 영화에 출연한다.

1969 | 장 르느와르의 작은 극장
Le Petit Théâtre Par Jean Renoir

각본: 장 르느와르
각색: 장 르느와르
대사: 장 르느와르
감독: 장 르느와르
음악: 조세프 코스마, 장 비너
촬영: 1969년 7, 8, 9월
스튜디오: 생 모리스Saint-Maurice
야외 촬영: 베르사이유(HLM Grand Sicle), 프랑스 미디 지방(엑상프로방스Aix-en-Provence와 생 레미Saint-Rémy 근처)
제작: R.A.I. 송 에 뤼미에르Son et Lumire, O.R.T.F.
제작자: 피에르 롱Pierre Long
출연: 첫 번째 스케치 [마지막 크리스마스 이브Le Dernier Réveillon] — 니콜라Nicolas / 니노 포르미콜라Nino Formicola(거지), 미니 몽티Minny Monti(여자 거지), 로제 트랍Roger Trapp(막스 비알), 롤랑 마르탱Roland Martin, 프레데릭 상타야Frédéric Santaya, 피에르 귈다Pierre Gulda. 두 번째 스케치 [왁스칠 기계La Cireuse électrique] — 피에르 올라(남편), 마그리트 카상(이자벨), 자크 디낭Jacques Dynam(두 번째 남편), 장 루이 트리스탕Jean-Louis Tristan(대리인), 클로드 기욤Claude Guillaume과 드니 드 귄스부르Denis de Gunsburg(젊은 부부). 세 번째 스케치 [사랑이 사라질 때Quand l' Amour meurt] — 잔느 모로Jeanne Moreau(여가수). 네 번째 스케치 [이브토의 왕Le Roi d' Yvetot] — 페르낭 사르두(뒤발리에 씨), 프랑수아즈 아르눌(뒤발리에의 부인 이자벨), 장 카르메Jean Carmet(페로), 앙드렉스Andrex(블랑), 도미니크 라부리에Dominique

Labourier(하녀 폴레트), 로제 프레고아Roger Frégois(졸리), 에드몽 아르디송Edmond Ardisson(거지 세자르)

이 영화는, 단어 하나하나가 중요한 의미를 지니는 그 제목에서 나타나듯이, 서로 밀접한 상관 관계가 있는 연극과 삶의 이야기꾼 장 르느와르가 연극 무대를 이용해 연출한 작품이다. 그가 직접 지어낸 네 이야기로 구성된 자연과 같이 위대한 장 르느와르의 이 작품은 미니 연극을 통해 우리에게 이야기하고, 각 스토리가 제시될 때마다 그때까지 들려준 이야기들을 종합적으로 검토할 기회를 제공한다.

'마지막 크리스마스 이브'의 세트와 시간은 자연적으로나 인공적으로 모두 연극적인데, 이는 사건이 벌어지는 시기가 신화적으로 재구성된 날인 크리스마스, 즉 1년 중 사회가 스스로에게 행복의 이미지를 재현하는 날이기 때문이다. 우리는 거기서 가난한 자들(늙은 부부), 단순히 구경꾼에 불과한 자들이 어떻게 배우가 되는지를 보게 된다. 창문 너머로 부자들의 크리스마스 파티를 구경한 뒤, 그들은 식당의 남은 음식을 가지고 다리 밑에서 그들만의 마지막 파티를 연다. 마침내 눈과 죽음 속으로 사라지면서, 그들은 우리의 무대를 영원히 떠난다. 여기서 르느와르가 안데르센에게 바치는 오마주는 우리가 〈성냥팔이 소녀〉를 만든 신인 시절의 르느와르에게 바치는 오마주로 인해 배가된다.

'왁스칠 기계'는 '혁명이다*C'est la Rvolution*'라는 제목의 예전 르느와르 기획에서 비롯된 것이다. 그것은 가장 구체적이어서 대수롭지 않은, 그래서 가장 하찮고 보잘것없는 혹은 평범한 상황들을 통해 반항 정신의 출현을 그것의 최초 상태 그대로 보여 주고자 하였으며, 이는 이 작품에서도 마찬가지이다. 여기서 연극은 마루 바닥을 관리하는 데 정신이 팔린 나머지, 자신의 남편들을 차례로 왁스칠하는 기계의 횡포에 노예로 전락시켜버린 한 여인의 삶을 다룬 것이다. 두 번째 남편은 반항하며 왁스칠 기계를 창문 밖으로 던져버리는데, 이 여인은 그 기계를 쫓아 창 밖으로 몸을 던지고 만다. 이 이야기는 드라마와

오페라의 형식을 띠고 있으며. 따라서 초연극화*hyperthéâtralisé*된다. 그럼으로써 르느와르는 줄거리의 의도적 평범함을 부각시킨다. 그는 말하자면 〈라 마르세예즈〉에서 통상 의식 있게 살면서 1789년 대혁명을 이끌었다고 간주되는 자들에게, 보이지 않는 위대함을 내포한 일상적 환경을 부여하기 위해 '축소' 기제를 이용하듯이, 여기서는 확대(혁명의 와중에 있으면서도 그것을 알지 못하는 자들을 혁명의 이야기에 가담시키기 위해)를 이용하는 것이다.

그 두 이야기 사이에 삽입된 '여가수'는 다른 것들에 비해 훨씬 더 강력하게 제시되고 있다. 그것은 르느와르가 좋아했던 지난 세기, 즉 20세기 초에 대해 말한다. 그런데 이 에피소드는 배우이자 가수인 잔느 모르가 무대에 올라와 오스카 크레미유Oscar Crmieux의 노래 "사랑이 사라질 때*Quand l'Amour Se Meurt*"를 부르는 것으로(〈모로코*Morocco*〉에서 마를렌 디트리히가 그랬던 것처럼) 느닷없이 시작되고 끝난다. 장 르느와르는 이처럼 서사의 모든 가능성을 넘어 그의 문제에 가장 소박한 동시에 장엄한 해결책을 부여하는 수단을 찾아내었다.

'이브토의 왕'은 스펙터클을 마무리한다. 르느와르가 자신의 작은 극장의 무대에 던지는 작은 강철구는 페탕크*ptanque*라고 하는 프랑스의 대중적인 놀이를 위한 공이 되고, 우리는 삶의 규칙들과 규범들을 갖춘 사회적 게임의 가장 큰 무대 위에 놓여진 우리 자신을 발견하게 된다. 네 이야기 중에서 가장 도덕적인 이 마지막 서사는 '예의범절의 이야기'라고도 불릴 수 있을 법한데, 여기서 르느와르는 우리가 삶의 규칙들이 삶의 기술이 되기를 원할 경우, 한 사회의 관습들이 (맹목적으로 거부되거나 지켜지기보다는) 어떻게 타협되고, 빗겨가고, 유연해지고, 다양하게 변화될 수 있는지를 보여 준다. 르느와르가 영원히 삼각 관계라는 주제에 대해 만든 변주들은 바로 여기에서 비롯된다. 즉, 늙은 남자와 젊은 여자로 구성된 어울리지 않는 커플은 어떻게 남편보다 어린 연인의 존재를 통해 별 충돌없이 해체되고 재구성될 수 있는가. 잘 살고 잘 사랑

하고, 바꾸어 말하자면 잘 늙는 것은 어떻게 삶과 사랑의 우연에 나를 맡기는 것과 조화를 이룰 수 있는가. 우리는 배우들이 관객에게 인사하러 나옴으로써 스펙터클의 현실성과 우리가 그 안에서 꿈꾼 삶의 비현실성을 자각하게 되는 그 순간까지 이러한 질문들에 사로잡혀 있다. 적어도 스펙터클이 옳지 않다면, 즉 예술이 삶을 위한 예술이라면 말이다. 그러나 문제는 항상 거기에 있다.

장 르느와르는 여전히 이 영화에서도 현재적이지 않은데, 이는 그가 그래 왔듯 그의 동시대인들에 비해 그가 훨씬 앞서나가기 때문이다. 그의 현대성은 조류*modes*에 전혀 기대지 않는다는 점에서 더욱 특별하다. 조류는 결국 그의 현대성에 합류함으로써 그것이 옳았음을 증명한다. 르느와르는 매우 세심하게 구체적 시기를 설정한 한 편의 스케치로 그의 영화를 시작하는데, 여기서 그는 가난한 자들에게 그들이 잃어버린 가난한 자들이라는 이름을 되돌려 주고, 오늘날 다른 종류의 가난한 자들이 선택하고 요구하는 그들의 자족한 한계성 속에서 그들의 지위를 복권해 준다. 결론에서(이후 '소외'라는 무분별하게 사용되는 용어 아래 진부한 주제가 되어버린 것에 대한 스케치 다음에), 그는 오늘날 상당한 반향을 불러일으키고 있는, 또 다른 형태의 한계성을 향해 나아간다. 뿐만 아니라 그는 스펙터클(《황금 마차》)과 삶의 지혜(《풀밭 위의 점심 식사》)에 대한 그의 생각들을 발전시키고 작품들의 상호 작용에 의해 그것을 증폭시킴으로써, 오늘날 삶과 스펙터클의 상이한 차원들에 대한 상자에 넣기(혹은 연속적인 상자 만들기) 이론에 매달리는 모든 사람들의 관심사들과 일치하는 모습을 보여 주며 그것을 능가한다.

가장 흥미로운 점은 이 마지막 영화가 미래의 작품을 위한 초석이 되는 첫 번째 작품의 정신으로 만들어진 듯이 보인다는 것이다. 장 르느와르는 우리의 가장 위대한 신인이다.

__ 미셸 들라에